U0153869

日本京都中國文學論考

連清吉 著

政大出版社
Chengchi University Press

國家圖書館出版品預行編目(CIP)資料

日本京都中國文學論考 / 連清吉著. -- 初版. -- 臺北
市 : 國立政治大學政大出版社出版：國立政治大學發
行, 2023.04
　　面；　公分

ISBN　978-626-97015-8-2（平裝）

1.CST: 中國文學　2.CST: 文學評論　3.CST: 日本

820.7　　　　　　　　　　　　　　　112005728

日本京都中國文學論考

著　　者｜連清吉

發 行 人　李蔡彥
發 行 所　國立政治大學
出 版 者　國立政治大學政大出版社
總 編 輯　廖棟樑
執行編輯　朱星芸
封面設計　談明軒
地　　址　116011臺北市文山區指南路二段64號
電　　話　886-2-82375671
傳　　真　886-2-82375663
網　　址　http://nccupress.nccu.edu.tw

經　　銷　元照出版公司
地　　址　100007臺北市中正區館前路28號7樓
網　　址　http://www.angle.com.tw
電　　話　886-2-23756688
傳　　真　886-2-23318496
郵撥帳號　19246890
戶　　名　元照出版有限公司

法律顧問　黃旭田律師
電　　話　886-2-23913808

排　　版　弘道實業有限公司
印　　製　雨果廣告設計有限公司
初版一刷　2023年4月
定　　價　400元
I S B N　9786269701582
G P N　1011200516

政府出版品展售處
• 國家書店松江門市：104472臺北市松江路209號1樓
　電話：886-2-25180207
• 五南文化廣場臺中總店：400002臺中市中山路6號
　電話：886-4-22260330

目　次

上編　中國文學史觀的多元展現

龔序

連清吉《日本京都中國文學論考》序

　　我們現在研究中國文學，正處在思想大轉換的關鍵時刻。

　　五四運動帶來的白話文學及其史觀、新文學創作、小說戲曲研究，乃至結合清朝考證和西方近代科學的方法論，已然百年，佛祖尚且要涅槃入滅呢，這些歷史當然也須刮垢磨光，不必重複。這幾年，顏崑陽先生《學術突圍——當代中國人文學術如何突破「五四知識型」的圍城》等書即屬於這類工作。

　　連清吉先生《日本京都中國文學論考》及一系列的日本漢學研究，則是另一個方向：由重新梳理近代日本漢學之源流與內涵，看晚清民初日本如何開創了東洋史學和「支那學」中的文學研究，同時由此認知它如何影響了我國。

　　這一部分，在晚清和五四前後，其實是不用多談的，因為人人心知肚明。當時學者，留日為多；國學運動，經、史、諸子學、文學著作亦往往直接移植於東瀛；甚至大學堂之教材，教育部也明令依仿日本。至於歐洲、俄羅斯各種學說，均由日本稗販而來更不在話下。

　　但後來中日關係惡化，有日本關係的學者與學說，都逐漸淡化了這些關係。而美國學風趁虛而入，又填補了空間、替代了脈絡。加上時空睽隔，當年熱烈的學術互動史，竟慢慢變成舞台後面色彩斑駁、面目模糊的看板，意義無法辨識，故事雖然也還值得說，卻幾乎沒人再能講述。

　　連清吉重勘日本近代文史研究的可貴之處即在於此。以《日本京都中國文學論考》為例。他首先說明日本明治、大正、昭和時期的學問，

既批判江戶時代，也反對繼承江戶之東京近代的學問，整合了清朝考證學和西洋的實證化、理性化，所以能開拓東洋新學術，甚至還可以打開世界文明的新局面。

換言之，大正九年，內藤湖南、狩野直喜等人創構的「支那學」，既是明治中末期以來的結晶，也是開創「新學先驅」的「日本近代中國學」。他們由中國詩詞、戲曲、雜劇、小說角度創造了近代新顯學，然後又以鑽研敦煌學等等，與西方漢學並駕齊驅。

這個高光時刻，京都中國文學研究大抵是以「一祖二宗與雙璧」的系譜展開：狩野直喜（1868-1947）是開祖。鈴木虎雄（1878-1963）是日本近代中國文學的開拓者，青木正兒（1887-1964）是李白的扶桑莫逆之友，為二宗。二人的著作於大正年間（民國初期）中文語譯而流傳普及。吉川幸次郎（1904-1980）是杜甫的異國知己，小川環樹（1910-1993）是蘇東坡的東瀛神交，這兩位可稱雙璧。

若另由宮崎市定（1901-1995）的「文藝復興論」定位京都中國學，則這一段，可稱是日本近代中國學的文藝復興。在史學方面，那珂通世《支那通史》（1888），創立新史學，桑原隲藏《中等東洋史》（1898）、羽田亨《東洋史研究》（1935）和宮崎市定諸君皆為高峰。從內藤湖南的「唐宋變革論」到宮崎市定的「宋代為東洋的近世說」。亦皆與京都文學研究桴鼓相應，一同影響著中土。

要特別說明的是：日本之關注文學史，是明治與大正年間一大時代特徵，完全是自發的。當時是在「明治維新」而形成的世界文化場域中，東西文化碰撞、交融，而出現了國別文學史的建構產物，故是「民族國家」意識的產物。

先是從古老「漢學」中分化出「國學」來，再在國學中建構「日本文學史」。同時也開始從傳統的儒學、訓讀，轉出對「中國文學史」的建構。所以這是中日幾千年來文化交流的大變動，從古代型進入近代型。

不但日本出現了從前沒有的文學史，中國文學史也因而問世。都說

當時中國受到西方強勢文化的壓迫或挑戰，但在文學方面卻不是受西方影響而有了文學史，乃是以日本為參照系，借鑑了日本笹川臨風、古城貞吉（1898 年出版）的中國文學史著作而漸漸發展起來。

這風潮，一發展起來勢頭就挺猛。光是明治一朝，日本的中國文學史著作前後即有十餘部。這些日本早期中國文學史，對於中國的影響是決定性的。

因為二十世紀初葉，中國出現大量依據日本的中國文學史為藍本而撰寫的文學史著作，日本文學史家的「文學」觀，當然影響到中國文學史家對「文學」的理解和定義。而日本這些先驅，對中國俗文學地位的提高、中國文學史分期，可說都是一開始就替後來的中國同行定了調。

小說方面。自日本紅學奠基人森槐南在 1892 年刊發的〈紅樓夢評論〉一文開始關注《紅樓夢》作者問題之後，明治與大正年間至少有六位學者的八部「中國文學史」類著作對此展開了探討。整體上均識可曹雪芹的著作權，狩野直喜甚至從《紅樓夢》文本內證揭明了《紅樓夢》成書上限為雍正末年。也就是說，《紅樓夢》作者之考證，日本學者早在胡適開創的新紅學之前。

戲曲方面。日本學者從江戶時代（1603-1868）的新井白石（1656-1725）和荻生徂徠（1665-1728）已經把元雜劇和日本古典戲曲進行了比較研究。到了森槐南，更是在日本高等學府講授中國戲曲，他也是研究南戲最早的。

中國學界的南戲研究，要到二十世紀二十年代開始，而森槐南早在明治時期（1868-1912）就已經涉足南戲了。久保天隨稱「森槐南博士為明治時代詞曲研究的開山」，並坦言自己和鹽谷溫從事戲曲研究是受到森槐南的影響。

森槐南之後，中國戲曲研究更成了日本學界的新熱點（據青木正兒《御文庫目錄中的中國戲曲書》記載，從 1602 年至 1663 年，收入日本御文庫〔國家文庫〕的中國戲曲作品，選集就有 19 種，而民間輸入的數量更應不在少數）。

　　1890 年，森槐南在早稻田大學的前身東京專門學校講授詞曲，1898 年出任東京大學講師。狩野直喜與鹽谷溫則同出東京大學之門，均將中國戲曲作為自己的研究目標。

　　1910 年，京都大學派遣內藤湖南、狩野直喜等赴北京考察敦煌文獻，其間亦持續收購了不少小說戲曲類文獻。《清國派遣教授學術考察報告》中小說戲曲一類，介紹了《欽定曲譜》十四卷、九種曲等。狩野直喜此行還訪得白樸散曲集《天籟集》。鹽谷溫在長沙隨葉德輝學曲時也十分注重收集曲籍，葉德輝稱其「游學長沙，遍搜新舊刻本諸曲」。

　　除了這種個別現象之外，姚華從普遍性上說：「近年以來，中國舊籍漸傳異域，東鄰估客時至京師。百家之書，靡不捆載。至於詞曲，尤投嗜好。」

　　五四新文化運動興起，繼而「整理國故」風潮大作，中國傳統方被打倒，整理刊刻的戲曲文獻，卻馬上被旁邊盯著看的日本人逮著機會，把《雜劇十段錦》（1913）、《梅村先生樂府》三種（1916）、《暖紅室匯刻傳劇》、《誦芬室讀曲叢刊》（1917）、《盛明雜劇》、《元曲選》（1918）、《石巢傳奇》四種（1919）、《曲苑》（1921）、《重訂曲苑》（1925），乃至於上海覆刻的周憲王原本《西廂記》和《董解元《西廂記》諸宮調》等曲籍通通捆載而去，大大推動了關於中國戲曲的研究。

　　這是大勢。大勢中，王國維（1877-1927）的個案，尤其值得玩味。

　　王國維 1908 年寫《人間詞話》，然後撰寫《曲錄》。1911 年辛亥革命，王國維才三十出頭，即隨羅振玉避難日本京都。以李斗《揚州畫舫錄》所載的清代乾隆年間黃文暘的《曲海》與焦循的《曲考》為底本，在原有兩書僅有 1,081 種雜劇傳奇的基礎上多方搜集，共得金元明清曲本 3,178 種，並對每個朝代的作者數量及其地域分布進行了識真的研究。在此基礎上，他又從不同側面搜集戲曲資料，相繼寫成了《戲曲考源》、《唐宋大曲考》、《優語錄》、《錄曲餘談》、《曲調源流表》、《古劇角色考》等。於 1912 年成書《宋元戲曲考》，1915 年商務印書館初版時更名《宋元戲曲史》。

　　這時他已流寓京都，故其研究所需，除了用羅振玉的藏書之外，全部得諸京都豐富的戲曲資料。

　　另外就是京都有龐大的戲曲研究同道群，可以切磋討論。如鹽谷溫即曾說：「王氏游寓京都時，我學界也大受刺激。從狩野君山博士起，久保天隨學士、鈴木豹軒學士、西村天囚居士、亡友金井君等都對於斯文造詣極深，或對曲學底研究吐卓學，或競先鞭於名曲底紹介與翻譯，呈萬馬駢鑣而馳騁的盛觀。」

　　這種情況，是他在中國本土談詞曲時所不能有的。他在 1908、1909 年之交寫了《人間詞話》，隨即在《國粹學報》分三期刊出，但影響寥寥。1915 年 1 月，他將詞話重新編排調整後再度刊載於《盛京時報》，依舊沒太大動靜，要到 1926 年，北京樸社將《國粹學報》初刊本標點單行，學人始稍稍有所關注。相較於戲曲，他在日本的處境顯然遠遠勝於國內。

　　狩野直喜即與王國維多有交談，他在《支那小說戲曲史》中多處引用王國維的觀點，與王國維在元曲研究上有不謀而合之處。鈴木虎雄、西村天囚都在王國維的影響下對中國戲曲研究一度十分投入。青木正兒則受到《宋元戲曲史》的影響，開始撰寫《支那近世戲曲史》。

　　中國人看見這種情況，大抵只會識為王國維很幸運、很受歡迎。但實際上我們應該注意的是：一、王國維自身的戲曲研究深受日本學風的影響。二、王國維的詞曲觀都是「重頭不重尾」的。大誇晚唐五代宋初，而看輕南宋詞；大誇元曲，而對明清戲曲不屑一顧。日本的研究則全面得多，南戲、明清傳奇都是證例。三、王國維對戲曲的一些重要看法，如悲劇說、元明戲曲之差異說、元劇關目簡陋說等，明顯受到笹川臨風等人的影響。他用「戲曲」一詞作為中國古代戲劇的總稱，也是轉取自日本。四、明治後期，笹川臨風是日本第一部中國小說戲曲專史作者，也是第一部將俗文學與詩文並列的中國文學史作者（但他的中國俗文學研究集中在十九世紀末年）。而他的《支那文學史》，在中日兩國都引起極大反響。他的戲曲研究高於小說，曾寫出近代日本第一篇南戲專

論，晚年又將《琵琶記》編譯為日本物語體文學。森槐南的南戲研究也很有貢獻。可惜王國維一直沒注意到這方面，以致《宋元戲曲史》大有缺陷。

除王國維外，日本學者與其他中國學者的交往也很密切。1910年，狩野直喜在《藝文》雜誌上發表了〈《水滸伝》と支那戲曲〉一文，提出《水滸傳》的成書年代應晚於元代的水滸戲。1920年，胡適完成〈《水滸傳》考證〉一文，結論大致相同。

另外，董康游歷日本時，與久保天隨相識，久保天隨曾就《西廂記》閩刻凌初成本等問題寄信前往上海向董康請教。久保天隨讚賞張友鸞的〈《西廂記》的批評與考證〉一文，引之以為同調，在其《支那戲曲研究》中羅列《西廂記》續作時，《小桃紅》、《拆西廂》兩個本子即從張友鸞的文章中引用。

長澤規矩也每訪燕京，必屢到孔德學校的馬廉處訪問，觀其所藏的戲曲小說。青木正兒寫《支那近世戲曲史》時，也委託倉石武四郎從馬廉處抄寫《永樂大典》戲文三種。

也就是說，晚清民初，研究或關注小說戲曲的我國學者與日本學界之互動甚為頻繁，日本學者「帶節奏」的情況很明顯。

日本對我國小說戲曲之鑽研，漸漸也就顯示了與我國在學術上爭霸的雄心或作用。故鹽谷溫的《支那文學概論講話》全書分上下兩編，上編由〈音韻〉、〈文體〉、〈詩式〉和〈樂府及填詩〉四章組成，下編包括〈戲曲〉和〈小說〉兩章。從章節布局來看，戲曲小說部分才是該書的重點。鹽谷溫在序言中明說：「（書中）主要對中國戲曲小說的發展加以敘述，意欲填補我中國文學界的缺陷。因此前後詳略不同，遂分為上下兩編。」填補我中國文學界的缺陷！

通過小說和戲曲，增強對中國社會的了解，這種需求更是愈來愈強。明治維新之後，日本大量引進西方的社會科學，如人類學、民族學和民俗學等。日本「民俗學之父」柳田國男於1909年出版《後狩詞記》，被譽為日本民俗學的第一個紀念碑。1910年柳田國男等創立了

「鄉土會」，三年後又創辦了《鄉土研究》雜誌。日本的中國民俗研究也隨之而起，希望由對中國民風民俗的考察，進一步了解中國，戲曲則被識為是反映民風民俗的重要方面。東方時論社社長東則正在為今關天彭的《中國戲曲集》寫的序言中指出：「知戲曲者，始解中國」，「中國劇於中國之位置，曲盡其國民一切複雜之特性，近乎了無餘蘊」。

　　你會不會想起梁啟超的《小說與群治之關係》？是的，梁啟超這個觀念正是他在日本獲得的。戊戌變法失敗，他流亡日本，在橫濱創辦《清議報》、《新民叢報》、《新小說》等刊物。其中，《新小說》是中國文學史上第一份小說雜誌，〈論小說與群治之關係〉即是創刊號的發軔之作。

　　然而，同一種觀念，作用於現實，意義實大有不同。梁啟超是想用小說來喚起國人，新民興國。日本則漸漸轉而「知中」，乃至對了解、批判中國人國民性，有助於發展大日本帝國神聖事業等。

　　如宮原民平就談到研究中國有兩個方法，一是親身實踐，二是閱讀中國的小說戲曲，因為小說戲曲最能反映一個民族的真實狀況。辻聽花也曾說：「故予對於中國戲劇，既目之為一種藝術，極力研究，又以之為知曉中國民性之一種材料，朝夕窮究，孜孜弗懈。」七理重惠《謠曲與元曲》則提到日中「親善」的問題。鹽谷溫在《國譯元曲選》序言也說到：希望通過對元曲的翻譯，使讀者了解中國戲曲，對有關中國的問題有新的知識，對「興亞聖業」有所貢獻。

　　可憐中國學界對於這一方面不甚了解，日本人類學、民族學和民俗學等路數的小說戲曲研究，很久都沒吸收進來。隨五四運動發展起來的北京大學、中山大學民俗學研究，雖大談民歌與傳說，卻與社會科學式的人類學、民族學、民俗學不是一回事。

　　戲曲界，則王國維轉向到古器物學、古史學，西北地理研究，然後跳水自殺了。其他人，不過講點故事、做文本分析、史料考證。有些甚至根本連戲曲 ABC 基本常識都沒有（如胡適居然不知道曲子是有宮調有格律的，所以說從詩到詞再到曲，是文體解放、越來越自由，故可以

隨意加襯字）。

　　少數懂的，如吳梅、王季烈、姚華等，重視舞台演出或曲律音樂等，卻非主流，與日本學者又剛好沒法對話。乃至於吉川幸次郎感覺：王國維脫離戲曲研究後，除吳梅的著作還時有顯現之外，中國學界的戲曲研究成果甚是凋零。

　　如今我國學術愈發凋零，故重新回顧當年日本近代中國文學研究的歷史、方法和成果，比較中日學術互動和盛衰，恐怕仍是相當必要的。謹以此序清吉之書，並申同懷之意。

自序
文學飛躍

　　明治三十年代，狩野直喜批判江戶漢學只有宋明是偏狹，主張沉潛漢魏六朝的經術文學，以闡明中國儒雅傳統的究竟。昭和前期，吉川幸次郎回顧日本近代中國文學，說：「明治前期是中國文學的受容時期，明治後期是評釋時期，大正至昭和初年則是翻譯時期。再就研究的取向而言，明治以來的中國文學研究，大抵有偏重戲曲小說、現代文學與資料萬能、語學萬能主義的缺失」。進而提出「若欲彌補此一缺失，取得均衡的發展，則宜重視文學內容本質研究與修辭藝術鑑賞」的展望。青木正兒權衡中日歷來於中國文學的鑑賞，強調日本人於中國文學的理解和鑑賞不如中國人是存在的事實，然而研究法的優劣在於其人的頭腦，領域的開拓在於其人的眼光。職是之故，中國文學研究沒有中國人或外國人的區分。日本人於中國文學的研究，宜以「美意識歷史」（美學史），建構文學理論、開拓新分野為宗尚。

　　提出文學理論與開創近代研究中國文學新領域，是京都中國學者研究中國文學的究極。

　　狩野直喜批判江戶漢文學重視《古文真寶》、《文章軌範》是俚俗，不能體得中國文學以《文選》為根源的儒雅本質；鈴木虎雄、小川環樹等人「紙上散步」，探索中國文人創作詩文當下的情境；青木正兒沉潛中國文學的英華，演繹中國文學思想的流衍；吉川幸次郎洞察陶淵明與杜甫的詩文，提出中國文學的賞析論與創作論。皆可謂之為「文學飛躍」。

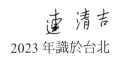

連清吉
2023 年識於台北

敘說

京都中國文學研究的系譜：
一祖二宗與雙璧[*]

一、京都中國學的創始

　　內藤湖南（1866-1934）於明治 33 年（1900）說：「東西學術薈萃的日本宜居於創造第三新文明的地位，然漢學耆老墨守德川末期的弊風，毫無進步。清朝學者則儼然如『歐西近人之學士』習得合理性的學問方法。日本學界應將學問提昇至清朝考證學的水平，確立研究方法，開拓東洋學術，甚至世界文明的新局面」。[1] 町田三郎（1932-2018）先生說：「在中國學研究的領域，實現以科學合理的精神為根底，將研究成果提昇到世界學問水準的是大正九年（1920）以內藤湖南、狩野直喜（1868-1947）為中心而創刊的《支那學》雜誌。《支那學》的創刊是明治中末期以來，確立近代中國學的結晶，尤其是內藤湖南與狩野直喜所謂的新學風，是以與中國當代考證學之學風同步的學問為目標，既非守舊的漢學，亦非盲目騖新之輕薄學問的主張」。[2] 內藤湖南與狩野直喜

---

*　本文曾刊於《龔鵬程國際學刊》第四輯，台北：台灣學生書局，2022 年 4 月，頁 171-184。

1　內藤湖南：〈讀書に關する邦人の弊風附漢學の門徑〉，《內藤湖南全集》第二卷，東京：筑摩書房，1971 年 3 月，頁 166-170。

2　町田三郎：〈明治漢學覺書〉，《明治の漢學者たち》，東京：研文出版，1998 年，頁 23；連清吉譯：《明治的漢學家》，台北：台灣學生書局，2002 年 12 月，頁 25。《支那學》雜誌十四卷（含《還曆記念号》一卷、《東光：支那学別卷》一卷，1920 年 9 月至 1948 年 10 月於東京弘文堂發行，刊載日本（京都）與中國（羅振玉、王國維、張爾田、羅福成、錢寶琮、郭沫若等）於中國學的論述，介紹中國

於明治新時代樹立新學問是文化使命感，批判江戶時代與繼承江戶學術之東京近代的學問有偏狹和歪曲的流弊，不能作為引領新時代的學問，是文化自覺。選別具有西洋實證合理性格的清朝考證學與世界漢學的取向，用以開創「新學先驅」的「日本近代中國學」，既首唱研究的中國戲曲雜劇古典小說是大正（1912-1925）至昭和（1926-1988）前期中國文學的顯學，鑽研敦煌學與世界漢學並駕齊驅，清代歷史與文學的研究早於中國與歐美學界。又提出無雷同於中國既成定說的述作，則是以清朝考證學為媒介，與世界漢學接軌的意識而成就古代的再生。若以宮崎市定（1901-1995）的「文藝復興論」定位京都中國學，或可謂之為日本近代中國學的文藝復興。

在史學方面，宮崎市定說：「東洋史學是明治期日本人創立的學問，具有『日本的』，特別是『明治的』特色」。[3] 從中國史學的傳統學術到東洋史學新領域的擴展是日本近代的「史學突破」。內藤湖南主張「唐宋變革論」，政治方面，貴族政治崩壞而君主權力確立，士大夫地位上升；經學由箋注義疏轉向獨見創說；繪畫藝術由金碧輝煌的壁畫轉趨白描水墨的捲軸；實物經濟轉型為貨幣經濟，稅租勞役制度的改變，土地私有的雛形略具等政經社會文化，強調唐代是中國的中世，宋代則是中國近世的開端。[4] 宮崎市定則從東洋史學的觀點，提出宋代是「東洋的近世」。宮崎市定強調：十四世紀到十六世紀歐洲形成的「文藝復興」是區分中世與近世之劃時代的重要關鍵，歐洲「文藝復興」是中世黑暗

當代學術消息，為近代中日學術交流史的貴重史料。

3　宮崎市定：〈自跋〉，《宮崎市定全集 2：東洋史》，東京：岩波書店，1999 年，頁339。那珂通世著述《支那通史》（1888），創立新史學，桑原隲藏《中等東洋史》（1898），羽田亨創刊《東洋史研究》（1935），而宮崎市定為〈東洋史學巨峰〉，《宮崎市定全集・刊行にあたって》，東京：岩波書店，1990 年，全集刊行記事轉載於礪波護：〈東洋史学宮崎市定〉，見於礪波護、藤井讓治編，《京大東洋学の百年》，京都：京都大学学術出版会，2002 年 5 月，頁224。

4　內藤湖南：〈概括的唐宋時代觀〉、〈近代支那の文化生活〉，《內藤湖南全集》第八卷，東京：筑摩書房，1969 年 8 月，頁111-139。

的覺醒，以古代再生為媒介，而創出近世的文化，其中心思想是回歸
希臘、羅馬古典黃金時代的復古思想，於文學表現形式既有古代拉丁語
（Fancesco Petrarca）的復興，也有以方言創作文學（但丁《神曲》）的
產生。印刷術的傳入而書籍出版普及，羅盤和火藥的傳入而科學發達。
繪畫、雕刻與建築是藝術的尖峰。歐洲「文藝復興」的精神是復古、藝
術與科學。「文藝復興」的精神與文化現象不但是東西共通具存，中國
於十世紀到十一世紀，已有儒學復興、古文運動、口語文學的流行，印
刷術的發明，版刻流傳而文化普及，潑墨山水，文人自由揮灑獨具風格
之捲軸字畫，殊異於中世重視師承之碑刻書法，金碧輝煌之壁畫。又由
於大運河連接南北交通貿易，陸路與海上絲路暢通，文化交流活絡，經
濟貿易發達，宋代的中國成為東西文化經貿的據點。[5]

　　內藤湖南以中國為主體，通貫中國歷史的變遷，宮崎市定則從東洋
史學的視角，探尋中國歷史的沿革，內藤史學到宮崎史學是「史學的突
破」[6]。

　　京都中國文學研究的系譜，則有一祖、二宗和雙璧的傳承。狩野
直喜是開祖，鈴木虎雄（1878-1963）是日本近代中國文學的開拓者[7]，

5　宮崎市定的東西文藝復興論，見於宮崎市定：〈東洋のルネサンスと西洋のルネ
　　サンス〉，《宮崎市定全集 19：東西交涉》，東京：岩波書店，1992 年 8 月，頁
　　3-50。宋代是「東洋的近世」，見於宮崎市定：《東洋的近世》，《宮崎市定全集 2：
　　東洋史》，東京：岩波書店，1992 年 3 月，頁 134-241。
6　宮崎市定說：內藤湖南史學的研究對象，雖不限定中國，亦涉及蒙古、滿洲、西
　　藏，唯未遍及東洋全境域。所謂東洋史學既研究中國的歷史文化及其對周邊民族
　　的影響，又從東西歷史對比的觀點，論述東洋歷史文化的特質。宮崎市定：〈自
　　跋〉，《宮崎市定全集 2：東洋史》，頁 243-244。換句話說宮崎市定從「東西交涉
　　（交流）」觀點，區分中國歷史，探究中國各時代的特質與沿革變遷，論述中國歷史
　　文化在世界史上的地位。
7　小川環樹、吉川幸次郎、倉石武四郎等〈先学を語る：鈴木虎雄博士〉記述：鈴
　　木虎雄的《支那詩論史》是開拓中國文學新領域的著作，與《支那文學研究》二
　　書，於中國皆有翻譯，為郭紹虞、陳鐘凡所參考，可謂是「中國文學的開拓者」。
　　（見於東方学会編，《東方学回想 II：先学を語る（2）》，東京：刀水書房，2000 年
　　2 月，頁 127-128）

青木正兒（1887-1964）是李白扶桑的莫逆之友，為二宗，二人的著作於大正年間，即民國初期，中文語譯而流傳普及。吉川幸次郎（1904-1980）是杜甫千年之後的異國知己，小川環樹（1910-1993）是蘇東坡的東瀛神交，為雙璧。[8] 至於京都中國學者的中國文學，青木正兒說：「日本人於中國文學的理解和鑑賞不如中國人是存在的事實，但是研究法的優劣在於其人的頭腦，分野的開拓在於其人的眼光，要皆在於個人的才能。中國文學的歷史悠長，然缺乏文學批評的研究，日本學者宜以中國文學的『美意識歷史』（美學史）為主要研究對象，亦應以開拓新分野為究極」。[9] 此為京都中國學者於中國文學的取向。青木正兒又說：

> 大正初期，狩野直喜遊學歐洲，調查英、法兩國所藏敦煌遺書中的通俗文學資料，於《藝文》雜誌，發表西歐研究中國通俗文學的動向，引起中日學界的矚目。又從俄國學士院影印劉知遠所作的「物語」，與門人共同進研究，命名為《劉知遠諸宮調》，於《支那學》雜誌發表。此為諸宮調最古的版本，亦為中國學界所知聞。鹽谷溫（1878-1962）發現內閣文庫所藏明版《古今小說》《醒世恆言》，門下弟子長澤規矩也（1902-1980）等人研究《三言二拍》，發表於《斯文》雜誌，北京馬廉等人呼應，中日兩國學界一時沸騰。至於內閣文庫所藏元版《全相平話》五種與《清平山堂話本》皆為中國亡佚的重要資料，孫

8　新村出說：狩野直喜是京都中國學的開祖。（《広辞苑》第五版，東京：岩波書店，1998 年 11 月，頁 540）青木正兒譯注《李白》，小川環樹說：「自由不羈的精神」是青木正兒的學術性格（小川環樹：〈自由不羈の精神：《青木正兒全集》第二卷解說〉，《小川環樹著作集》第五卷，東京：筑摩書房，1997 年 5 月，頁 278-285）可稱青木正兒是李白扶桑的莫逆之友。吉川幸次郎說：杜甫是我的古典，講述研究譯注杜甫詩集，是日本近代研究杜甫的第一人，或可稱之為杜甫千年之後的異國知己。小川環樹說：蘇東坡是我最喜歡的詩人，講述研究譯注蘇東坡詩集，特立於日本近代中國文學，或可稱之為蘇東坡的東瀛神交。
9　青木正兒：〈支那文學研究に於ける邦人の立場〉，《江南春》，《青木正兒全集》第七卷，東京：春秋社，1970 年 4 月，頁 45-48。

楷第等人東來訪書編輯《日本東京所見中國小說書目題要》。

雜劇《西遊記》《嬌紅記》的刊行，裨益中外學界甚多。拙著《支那近世戲曲史》介紹倉石武四郎（1897-1975）校輯元王伯成《天寶遺事諸宮調》，趙景深乃蒐輯古戲文的文本，編刊《宋元戲文本事》，錢南楊亦編輯《宋元南戲百一錄》，陸侃如、馮沅君合編《南戲拾遺》，以《九宮正始》為底本，補遺趙錢二書，古南戲逸文的蒐輯豐碩。趙景深編刊《元人雜劇輯逸》。

尤其要者，是研究方法的提出與理論的建構。古城貞吉（1866-1949）、久保天隨（1875-1934）編著《支那文学史》的問世先於中國。影響所及，中國於中國文學通史、別史的刊行，如雨後春筍，盛況空前。鈴木虎雄的《支那詩論史》為中國文學理論的先驅，陳鐘凡、郭紹虞出版《中國文學批評史》，亦於中國文學界嶄露頭角。[10]

就文學領域的開拓與研究，戲曲、小說是大正至昭和前期（1945），中國文學的顯學。研究方法的提出與理論的建構是日本近代中國學者，特別是京都中國學者的用心所在。

二、狩野直喜：京都中國學的開祖

狩野直喜是京都帝國大學文科大學草創期，樹立京都中國學派的主導性代表人物之一。[11] 狩野直喜生於明治元年，感受明治文明開化的時代風潮，成就其樹立新中國學的事業。明治 25 年（1892）入學東京帝

---

10 青木正兒：〈支那文學研究に於ける邦人の立場〉，《江南春》，《青木正兒全集》第七卷，頁 45-48。
11 高田時雄：〈支那語學支那文學　狩野直喜〉，見於礪波護、藤井讓治編，《京大東洋学の百年》，頁 4。

國大學文科大學漢文科，師事島田篁村（1838-1898），專注於《皇清經解》的鑽研，沉潛於清朝考證學的探究，繼承大田錦城－海保漁村－島田篁村之考證學風，奠定其與內藤湖南以清朝考證學建立京都中國學的基礎。[12] 明治 39 年（1906）京都帝國大學文科大學創立，狩野直喜聘任為文科大學教授。狩野直喜的學術成就除以清朝考證學為機軸而樹立京都中國學外，於敦學的草創[13]，宋元戲曲和《紅樓夢》之俗文學與小說研究的開拓[14]，東方文化事業的策畫，堅持為學術而學術之理想，創立「東方文化學院」（京都大學人文科學研究所的前身）[15] 等，都是具有開創性的不朽的文化事業。

三、鈴木虎雄：日本近代中國文學通事

鈴木虎雄，號豹軒，明治 11 年（1878）生於新潟縣，幼就祖父鈴木文台開設的家塾「長善館」。「長善館」遠紹荻生徂徠古文辭派儒學與文學兼修的學風，既訓讀《四書》，又閱讀《文選》，形成尊重文學的意識。明治 24 年（1819），遊學東京，33 年東京帝國大學漢學科畢業，就職於日本新聞社，36 年轉任台灣日日新聞。38 年歸國，赴任東京師範高等學校講師。40 年（1907）應聘京都帝國大學文科大學副教授，

---

12 小島祐馬：〈通儒としての狩野先生〉，《東光》第 5 號，1948 年 4 月，頁 5；高瀨武次郎：〈君山狩野直喜博士を追慕す〉，《東光》第 5 號，1948 年 4 月，頁 64。

13 狩野直喜於敦煌學的成就，詳見神田喜一郎：《敦煌學五十年》，東京：二玄社，1960 年 5 月。

14 狩野直喜有「支那小說史」、「支那戲曲史」的講述，又有關中國小說與俗文學的主張，亦見於其所著的《支那學文藪》（東京：弘文堂，1927 年出版；東京：みすず書房，1973 年補訂出版）。

15 東方文化學院設立的經緯，詳參山根幸夫：〈東方文化学院の設立とその展開〉，見於市古教授退官記念論叢編集委員会編，《論集近代中国研究》，東京：山川出版社，1981 年。狩野直喜堅持學術文化理想的主張，見載於日本外務省外交資料館編《總委員會關係雜件》第 2 卷，京都大学人文科学研究所《人文科学研究所 50 年》（1979）。

大正 8 年（1919），昇任教授，授文學博士學位。昭和 13 年（1928）退
休。38 年（1963）年 1 月 20 日逝世。著述《支那詩論史》、《支那文學
研究》（1925），《賦史大要》（1936）；譯注《白樂天詩解》（1927），《杜
少陵詩集》（1928-1931），《陶淵明詩解》（1948），《陸放翁詩解》上、
中、下（1950-1954），《玉台新詠集》上、中、下（1953-1956），《李長
吉歌詩集》上、下（1961），《杜詩》八卷（1963-1966）。或可謂之為近
代日本中國文學通事。16

　　明治三十、四十年，東京帝國大學漢學科的課程是經學與文學兼
修，而文學則傾向於詩文的創作。然鈴木虎雄秉持文學為獨立學問的信
念，沉潛於中國文學研究，詩作

　　山鷄有麗毛，刷錦臨綠水。
　　終日顧其姿，日眩以溺死。
　　誰謂痴可憐，知己豈如己。
　　內足外以求，華彩唯自恃。
　　道德固至尊，文章非小技。
　　願言傚斯禽，弄影明鏡裏。17

說明文學與經學具有等同的價值。倉石武四郎說：「鈴木虎雄是中國文
學的開拓者」。吉川幸次郎說：「鈴木虎雄於大正年間著述的《支那詩論
史》18 是世界中文學界有關中國文學批評史的創始，開拓中國文學的新

---

16 日本江戶時代，德川幕府於長崎設置「唐通事」或稱「唐通詞」的通譯之官，教
　習唐音吳語，以暢通唐船貿易物流，促進日本經濟文化的發展。鈴木虎雄以簡潔
　平易之「等量翻譯」為究極，譯注中國六朝以迄唐宋之大家的文學，承先啟後，
　而引領風騷，洵可謂為近代日本的中國文學通事。

17 鈴木虎雄：〈雜詩三首・山鷄有麗毛〉，《豹軒詩鈔》卷九，京都：弘文堂書房，
　1938 年 1 月，頁 4。

18 青木正兒《支那文學思想史》〈序〉說：鈴木虎雄《支那詩論史》第一篇論說周
　漢諸家的詩之思想，第二篇是魏晉南北朝的文學論，第三篇究格調、神韻、性
　靈三詩說，為中國文藝思潮研究的先驅，論考精核無比，為不朽的名著。中國有

領域」。小川環樹則說：「《支那文學研究》收錄的〈五言詩發生の時期
に關する疑問〉（1919）是中文學界最早質疑關五言詩形成的問題。〈敦
煌本文心雕龍校勘記〉（1926）徵引《玉海》、《太平御覽》，以為文獻考
證的根據，開援引類書考證文學作品的風氣。此實證學的方法，為新學
的先驅」。至於《賦史大要》更是風雨名山的論著。京都大學退休與喜
壽（77歲）之際，門下弟子為其出版《豹軒詩鈔》、《豹軒退休集》，收
錄平生創作漢詩近一萬首，放眼近代日本，無人能出其右者。京都大學
退休後，譯注中國傳統文人的詩集而優遊自適。[19]

四、青木正兒：李白扶桑的莫逆之友

　　青木正兒，字君雅，號迷陽，明治20年（1887）生於山口縣下關
市。41年（1908）入學京都帝國大學文科大學支那文學講座，師事狩
野直喜、鈴木虎雄、內藤湖南。大正8年（1919）聘任同志社大學教
授。9年，與小島祐馬、本田成之等人，創刊《支那學》雜誌。11年中
國遊學。12年赴任東北帝國大學法文學部副教授。14年留學中國，15
年歸國，昇任教授。昭和10年（1935）取得文學博士，13年轉任帝國
大學文學部教授，22年6月退休。25年任山口大學文理學部教授，32
年任立命館大學教授。39年（1964）12月2日逝世。

　　大正至昭和前期，京都中國學者遠紹中國文人儒雅是尚的傳統，
優遊於中國古典詩文與書畫藝術。內藤湖南講述《支那繪畫史》，長尾

翻譯，影響所及，有二、三同類著書問世。唯綜輯雜誌發表的三篇論文，未成體
系，又有除魏晉南北朝以外，其餘朝代僅止於詩學思想的論述，唐宋的三詩說但
於第三篇敘述其梗概的不足。雖教授上庠，講述「唐宋詩說史」、「宋元詩說史」，
然未付梓。於是紹述師說，著述《支那文學思想史》，省其重複，彌補闕漏，彰
顯幽微，開展中國文學嶄新的境域。（《青木正兒全集》第一卷，東京：春秋社，
1969年12月，頁3）
19　小川環樹、吉川幸次郎、倉石武四郎等：〈先学を語る：鈴木虎雄博士〉，見於東方
　　学会編，《東方学回想Ⅱ：先学を語る（2）》，頁115-139。

雨山（1864-1942）敘述《中國書畫話》，神田喜一郎（1897-1984）論考《中國書道史》。[20] 青木正兒自稱中國繪畫音樂的涵養，發乎興趣，皆獨學而無師承。[21] 於中國繪畫音樂的論考，早歲有《金冬心之藝術》（1969），〈和聲の藝術と旋律の藝術〉、〈解衣般礴の藝術〉（1918），晚年著述《琴棋書畫》（1958），《中華名物考》（1959），《中華飲酒詩選》（1961），《中華茶書》、《酒中趣》（1962），而自喻適志。至於《支那文藝論藪》（1927），《支那近世戲曲史》（1930），《支那文學概說》（1935），《元人雜劇序說》（1937），《江南春》（1941），《支那文學藝術考》（1942），《支那文學思想史》（1943），《支那文學評論史》、《清代文學評論史》（1950）等中國戲曲、文學與批評史的論著，則是狩野直喜、鈴木虎雄的紹述與開展。

　　吉川幸次郎說：「實證與獨創是青木正兒文學的特色」，引述青木正兒《支那文學概說》〈序〉：

> 文學必須可玩味，可陶醉，非培養靈敏的味覺，不能知其佳美風味。所謂味覺，即鑑賞力。鑑賞力以經驗與批判而養成，經驗以讀書而增進，批判以熟慮而精當。[22]

強調以精博的讀書與慎思熟慮而鍛鍊文學味覺，是青木正兒的學風。敏銳的味覺是其「狷介不羈」性格的體現。狷介者，以讀書累積的經驗而尊重實證，不羈者，無苟同既有的成說，以熟慮批判而突破獨創。實證與獨創而開拓中國文學新領域，是青木正兒學問的精髓所在。[23]

20　長尾雨山 1888 年畢業於東京帝國大學古典講習科，1914 年定居京都，演講中國書畫的講述內容，收錄成書。神田喜一郎於 1954 年主編《書道全集》24 卷（1954-1961）而論述《中國書道史》。

21　青木正兒於〈学問の思い出〉自稱中國的書畫音樂的涵養是獨學而成。東方学会編，《東方学回想Ⅲ：学問の思い出（1）》，東京：刀水書房，2000 年 3 月，頁 166-167。

22　青木正兒：〈序〉，《支那文學概說》，東京：弘文堂，1935 年 12 月，頁 1。

23　吉川幸次郎：〈青木正兒博士業績大要〉，《吉川幸次郎全集》第十七卷，東京：筑

青木正兒於〈支那文學研究に於ける邦人の立場〉說：

> 日本人於中國文學的理解和鑑賞不如中國人是自然存在的事
> 實，然研究法的優劣在於其人的頭腦，領域的開拓在於其人的
> 眼光。質是之故，中國文學研究沒有中國人或外國人的區分，
> 日本人研究中國文學宜以開拓新分野為究極。[24]

吉川幸次郎說：「青木正兒於中國文學史、戲曲史與批評史的研究，有開創新學先驅的業績。中國文學歷史悠久，而體系性究明其歷史變遷與美學法則，則發端於二十世紀西洋研究方法的受容，狩野直喜與鈴木虎雄是早於中國的新學先驅，青木正兒繼承發展，成就獨創性的不朽論著。《支那文學概說》論考中國古典文學各種體裁的沿革意義與研究方法。甫一出版，即有郭虛中的中國語譯問世流傳。中國戲曲有數百年的歷史，始終未視為文學的正統而乏人問津。二十世紀，狩野直喜、幸田露伴、王國維等人研究十三世紀創始期的元雜劇，然未涉及明清的戲曲史。《支那近世戲曲史》彌補空白，論考緻密周衍，發前人所未發。以王古魯中文翻譯而普及，西方的東洋學者亦贊賞之為『古典』的著作。至於繼承鈴木虎雄《支那詩論史》，研究美意識（美學）史的《支那文學評論史》《清代文學評論史》亦是劃時代的經典之作。晚年的《中華名物考》（1959），實證究明『名』『物』關係，《中華名物考·序》自謂是『前人未發的嘗試』」。[25]

　　文學研究之餘，又優遊於琴棋書畫，品茗飲酒，或是味覺涵養的昇華。最初的著書《金冬心之藝術》是藝術論的試筆之作，《支那文藝論藪》說明中國文學及藝術的精要所在，敘述中國音樂美術的思潮沿革而

摩書房，1969 年 6 月，頁 337-339。

24　青木正兒：〈支那文學研究に於ける邦人の立場〉，《江南春》，《青木正兒全集》第七卷，東京：春秋社，1970 年 4 月，頁 45-46。

25　吉川幸次郎：〈青木正兒博士業績大要〉，《吉川幸次郎全集》第十七卷，頁 338-339。

獨步日本近代中文學界。

　　鈴木虎雄、吉川幸次郎譯注杜甫詩作，而青木正兒獨鍾李白，譯注李白詩作，蓋以「狷介不羈」的性格而相親。小川環樹謂其《支那文藝論藪》為「自由不羈精神」的體現。[26] 思索青木正兒的學問性格，或可謂之為李白扶桑的莫逆之友。青木正兒於 1965 年 12 月 1 日校對譯注《李白》脫稿的翌日，在立命館大學中國文學研究所，講授《文心雕龍》後，昏倒於走廊而去世。橋本循說：李白欲捉水中月而溺死揚子江畔的采石磯，青木正兒高雅之人，仙風道骨，忽然仙逝於白玉樓中，《李白》譯注是其絕筆著述，亦為奇緣。[27]

五、吉川幸次郎：杜甫千年之後的異國知己

　　吉川幸次郎出生於神戶。大正 12 年（1923）4 月，入學京都帝國大學文學部。昭和 3 年（1928）2 月，隨狩野直喜往赴中國而留學北京。22 年（1947）4 月，以《元雜劇研究》獲得文學博士，6 月就任京都帝國大學文學部中國語學中國文學教授。

　　吉川幸次郎自昭和 22 年（1947）起，開始於京都帝國大學文學院講授杜詩[28]，有關杜甫的著作收集於《吉川幸次郎全集》第十二卷·杜甫篇。京都大學退休後，從事杜詩的注釋，自稱要全部注釋完成得活到一百多歲，臨終前五囑其弟子小南一郎校正《杜甫詩注》第四冊。[29] 其於杜甫研究的執著由此可以窺知一二，至於杜詩的用語、對仗、音律、

26　小川環樹：〈自由不羈の精神〉，《小川環樹著作集》第五卷，頁 278。

27　橋本循：〈青木迷陽博士を憶う〉，見於立命館大学人文学会編，《青木正兒博士追悼特輯》，京都：立命館大学人文学会，1965 年 11 月，頁 118。

28　筧文生：〈吉川幸次郎遺稿集第二卷解說·付錄·吉川幸次郎先生京都大學文學部講義題目一覽〉，《吉川幸次郎遺稿集》第二卷，東京：筑摩書房，1996 年 2 月，頁 576-582。

29　小南一郎：〈吉川幸次郎先生鎮魂〉，《吉川幸次郎》，東京：筑摩書房，1982 年 3 月，頁 203。《杜甫詩注》共出版五冊，第五冊是以遺稿刊行問世的。

意境亦有細微的分析。吉川幸次郎不但執著地說：他是「為讀杜甫而誕生於人間世」[30] 的，也自負地說：「注釋杜甫要有錢牧齋的學識與見識，今日可以解析杜詩的除我之外無他」。或可謂之為杜甫千載之後的異國知己。

　　至於以通古今之變的史觀，運用清朝考證學與歐洲東方學術研究的方法論，分析東西方於中國文學的優劣長短，以嚴密的考證與細緻的賞析，重新評述既有的研究成果，開拓新的研究領域，成就一家之言，為日本近代以來研究中國文學的泰斗。

六、小川環樹：蘇東坡的東瀛神交

　　小川家一門俊秀，小川環樹祖父小川駒橘（1844-1922）為紀州藩士，福澤諭吉慶應義塾最初的學生，精通英學，於漢學亦有深厚素養，尤好中國古典小說。[31] 父親小川琢治（1870-1941）為京都帝國大學地理學教授，兄長貝塚茂樹（1904-1986）為京都帝國大學史學教授，湯川秀樹（1907-1981）為諾貝爾物理學賞得主，於中國經史諸子文學多所涉獵。[32] 小川環樹於〈心の履歷〉說：幼隨祖父素讀《四書》，又讀《唐詩選》、《文章規範》，而嗜好漢詩文。感佩青木正兒《支那學》〈發刊辭〉所述開創中國文學新取徑的主張，乃於 1929 年入學京都帝國大學，專攻中國文學。受教於鈴木虎雄，聽講《文選》、《杜詩》，體得「以直探詩文真義為第一要諦」的讀書之學，以及講述以理路整然，平明周到為要，譯注以簡潔，無過與不及是尚的著述態度。選修倉石武四郎講授江永《音學辨微》與魯迅《吶喊》，涉獵中國聲韻訓詁學與中

30　黑川洋一：〈杜甫と吉川先生と私〉，《吉川幸次郎全集第十二卷‧月報》，東京：筑摩書房，1968 年 6 月，頁 6。

31　小川環樹：〈南紀小川氏家譜述略〉，《小川環樹著作集》第五卷，頁 507-510。

32　小川環樹：《《湯川秀樹著作集》第六卷解說〉，《小川環樹著作集》第五卷，頁 342-351。

國現代語音學，著述《中國語學研究》。1934 年留學中國，交遊於羅常培、趙元任而鑽研中國現代漢語與蘇州方言。與魯迅暢談書寫《中國小說史略》的原始本末，旁及當時北京古書店的消息。承襲祖父愛好中國古典小說的家學，於大學時，嘗精讀《中國小說史略》，頗尊敬魯迅，乃有《中國小説史の研究》的撰述。[33]

小川環樹精通中國語學，鑽研中國文學。興膳宏說：「小川環樹與吉川幸次郎維繫京都大學中國文學的傳承於不墜，吉川幸次郎是雄偉大丈夫，高明英華，小川環樹是仙風鶴骨，沉潛蘊蓄」。[34]陽剛陰柔，相得益彰，或可謂日本近代京都中國文學的雙璧。1951 年小川環樹於京都大學任教，吉川幸次郎告之曰：「吾譯注杜詩，汝譯注東坡詩」。小川環樹說：「東坡詩明朗闊達，平易流暢，是我最喜愛的詩人。東坡詩語如行雲流水，自由無礙，甚難翻譯」。京都大學退休後，著手譯注，以八、九年的歲月，完成《蘇東坡詩集》第一冊[35]，至 1990 年，出版《蘇東坡詩集》第四冊[36]。興膳宏說：「小川環樹譯注《蘇東坡詩集》取法於其師鈴木虎雄譯注《杜少陵詩集》[37]去蕪存菁，平明洗練的筆致，忠實於詩人遣詞造句的用心，以『等量翻譯』是尚。日本近代以來，未有如小川環樹潛心鑽研而探究宋代詩文魅力者」。[38]由是，或可謂小川環樹是蘇東坡的東瀛神交。

---

33 小川環樹：〈心の履歴〉，《小川環樹著作集》第五卷，頁 174-179。中國留學交遊與中國語學、中國小說史撰述的關係，乃作者的推論。

34 興膳宏：〈含羞の人：小川環樹先生〉，《異域の眼：中国文化散策》，東京：筑摩書房，1995 年 7 月，頁 210。

35 小川環樹：〈《蘇東坡詩集》著者のことば〉，《小川環樹著作集》第三卷，東京：筑摩書房，1997 年 3 月，頁 202。

36 小川環樹：《蘇東坡詩集》四冊，東京：筑摩書房，1983 年 2 月至 1990 年 9 月。

37 鈴木虎雄：《杜少陵詩集》四卷，東京：國民文庫刊行會，1928 年 6 月至 1931 年 6 月。

38 內藤湖南：〈讀書に關する邦人の弊風附漢學の門徑〉，《內藤湖南全集》第二卷，頁 214。

小川環樹說：「蘇東坡以流暢而不知所止的文體，傳達堅信人間自然美善的溫良衷心，故其作品不但在世時，有多數的愛好者，死後至今亦為不可數計的讀者所喜愛」。[39] 山本和義說：「文者人也。小川環樹學殖豐富，文章平明流暢，九百年後與蘇東坡邂逅」。[40]

吉川幸次郎說：「杜甫是我所最喜歡的中國詩人」[41]，「我的古典是杜甫」[42]，講述杜甫五十年，譯注《杜甫詩注》[43]，洵為杜甫千年之後的異國知己。唐宋名家的詩文流芳於扶桑，乃日本近代中國學界的風流韻事。二人又集結一時俊秀，譯注《中國詩人選集》凡三十三卷，引領風騷，誠中日中國文學不朽之盛事。

七、京都中國文學的傳承

吉川幸次郎說：「戲曲小說研究是大正年間中國文學的主流」。狩野直喜講述《支那小說戲曲史》、《支那文學史：上古より六朝まで》、《清朝の制度と文學》[44]，而開風氣之先。就文學領域而言，青木正兒、吉川幸次郎有中國戲曲、雜劇的論著，小川環樹論考中國小說史，於是中國戲曲小說的研究盛行，為日本近代中國文學的顯學。青木正兒與吉川幸次郎的論著，皆有中文語譯而流傳普及。

---

39 小川環樹：〈蘇東坡の一生とその詩〉，《小川環樹著作集》第三卷，頁 98。
40 山本和義：〈《小川環樹著作集》第三卷解說〉，《小川環樹著作集》第三卷，頁509-511。
41 吉川幸次郎：《吉川幸次郎全集》第一卷，東京：筑摩書房，1968 年 11 月，頁147。
42 吉川幸次郎：〈わたしの古典〉，《吉川幸次郎全集》第十二卷，東京：筑摩書房，1968 年 6 月，頁 706。
43 吉川幸次郎：《杜甫詩注》五冊，東京：筑摩書房，1977 年 8 月至 1983 年 6 月。
44 狩野直喜於明治 41 年（1908）在京都帝國大學文學科講述「支那文學史」，大正 5 年（1916）講述「支那小說史」，大正 6 年講述「支那戲曲史」，大正 7 年 9 月至 12 年 3 月講述「清朝文學」。

　　狩野直喜《支那文學史：上古より六朝まで》總論中國文學的範圍，從修辭說明中國文學的特色，第一編講述孔子以前的文學思想，第二至第四篇講述春秋戰國以迄魏晉南北朝的文學。吉川幸次郎概說〈中国文学入門〉，論述〈中国文学の性質〉、〈中国文学に現れた人生観〉、〈中国文学の環境〉。[45] 小川環樹論考〈中国の文學〉、〈思想の表現〉、〈中国散文の諸相〉、〈中国の文学における風景の意義〉。[46] 鈴木虎雄論述《支那詩論史》，開拓中國文學批評史的新領域，青木正兒承繼發揚，考索中國文學批評史與清代文學批評史。至於吉川幸次郎《中国詩史》[47]，乃高橋和巳（1931-1971）綜輯吉川幸次郎論考中國詩人及其詩學的文章而付梓。狩野直喜《清朝文學》總論清朝文學形成的文化底蘊，三編講述順康・雍正時代、乾隆・嘉慶時代、道光・宣統時代文人的古文、駢體文、詩歌、戲曲。吉川幸次郎則論述《清初詩説》[48]，師弟薪傳，相互輝映。

　　有關詩人與詩集的譯注研究，鈴木虎雄譯注《陶淵明詩解》、《杜少陵詩集》、《陸放翁詩解》。吉川幸次郎說：「鈴木虎雄與杜甫為友，譯注杜詩，復興日本愛讀杜甫的傳統。雖有《白樂天詩解》，嘗謂『白居易比杜甫難以理解，於李白亦然。至於後世詩人的論述，則之稱為戲作』」。[49] 又說：「鈴木虎雄性格溫雅玲瓏如玉，有詩人的熱情，以陸游為忠實之人，急公忘私。作〈題陸放翁詩解後〉七絕：『蓬萊宮殿化為烽，漢主山川煙霧重，陶集解成陸詩續，誰知微意在黃龍』，寄寓戰亂傷時的『微意』，亦篤實之人。譯注陸游詩集，蓋有肝膽相照的『微

45　收錄於吉川幸次郎：《吉川幸次郎全集》第一卷，東京：筑摩書房，1968 年 11 月。
46　收錄於小川環樹：《小川環樹著作集》第一卷，東京：筑摩書房，1997 年 1 月。
47　吉川幸次郎著、高橋和巳編：《中國詩史》上、下，東京：筑摩書房，1967 年 10、11 月。
48　吉川幸次郎：《清初詩説》，《吉川幸次郎遺稿集》第三卷，東京：筑摩書房，1995 年 12 月。
49　吉川幸次郎：〈鈴木虎雄先生の功績〉，《吉川幸次郎全集》第十七卷，東京：筑摩書房，1969 年 3 月，頁 306。

意』」。⁵⁰ 杜甫於〈可惜〉、〈遣興〉表述陶淵明是知己。⁵¹ 吉川幸次郎嘗謂：「陶淵明與杜甫皆『誠實』的詩人，於〈杜甫私記〉與《陶淵明傳》分別說明二人的詩作皆『誠實的文學』」。⁵² 吉川幸次郎亦為誠實之人，與鈴木虎雄性情契合，相偕涵詠陶、杜的詩語情境。至於青木正兒神似李白，小川環樹鍾愛蘇軾，則別出蹊徑。

　　就學問傳承而言，吉川幸次郎啟蒙於青木正兒而踵繼狩野直喜，以經學方法研究文學而發明「讀書之學」的旨趣。小川環樹則親炙鈴木虎雄，說明「翻譯之學」的蘊涵。吉川幸次郎〈留学まで〉⁵³ 記述其所以立志研究中國文學，乃受到青木正兒的啟蒙。所作〈青木正兒先生〉一文，則說：「高三時，感動於青木正兒先生所作〈和聲の藝術と旋律の藝術〉而求見，以來四十三年間，雖未傾聽青木正兒先生於課堂的講述，而自命為先生的弟子」。⁵⁴ 入學京都大學以來，一生的研究深受狩野直喜的影響，研究取向的觀點亦然。受狩野直喜影響最深的是咀嚼細索中國古典文字涵義的讀書方法。吉川幸次郎於〈留学時代〉說：「狩野直喜祖述清朝考證學，學問近於吳派。其自身的學問亦近於吳派」。至於 1971-1975 年於筑摩書房的雜誌《ちくま》連載的〈読書の学〉則演繹狩野直喜直觀講述中國學的內容。⁵⁵ 故狩野直喜為吉川幸次郎的授業

---

50 吉川幸次郎：〈鈴木虎雄氏《陸放翁詩解》再刊後記〉，《吉川幸次郎全集》第十七卷，頁 316-317。
51 吉川幸次郎：〈杜甫と陶潛〉，《吉川幸次郎全集》第十二卷，頁 649-652。
52 一海知義：〈解説〉，見於吉川幸次郎，《陶淵明伝》，東京：新潮社，新潮文庫，1958 年 5 月，頁 190。
53 吉川幸次郎：〈留学まで〉，《吉川幸次郎全集》第二十二卷，東京：筑摩書房，1975 年 9 月，頁 351-353。
54 吉川幸次郎：〈青木先生〉，《吉川幸次郎全集》第十七卷，東京：筑摩書房，1975 年 9 月，頁 335-336。
55 狩野直喜祖述清朝考證學之說，見於吉川幸次郎：〈留学時代〉，《吉川幸次郎全集》第二十二卷，東京：筑摩書房，1975 年 9 月，頁 347。師生二人的學問近於吳派，見載於頁 419。〈読書の学〉收錄於《吉川幸次郎全集》第二十五卷，東京：筑摩書房，1986 年 6 月，頁 15-260。

之師，吉川幸次郎於狩野直喜的學問多所發明，繼承師說，祖述清朝考證學的學風，尤其推崇段玉裁的學問，體得段玉裁的學問方法，注釋杜詩。

小川環樹在〈心の履歷〉說：「其師鈴木虎雄講述中國文學，理路整然，平明周到，流暢無礙，易於筆記。譯注中國詩歌甚多，《杜詩》譯注為代表的著述，譯文去蕪存菁，流暢達意，簡潔明快，無過與不及的『等量翻譯』。鈴木先生以為『歷來杜詩注釋書汗牛充棟，裨益吾輩後學者固多，然有與作者真意無關涉者，或探索真意卻害義者亦不少。……余之譯注精神在作者本意之外，無一字以添蛇足，有闡明含蓄之餘意者，然無本意以外之橫生枝節』，[56] 此為鈴木先生著述的一貫態度」。[57]

小川環樹譯注唐宋詩文，傳承鈴木虎雄「求真、平易、通達」的精神，斟酌詩語，以探究詩人創作詩文當下的情境為依歸，又以蘇東坡詩文如行雲流水的境地為究極，譯文平明流暢。換言之，忠實詩文的原義，體得詩人創作的情境，而通達流暢表述的翻譯旨趣，為其詮釋中國古典詩文的主張，亦可謂之為小川環樹的中國文學詮釋學。

小川環樹盛稱「吉川幸次郎的學問是以經學方法研究文學」[58]，其自身則以文字訓詁的語言學，探究詩文字句表述的內涵。二人學問方法相近，且志趣相投，譯注《中國詩人選集》（岩波書店），編纂《世界古典文学全集》（筑摩書房），振興斯文。於中國文學的譯注論考亦能引領風騷，繼鈴木虎雄、青木正兒之後，為日本近代京都中國文學的雙璧。

56 鈴木虎雄：〈杜少陵詩集譯解の後に書す〉，《杜甫全詩集》第四卷，東京：日本図書センター，1978 年 6 月，頁 885-886。
57 小川環樹：〈心の履歷〉，《小川環樹著作集》第五卷，頁 174-179。
58 小川環樹：〈經學から文學への道程─私の見た吉川博士の學問〉，《小川環樹著作集》第五卷，頁 310-314。

上編
中國文學史觀的多元展現

第一章
狩野直喜的兩漢文學「世風」說 *

一、開創日本近代新漢學的先驅

　　狩野直喜（1868-1947）生於明治維新的前一年，明治28年
（1895）畢業於東京帝國大學文科大學漢文學科。受到明治初期「文明
開化」運動的影響，漢學研究也不例外。中國學「文明開化」的走向及
意義的設定，是漢學研究者的究極關懷。當時東京的中國學研究者雖志
於中國學研究的革新，依然不能免於幕府三百年以宋明儒學為主流的因
襲，因此，新漢學的旗幟不能鮮明高舉。狩野直喜或祖述鄉里前賢松崎
慊堂提倡漢唐注疏的學風，又接受島田篁村清朝經學的啟蒙，留學清
國，目睹清朝學術風尚，以超越江戶幕府以來所持續的御用儒學；採用
實證科學方法研究中國文化。即排斥因襲配合官府宰制，以修齊治平為
理想而導入施行中國文化的儒學；以經典批判之文獻考證的立場，客觀
的究明中國文化本質為究極。捨棄易流於空疏的宋明理學而繼承考證的
學風，提倡復興漢代古學的新漢學。

　　狩野直喜取向於歐美漢學研究者專事研究的態度，以研究不涉及政
治世事為前提，以探究中國文化儒雅的內涵為究極。學問的方法則以科
學實證探究中國文化為主旨，上自古代下及清末，既沉潛古典儒雅的經

*　本文曾刊於《龔鵬程國際學刊》第四輯，台北：台灣學生書局，2022年4月，頁
　221-232。

傳詩文，也涉獵戲曲小說的俗文學。[1]

二、狩野直喜的中國文學研究

　　狩野直喜述而不作，傳世的著述大抵是大學授課的講稿，死後為門下弟子或子嗣整理刊行。[2]《支那文學史：上古より六朝まで》是狩野直喜於明治 41 年（1908）9 月，京都帝國大學文科大學開設以來，授課的講稿，由吉川幸次郎和狩野直禎根據狩野直喜四種原稿和青木正兒的聽講筆記編輯而成，於 1970 年 6 月出版刊行。[3] 全書有〈總論〉，分論中國文學的範圍、從修辭看中國文學的特色、中國文字的起源以及〈孔子以前的文學思想〉、〈春秋戰國時代的文學〉、〈秦漢文學〉和〈六朝文學〉等四編、二十一章、五十二節，綜述上古以迄六朝文學的特質。吉川幸次郎強調：「此書具有創始性的意義，著述的旨趣則在於以沉潛之功，成就洞察的法眼，進而建立『心得』的主張。狩野直喜先生儒雅與文雅兼備而『風神』颯爽的風格，亦洋溢於字裏行間」。[4] 又說：「所謂『創始』是就成書年代和文學研究領域的開拓而言。『洞察』的前提是中

1　有關狩野直喜支那學的創始及其意義的論述，參宮崎市定：〈解說〉，見於狩野直喜，《清朝の制度と文學》，東京：みすず書房，1984 年 6 月，頁 440-445。

2　《中國哲學史》（東京：岩波書店，1953 年 12 月）、《兩漢學術考》（東京：筑摩書房，1964 年 11 月）、《魏晉學術考》（東京：筑摩書房，1968 年 1 月）、《支那文學史：上古より六朝まで》（東京：みすず書房，1970 年 6 月）、《支那學文藪》（東京：みすず書房，1973 年 4 月）、《論語孟子研究》（東京：みすず書房，1977 年 3 月）、《漢文研究法》（東京：みすず書房，1979 年 12 月）、《讀書纂餘》（東京：みすず書房，1980 年 6 月）、《清朝の制度と文學》（東京：みすず書房，1984 年 6 月）、《支那小説戲曲史》（東京：みすず書房，1992 年 3 月）、《春秋研究》（東京：みすず書房，1994 年 11 月）。

3　狩野直禎：〈あとがき〉，見於狩野直喜，《支那文學史：上古より六朝まで》，東京：みすず書房，1970 年 6 月，頁 473-474。

4　吉川幸次郎：〈解說〉，見於狩野直喜，《支那文學史：上古より六朝まで》，頁 461-472。

國古典文學作品的熟讀和字義與內涵的正確理解，重視文學形成的時代背景，考究文學的繼承發展，確立其價值序列。洞察的所在是超離日本漢學的歪曲和缺失，直指中國文學的本質，樹立中國文學的價值基準。進而確立在世界文明中，中國文明的特殊性以及獨特的價值。至於『心得』則是中國學術文化的認同與體得，強調文明的價值在於感性的尊重，以中國古典詩文的涵養，作為創作詩文的源泉和養分，主張中國古典詩文的特質是『儒雅』，推崇融合理性與感性的緻密性詩文，為中國古典文學的極致」。[5]

　　狩野直喜於明治 41 年（1908）9 月於京都帝國大學文科大學（即文學院）的「普通講義」（相當於共同科目、通識課程）講授中國古代至六朝的文學史，大正 5 年（1916）至 11 年（1922）在「特殊講義」（中國文學、中國哲學系所的專業科目）先後講授「中國小說史」（大正 5 年）、「中國戲曲史」（大正 6 年）、「清朝文學」（大正 11 年）。其於中國文學史的講述雖晚於古城貞吉《支那文学史》（明治 30 年）、久保天隨（1875-1934）《支那文學史》（明治 36 年）和英人 Herbert Allen Giles 的 *History of Chinese Literature*（1901），而早於中國於辛亥革命以後有關中國文學史的諸著述，和德人 Wilhelm Grube 的 *Geschichte der chinesischen litteratur*（1909）。然司馬相如以迄六朝徐陵、庾信之辭賦駢文的講述，是日本江戶漢學以來未嘗論述及之的領域。小說、戲曲史的講述，不但是京都中國文學研究的先河，其後，由於青木正兒、吉川幸次郎與小川環樹[6]的繼承發揚，與久保天隨、鹽谷溫（1878-1962）相

5　狩野直喜《支那文學史：上古より六朝まで》具有「創始」、「洞察」的意義，以「心得」體認中國文學「儒雅」特質的評價，見吉川幸次郎：〈解說〉，見於狩野直喜，《支那文學史：上古より六朝まで》，頁 461-472。

6　青木正兒有《支那近世戲曲史》（收載於《青木正兒全集》第三卷，東京：春秋社，1972 年 9 月）、《元人雜劇序說》（收載於《青木正兒全集》第四卷，東京：春秋社，1973 年 5 月），吉川幸次郎有《元雜劇研究》（收載於《吉川幸次郎全集》第十四卷，東京：筑摩書房，1968 年 9 月），小川環樹有《中國小說史の研究》（東京：岩波書店，1948 年 11 月）。久保天隨以《西廂記の研究》獲得文學博士學

互輝映。中國傳奇小說和戲曲雜劇的研究，遂成為日本大正到昭和前期（戰前）中國文學研究的顯學。至於清朝文學的論述，不但是日本的先驅，也早於中國和西方。

　　有關中國禮制的論述是日本漢學研究最為疏漏的所在。狩野直喜於明治 36 年（1903）4 月中國留學歸國後到赴任京都帝國大學教授（明治 39 年）之前的三年間參與台灣總督府調查台灣舊慣事業，參與《清國行政法》的編纂，而精詳於中國的法制史。講述「清朝制度」（收載於《清朝の制度と文學》），「三禮」（收載於《支那文學史：上古より六朝まで》第三編〈春秋戰國時代の文學〉第三章〈經書の文〉第四節〈禮〉），論述〈禮經と漢制〉、〈我朝における唐制の模倣と祭天の禮〉、〈清朝地方制度〉（收載於《讀書纂餘》），獨樹徽幟。至於先秦經書和諸子文學價值（收載於《支那文學史：上古より六朝まで》第二編〈春秋戰國時代の文學〉第三章〈經書の文〉第五章〈諸子の文〉）的提出，也是前人所未發。就此意義而言，狩野直喜於中國文學史的講述，具有創始的意義。

　　狩野直喜以為日本江戶以來漢學研究的偏差，起因於根據「日本的氣質」而取捨，導致遠離中國文學本來的價值基準。如江戶漢文的傳承，偏重《唐宋八大家文》、《文章規範》等平易的選本，徂徠古文辭學派重視明代文學而輕蔑清朝文學，明治時代，喜好如賴山陽感情瀉灑恣放的散文或幕末尖豔的詩風等流俗，皆未能體得中國文學的核心本旨[7]。乃異於歷來的好惡取捨，留意中國文學繼承發展的流衍，祖述顧炎

位，又有《支那戲曲研究》（久保得二著，東京：弘道館，1928 年 9 月）、《支那文學史》（稿本）（久保得二述，東京：早稻田大學出版部，1903 年 8 月）、《支那文學史》（東京：平民書房，1907 年 2 月）的專著。鹽谷溫於大正 2 年在東京大學講述「支那戲曲概論」，八年以後，論著〈支那戲劇の發展〉、〈宋の雜劇〉、〈支那戲曲の沿革〉，翻譯《琵琶記》、《桃花扇》、《剪燈新話》等書。

7　狩野直喜重視「風神」（法文「raffine」）而嫌惡「粗略」（法文「sauvage」），故以為明代文學粗略，不是中國文學的本質。見吉川幸次郎：〈解說〉，見於狩野直喜，《支那文學史：上古より六朝まで》，頁 466。

武的「世風」說，重視文學形成的時代精神，重新甄別時代主流的文學體裁，講述漢魏辭賦、六朝駢文、宋元戲曲雜劇、明清小說。又比較世界主要文明，強調中國文明的價值在於感性的尊重，而在古典文學的具現，則是「儒雅」的內涵。其於經書解釋的取向，不採江戶儒學之以程朱宋學為中心的學風，而尊重漢魏古注和唐代正義。如講述《詩經》而評論朱注得失，說：「朱子學之所以傾向於道德意識的嚴肅主義，乃取重於道德而排斥感情之所致。」[8] 主張「中國文明的形態是文學與哲學密接相關而發展的」，[9] 哲學的論述蘊含著文學的感性，文學的創作亦以儒雅為內涵，而以文雅的表現為正統。進而強調「儒雅」是中國文學的本質，「儒」是古典文學所內涵的理性和知性，「雅」是洗練（法文的 raffine）而蘊藏著優雅郁鬱的芬芳。融合理性與感性的緻密詩文才是中國古典文學的上乘。沉潛於中國的古典文學的蘊涵，主張「儒雅」與「文雅」的融貫是中國文明異於其他文明的特質所在，此為狩野直喜的「心得」。其於詩文創作與書帖運筆亦以洗練優雅去蕪存菁的本質是尚，《君山文》、《君山詩草》毫無江戶漢詩文雜駁粗略的弊端，措辭與構思的純熟和緻密能與中國詩家文人比肩，書帖師法清朝劉墉和翁同龢，超脫日本低俗的習氣，於「重厚中有婀娜之姿，雄渾而溫潤」。[10]

　　狩野直喜為何以中國古典的沉潛為學問的根底，以中國文明本質的探求為終身的職志，甚至戲言「恨不生於中國」[11]。蓋與其所生、所學、

8　狩野直喜：《支那文學史：上古より六朝まで》第二編〈春秋戰國時代の文學〉第三章〈經書の文〉第三節〈詩〉，頁 81。

9　狩野直喜：《支那文學史：上古より六朝まで》〈總論〉第一節〈支那文學の範圍〉，頁 3-4。

10　狩野直喜漢詩文的評價，見吉川幸次郎：〈解說〉，見於狩野直喜，《支那文學史：上古より六朝まで》，頁 469。書帖風格的評論，見桑原武夫：〈君山先生〉，先後收載於《東光》第 5 號，1948 年 4 月，頁 92-98，《桑原武夫集》第二卷，東京：岩波書店，1980 年 5 月，頁 389-404。

11　見吉川幸次郎：〈解說〉，見於狩野直喜，《支那文學史：上古より六朝まで》，頁 466。

所遊、所遇的人生際遇和文化主體性的自覺認同有密接的關連。狩野直喜出生於熊本，幕末熊本的學術風尚自由開放，藩學雖以朱子學為主；而古學、實學、陽明學等諸學兼容備蓄。高中的外國語教育，除了英語以外，也顧慮熊本的地理形勢和對外關係，開授中國語和韓國語。狩野直喜幼習漢文，高中兼修英語和中國語。明治 25 年（1892）入學東京帝國大學文科大學漢文科。當時東京大學以英語為授課，非通曉英語者，不能入學，可知狩野直喜於英語的熟練。至於漢文科的選擇則與幼學習染不無關係。在學期間，敬仰島田篁村祖述清代經學的學問，而傾心於《皇清經解》的鑽研，樹立以清朝考證學為基底，而探究中國文化學術本質的學問宗尚。明治 34 年留學上海，體驗清末中國的學術風尚，確認中國文化的特質。於東京大學同窗藤田豐八的引介，結識主事「東文學社」的羅振玉。又出入「亞州文會」，即王立協會北中國支部（The North China Branch of the Royal Asiatic Soceity）的圖書館，涉獵館藏歐洲東洋學的圖書，以純熟的外語而交遊於最初介紹西方所謂 Sinology 的 Joseph Edkins 等學者，開拓漢學研究的視野。赴任京都帝國大學之前，整理清朝舊慣，編纂《清國行政法》，確立以禮儀制度為中心的經學研究的取向。任教之後，與同事的內藤湖南、桑原隲藏、鈴木虎雄、高瀨武次郎、富岡謙藏和學生青木正兒、小島祐馬等人，成立「支那學社」，刊行《支那學》，樹立「京都中國學」。又知交於西洋史的原勝郎、德國文學的藤代禎輔、西洋哲學的西田幾多郎、印度哲學的松本文三郎、日本史的內田銀藏、日本文學的藤井乙雄、地理學的小川琢治，經常招集「懇話會」，展開不同領域的討論會，建立宏觀的思惟體系。明治 43 年，到北京調查敦煌寫本，結識王國維，關注小說戲曲的作品，展開俗文學的研究。明治 45 年，遊歷歐洲，調查收藏於英、法的敦煌文書，與西方研究敦煌學的學者交流，理解歐洲於中國學研究的成果。

　　由於狩野直喜精通中、英、法語，又涉獵東西漢學，開拓中國文

學新領域的研究，故原勝郎稱譽之為「國寶級的存在」[12]。至於狩野直喜的學問性格，內藤湖南論說：「章實齋曰世之言學者不知持風氣而惟知風氣。夫所謂持風氣者，豈易言哉，其必聰明絕特績學淵邃，足以信乎世而孚於人，其識力足以回斡一世而導其所嚮云爾。求之今時，若狩野君山先生洵其人歟。……爰洎明治採取泰西學術，舉世風靡，至於漢學之徒浮沉隨俗，剽剝東西衒耀新異，以邀聲譽，問學之風日趨輕薄。當斯時，先生司教於京都大學，辨著述之流別，明家法之可重，雖旁通西學，知其學之方深微縝密，可資以苴補東方之罅漏，而擇言至精，痛斥雜糅純駁之弊，使學者始知所歸趨。爾來廿餘載，不獨域內學風為之一變，施及赤縣歐西，聞風而興，來而問津者踵相接天下。支那學於斯取準焉，於戲熚矣。」[13] 狩野直喜所謂「恨不生於中國」，雖是戲言，卻可窺知此為其以中國文學的價值基準，探究中國文學的本質，以沉潛洗練的工夫，體得「儒雅」的內涵，進而成就精通文章經術的通儒之學為究極的「心得興到」之言。大正元年（1912）狩野直喜遊歷歐洲，王國維贈詩曰：「君山博士今儒宗、亭亭崛起東海東。平生未擬媚鄒魯、肸蠁每與沂泗通。自言讀書知求是，但有心印無雷同。」[14] 誠平生第一知己的持平之論。

《支那小說戲曲史》是根據狩野直喜於大正5、6年，在京都帝國大學「特殊講義」講述「支那小說史」與「支那戲曲史」的家藏講義底稿，整理刊行出版。前半《支那小說史》有〈總論〉、〈小說の起源〉、〈魏晉南北朝時代の小說〉、〈唐代の小說〉、〈宋元の小說〉、〈《水滸傳》〉、〈《演義三國志》と《西遊真詮》〉、〈明代の小說〉、〈清朝の小

12　見吉川幸次郎：〈解說〉，見於狩野直喜，《支那文學史：上古より六朝まで》，頁468。

13　內藤湖南：〈景印舊鈔本禮記疏殘卷跋　代狩野教授還曆記念會昭和三年二月〉，《內藤文存卷五》，《內藤湖南全集》第十四卷，東京：筑摩書房，1976年7月，頁125。

14　王國維：《觀堂集林》卷24。

說〉、〈《紅樓夢》〉十章和附錄〈支那の俗文〉；後半《支那戲曲略史》有〈總論〉、〈上古より秦漢に至るまでの劇〉、〈六朝隋唐の劇〉、〈宋代の劇及び曲〉、〈金の《西廂詞》と董解元の《西廂記》〉、〈元の雜劇〉、〈南曲と傳奇〉七章及〈元曲脚色攷〉。狩野直喜於中國古典小說的講述早於魯迅在北大開講「中國小說史略」（1920），開創中日兩國傾心研究俗文學的先河，而具有劃時代的意義。至於戲曲雜劇的論述，稍晚於王國維《宋元戲曲考》（1915），為日本研究中國戲曲雜劇的鼻祖。[15]

　　狩野直喜之關注中國戲曲小說，始於北京留學之時。古城貞吉說：「狩野直喜在東大雖主修程朱儒學而其關心則在文學。留學北京，吾志在戲曲小說的研究。狩野君見吾收藏文學關係書籍，亦有意兼修文學」。[16] 蓋狩野直喜留學清朝，旨在探求中國學術，特別是經學的本質和清代考據的究竟，目睹清末文學風尚，亦決意從事小說戲曲之新領域的研究。歸國後，於明治41年（1908），在支那學會講演「支那戲曲の起源」，在京都帝國大學文學會講演「水滸傳の材料」[17]。又於同年3月和42年1月，先後在《活人》發表以英文撰寫的〈On the Authorship of the Hung-lou Meng and the Date of its Composition〉和在大阪朝日新聞登載〈支那小說紅樓夢に就て〉。二文早於蔡元培《石頭記索隱》（1912），胡適《紅樓夢考證》（1921），為中日研究《紅樓夢》的先驅。

　　明治42年12月和43年1月又分別於支那學會講演「琵琶行にもとづける雜劇」，在大阪朝日新聞刊載〈琵琶行を材料とした支那戲曲

15 狩野直喜於中國小說的講述而具有劃時代意義，見於神田喜一郎：〈狩野先生と敦煌古書〉，《東光》第5號，1948年4月，頁42-50。戲曲雜劇的研究是日本的鼻祖，見於青木正兒：〈君山先生と元曲と私〉，《東光》第5號，1948年4月，頁15-18。

16 古城貞吉：〈狩野博士と私〉，《東光》第5號，1948年4月，頁71-73。

17「水滸傳の材料」改題〈水滸傳と支那戲曲〉，刊載於《藝文》第1年第5號，1910年8月，其後收載於狩野直喜：《支那學文藪》，頁205-215。

に就いて〉。43 年 4 月在京大講讀《漢宮秋》和《竇娥冤》。同年 8 月
赴北京調查敦煌文書之際，也蒐集白仁甫《天籟集》等與元曲有關的資
料。又會晤王國維，談論有關元雜劇的研究[18]。44 年 2 月、3 月先後在
《藝文》，連載〈元曲の由來と白仁甫の梧桐雨〉的論文。因此，青木正
兒於〈君山先生と元曲と私〉說：「（狩野）君山先生實我國於元曲研究
之鼻祖。江戶時代無元曲研究。明治 40 年前後，介紹《元曲選》梗概
之學者有幸田伴露先生與森槐南先生二人。君山先生具體揭示其研究元
曲成果之一端雖晚於二先生。明治 43 年於京都大學之講課，先論述戲
曲史之大要，而後解讀《漢宮秋》《竇娥冤》二曲。其解讀方法之合理
正確與幸田和森二人止於梗概之略說，自不可同日而語，正確解說元曲
讀法始於君山先生。至昭和 3 年（1928）退休之十七年間，每年講授元
曲，就此意義而言，先生可謂為我國研究元曲之鼻祖」。[19]

　　大正元年（1912）秋到 2 年 10 月，遊歷歐洲，調查敦煌文書，考
察歐洲漢學，特別留意小說戲曲的研究動向，考證收藏於蘇俄的雜劇零
本是《劉知遠諸宮調》，撰述〈支那俗文學史研究の材料〉，記載歐洲於
中國戲曲小說研究的見聞。大正 5 年 9 月至 6 年 6 月，先後講授「支那
小說史」和「支那戲曲史」。神田喜一郎說：「狩野直喜先生縱橫驅使於
英、法兩京謄寫學界未知之新資料，論述中國白話小說和彈詞起源於唐
代，為劃時代的新研究。二十世紀初期的二、三十年間，中日於中國俗

---

18 狩野直喜：〈王安靜君を憶ふ〉記載：「余於京都大學講元雜劇，王靜安君與余同步
　　武，已著述《曲錄》《戲曲攷原》之書。余淹留北京，與王君會面，聽聞其於元雜
　　劇之研究，甚有意義」。（《藝文》第 18 年第 8 號，1927 年 8 月；其後收載於狩野
　　直喜：《支那學文藪》，頁 366-373）

19 青木正兒：〈君山先生と元曲と私〉，《東光》第 5 號，1948 年 4 月，頁 15-18。吉
　　川幸次郎於〈先師と中國文學〉說：「狩野直喜先生是元曲研究之先驅。大正初年
　　京都大學文科大學復刻羅振玉所藏《古今雜劇三十種》，先生作跋（收錄於《君山
　　文》和《支那學文藪》），可以窺知其開拓新分野之旨趣所在」。（《東光》第 5 號，
　　1948 年 4 月，頁 18-27）

文學研究風行，先生的論述是居功厥偉」。[20]《支那小說史》解題敦煌出土《五代平話》、《京本通俗小說》等宋元小說，考證《水滸傳》作者、成書年代以及與《宣和遺事》之關係。考察《紅樓夢》的語言，考證曹雪芹的出身，書中人物的家譜及其真實性。又從人物性格刻劃的細密和文辭豔麗纖細，品評《紅樓夢》是中國小說中的傑作。至於《支那戲曲略史》綜述中國戲曲史的大要，論述元雜劇的結構，說明曲劇的宮調，考證元曲的腳色，得與王國維《宋元戲曲考》相互輝映。

三、兩漢文學論：「世風」說

狩野直喜以為兩漢「世風」，即時代精神的差異，以致文學風格、經術取向、文化內涵而所有不同。狩野直喜強調：兩漢世風分殊，由於兩漢建國之際的天下情勢不同，帝王將相的性向才情的差異，其經學與文學亦有殊趣。

（一）兩漢建國之際的天下情勢不同

秦末局勢，如鼂通所說：「秦失其鹿，天下共同逐之，高材者先得。」[21]天下動亂，群雄蜂起，六國後裔以其門地，收服人心，而欲恢復舊。如項羽擁立楚懷王遺緒，稱義帝而興兵起義，韓、燕、齊各地背秦自立者紛起。又有出身草莽，如陳勝、吳廣、劉邦等，揭竿而起。劉邦入主關中，敗楚而建立漢朝天下。東漢鼎移情勢則與西漢不同。新莽末年，群雄割據的情勢雖與秦末類似，而文化環境則大有不同。秦以法治天下，二世而亡，政治學術僅略具規模而已。西漢十一帝二百餘年，文物制度具備。雖王莽篡漢，而漢朝文化命脈承繼未絕，鼎沸之際，時人

20 神田喜一郎：〈狩野先生と敦煌古書〉，《東光》第 5 號，1948 年 4 月，頁 42-50。
21《漢書》卷 54〈鼂通傳〉。

咸稱大漢中興。如《後漢書・光武帝紀》所載，光武未起時，宛人李通以「劉氏復起，李氏為輔」的圖讖說光武。入長安，舍生奉「劉秀發兵捕不道，四夷雲集龍鬥野，四七之際火為王」的赤伏符示光武。即帝位，群臣引「劉秀發兵捕不道，卯金修德為主」的讖說祝賀。蓋高祖以匹夫起於草澤而創造帝業，光武繼承漢祚而成就中興，是兩漢建國情勢岐異的所在。

（二）兩漢帝王將相的性向才情分殊

帝王及其輔弼功臣的才性亦有差異。高祖及其部屬大抵為草莽英雄而缺乏學問涵養，高祖輕蔑儒生，其輔翼之人亦未必知曉禮樂。《漢書・叔孫通傳》記載：「漢五年，已并天下，諸侯共尊漢王為皇帝於定陶。……群臣飲酒爭功，醉或妄呼，拔劍擊柱，高帝患之。叔孫通……說上曰：夫儒者難與進取，可與守成。臣願徵魯生，與臣弟子共起朝儀。……漢七年，長樂宮成，諸侯群臣皆朝。……禮畢，復置法酒。……竟朝置酒，無敢讙譁失禮者。於是，高帝曰：吾乃知為皇帝之貴也。」可知高祖與創業功臣多為英雄豪傑而學識淺薄。光武及其輔佐大臣則不然。《東觀記》曰：「（光武）年九歲而喪父，隨叔父在蕭，入小學。後之長安，受《尚書》于中大夫……大義略舉。因學世事，朝政每下，必先聞知，具為同舍解說。」即帝位，朝儀罷，則與公卿郎將講論經義。天下底定，尊儒學而興太學。至於雲台二十八將既習武藝亦通文學，如鄧禹年十三能誦詩。……有子十三人，各使守一藝，修整閨門，教養子孫，皆可為後世法。[22] 寇恂素好學，乃修鄉校教生徒，聘能為《左氏春秋》者，親受焉。[23] 馮異好讀書，通《左氏春秋》、《孫子兵

22《漢書》卷 16〈鄧禹傳〉。
23《漢書》卷 16〈寇恂傳〉。

法》。[24] 賈復少好學，習《尚書》，事舞陰李生。李生奇之，謂門人曰：賈君之容貌志氣如此，而勤於學，將相之器也。[25] 大抵為謹直篤實，好學之醇良君子。

　　光武底定天下之後，避用兵而好文治，務吏事。唯雖優遇功臣而置之閑職，不得參預政事。高祖生性猜疑，功臣鮮能終其天年，然豪傑性格，論功行賞，輔弼英雄皆列侯王。如石勒所論：「若逢高皇，當北面而事之，與韓彭競鞭而爭光耳。脫遇光武，當並驅于中原，未知鹿死誰手。大丈夫行事當磊磊落落，如日月皎然。終不能如曹孟德司馬仲達父子，他孤兒寡婦，狐媚以取天下也。朕當在二劉之間耳。」[26] 蓋光武篤實謹厚，有儒者風範，然器局偏狹，僅守成功復舊而已，高祖人品學識雖低劣，而為豪傑英邁，開創帝業。故石勒稱不及高祖而能與光武比肩。

（三）兩漢經學文學異趣

　　建國之際的天下情勢與帝王將相才性的不同，故兩漢文化的面相，有前漢創業定新制和後漢中興守成的差異，又由於政治人心的傾向殊異，而左右經術文學的取向和展現。

　　西漢建國之初，周文化毀於秦火，高祖及輔佐其奪取天下的將相大抵於周代斯文既無體悟，亦無執著，如大火之後，清除堆積瓦礫而重新建構屋宇，毫不拘泥舊制規章。如賈誼建言：「漢興二十餘年，天下和洽，宜當改正朔，易服色制度，定官名，興禮樂」。其與叔孫通皆以建立漢朝文化，致力於禮樂制度的創建為使命。故西漢初期時代的特色是創新。此創新的「世風」亦反映於經說。如《漢書・藝文志》所述：「昔仲尼沒而微言絕，七十子喪而大義乖。……至秦。……燔滅文

---

24 《漢書》卷 17〈馮異傳〉。
25 《漢書》卷 17〈賈復傳〉。
26 《晉書》卷 104〈石勒傳〉。

章。……漢興。……大收篇籍，廣開獻書之路。……孝武世。……建藏書之策，置寫書之官，下及諸子傳說，皆充秘府。」《漢書・儒林傳》記載：「自武帝立五經博士。……迄於元始，百有餘年，傳業浸盛，支葉蕃滋。」蓋漢儒再現儒家的典籍，而復興一旦滅絕的儒學。然漢儒經義則未必蹈襲東周的經學，傳承孔子及其門下弟子的學問。如公羊學家倡言孔子黜周禮而預攝漢興，以制定新法。漢代今文學即以此為前提而演繹經義，與古文學不能相容的所在亦在於此。漢初存古而致力於經義的創新，儒學面目一新，又附會於漢朝鼎祚，立於學官而興盛。

　　西漢散文大抵不受規則形式的束縛而自由奔放，賈誼、晁錯之文長短錯雜而有新生氣象，司馬遷尤為超拔。《史記》記事雖見於《左傳》《戰國策》等書，行文蓋無模擬，疏宕錯落，清新卓爾。《漢書・司馬遷傳贊》：「其是非頗繆於聖人，論大道則先黃老而後六經，序遊俠則退處士而進姦雄，述貨殖則崇勢利而羞賤貧，此其所蔽也。然劉向、揚雄博覽群書，皆稱遷有良史之材，服其善序事理，辨而不華，質而不俚。其文直，其事核，不虛美，不隱惡，故謂之實錄」。蓋前漢初年，儒學未定為一尊，就儒學而言，雖雜而不純，然文章「質而不俚」，跌宕有緻。散文如此，詩賦亦然。高祖〈大風歌〉，武帝〈秋風辭〉，疏宕而有奇氣。司馬相如、楊雄的辭賦巨構宏觀，氣象雄偉，是東漢帝王文苑所未見者。

　　東漢帝王重視學術，光武帝以來獎勵的經學深植人心，思想醇厚，於經學的研究精密合理。文學作品則以細密典雅，齊整圓潤見長。雖鮮有豪邁英氣，而修辭典雅。蘇東坡於〈潮州韓文公廟碑〉盛稱韓愈「文起八代之衰」，乃鑑於文字修辭太過，形式千篇一律之弊，而以主張錯落有緻，脫俗超拔的文體為究極。實則古文體裁至東漢而有轉變的機兆，其修辭齊整而典雅的文風是前漢長短錯落，「質而不俚」到魏晉講求工整對偶，四六駢儷的過渡。若取譬於書畫而說明兩漢文學的差異，則西漢有漢碑樸拙骨勁的風格，潑墨山水的氣魄，東漢兼具色彩輝煌與晉帖圓潤秀媚之趣。

　　兩漢時代相承，於經學，與宋代義理相對而稱漢代考據，於文學，與六朝駢文有別而稱古文。實則兩漢經學與文學的旨趣殊異。前漢散文疏宕豪邁，東漢古文典瞻嚴整。西漢經學不顧細節而重視全體大用，即以經義應用於政事。東漢則精詳於經書文字的訓詁。漢宋相較，俗稱漢人長於訓詁，宋人長於義理，漢人之以訓詁見長，是東漢古文學家之所事，西漢今文學家的經義雖異於宋儒義理，其本旨則在經術的論述。至於唐宋古文家所推崇的是前漢奇縱奔放的文風。

　　清朝批判宋明性理之學而提倡復古。乾嘉年間漢學興盛，祖述東漢賈許馬鄭的學問，精詳於經書的訓詁考校輯佚。道光以後，公羊學興起，遠紹西漢博士經說，批判東漢經學忽視師承家法。漢宋學術固然異趣，今古文經學如水火的論爭，點燃於兩漢而燎原於清朝。古文經學大成於鄭玄，而乾嘉清儒後繼轉精，文獻考證學風盛行。今文經學以立為官學而優越，道光繼之而公羊學持續至清末。清朝的「漢學」，乃兼具兩漢今古文經學而繼承更新，結實為中國近代學術。

四、京都中國學的創始者

　　狩野直喜之所以為京都中國學的創始者，吉川幸次郎從以下四點作定位。

（一）超越歷來日本漢學以儒家經典為教條式倫理道德之書的態度，主
　　　張儒家古典是探究中國文明史的資料和客觀研究學問的基底。

　　精讀中國古典，探索字義內涵，主張儒家經典的主旨不在宣揚倫理道德，又留學清國，體察清朝學術風尚的究竟。歸國後，於京都大學的講授即展開旁通中西學術精華的學養，而異於東京固守江戶以來以宋明儒學為宗尚的學風，重視漢魏古注，唐代正義與清朝考據，講述經傳注疏訓詁考證的精義，尤其推崇清儒以古注為根底，進而以古代言語制度的研究，重新解讀古典的學問方法。介紹清朝公羊學盛行的最新學術消息，講述日本漢學所未曾研究的禮學，徵引《周禮》、《儀禮》、《禮記》

而探究中國古代竈神、祭尸等禮俗，考察釁禮、喪服等禮制。[27]

（二）充實文獻學知識，作為研究的前提。

　　日本的文獻學萌芽於江戶末期的狩谷棭齋和澀江抽齋，而以小學和目錄學為基礎，辨彰學術考鏡源流，與中國學者同步共趨的是狩野先生和內藤湖南先生[28]。〈山井鼎と七經孟子考文補遺〉和〈論語研究の方法〉是運用文獻考證方法而論著的代表作。至於敦煌寫本的發現，引發其開拓新領域研究的契機。至於與中西學者共同調查研究，如與法人Paul Pelliot 共同調查而發現《論語鄭玄注殘本》，與羅振玉、王國維共同研究而論著〈唐鈔本古文尚書釋文考〉[29]，樹立京都中國學以敦煌學為研究分野之一的旗幟。

（三）採取中國哲學史與中國文學史不可分的觀點，研究中國文學。

　　於京都大學講授中國哲學史與中國文學史的課程，建立文哲不分的文學批判基準，匡正歷來漢學家的偏狹。江戶漢學崇尚宋文明詩，喜好《唐宋八家文》或因應世俗學問水準的《文章規範》，然狩野先生重視《文選》，尊尚唐代以前古雅的古文和清代細緻的詩風。於大學講授清朝文學史則是日本的先例。其於古典解釋與文學品評之所以尊崇清朝的方法，蓋以當時的日本漢學是鎖國時代延長而落後時代的俚俗之學，乃超脫以明代為價值取向的基準，致力於與同時代的中國學者立足於同一基點而從事學問研究。內藤湖南先生亦如此。二人是清末民初，淹留京都的羅振玉、王國維、董康的論學問道之友，而狩野先生更以流暢自在的漢語交談，居中幹旋而成為異國知己。

---

27 竈神、祭尸禮俗的論著，收載於狩野直喜：《支那學文藪》，頁 53-86。釁禮、喪服的考察，收載於狩野直喜：《讀書纂餘》，頁 203-213、297-314。

28 狩野直喜有《漢文研究法》；內藤湖南有《支那目錄學》，收載於《內藤湖南全集》第十二卷，東京：筑摩書房，1970 年 6 月。至於集大成的是武內義雄《支那學研究法》，收載於《武內義雄全集》第九卷，東京：角川書店，1979 年 10 月。

29 狩野直喜：〈唐鈔本古文尚書釋文考〉，《支那學文藪》，頁 93-102。

（四）研究日本學者未嘗留意的中國虛構文學。

　　江戶時代於《三國演義》和《水滸傳》有部分的翻譯，而戲曲則未曾言及。蓋小說戲曲的用語非漢文語法而是口語，對江戶時代的學人而言，甚難解讀。狩野先生於東京大學在學期間修習現代中國語，又留學清國而更精進。其對戲曲小說進行歷史訓詁的研究，於大學講授小說戲曲，為日本中國學界的創舉。戲曲研究與王國維隔海而同時創始，小說的論述則早於魯迅《中國小說史略》。

　　綜上所述，狩野先生熟讀中國古典，細察文辭的內涵意蘊，以為「心得」而從哲學史和文學史的領域，指陳日本漢學以儒家為教條主義的歪曲，以「日本人的氣質」選擇演繹中國文學的解釋為偏狹，故有改革日本中國學研究的功績。至於以中國文明史為學問研究的對象是其所以為日本中國學之創始者的所在，而以中國文明為世界文明之重要一環而尊重沉潛，則是其一生為學的態度與職志。[30]

　　狩野直喜嘗答其弟子小島祐馬所問，說：「我的學問是清朝考證學」[31]，實則狩野直喜以所生的地域學術風尚，師承淵源和際遇交遊而成就旁通東西學術，「辨著述之流別，明家法之可重」的學風，洞察當時東京學術以及其所繼承的江戶儒學的歪曲，樹立實證的古典文獻學，創始京都中國學。高田時雄說：「狩野直喜雖以清朝考證學為宗尚，又批判的繼承西歐漢學的精華而形成獨特的中國學，進而主張『為學問而學問』的純粹意識，從中國的內面，即尊重中國人的價值觀，探究中國之所以為中國的所在。於京都創始研究清朝學術、戲曲小說和敦煌學，建立京都中國學以經學和俗文學研究為主的學問傳統」。[32]

30　吉川幸次郎：〈解說〉，見於狩野直喜，《支那學文藪》，頁 500-504。
31　小島祐馬：〈通儒としての狩野先生〉，《東光》第 5 號，1948 年 4 月，頁 7。
32　高田時雄：〈支那語学支那文学　狩野直喜〉，收載於礪波護、藤井讓治編，《京大東洋学の百年》，京都：京都大学学術出版会，2002 年 5 月，頁 26。

第二章
鈴木虎雄的中國文學風土論[*]

一、日本近代中國文學的開拓者

　　鈴木虎雄，號豹軒，明治 11 年（1878）生於新潟縣，幼就家塾「長善館」。明治 24 年（1819），遊學東京，33 年東京帝國大學漢學科畢業，就職於日本新聞社，36 年轉任台灣日日新聞，38 年歸國，赴任東京師範高等學校講師。40 年（1906）派任京都帝國大學文科大學副教授。大正 8 年（1919），昇任教授，授文學博士學位。昭和 13 年（1928）退休，38 年（1963）年 1 月 20 日逝世。

　　小川環樹（1910-1993）說：鈴木虎雄的學術生涯可分為家塾庭訓、東京遊學十年、京都大學教授三十年、退休後優遊自適二十五年的四個時期。[1]「長善館」是祖父鈴木文臺開設的私塾，遠紹荻生徂徠古文辭派儒學與文學兼修的學風，既訓讀《四書》，又閱讀《文選》，萌芽尊重文學的意識。明治三、四十年，東京帝國大學漢學科的課程是經學與文學兼修，而文學則傾向於詩文的創作。然鈴木虎雄秉持文學為獨立學問的信念，沉潛於中國文學研究，詩作

　　山鷄有麗毛，刷錦臨綠水。

＊　本文曾刊於《東亞漢學研究》第 12 號，2021 年 9 月，頁 293-303。

1　小川環樹、吉川幸次郎、倉石武四郎等：〈先学を語る：鈴木虎雄博士〉，見於東方學会編，《東方學回想 II：先学を語る（2）》，東京：刀水書房，2000 年 2 月，頁 115-135。

終日顧其姿，日眩以溺死。

誰謂癡可憐，知己豈如己。

內足外以求，華彩唯自恃。

道德固至尊，文章非小技。

願言傲斯禽，弄影明鏡裏。[2]

說明文學與經學具有等同的價值。京都大學教授期間，於大正 14 年（1925）出版《支那詩論史》、《支那文學研究》，前者是世界中文學界最早有關中國文學批評史的論著，開拓中國文學的新領域，倉石武四郎（1897-1975）稱之為中國文學的開拓者。小川環樹強調：「後者收錄的〈五言詩發生の時期に關する疑問〉是中文學界最早提出有關五言詩形成的疑問。至於大正 15 年（1926）發表的〈敦煌本文心彫龍校勘記〉，徵引《玉海》《太平御覽》，以為文獻考證的根據，開援引類書考證文學作品的風氣，此實證學的方法，為新學的先驅」。[3] 京都大學退休之際，出版漢詩一萬首的《豹軒詩鈔》，放眼近代日本，蓋無人能出其右者。

《支那詩論史》凡三篇，第一篇〈周漢諸家の詩に對する思想〉、第二篇〈魏晉南北朝時代の文學論〉、第三篇〈格調・神韻・性靈の三詩說を論ず〉。鈴木虎雄於撰序說：「三篇自明治 44 年（1911）至大正 9 年（1920），先後於《藝文》雜誌刊載，唐宋金元的敘述簡略，清朝嘉道以後殆闕」。[4] 青木正兒（1887-1964）說：「《支那詩論史》論考精核無比，為中國文藝思潮研究的先驅，不朽的名著。唯三篇乃雜誌論文的綜輯，未成體系，又有除魏晉南北朝以外，其餘朝代僅止於詩學思想的

2　鈴木虎雄：〈雜詩三首・山鷄有麗毛〉，《豹軒詩鈔》卷九，京都：弘文堂書房，1938 年 1 月，頁 4。

3　小川環樹、吉川幸次郎、倉石武四郎等：〈先学を語る：鈴木虎雄博士〉，見於東方学会編，《東方学回想 II：先学を語る（2）》，東京：刀水書房，2000 年 2 月，頁115-135。

4　鈴木虎雄：〈著者自序〉，《支那詩論史》，京都：弘文堂，1925 年 5 月，頁 2-3。

論述，唐宋的三詩說但於第三篇敘述其梗概的不足。雖教授上庠，講述
『唐宋詩說史』『宋元詩說史』，然未付梓」。[5] 鈴木虎雄沉潛於中國中世
的文學，其魏晉南北朝的文學論，或有獨見精到的所在。

　　《支那文學研究》共五卷，鈴木虎雄於〈書後〉[6] 記述：

> 錄文凡三十九篇，類聚區分，定為五卷，曰詩賦、曰詞曲、曰
>
> 傳說小說、曰通論、曰八股，近十九年之所撰述，略具於此。

以文體分類，論述中國古典詩詞歌賦及傳說小說，又別立「通論」與
「八股文」二項。收錄的論述大抵為雜誌刊載的舊作，亦有如〈例言〉[7]
指出：〈光緒年間の詩界の一傾向〉、〈文字の國〉、〈支那文學家の地理
上の分布〉、〈古水神傳說〉、〈騷賦の生成を論ず〉、〈九歌譯文〉、〈儒教
と支那文學〉、〈先秦支那文學に見ゆる招魂〉等八篇是未發表的新作。
　　〈例言〉記述：〈支那文學家の地理上の分布〉附表的人物屬地以實
際生活的地域為重，而不拘於本傳記載的籍貫與郡望。釐析人文淵藪的
所在，或可謂之為「中國文學風土論」，洵足資論考。

二、鈴木虎雄的中國文學風土論

（一）所謂「風土」

　　和辻哲郎（1889-1960）說：「所謂『水土』蘊含以地水風火表述與
人間環境攸關的自然觀。『風土』雖是土地氣候、氣象、地質、地氣、
地形、景觀的總稱，人類生存於土地，俯仰於自然環境之間，然形成食
衣住行之生活方式的是風土，故風土是探索人間存在的底據。風土的現

5　青木正兒：〈序〉，《支那文學思想史》，收載於《青木正兒全集》第一卷，東京：春
　　秋社，1969 年 12 月，頁 3。
6　鈴木虎雄：〈書後〉，《支那文學研究》，京都：弘文堂書房，1925 年 11 月，頁 717。
7　鈴木虎雄：〈例言〉，《支那文學研究》，頁 2-3。

象則由文藝、美術、宗教、習俗等人間（human）生活的表現而彰顯。故人間存在並非被動的由風土所規定，人間也促動風土的變化。因此，人間風土不屬於自然科學的範疇，風土的考察也不止於自然環境的論考。再者，人間具有人（man）與社會性（social）的二重性格，人間存在是無數個人的分裂與形成種種結合或共同體的運動，分裂與合一的運動又在空間性和時間性的交錯中，形成風土性與歷史性的二重結構。換而言之，人間生活的時空結構中，存在著歷史性與風土性，時空相即不離，歷史與風土亦如影形。在風土性與歷史性二重結構的衍化循環中，人間存在的歷史是風土的歷史，文藝、美術等人間生活表現的風土是歷史的風土。人間生活之自我理解的探究，有歷史性的變遷，文學、藝術等表現的風土論考，亦與歷史相即不離」。[8]

　　考索和辻哲郎的論述，所謂「風土」是某一土地的氣候、氣象、地質、地形、景觀的總稱。風土的現象可以從人類的文藝、美術、宗教、風俗習慣等所有的生活表現中窺察而知，因此風土可以說是人類自我理解的表現。詩文描寫地域的自然景觀，民情風俗，或可謂之為風土文學。演繹根據和辻哲郎「人間學考察」的風土論，則中國文學的風土論考，亦在時空相即不離的結構中展開。

（二）鈴木虎雄的中國文學風土論

　　鈴木虎雄以時地為經緯，列表通覽周、戰國以迄清朝文學發展的軌跡與文人、思想、藝術家活躍擅場的所在。就人文地理而言，中國大別為北部黃河流域各地，中部長江流域與福建，南部的兩廣、雲貴。廣西與雲貴的文學不足論，廣東於明代以後，才登上中國文化的舞台。歷來分別中國的南北，蓋以上述的中部為南方。南北的風土殊異，北方河

8　和辻哲郎：《風土：人間学的考察》，東京：岩波書店，岩波文庫版，1979 年 5 月，頁 9-21。

域以雄勁稱勝，南方江域以優美見長，四川奇險，福建則近於中原。雖然如此，由於政治上的南北統一而大文學運應以生，文人學者以遊歷南北、鍛鍊文筆而創作不朽鉅著。

若以時地為經緯，通觀中國文學的沿革流衍，周至戰國之際，北方文化普及，南方文化僅行於兩湖。北出詩歌與諸子文章；南生楚地屈原等人的騷賦。諸子文章以經世實用為主，而樸實雄健，詩亦雄健朗暢；騷賦則是紆鬱徘徊的情境，文辭瑰麗，南北風土迥別而文學異趣。

兩漢，尤其是西漢之際，山東、河南等地，多經師儒雅的文章，純文學的風尚則由南方流入。屈原辭藻集於吳、淮南而北傳，鄒陽、枚乘在吳，然後轉徙入梁孝王的賓幕，而漢代文學滋生。司馬相如蜀人，來梁而受騷賦文風的影響。

南北融合行諸東漢、魏晉之際。晉永嘉南渡，北方儒雅蘊蓄的文化南傳建康等地，融合江南富饒的風土，蘊育顯赫的英華，形成六朝輝煌燦爛的隆盛。

南北朝時代，北朝文學不敵南朝，《陳書・徐陵傳》的載記，可見南北差異的一端。徐陵「使魏，魏人授館宴賓。是日甚熱，其主客魏收嘲徐陵曰：今日之熱、當由徐非侍來。陵即答曰：昔王肅至此，為魏始制禮儀。今我來聘，使卿復知寒暑。收大慚」。[9]

隋朝過渡，唐宋文學思想的隆盛，眾所周知。值得留意的是趙宋南渡的文學風土，可比況於晉室南遷的景象，而前後輝映。又宋代之世，福建受安徽、江西文化的影響而道學、文章飛躍進步。福建文風的興盛，朱子居功厥偉。

明代各地學者輩出，而河南、浙江超拔。清朝文風鼎盛，而江、浙卓然，諸學具備，所謂「人文之淵藪」，洵不誣也。廣東亦於明清之際，列入中華文化圈。

---

9 《陳書》卷 26，台北：鼎文書局，1978 年 11 月，頁 326。

再就俯仰於歷史時空的古人而言，大詩人、大文章家固天縱英才，而外在的境遇，亦即自然、人為、書籍、生活餘裕等文學環境，則如虎添翼的成就其文采。古來偏安於一隅而孤處者，不能造就大文豪的文名。司馬遷與杜甫是中國文章、詩歌的大宗師，二人皆周遊天下，跋涉名山大川。韓愈河南河陽人氏，少年以來，久居南方。要皆以天縱寵靈，行萬里路，遊歷南北山川，而成就不朽文名。至於從師於儒林文苑與讀書博學，亦能鍛鍊其文才。古代簡帛書卷，六朝隋唐寫本，宋明版本等藏書的有無與文思盈虛息息相關。東漢學者聚集東觀，流覽石渠、天祿藏書，晉代以來，天子賜書，唐朝以後設秘書省，要皆文化淵博的象徵。明清文化鼎盛於江、浙者，以生活優遊而藏書完備之故也。錢謙益「絳雲樓」，徐乾學「傳是樓」，朱竹垞藏書八萬卷，皆以藏書而聲鳴。讀清朝博學鴻儒傳記，無不埋首於自家藏書，或就藏書家博覽群書者。黃宗羲讀鄞縣范氏天一閣藏書，全祖望讀揚州馬氏小玲瓏山館藏書。蓋多寄寓藏書家，悠遊於詩酒之樂，鑽研為學必涵養蘊蓄，始能成就流傳千古的風雨名山事業。江南風景佳麗，魚米富饒，如司馬遷所說「飯稻羹魚，……地勢饒食，無饑饉之患」（《史記・貨殖列傳》），以是人文薈萃，此江、浙一帶，學者文人輩出的由來。[10]

三、佐證鈴木虎雄中國文學風土論的文化思想史論

鈴木虎雄以時地為經緯的文學風土論，可佐證於「日本近代文化史學家」內藤湖南（1866-1934）的文化史論，「日本東洋史學巨峰」宮崎市定（1901-1995）的東洋近世論，「日本近代諸子學的大家」武內義雄（1886-1966）的中國思想風土說。而門下弟子青木正兒賡繼發揚，講述〈文學の地方色〉，論考中國南北文學藝術的風土及其變遷。吉川幸次郎

[10] 鈴木虎雄：〈支那文學家の地理上の分布〉，大正 7 年（1918）12 月，京都帝國大學「支那學會」講演，收載於《支那文學研究》，頁 625-631。

既從中國文學的社會性與環境，說明以文學創作能力的有無，決定社會
地位的社會風土。又以地理環境、思想傳統與「異文化」交流，演繹中
國文學是唯一存在之至上獨善的中華意識。

（一）內藤湖南以時地為經緯的文化形成論

　　內藤湖南於所著《近世文學史論》〈序論〉[11]，論述以時地為經緯而
形成文化的究竟：

> 夫時以經之，地以緯之，錯綜而變化之，文化之史於斯燦然為
> 其美。……觀橫卷山水之作，必有處處湊合之位置……於是有
> 文化湊合中心之說。[12]

以時代地域為經緯而交錯成文化，譬諸山水繪畫，山泉林壑、高臺孤舟
雖錯落其間，而脈絡相聯，縱橫交織，以成錦繡。至於中國文物與時代
的關係：

> 以其時，則禮文之備於成周，禮儀三千，威儀三千，其誦則雅
> 頌，其絃則韶武。辭令之妙於春秋也，雖戰陣之間，整而有
> 暇，以為相尚，雍容閑雅，不曾急言竭論。辯說之盛於戰國
> 也。長短捭闔，合縱連衡，安危人國，存亡人家。記誦訓詁之
> 精於兩漢也，三冬二十萬言，奇字艱辭，衒耀博閎，名物度
> 數，蟲魚草木，曲極詳密。清談詞章之行於六朝也。半吐半
> 吞，含糊微中，以競其玄，綺章繪句，駢四儷六，以爭其巧。
> 有唐之詩，菁華瑰麗已極，馳騁揮霍，又有渾渾浩浩，沉鬱頓

---

11 《近世文學史論》原名「關西文運論」，於明治29年（1896）4月至9月，在大阪朝
　日新聞連載。其後修訂增補，收錄於《內藤湖南全集》第一卷，東京：筑摩書房，
　1970年9月。

12 內藤湖南：《近世文學史論》，收載於《內藤湖南全集》第一卷，頁21。

挫，光前而啟後。有宋之學，極天人之際，發性理之奧，擺脫碎胣之習，體達精一之旨，排盡雲霧，親睹日月。明清纂輯考據，二酉四庫，汗牛充棟，若祭獺魚，剖析毫釐，鑑別錙銖，與蠹為伍。[13]

順隨時代的推移，其文化形態有所不同。而中國文化與風土的關係，則主張東西分殊，南北別相。

> 以其土，則山東出相，山西出將。儒雅之風遺於洙泗，武健之俗存於甘涼。憲章儀文，緯制作之美者華夏之所誇，箕子之洪範，周公之禮樂，實集而成之。鈎玄遠思，婉言微辭之妙，吳楚之所具，老莊之論著，屈原之文章，又其拔萃者。洙泗徐淮，介於南北之間，而子思孟軻含英咀華，斯備其物，而并盡其性。至淮南諸儒，又該齊東之怪詭。南北之際，晉尚玄言，宋尚文章，齊梁之君與其子孫亦皆於詩文見長。二陸張左，阮陶鮑謝，豈非時選耶。而元魏齊周則猶受馬鄭之流風，以通經績學為業，徐遵明、劉炫、劉焯之徒實嗣東京而開隋唐。唐踞秦漢之故地，其盛時之學者 以三禮為重，漢書文選次之，凡音義註疏之書，至此時而大成。北宋亦頗雅尚考古之學，南人為國用，乃有誤唐之太宗為宋之太宗者，見朝章典故之不講。故至南宋，鄭樵、李燾、王應麟、馬貴與等雖極其精博，一世之所趨則不在此。濂洛之學牽北之氣運而南渡，朱陸之義，務在精微，以至及朱明而出餘姚直截一派。[14]

中國歷代的學術文化、風俗民情由於山川形勢之地域性差別的關係而有東西的不同與南北的差異。特別是南北乖隔的因素所造成的不同就更為

13　內藤湖南：《近世文學史論》，收載於《內藤湖南全集》第一卷，頁 19。
14　內藤湖南：《近世文學史論》，收載於《內藤湖南全集》第一卷，頁 20。

顯著，而且此一文化現象的影響至為深遠。

（二）內藤湖南的中國中世與近世論

　　鈴木虎雄主張南北風土融合而六朝、南宋的文學大開生面。內藤湖南則強調六朝是以貴族為中心的時代，中世文化是中國文化的根本。唐宋變革，宋代文化是中國近世的開端。以貴族為中心的社會形態雖至唐末五代之間而崩頹殆盡，但是內藤湖南以為於中世所興起的貴族文化，其經學、文學、藝術、生活方式不但有其時代的特色，而且是中國文化的根本，今日的中國文化即構築於中世的貴族文化而發展形成的。[15] 畢竟中世時代既是廣義的「格義」時代，也是融通淹博的時代。就學術研究而言，東漢的經說與唐初的《五經正義》雖是西漢經學的繼承，卻是漢唐經術注疏的大成。魏晉三玄之學雖是東漢經術的反動，卻是融通中國傳統思想與佛學的引渡津梁。再者，其崇尚自由的學風與文人性格，上承稷下談士乃至先秦諸子，下啟宋代以來近世的士人意識。至於經典詩文涵養的教養主義與優雅雍容之唯美主義的並重，以「志於道」而「游於藝」為究極的文人意識，則是中國知識分子既有古典的學養，又有書畫藝術修養之文質彬彬的傳統性格的根據所在。至於「九品官人法」的九品官位制度，為後世歷代的朝廷所襲用。故內藤湖南強調中世文化是中國文化之根本。至於唐宋變革，內藤湖南以為貴族政治崩壞而君主 制出現的政治現象，是決定中世與近世之分界點的重要因素。即所謂時代區分，固然有區別時代差異的所在，更有文化突破的意義。

15　貴族文化是中國文化根本的主張，見於《支那中古の文化》第十講〈貴族中心時代〉，《內藤湖南全集》第十卷，東京：筑摩書房，1969 年 6 月，頁 331。經傳注疏的經學，詩歌的文學，山水畫的藝術，為中世文化的表徵，亦為中國文化的根本。至於魏文帝所謂「三世長者知被服，五世長者知飲食」（《太平御覽》卷六百八十九〈服章部〉）雖然如此是在說明當時貴族的理想生活，卻也是後世知識階層的行儀規範。

故唐末五代到趙宋是朝代的更替,而中世至近世的推移則是「文化的突破」,乃意味著社會制度的變遷和文化內涵的差異。至於突破的意義,不是前所未有的創造而是繼承性的創新,故近世文化是經由唐末大眾化傾向與五代前承中世後啟近世的過渡,到了宋代而有宋初致力於貴族文化之復興,仁宗英宗是新文化成熟期,徽宗是中國美術黃金時代的變遷過程。宋代以後,政治、學問、藝術、工藝等領域都呈現出文化突破的現象。在文化藝術的意識上,由師承家學的墨守而轉變為自由創造,在經濟方面則由貨幣經濟取代貨物交換的形態,一般庶民也取得社會的市民權,換句話說由於自衣食住至學問研究、趣味追求等社會生活都有大眾化的傾向,又由於生活逐漸安定,因此社會一般庶民都有追求理想生活之共通性心理,其文化生活也有多樣性趣味的趨勢,進而形成高度的文化,此為中國近世的文化生活的特質。故內藤湖南強調宋代以後的文化是脫離了中世拘束於因襲之生活樣式,創造獨自性而普及於社會民間的新風氣,進而產生極高度的文化,或可謂之為「中國的文藝復興」,宋代至清朝末年的近世文化是凌駕於歐美文化之上的。[16]

(三)宮崎市定的東洋近世論

中國古代政治經濟中心在所謂關中的渭河盆地,關中位居山間盆地,土地高敞乾燥,適宜開發。秦漢之所以建都長安,主要是由於關中的農業資源。唐代以來,關中的經濟價值到了極限,因為黃河和長江下流沖積平原的開發,關中的地位相形降低。再者,關中的農業生產無法不虞匱乏的供應長安都城廣大人口的需求,而必須仰賴運河漕運長江下流米糧生產的補給。在食糧南北運送上,蘇杭地帶生產的米糧可以順利

---

16 內藤湖南所謂中國近世文化凌駕歐洲文藝復興之說,見於宮崎市定:〈獨創的なシナ學者內藤湖南〉,《宮崎市定全集 24:隨筆(下)》,東京:岩波書店,1994 年 2 月,頁 261。

的直通運河和黃河交接的開封。至於開封以西，由於運河和黃河水位高低有所差異而難以順暢。五代以後，梁朝之所以遷都開封，即取決於經濟與交通的優勢。建都開封以後，運河與淮河交會的楚州，運河與長江交接的真州，江南食糧轉送中心的蘇州和運河終點的杭州盛極一時。南宋建都杭州以保持半壁江山，也是必然的趨勢。因此，宮崎市定強調：宋代以後是以運河為中心的時代，中國社會的中心運移到運河沿線，與商品經濟、貨幣制度和科學技術等社會情勢互為因果而形成近世的特質。運河的機能相於交通運輸，運河時代即意味著商業社會的發展。近世以後，中國商業面目一新。農業生產的商品化，導致莊園制度的瓦解，商業都市的形成。再者，生產商品化而促成生產的分工化，生產分工而促進工業技術與科學知識的發達。又由於商業的蓬勃發展，貨幣制度也應運而成立，對應於貨幣商業社會發達的局勢，政府的財政政策也因應變化。由於土地私有徵稅和商品生產專賣課稅的結果，形成資本集中於商工階級的近世社會的特質。[17]

　　宮崎市定主張文藝復興的歷史自覺是中世進入近世的關鍵。[18]文藝復興的歷史自覺既是人類文化高度發展的結晶，中世長期停滯的必然趨勢，也是社會進化的標準。換句話說文藝復興不僅是思想飛躍的產物，更是在社會總合進步的基礎上所形成的精神和社會的象徵。東洋社會在十、十一世紀的宋代即發生文藝復興的現象，宋代社會經濟的躍進，都市的發達和知識的普及，都與歐洲文藝復興有並行同位的發展。宮崎市定在其所著〈東洋のルネサンスと西洋のルネサンス〉[19]一文中，從哲

17 宋代以後是運河時代的論述，見宮崎市定：《東洋的近世》，收載於《東洋における素朴主義の民族と文明主義の社會》，東京：平凡社，東洋文庫版，1989年9月，頁210-224。
18 宮崎市定：《東洋的近世》，收載於《東洋における素朴主義の民族と文明主義の社会》，頁281-282。
19 宮崎市定：〈東洋のルネサンスと西洋のルネサンス〉，《宮崎市定全集19：東西交涉》，東京：岩波書店，1992年8月。

學、文學、印刷術、科學發達、藝術發達的現象，說明東西文藝復興都
具有復古、創造、進步和文化普及的精神。宋儒於新儒學的構築，古文
家的古文復興和反映都市經濟生活之講唱文學的盛行，是繼承傳統的開
新，火藥、羅盤的發明則意味著自然科學的進步，南北畫的大成，遠近
構圖的技法不但是中國山水畫的基礎，也為東西繪畫創作所祖述。至於
尤其象徵文藝復興初期階段的印刷術，在宋代即高度的發達，不但中國
境內漢籍出版文化事業發達，傳播朝鮮、日本，促進朝鮮版和和刻本的
刊行而形成東亞文化圈。就此意義而言，東洋社會比歐洲社會較具有先
進性。

　　近世文學的發展也是以宋代為中心而發生文藝復興的現象，一為古
文復興，一為白話文的誕生。就文學體裁而言，二者雖是相反的取向，
而否定中世的旨趣則是一致的。先秦的古文近於口語，中世四六駢儷極
盡修飾。韓愈、歐陽修力排四六駢文，唱行古文，以《史記》、《漢書》
達意的古文為極致。宮崎市定強調：唐宋古文家的古文運動與歐洲文藝
復興時代流行希臘語研究異曲同工。與韓、柳提倡古文的同時，唐末也
出現白話文的創作，敦煌寫本的出現，即證明唐代口語文學的存在。宋
代都市文化發達，講談演劇之大眾娛樂流行，其唱本大抵是以口語撰述
的。明代《水滸傳》、《三國演義》、《西遊記》、《金瓶梅》等白話小說成
立而風靡一時。宋代以後白話文學的興隆與歐洲文藝復興時期的國民文
學勃興，皆為近世思潮的象徵之一。20

　　宮崎市定的宋代研究是繼承內藤湖南的宋代為中國近世說而發展
的。然而宮崎市定不但從經濟制度的觀點補充內藤湖南的論說，使宋代
為中國近世說成為京都中國史學的重要主張之一。宮崎市定又從東洋史
的觀點、強調宋代是東洋的近世。「東洋的近世說」是宮崎市定於東洋
史學的重要主張，其於《東洋的近世》論述宋代文化於世界史上的地

20　宮崎市定：《東洋的近世》，收載於《東洋における素朴主義の民族と文明主義の社
　　会》，頁 301-303。

位。首先說明東洋近世史的意義，其次敘述經由陸、海絲路的東西交流及由於大運河之連結陸、海絲路，代表東洋近世的宋代才成四通八達之交通便利的世界要津。再者，政治安定和經濟發達是互為因果的，政治安定是經濟發達的重要因素之一，政治之所以能安定，掌握軍權之獨裁君主是不可或缺的存在。然則獨裁君主制的持續，是專賣制度的實施而國庫收入增加的結果。獨裁君主必須要有忠實的官僚作為其輔佐，官僚選拔自科舉，科舉官僚制則促使知識階層的形成。以安定的政治、飛躍的經濟和知識階層為基底而產生了新的文化，不但形成宋代新儒學，也產生象徵民眾文化的白話文學。宮崎市定強調宋代的景氣高昂是中國古代生活形態的復歸，宋代的社會經濟猶如《史記》、《漢書》所記載漢代全盛期的再現。訣別中世而復歸於古代，以進入近世之新時代，是宋代知識階層的自覺，此即文藝復興的精神，故宋代的文化自覺現象自然可以稱之為「中國的文藝復興」。宋代形成的近世文化果真可以說是文藝復興，則東洋的文藝復興要先進於西洋的文藝復興數個世紀。中國的繪畫即經由西亞而輸入歐洲，對西洋文藝復興時期的繪畫產生了影響。[21]

（四）武內義雄的中國思想風土說

　　《中國思想史ノート》是武內義雄講授「中國思想」的筆記，金谷治說：《中國思想史》精鍊簡潔，而《中國思想史ノート》詳細宏觀，二者相互輔成，可以察知武內先生樹立中國思想史學的用心。於中國中世思想的論述，《中國思想史ノート》用力於佛教的形成與發展的敘述，不如《中國思想史》由儒家到道家，由道家到佛教、道教，再轉成經學統一、宋學勃興的詳密；但是以「人文地理學的風土論」理解中國思想的地域性差異及其歷史演變，則是《中國思想史ノート》的特色。

---

21 宮崎市定於「東洋史學論」的論述，參宮崎市定：《自跋集：東洋史学七十年》，東京：岩波書店，1996 年 5 月，頁 22-36。

如於中世哲學的論述，主眼於三國鼎立的情勢，分論〈魏與儒學〉、〈蜀漢之道教〉、〈吳之佛教〉。至於古代諸子時代分為創設、折衷、綜合三期，創設期由孔子到孟子以前，是儒、墨、道諸學派由於地域風土的不同而發生對立的時期，折衷期則以齊稷下為中心，各家交流而折衷融合風氣盛行的時期，綜合期是秦昭王到漢景帝，傾向統一總合的時期。以稷下的折衷融合區隔前後，主張諸子思想的地域性差異。從思想史的觀點究明先秦思想的所在，既是超拔於當時的學界，也足為今日研究參考的洞見。[22]

四、鈴木虎雄中國文學風土論的開展

（一）青木正兒的中國南北文學藝術風土論

青木正兒〈文學の地方色〉[23]或繼承內藤湖南以時地為經緯而形成文化中心，文化中心又隨著歷史的變遷而有所轉移的文運論，從政治中心與文化淵藪的移動，論述時代文運的推移，綜觀南北文藝消長的軌跡。

首先以南北差異的觀點，說明中國文藝思想南北迥別。南北地方差異乃根源於地方風土與種族性格的不同。南方氣候溫暖，土地低濕而草木繁茂，山水明媚，物產富饒。北方氣候寒冷，土地貧瘠而草木稀疏，高原峻嶺，物資匱乏。故南方生活安樂，縱情於遐思，而民性熱情理想，富詩歌式的思維，其文藝思想宗尚唯美的浪漫主義，有陶然於華美愉樂的傾向。北方孜矻營生，而民性質樸無華，現實理智，多散文詩的思維，其文藝思想尊崇功利的現實主義，有質實敦樸的傾向。《中庸》

---

22 金谷治：〈武內義雄《支那學研究法》《中國思想史ノート》解說〉，見於武內義雄，《武內義雄全集》第九卷，東京：角川書店，1979 年 10 月。其後收載於金谷治：《金谷治中國思想論集》下卷，東京：平川出版社，1997 年 9 月，頁 429-441。
23 青木正兒：〈文學の地方色〉，《支那文學思想史》，收載於《青木正兒全集》第一卷，頁 7-12。

「寬柔以教，不報無道，南方之強也，君子居之。衽金革，死而不厭，北方之強也，而強者居之」，則指陳南北氣質的差異，南人以柔制剛，北人剛健不撓，性格有異，文化分殊，文藝思想亦有別異。

　　《詩經》以四言為主，《楚辭》以三言為基調，四言旋律舒緩而三言急促，三言旋律宛如三拍的音樂，似適於舞蹈曲調，或南人急性熱情的表述。楚人嗜愛歌舞，譜曲舞樂而為輕快急促之三言的韻文旋律。

　　南北地理有別，自然觀不同，其文藝思想亦有差異。北方天寒地凍，北人畏懼自然的威力，敬畏天命而形成上天為絕對性存在，人類命運主宰的宗教道德觀。《詩經・大雅・大明》「天監在下有命既集，文王初載，天作之合」，謂上天照覽下土善惡，文王受命亡殷。《詩經・大雅・板》「敬天之怒，無敢戲豫，敬天之命，無敢馳驅」，則以敬畏上天為戒。南方風光明媚，以自然為和善可親。《楚辭》多自然神話，河伯、湘君、山鬼、雷師、雲中君、羲和、司命皆自然的神格化，而自然的人格化，即表述楚人天人契合的自然觀。〈離騷〉記述飛廉望舒與神女遨遊天際，〈河伯〉、〈山鬼〉、〈小司命〉描寫神人相戀，是人神共感，與自然冥合的抒懷。迥異於北方敬畏天命的自然觀。

　　其次論述南北文藝消長。周朝以鎬京，洛陽為都，文化中心在陝西，河南，山西，山東，文物具有濃厚的北方色彩，《詩》、《書》等《六經》皆為北方的文化，周末之際，僅《楚辭》與《莊子》萌芽南方文化的英華。漢朝定都長安，洛陽，北方為政治文化中心，唯高祖嗜愛楚地歌曲，吳王濞好客，約集南方文士，楚元王好《詩經》，詩學鴻儒集結於幕下，於是南方文學興盛。吳王謀反事敗，其門下文士北上，仕宦於梁孝王，梁地蔚為文學的淵藪。孝王死後，南方文士多薈集於武帝宮廷，南方文藝蟠踞北方，唯文學創作兼容北方雄偉豪邁的風骨。三國時代，天下形勢三分，魏都洛陽，據漢故地，文化最為昌盛，為三國文藝的中心，繼存北方豪邁的「世風」。吳都建業，文藝雖不足觀而開啟後世江南文運興隆的端緒。東晉偏安建業，南方綺靡的文藝萌生，南朝以建業為都，江南文藝燦然，流麗婉轉的文藝極致展現。東吳與故楚

的文藝皆華美，唯東吳文藝缺乏熱情的內涵，不免流於靡弱，是亦吳楚
風土殊異之所致。北朝定都於北方故都，文藝亦尊崇北方質樸剛健的風
格。隋朝發跡於北方而統一南北，文藝則繼承南朝餘韻。唐都長安，南
朝文藝超拔，而以北方堅實之風矯正南方綺靡之弊，於是南北調和，形
成文質彬彬的文運。五代十國割據動亂，僅南唐，後蜀稍有文藝，概具
南方色彩。北宋定都汴梁，去唐代華美而存質樸的文藝蓋與地理風土無
關，外族入侵而國力疲憊與晚唐五代極盡華美文風的反動，是其主因。
南宋遷都臨安，感染於亡國哀痛的世風，文藝沁呈南方華奢的色調，纖
細感傷的文風。元都大都，文藝回復北方質樸的風格。明朝起於江南，
太祖定都南京，世祖遷都順天府，有明一朝南方文化繁盛，則與政治中
心無關，文藝思潮傾向綺靡之風。滿清入關，定都北京，明代以來，江
南文化根深蒂固，且南方文士隱世不仕，多縱情於藝術，排遣亡國的鬱
憤，江南乃為文藝學術的淵藪。然清代文藝異乎明代文風，亦有質實文
藝的孳生，呈現南北文藝融合的色彩，集中國文藝之大成。

　　至於戲曲與書畫亦有南北文藝流別的差異。南曲繼承南宋雜劇的系
統而興隆於明代，用南方的樂曲。北曲興於元代，用北方的樂曲至明代
而亡。南北劇曲的劇目與形式不同，樂曲的旨趣也有差異，北曲曲調急
促而剛毅樸訥，南曲曲調緩慢而流麗靡弱。至於曲辭，則有北曲質樸率
直而南曲巧緻纖細的異趣。有關繪畫的源流，董其昌主張南宗與北宗的
流別，北宗以唐代李思訓為開祖，崇尚馬遠、夏珪院體的畫風，南宗以
王維為始祖，繼承五代荊浩、關同，宋朝米芾、米友仁的文人畫。然青
木正兒傳承鈴木虎雄的文學風土論，以為南北宗派的區分當根據繪畫理
論以架構其系統，不以作者的出身所在而定南北。北宗直線式刻畫，而
筆法遒勁，南宗曲線式描摹而筆法柔婉，或為南北宗派區分的標準。

　　書法北碑南帖之論始於阮元「南北書派論」，南派祖述鍾繇王羲
之，以法帖為本，宗尚溫雅的書風，北派研究漢隸魏碑，以素樸遒勁的
書風為高。唯南派傾慕南朝書風，北派追跡北朝書風，要皆以六朝為歸
趨。

　　通觀中國詩文書畫的南北文藝風格，一言以蔽之，北方文藝質實遒勁，南方文藝浮華靡麗。

（二）吉川幸次郎的中國文學社會風土論

　　吉川幸次郎〈中国の文学とその社会〉說：以文學創作的優劣作為決定社會身分的尺度，與中國傳統社會風土有密接的關連。「士人」與「庶人」的區分是漢代以來二千年，中國社會的共通意識。漢武帝之所以推崇儒術，或許因為「選良」制度原本即內在於中國的傳統而且是最適用於中國社會，乃以儒學作為施政的指向。自漢武帝尊崇儒學，設立《五經》博士以後，《論語》所謂有德的「君子」與《孟子》治人勞心的「大人」即是「士人」的形象，《禮記・曲禮》的「禮不下庶人，刑不上大夫」既說明士人的性格，也存在著士人擁有特權的思想。換句話說所謂「士人」是既能參與政治，又以講讀《五經》及其他古典為職志而有維持並遂行道德文化能力的存在。至於任官，或未必任官而能批評政治，有文化特別是文學的發言權，受到法律特殊的保護則是「士人」的特權。中世社會的身分大抵是世襲，近世以來，所謂歷代簪纓之家，書香門第，豪門富商固然俊才出世的所在，但是家世與富裕並非成就「士人」的唯一條件，決定「士人」身分的尺度則在於經書理解的程度與文學創作的能力。中國傳統社會之以文為舉士而選良的特殊環境則具現於科舉制度。

　　科舉濫觴於漢武帝的策問，成立於隋唐而完備於北宋，至清末的一千數百年間，為中國人立身樞要而享受幸福生活的關鍵。唐代科舉有「明經」與「進士」二科，「進士」課詩賦，「明經」又稱「帖書」，大抵為經書與國定注釋，如《五經正義》的記誦而已，太宗時，雖有「策論」，要皆為辭藻的修飾，美詞麗句的陳列。北宋王安石變革新法，廢除「詩賦」辭課以「論」、「策」，「明經」則不求經書的記誦而採取「經義」的自由闡述。南宋與金則恢復「詩賦」與「明經」、「策論」並行。

元初廢止科舉，元末仁宗皇慶二年（1313）再開，然輕「詩賦」而重「明經」、「策論」，經書含《五經》、《四書》，經義則採宋儒的新注。明清六百年的科舉科目是以「經義」為主，尤以「四書義」為中心，所謂「制義」、「制藝」、「時文」、「八股」、「舉業」、「四書文」皆「四書義」的別名，至於「四書義」的參考書則以朱子集注為準據。明清的科舉制度看似改變歷來以文學能力判定人物價值的取向，實則「經義」的考試依然是作文的責求。《四書》文句的演繹發揮有其限度，答案又固定為煩雜的「八股」的形式，因此論理思考能力難分高下，文學表現的巧拙才是優劣的根據。換句話說，以言語表現巧拙的文學創作能力來判定人的價值，決定其社會地位的結果與以「詩賦」為中心的時代的風尚並無顯著的區別。因此經義與策論二科的本旨雖在道德文化意識的責求與政治政策和為政見解的陳述，然而其優劣高下的判定卻歸結在文章表現的巧拙，亦即言語的表現能力是選良舉士最終的依據。此為中國傳統社會以文為舉士而形成中國人重視文學創作能力的原因所在。[24]

　　細膩地表達內在世界的感動與緻密地描寫生活環境的事物是中國文學追求美善的傳統，而此一傳統的形成和長久持續則與以人為主的思想傳統和山海之自然屏障而護衛著廣大幅員的地理環境有密接的關連。在中國歷史的發展上，中原政權與周邊民族有頻繁的接觸，中華文明與古今文明也有「異文化」的交流，或以武力而入主中原，或以思想文化而改變中國人的思惟方式，雖然如此，對中國文學之「緣情而綺靡，體物瀏亮」的詩文世界則沒有產生巨大的影響。相反地，由於與「異文化」交流的結果，中國文學是唯一至善之存在的意識卻變成中國文學的傳統。至於士人之重視文學的理念也在此傳統意識和以文舉士之社會環境下應運而生。

---

24 吉川幸次郎：〈中国の文学とその社会〉，《吉川幸次郎全集》第一卷，東京：筑摩書房，1968 年 11 月，頁 292-324。

　　吉川幸次郎又在〈中国文学の環境〉[25] 說：就地理環境而言，中國的沃野之大與歐陸等同，歐陸國家林立而中國四周有著天然的屏障，乃形成一個獨立空間，由黃河產生的文學傳統在極少受到外來文學的影響，甚至於幾乎沒有外來文學存在的意識下，逐漸擴展到中華天下的各個角落。在廣大空間所形成的文化未必沒有時間性與地方性的色彩，如語言即有古今差異和南北通塞，文化也有唐代華麗而宋代素樸的時代性與北方重理而南方主情之地域性的差異，但是在政治政策與文化傳承的意識下，由於秦始皇之統一文字的政令施行，先秦諸子之自由開放的文化色彩，是中國最初也是最後所展現出的地方性分歧，至於各地的方言也由於存在著意志疏通的障害，相對於具有普遍性與共通性的「官話」，方言僅停留於「生活言語」的階段而未必能形成「記載言語」，用以行諸文字而抒發感情或記錄時事。再就思想環境而言，先秦諸子固然表現出地方色彩的對立，又在原理表達上，雖有儒家追求人間的善意，道家以自然的善意為究極，法家主張權力意志，墨家高舉無我兼愛的不同，但是實現於政治之現實性希求的動機是共通的，至於以散文作為言語表現的形式則是一致的。到了漢代，不但政治鞏固統一，以人間善意為原理的儒家思想也成為中國人生活行為的傳統理念。換句話說漢代以後，以儒家思想為唯一至上的意識是中國文化的傳統，也是普遍存在於中國人心中的民族感情。

　　中國文化之唯一性的形態在與周邊民族的往來後，更穩固的確立。就政治環境而言，為達成開疆拓土的目的，中原政權與周邊民族彼此有武力攻伐的軍事行為，中原用兵開地而周邊民族逐漸「漢化」，周邊民族入主中原，大抵都被漢族所同化，即使如元、清有以自身的言語作為「政治言語」而宣達政令或載記歷史，也未成為發生文學的可能因素。換句話說，與周邊民族接觸的結果，外族文化皆為中國文化所同化，中

---

25 吉川幸次郎：〈中国文学の環境〉，《吉川幸次郎全集》第一卷，頁 278-290。

國文學是至高無上之存在的意念便形成民族的歷史傳統。不但如此，即使佛教與西學的傳入，中國傳統文學是唯一存在的信念也終始毫無動 。

　　佛教自東漢傳入中國之後，即成為中國思想的主流之一，魏晉之際，與老莊、周易並稱三玄，南北朝則或以佛教為內教而儒教為外教。唐代以來佛教鼎盛，宋代理學家受到佛教盛行的影響而提倡儒學的復興，以佛教為異端而欲排除於中國文化之外，但是佛教的研究依然是中國哲學史的重要課題，佛教始終是中國主要的宗教而為民間大眾所信仰。雖然如此，在文學方面，即使南北朝的志怪、唐代的傳奇小說起因於佛教空想的虛構，敦煌的曲子詞與唐宋以來的禪詩都有佛教的色彩，南北朝以迄唐代，西域音樂的活洛，改變中土的音樂形式，近體詩的格律也多少受其影響，但是以日常生活為題材之寫實與人間社會之感懷的抒情文學始終是中國文學的主流。

　　至於西學的傳入，分析性的思考促成實證性古代言語學方法的建立，緻密的思惟也使清朝詩文的肌理極盡細膩之能事。西洋的言語結構不同於漢語的結構，不能以之作為創作古典詩文的工具。西學的影響僅止於科學實證之學問或文學創作方法的形成，意識到西洋文學是以敘事為主，而小說創作是其精華，則在白話文學運動以後。就中國傳統文化的環境而言，在宗教或藝術方面，印度、西洋之異文化的存在，如佛經是宗教的經典，《幾何原本》是科學性著作，固然為中國人所意識到，但是印度和西洋文學的存在則未為中國的文學傳統所認知。換句話說，就傳統文學而言，與印度或西洋文化接觸的結果，只證實中國文學的優越性，進而更忠實於自身的文學傳統而已。

第三章
青木正兒的中國文學思想史論

一、優遊於中國文學藝術的生涯

　　青木正兒，明治 20 年（1887）生於山口縣下關市。41 年（1908）入學京都帝國大學文科大學支那文學講座，師事狩野直喜、鈴木虎雄、內藤湖南。大正 12 年赴任東北帝國大學法文學部副教授。14 年留學中國，翌年歸國，昇任教授。昭和 10 年（1935）取得文學博士，13 年轉任帝國大學文學部教授，22 年退休。39 年（1964）12 月 2 日逝世。紹述狩野直喜、鈴木虎雄，著述《支那近世戲曲史》、《元人雜劇序説》、《支那文學藝術考》、《支那文學思想史》、《支那文學評論史》、《清代文學評論史》等中國戲曲、文學與批評史的論著。

　　吉川幸次郎引述青木正兒《支那文學概説》〈序〉：

> 文學必須可玩味，可陶醉，非培養靈敏的味覺，不能知其佳美
> 風味。所謂味覺，即鑑賞力。鑑賞力以經驗與批判而養成，經
> 驗以讀書而增進，批判以熟慮而精當。[1]

強調「實證與獨創是青木正兒文學的特色」。以精博的讀書與慎思熟慮而鍛鍊文學味覺，是青木正兒的學風，以讀書累積的經驗而尊重實證；不苟同既有的成說，以熟慮批判而突破獨創。實證與獨創而開拓中國文

1　青木正兒：〈序〉，《支那文學概説》，東京：弘文堂，1935 年 12 月，頁 1。

學新領域，是青木正兒學問的精髓所在。[2]

　　青木正兒於〈支那文學研究に於ける邦人の立場〉說：

> 日本人於中國文學的理解和鑑賞不如中國人是自然存在的事
> 實，然研究法的優劣在於其人的頭腦，領域的開拓在於其人的
> 眼光。故中國文學研究沒有中國人或外國人的區分，日本人宜
> 以研究中國文學而開拓新分野為究極。[3]

吉川幸次郎說：「青木正兒於中國文學史、戲曲史與批評史的研究，有
開創新學先驅的業績。中國文學歷史悠久，而體系性究明其歷史變遷與
美學法則，則發端於二十世紀西洋研究方法的受容，狩野直喜與鈴木
虎雄是早於中國的新學先驅，青木正兒繼承發展，成就獨創性的不朽論
著。《支那文學概說》論考中國古典文學各體裁的沿革及其研究方法，
甫一出版，即有郭虛中的中國語譯問世流傳」。[4]

二、中國文學思想史綜述

　　青木正兒於《支那文學思想史》[5]論述中國文藝思潮有：上古到漢代
之古代「實用悅樂」；六朝到唐代之中世「文藝至上」；宋朝到清朝之近
世「傲古低徊[6]」的變遷。說明儒家與道家文學思想的分殊，詩文創作有

2　吉川幸次郎：〈青木正兒博士業績大要〉，《吉川幸次郎全集》第十七卷，東京：筑
　　摩書房，1969 年 6 月，頁 337-339。
3　青木正兒：〈支那文學研究に於ける邦人の立場〉，《江南春》，《青木正兒全集》第
　　七卷，東京：春秋社，1970 年 4 月，頁 45-46。
4　吉川幸次郎：〈青木正兒博士業績大要〉，《吉川幸次郎全集》第十七卷，頁 338-
　　339。
5　青木正兒：《支那文學思想史》，東京：岩波書店，1935 年 10 月、11 月。後收入
　　《青木正兒全集》第一卷，東京：春秋社，1969 年 12 月。
6　「低徊」，蓋取義於夏目漱石作高浜虛子《鶏頭》序，自謂「低徊趣味」，是其創造
　　的新詞。小川環樹《新字源》：低徊者，以餘裕寬綽的心境，悠遊於詩文的優美情

創造達意與傚古修辭的兩極。

　　上古文藝淵源於美感意識的表露，而美感意識與快意感受有密切的關連。上古文藝是以美感為基調，要在表述人類快樂感受的心情，故上古原始文藝是實用悅樂的結實。周代人文化成，文質彬彬，在位者以音樂既能和悅民心，又能輔助禮儀的施行，乃以文藝的悅樂與真情流露的性質，應用於政教。孔子所謂「興於詩，立於禮，成於樂」（《論語・泰伯》），「詩可以興，可以觀，可以群，可以怨，邇之事父，遠之事君，多識於鳥獸草木之名」，「禮云禮云，玉帛云乎哉，樂云樂云，鐘鼓云乎哉」（《論語・陽貨》），要在鼓吹詩歌禮樂化成人文的道德教育。漢代的文藝思想標舉文學明道的實用主義，音樂的究極在和樂民心，以為資治的禮樂，故古代文藝是實用悅樂的時代。

　　六朝時代，擺脫道德的羈絆，確立文藝獨立的價值，音樂亦超離儒家的禮樂主義，尊重文人悅樂的藝術性。此一傾向雖萌芽於漢代，而形成於六朝儒學衰微，道家思想興盛的時代風尚。於文藝的表述，也一掃儒家道德的禁錮，奔放自由的思潮蔚然成風。唐代是六朝文藝的完成，既繼承六朝文藝獨力自覺的文運，又轉益更新，開創詩文的究極在唯美是求之文藝至上的黃金時代。

　　宋代反動而力排中世雕琢駢儷的風尚，去華美而取質實，棄雕琢而求素樸的思潮勃興，形成以「生拙」勝「巧緻」，以「非美」為美的審美觀，崇尚質樸而復歸於古代醇樸的思潮。古文復興之隆盛，水墨畫的發達，皆其顯著的風尚。元代是宋朝風潮的餘勢，明代雖有回歸漢唐的取向，然其「傚古低徊」的文風則與唐代唯美主義的思潮異趣。清代尚古風氣昌盛，唯其宗尚因人而異，或追漢魏，或奉唐風，或慕宋風，多元並存，各有專擅。「傚古低徊」是宋代至清朝文藝的共通所在，而低徊間有前進，傚古中有新意，因革損益，與時俱進，自有其時代的氣

　　境。（東京：角川書店，1968 年 1 月，頁 55）青木正兒所謂的「低徊」，蓋取斯義。

象。

　　儒家與道家思想是中國二大思潮，儒家以人倫道德的匡正為宗尚，留意於文化的傳承發展；道家以天真保全為究極，以自然無為的復歸為理想。亦即儒家是文化主義；道家則反之。儒家於文學的主張，輒律之以道德，勸之以實用，而戒空想。道家則以超脫塵俗，無用之用，奇想天外是尚。文學為孔門四科之一，儒家者流以六經為文學的源泉而奉之古典，文學家亦多以儒學為正統而尊崇經典。然道家以六經為先王陳迹，嘲笑儒家標榜文化主義，而以《老子》、《莊子》神韻縹渺之奇妙，演繹超越世俗的思想。

　　「鑑戒主義」是淵源於儒家而最顯著的文學思想，萌芽於漢儒以道德解釋六經。如演繹《詩經‧魯頌‧駉》「思無邪」，而謂「溫柔敦厚，詩教也」。後世繼承發展，而以尚古規範為文學的理論。至於「實用主義」，其端緒可上溯孔子以詩為雅言，學「詩可以興，可以觀，可以群，可以怨，邇之事父，遠之事君，多識鳥獸草木之名」（《論語‧陽貨》）。顧炎武《日知錄》卷十九〈文須有益於天下〉，謂：「文之不可絕於天地之間者，曰明道也，紀政事也，察民隱也，樂道人之善也。若此者，有益於天下，有益於將來，多一篇，多一篇之益矣。若夫怪力亂神之事，無稽之言，剿襲之說，諛佞之文，若此者，有損於己，無益於人，多一篇，多一篇之損矣」[7]，可謂儒家文學思想的神髓。蓋尊重「鑑戒」與「實用」，則排斥非現實之事物及無節操的文辭。非現實事物的排斥，是奉《論語‧述而》：「子不語怪力亂神」為金科玉律的結果。神怪色彩的傳奇小說背離儒家文學倫理，而排除於文學傳統之外。無節操的文辭違反「鑑戒主義」的規範，即便是文學藝術性卓絕的作品，其評價亦不高。

　　漢武帝獨尊儒術，儒學遂為道統，「鑑戒」與「實用」亦為文學創

7　顧炎武著，黃汝成集釋：《日知錄集釋》，台北：世界書局，1972 年 12 月，頁 445。

作的理論規律。然儒家與道家思潮消長之際，則有以道義是尚為束縛迂腐的反動，遊心於自由適得，縱情於無何有之鄉的思想，亦躍動於文學作品之中。考索文學思想而蘊含道家色彩者，首推「隱逸高蹈主義」。歌詠超越世俗，歸隱山林的文學蔚然成風。其次是「神仙遐想」，漢魏以來，道家思想雜糅神仙言說，既有遊仙詩文，也促成神怪小說的發展。其三是「素樸主義」，以天真保全為根柢，標舉《老子・四十五章》：「大巧如拙」，《莊子・胠篋》說解：「擢亂六律，絕鑠竽瑟，塞瞽曠之耳，而天下始人含其聰矣……絕鉤繩而棄規矩，攦工倕之指，而天下始人有其巧矣。故曰大巧如拙」。演繹音樂藝術加諸人為技巧，則損天然之醇樸。宋代以來，素樸是尚，寧拙勿巧的文學主張，可謂是老莊「天真保全」思想的體現。

中國文學思想既有儒家與道家思潮的兩行，創作宗尚亦有「創造主義」與「倣古主義」，表述方式生成「達意主義」與「修辭主義」的兩極。唐李翱〈答王載言書〉曰：「六經之詞也，創意造言皆不相師」，蓋就文學宗尚的大勢而言。實則六經之文固有因革模倣的存在，如《詩經》的〈魯頌・閟宮〉即有模倣〈商頌・殷武〉的所在。上古文學「創造」與「倣古」並行，唯「倣古」以儒家的尚古思想而彰顯。蓋以孔子「述而不作，信而好古」（《論語・述而》）為標幟，而鼓吹尊崇先王之道，以故人為典範，而興起尚古的文學說。主張六經為文學的至極，古人詩文為頂峰，務以逼真唯肖為上。

綜觀中國文學創作思想的流衍，尚古思想雖為主流，然與時推移，詩文創作亦有維新的反動，創造主義孳乳而滋長。周朝至唐代，創造活動旺盛，新體迭出，詩文諸體大抵完備，故宋代以後，蓋以探求模範於唐代以前的詩文為風尚。詩作或尊盛唐，或宗晚唐，或學杜甫，或倣李商隱。為文則或崇周漢，或尚唐宋，倣古風氣高漲。唯詩餘、戲曲、小說的新體興隆於近世，則是創造活動勃興的表徵。又詩文大家崛起，脫胎換骨，推陳出新而創造機軸，後進聞風追隨，形成流派，比擬於倣古。「創造主義」與「倣古主義」並行的風潮，於近世文學思想更為

顯著。[8]

三、中國文學思想史論的卓見

　　青木正兒於上古到漢代的「實用悅樂」時代，論述《詩經》的「詩」義；孔門詩教；漢儒道德教化的文學思想；辭賦家的「貴遊」風氣；王充儒學與文學「調和說」。六朝到唐代的「文藝至上」時代，論述魏晉的文學評論；南北朝的修辭主義；初唐修辭主義的餘風與文學復古的萌芽；盛唐與中唐的復古思想；晚唐宗尚「詩格」。宋朝到清朝的「倣古低徊」時代，論述仁宗朝確立達意氣格的風潮；南渡前後反映元祐紹述黨爭的詩文風尚；南宋臧否江西詩派的鍛鍊與妙悟的詩論；兩宋推崇質樸的古文而以簡潔洗練為極致的文論；明代復古格調與創造清新的文學思想，敘述擬古主張的形成，格調說的興盛，創造派以反擬古與清新孤峭的主張與格調派抗爭；清朝神韻說興起與性靈說重構的文學思想，論考格調、神韻、性靈三詩說的推移，評述三詩說的旨趣。其中，文論形成於魏晉，至齊梁而鼎盛；趙宋南渡前後反映元祐紹述黨爭的詩文風尚；陸時雍的「情韻」詩說下開王士禎的神韻說；格調、神韻、性靈三詩說的評述，或為其中國文學思想史論的卓見。

（一）文論形成於魏晉，至齊梁而鼎盛

　　青木正兒強調魏晉興起文學評論，南北朝宗尚修辭，形成中國中世文藝至上的思潮。

1. 魏晉的文學評論

　　徐幹《中論・藝紀》曰：「藝者德之枝葉也，德者人之根幹也。斯

8　青木正兒：第一章〈序論〉，《支那文學思想史》，收載於《青木正兒全集》第一卷，頁 12-18。

二物者不偏行不獨立……人無藝則不能成其德，故謂之野。若欲為君子，必兼之乎……盛德之士，文藝必眾」[9]。既以「藝者德之枝葉也，德者人之根幹也」，說明「據於德，游於藝」（《論語・述而》）的旨趣，又以「人無藝則不能成其德，故謂之野」，演繹孔子的文質論。然猶未超脫儒學的桎梏。曹丕《典論・論文》曰：

> 蓋文章經國之大業，不朽之盛事。年壽有時而盡，榮樂止乎其身。二者必至之常期，未若文章之無窮。是以古之作者，寄身於翰墨，見意於篇籍，不假良史之辭，不託飛馳之勢，而聲名自傳於後。[10]

專論文章的指歸，卓然獨立於儒學之外。漢代以儒學為經綸國家的大業，曹丕則以文章取代儒學。文儒著作不朽，不假他人之手而傳聲名於後世的敘述，王充雖已論及，而曹丕掃除儒家色彩，直指文人以翰墨而不朽。其所謂「文章」，則曰：

> 奏議宜雅，書論宜理，銘誄尚實，詩賦欲麗。此四科不同，故能之者偏也，唯通才能備其體。[11]

分文章為「奏議、書論、銘誄、詩賦」四科，雖未必總括當時的分體，其範圍大抵與後世所謂的文章略同，與今日「文學」的概念一致。「銘誄」與「詩賦」為用韻之文，「奏議」與「書論」則是無韻之文。至於「四科不同」，文人各有所偏的原因，則是「文以氣為主，氣之清濁有體，不可力強而致。譬諸音樂，曲度雖均，節奏同檢，至於引氣不齊，巧拙有素，雖在父兄，不能以移子弟」的「氣格」。文氣之輕清重濁，蓋由作者的天生氣質而定其文章的體勢。如稱「徐幹有齊氣」，李善

9　徐幹：《中論》卷上，《四部叢刊初編縮本》019，頁 19。
10　《文選》五十二卷，台北：華正書局，1995 年 10 月，頁 720。
11　《文選》五十二卷。

注：「齊俗文體舒緩，徐幹亦有斯累」，意謂徐幹承受齊地風土而文體舒
緩。至於「應瑒和而不壯，劉楨壯而不密，孔融體氣高妙」，則以「氣
格」品評當時文人的文章風格與長短。其〈與吳質書〉曰：「公幹（劉
楨）有逸氣，但未遒耳」[12]，皆以氣評論文章的優劣。立論於「氣格」，
以說明文學作品與作者氣質的關係，誠中國文學思想史上值得特書的洞
見。

　　曹操能詩文，獎掖文學，文人輩出，孔融、王粲、陳琳、徐幹等七
子集結其下，曹魏文學蔚然而興。曹氏兄弟與七子切磋文章，文學批評
蘊釀成風。曹植〈與楊德祖書〉記述：

> 以孔璋之才，不閑於辭賦，而多自謂能與司馬長卿同風。譬畫
> 虎不成，反為狗也。前書嘲之，反作論盛道僕讚其文……僕常
> 好人譏彈其文，有不善者，應時改定……劉季緒才不能逮於作
> 者，而好詆訶文章，掎摭利病。[13]

作品者長短之概評，字句之細密吟味，其間斟酌討究之事，可以窺知。
曹丕〈與吳質書〉短評鄴下七子中六人的文章，曹植〈與楊德祖書〉互
稱往來書信的文辭之美。書信往來而留意時人的文章，則平生的暢談必
言及文章的品評，或為當時的風潮。重視文章的觀念顯著提高，亦可推
知。曹丕於〈與吳質書〉，贊美「偉長（徐幹）著中論二十餘篇，成一
家之言。辭義典雅，足傳于後，此子為不朽矣」，哀惜「德璉（應瑒）
常斐然有述作之意，其才學足以著書，美志不遂，良可痛惜」。其著作
《典論》五卷，即有「成一家之言」的用心。曹植〈與楊德祖書〉曰：
「辭賦小道，固未足以揄揚大義，彰示來世也……將采庶官之實錄，辯
時俗之得失，定仁義之衷，成一家之言」。猶如王充所謂「造論著說」，
以「連結篇章」為最上，謂成就「一家之言」為究極。

12《文選》四十二卷，頁 591。
13《文選》四十二卷，頁 593。

兩晉於文章的議論極為精密。陸機〈文賦〉論述作文的用意及修辭的本質，謂文章的筆力：

> 罄澄心以凝思，眇眾慮而為言。籠天地於形內，挫萬物於筆端。[14]

與漢儒文筆寓含鑑戒的主張，大有逕庭。曹丕謂文章者「經國之大業」，尚有淑世之見，陸機所述則富饒文學藝術的蘊涵。至於文辭與思想的關係，則曰：「理扶質以立幹，文垂條而結繁」，由思想的根幹而衍生文辭之枝葉。命意遣辭，「辭程才以效伎，意司契而為匠」，然如人之感情形於容貌，激越哀樂之情，而綴集之文亦有分殊。「體有萬殊」，則趣致當異：

> 詩緣情而綺靡，賦體物而瀏亮。碑披文以相質，誄纏綿而悽愴。銘博約而溫潤，箴頓挫而清壯。頌優遊以彬蔚，論精微而朗暢。奏平徹以閑雅，說煒曄而譎誑。[15]

欲外觀之華美者而尚浮豔之辭，求內容之充實者而富義理之當。應詩、賦、碑、誄、銘、箴、頌、論、奏、說等文體之萬殊，文筆的意趣當有不同。雖然如此，

> 雖區分之在茲，亦禁邪而制放，要辭達辭理舉。[16]

文章創作要在辭以達其意，理以盡其事，亦即「意」「理」重於「文」「辭」。〈文賦〉具修辭之美，而其「文論」則尚意理通達。探究陸機的用心，或有兩全內容與外形之意，而持達意與修辭的中庸之說，或為漢魏達意主義轉換成修辭主義之過渡期的文學思想。至於「其會意也尚

14《文選》第十七卷，頁 240。
15《文選》第十七卷，頁 241。
16《文選》第十七卷，頁 241。

巧，其遣言也貴妍。暨音聲之迭代，若五色之相宣」，會意尚巧，遣言
貴妍的雙美之外，於誦讀之際，又留意音聲之美。即文字音韻的相互關
係，賦予音樂的美感，宛如錦繡的色彩燦爛，為齊梁文學聲調論的先
驅。

　　評論文章的專著，有李充《翰林論》三卷，摯虞《文章流別志論》
二卷。[17] 二書與文章總集的編纂有密接的關連，《隋書‧經籍志》載記：

> 總集者，以建安之後，辭賦轉繁，眾家之集，一以滋廣，晉代
> 摯虞苦覽者之勞倦，於是採摘孔翠，剪芟繁蕪，自詩賦下，各
> 為條貫，合而編之，謂為流別。[18]

東漢末建安以後，辭賦作品遞增，個人文集迭出，摯虞分類選輯諸家
詩文辭賦，匯成總集。《文章流別志論》是總集的附錄，論述選輯的文
章。李充《翰林論》亦然。二書是漢末以來尊重文章思潮高漲的象徵。
所謂「文章流別論」，旨在論述文體分類及其源流。文體的論述極為精
密，現存的斷簡亦可考知，鍾嶸《詩品》評之曰：「摯虞文志詳而博
贍」[19]。摯虞《文章流別論》開宗，明文章之義，曰：

> 文章者，所以宣上下之象，明人倫之敘。窮理盡性，以究萬物
> 之宜者也。[20]

「上下」者，天地也。文章的創作旨在論述自然與人生的諸象及理法。
至於文章諸體衍生之所以，則曰：「王澤流而詩作，成功而頌興，德勳

---

17 二書既已亡佚，散見於唐宋類書的引述。嚴可均《全晉文》卷五十三，輯《翰林
　 論》八條，卷七十七輯《文章流別論》十一條。
18 魏徵等：《隋書》卷三十五，〈經籍志四〉，頁 1089。
19 鍾嶸：《詩品》卷中，收載於何文煥輯，《歷代詩話》，北京：中華書局，1981 年 4
　 月，頁 2。
20 嚴可均：《全上古三代秦漢三國六朝文》，〈全晉文〉卷七十七，京都：中文出版
　 社，1972 年 7 月，頁 1905。

立而銘著，嘉美終而誄集，祝史陳辭，官箴王闕」，[21] 然後敘述各文體的源流。茲舉賦體的敘述，以窺其要略：

> 賦者，敷陳之稱，古詩之流也。古之作詩者，發乎情止乎禮義。情之發，因辭以形之。禮義之旨，須事以明之，故有賦焉。所以假象盡辭，敷陳其志。前世為賦者，有孫卿屈原，尚頗有古詩之義。至宋玉則多淫浮之病矣。楚辭之賦，賦之善者也，故揚子稱賦莫深于離騷。賈誼之作，則屈原之儔也。古詩之賦，以情義為主，以事為佐。今之賦，以事形為本，以來義正為助。情義為主，則言省而文有例矣，事形為本，則言當而辭無常矣。文之煩省，辭之險易，蓋由于此。[22]

賦源流於古詩，荀子屈原的辭賦存古詩之風，宋玉以下辭人則多淫浮之病，然當時辭賦因襲之而多弊。古詩之賦主於情義，文省而有則；今之賦主於事形，文煩而無常。摯虞以為屈原賦抒情，合乎溫柔敦厚之旨；宋玉以下辭賦敘事，背離「詩言志」的本義，而批斥之。辭賦要旨的論說，蓋沿襲漢儒之說，區別「詩人之賦」與「辭人之賦」的區別，則敷衍揚雄的立說，而議論精密。又評枚乘〈七發〉「不沒其諷諭之義也」，後人倣作，「其流遂廣，其義遂變，率有辭人淫麗之尤矣」[23]，亦繼承揚雄等漢代諷諫詩說。

　　要之，摯虞的文論，蓋約集前人之說，以「文學史的視座」論述文體的源流，值得注目。李充《翰林論》僅存十行，[24] 但就文章各體，品評名家的作品，故鍾嶸《詩品》貶之曰：「李充翰林疏而不切」。如「表宜以遠大為本，不以華藻為先。若曹子建之表，可謂成文矣。諸葛亮之

---

21 嚴可均：《全上古三代秦漢三國六朝文》，〈全晉文〉卷七十七，頁 1905。
22 嚴可均：《全上古三代秦漢三國六朝文》，〈全晉文〉卷七十七，頁 1905。
23 嚴可均：《全上古三代秦漢三國六朝文》，〈全晉文〉卷七十七，頁 1905-1906。
24 嚴可均：《全上古三代秦漢三國六朝文》，〈全晉文〉卷五十三，頁 1767。

表劉主，裴公之辭侍中，羊公之讓開府，可謂德音矣」。[25] 至於品評潘岳之文：

> 猶翔禽之羽毛，衣被之綃縠。容象圖而讚立，宜使辭簡而義
> 正。孔融之讚楊公，亦其義也。[26]

主於達意而品評潘岳的辭賦。魏晉作品逐漸崇尚修辭，然李充以達意為正道，其文論宗尚與陸機、摯虞同歸，而與南北朝專奉修辭主義的思潮殊途。

2. 南北朝的修辭主義

　　魏晉開啟尊重文學的風氣，至南北朝逐漸確立其地位。劉宋文帝設學府，而儒學、玄學、文學、史學四館並置。明帝立總明觀而分立儒、道、文、史、陰陽五部。范曄編纂《後漢書》，分別〈儒林傳〉與〈文苑傳〉，要皆說明文學與儒學對等而獨立一科的史實。至於文章的論述，范曄〈獄中與諸甥姪書〉曰：

> 常謂情志所託，故當以意為主，以文傳意。以意為主，則其
> 旨必見，以文傳意，則其詞不流。然後抽其芬芳，振其金石
> 耳。[27]

以達意為主而修辭為輔的論調與魏晉學文學論無大差別。然

> 性別宮商，識清濁，斯自然也。觀古今文人，多不全了此處，
> 縱有會此者，不必從根本中來。言之皆有實證，非為空談。年
> 少中，謝莊最有其分，手筆差易，文不拘韻故也。吾思乃無定

---

25 鍾嶸：《詩品》，收載於何文煥輯，《歷代詩話》，頁 4。

26 李充：《翰林論》，見於嚴可均：《全上古三代秦漢三國六朝文》，〈全晉文〉卷
　　五十三，頁 1767。

27 沈約等：《宋書》卷六十九，〈范曄傳〉，頁 1830。

方，特能濟難適輕重，所稟之分，猶當未盡。[28]

留意文字的修辭與音調的和諧，則有真新意。鍾嶸《詩品》引王融之言，曰：「齊有王元長者，嘗謂余云，宮商與二儀俱生，自古詞人不知之，唯顏憲子乃云律呂音調，而其實大謬。唯見范曄、謝莊頗識之耳」。[29] 謂范曄與謝莊通曉音律。

陸機曰：「音聲迭代」，范曄謂：「振其金石」的文學音調說，至齊梁間，沈約等人出而聲韻說風起雲湧。蓋魏晉以來，語言學之聲韻研究，應用於詩文理論的結果。魏晉孫炎取捨梵語學而提出反切法，李登《聲類》十卷，分文字音調為宮商角徵羽五類，晉呂靜倣李登分類而著《韻集》六卷。齊梁新說崛起，周顒《四聲切韻》，沈約《四聲譜》，則以平上去入取代宮商角徵羽。《南齊書・陸厥傳》載記：

> 永明末，盛為文章。吳興沈約、陳郡謝朓、琅邪王融以氣類相
> 推轂。汝南周顒善識聲韻。約等文皆用宮商，以平上去入為四
> 聲，以此制韻，不可增減，世呼為永明體。[30]

永明年間，沈約、謝朓等人以四聲制韻，世稱「永明體」。鍾嶸《詩品下・序》亦曰：「王元長創其首，謝朓、沈約揚其波，三賢或貴公子孫，幼有文辯。於是士流景慕，務為精密，襞積細微，專相凌架，故使文多拘忌，傷其真美」。[31] 沈約又提出詩歌音調不諧的「八病說」。空海《文鏡秘府》詳論「八病說」，於五言詩，要約「平頭、上尾、蜂腰、鶴膝」之四聲法則，「大韻、小韻」與「正紐、旁紐」之法則。[32]

---

28 沈約等：《宋書》卷六十九，〈范曄傳〉，頁 1830。
29 曹旭：《詩品集注》，上海：上海古籍出版社，1994 年 10 月，頁 337。
30 蕭子顯等：《南齊書》卷五十二，〈文學傳〉，頁 898。
31 曹旭：《詩品集注》，頁 340。
32 空海：《文鏡秘府》卷五〈西卷　論病　文二十八種病　文筆十病得失〉，台北：蘭臺書局，1969 年 7 月，頁 223-291。

「四聲」、「八病」的論說開拓修辭主義的新局面，促成四六駢文的風行，為唐初律詩成立的遠因。

南朝文學理論詳密，劉勰《文心雕龍》十卷與鍾嶸《詩品》三卷為雙璧。《文心雕龍》五十篇，〈原道〉至〈正緯〉四篇，論述文章的起源；〈辯騷〉至〈書記〉二十一篇，論文體及其流別；〈神思〉至〈定勢〉五篇，論述文章創作的涵養。〈情采〉至〈隱秀〉十篇，為修辭論；〈指瑕〉至〈程器〉九篇，總論文章緊要關鍵，〈序志〉一篇，為自序。宏觀闊論，架構嚴整，為當時修辭主義思潮的代表論著。然有取捨漢儒達意宗尚，以矯修飾是尚而流於浮華的時弊，唯異於漢儒以德為本而文為末的思惟，主張文章贊翼經典，六經為文學的根源。亦即將六經納入文學的範疇，論述文學的起源。〈原道〉謂：文有「道之文」、「人文」、「言之文」三種，文之德大，與天地並生，天地間的森羅萬象為「道之文」，人俯仰天地之間，參與贊化而成「人文」。人文根源於太極，演繹太極之理者，為《易》，故《易經》為文學的淵源。《易》的本始僅為卦象，孔子作〈文言傳〉，為「言之文」而立「天地之心」。如是而詩、書諸經典生成，故曰六經為文學的根源。至於六經如何衍生各種文體，〈宗經〉謂：《易經》衍生論說辭序，《書經》為詔策章奏之始，《詩經》衍生賦頌歌讚，《禮》為銘誄箴祝之始，《春秋》衍生紀傳移檄。文體凡二十一種，然後分篇詳細論述其流別。〈體性〉論述作文的涵養，謂文有典雅、遠奧、精約、顯附、繁縟、壯麗、新奇、輕靡等八品，皆人的性情之所在，作者宜適性而為文。文章的關鍵緊要在「風骨」，〈風骨〉謂述情必始於風，鋪辭以骨為首，文辭端直而成文骨，意氣駿爽而生文風。反之，則內容空虛，徒修飾文辭而無骨，思想滯礙而乏氣力，則無風。〈風骨〉雖未定義「風骨」，而推敲其文意，「風」者，蓋以作者精神活潑而顯現，「骨」者，文辭堅實之謂也。其所謂「風」，與曹丕「氣」略似。至於修辭論，〈聲律〉繼承沈約等人的聲韻說。〈麗辭〉論對句之法，〈事類〉述典故引用的準則，要皆揭示修辭主義風潮高漲，避免陷溺於華而無實之流弊的旨趣。

鍾嶸《詩品》旨在品評文人的詩作，然於時弊亦有深沉的感慨。
〈下品・序〉：

> 詩誦皆被之金竹，故非調五音無以諧會。若置酒高堂上，明月
> 照高樓，為韻之首。故三祖之詞或不工，而韻入歌唱，此重音
> 韻之義也。與世之言宮商異矣。今既不被管絃，亦何取於聲律
> 耶。[33]

《詩經》詩作譜合音樂而可歌，故有文字與音調諧和的必要，曹氏父子
之詩，雖詩語有未必工巧者，其聲律合諧而可歌唱。當時詩作既無合樂
而歌的用心，則無需繁複議論聲律。詩文誦讀，音調流暢即可，無標舉
蜂腰鶴膝等禁忌，民間歌謠既已音調具足。至於〈中品・序〉：

> 觀古今勝語，多非補假，皆由直尋。顏延謝莊尤為繁密，於時
> 化之，故大明泰始中，文章殆同書抄。近任昉王元長等辭不貴
> 奇，競須新事。爾來作者寖以成俗，遂乃句無虛語，語無虛
> 字，拘攣補衲，蠹文已甚。[34]

則批評時人好用典故的流弊。謂古今文辭優越者，蓋無鋪陳典故，但直
抒胸懷而已。然劉宋顏延、謝莊以來，專事用典，大明、泰始之文，形
同「書抄」。近時任昉、王融等人競逐創作新典，於是「句無虛語，語
無虛字」，敷衍故事而傷文辭的美善。要皆於修辭主義流行之際，力排
時尚愛好，而尊崇「辭達而已矣」的達意主義。

至於詩的本質，以吟詠性情為尚的主張，雖尊奉《詩・關雎・序》
的思想，然無混雜漢儒道德觀念，而以「純文學」的觀點立論。〈上
品・序〉曰：

---

33 曹旭：《詩品集注》，頁 332。
34 曹旭：《詩品集注》，頁 174。

氣之動物，物之感人，故搖蕩性情，形諸舞詠……動天地，感
鬼神，莫近於詩……若乃春風春鳥，秋月秋蟬，夏雲暑雨，冬
月祁寒，斯四候之感諸詩者也。嘉會寄詩以親，離羣託詩以
怨……或負戈外戍，殺氣雄邊……或士有解佩出朝，一去忘
返……凡斯種種感蕩心靈，非陳詩何以展其義，非長歌何以騁
其情。[35]

四時循環，天候交替，陰陽生剋而萬物變化，人俯仰於天地其間，觸景
生情而歌詩舞踊，又以人事變動，五情交感而賦詩以表述興觀群怨的性
情。既吟詠純真的性情，則無需以用典為貴。〈中品・序〉強調：

吟詠性情，亦何貴於用事。思君如流水，既是即目，高臺多悲
風，亦惟所見，清晨登隴首，羌無故實，明月照積雪，詎出經
史。[36]

即目所見，情景交融，非關故實，不用典故而直寫心靈搖蕩之蕩下瞬間
的感受。吟詠性情而無拘泥於聲韻論理與煩瑣典故，是詩作的本質。

　　梁武帝及其長子昭明太子蕭統，三子簡文帝蕭綱皆好文學。蕭統與
臣下共編《文選》三十卷，蕭綱命徐陵撰《玉臺新詠》十卷。前者廣搜
詩文，後者僅限於詩歌，而二書選文標準殊異，可以窺知二者於文學的
見解。《文選》以典雅為宗，兼具思想之醇與文辭之美，《玉臺新詠》則
偏重文辭，以辭藻豔麗是尚。二書可謂是當時文學達意與修辭思潮對峙
的象徵。《文選》保守，祖述魏晉以來的傳承，《玉臺新詠》革新，為後
世陳朝所繼承。蕭統嘗於〈答東湘王求文集及詩苑英華書〉述說其文學
理想：

夫文典則累野，麗亦傷浮，能麗而不浮，典而不野，文質彬

---

35 鍾嶸：《詩品》，收載於何文煥輯，《歷代詩話》，頁 2-3。
36 曹旭：《詩品集注》，頁 174。

彬，有君子之致。吾嘗欲為之，但恨未逮耳。[37]

文質兼備的理想，為其選文的標準與文學的主張。蕭綱〈與東湘王書〉
則曰：

> 比見京師文體，儒鈍殊常，競學浮疏，爭為闡緩……既殊比
> 興，正背風騷。[38]

批評當時文體務於質直，不能本於性情，而有浮疏闡緩之弊，未得詩
學旨趣。《梁書·本紀》載記：蕭綱「雅好題詩，其序云：余七歲有
詩癖，長而不倦。然傷於輕靡，當時號曰宮體」[39]。其為太子時，愛好
徐摛、徐陵等人豔麗詩文，臣下競相倣效，號稱「宮體」，綜輯宮體
詩作，以為範本，而成《玉臺新詠》，徐陵序曰：「選錄艷歌，凡為十
卷」。蕭綱〈誡當陽公大心書〉謂：「立身之道，與文章異。立身先須謹
重，文章且須放蕩」[40]，則又區別儒學與文學。其文學主張與《文選》的
宗尚懸隔。宮體詩作的風潮持續至陳朝，後主之際最盛，江總等文人日
日遊宴賦詩，採撮最豔麗的詩賦，譜樂而歌，遂以亡國。

北朝文學甚劣，然思想古風質樸，〈北史·文苑傳·序〉敘述南北
朝文學的差異：

> 暨永明、天監之際，太和、天保之間，洛陽、江左，文雅尤
> 盛，彼此好尚，互有異同。江左宮商發越，貴於清綺，河朔詞
> 義貞剛，重乎氣質。[41]

南朝文學文勝於質，音調諧和而以清麗為貴，北朝文學質勝於文，辭意

---

37 嚴可均：《全上古三代秦漢三國六朝文》，〈全梁文〉卷二十，頁 3064。

38 嚴可均：《全上古三代秦漢三國六朝文》，〈全梁文〉卷十一，頁 3011。

39 姚思廉：《梁書》卷四，〈簡文帝本紀〉，頁 109。

40 嚴可均：《全上古三代秦漢三國六朝文》，〈全梁文〉卷十一，頁 3010。

41 李延壽：《北史》卷八十三，〈文苑傳〉，頁 2781-2782。

義貞剛而重氣質。梁、陳之際，南朝文士入仕北朝，庾信仕北周，南朝文學披靡北朝。隋朝統一南北，文帝欲匡正陳朝浮華之風，以歸於質樸，「開皇四年，普詔天下，公私文翰，並宜實錄。其年九月，泗州刺史司馬幼之文表華艷，付所司治罪」[42]，然時俗好尚浮麗華辭。煬帝即位之前，尊崇質樸，然即位之後，生活放蕩，文士亦好麗辭。是知隋朝文學亦承繼梁、陳思潮之餘緒。

　　駢文興起於後漢，魏晉益盛，至齊梁而體製成立，經陳隋而盛行至唐代。駢體文以對句為最切要，句法之齊整，音調之和諧，文字之雕琢，典故之確鑿，皆以對句為中心而創製。貴左右均齊之美的審美觀既存於周漢文學，魏晉以來益盛，詩賦並用對句之風，盛於六朝，「駢賦」與四六駢文並轡風行。初唐律詩成立，亦重對句，爾來，詩文創作皆以對偶雙行為要。對句用典，四六句型，音調和諧而文辭雕琢華美，為六朝文學思想的結晶，修辭主義的極致。南朝宗尚外形之美的文學思想是修辭主義的最高潮。[43]

（二）趙宋南渡前後反映元祐紹述黨爭的詩文風尚

　　徽宗即位，紹述黨蔡京專權，稱元祐諸臣為姦黨，於端禮門外，立黨人碑，列司馬光以下三百九人之名，嚴禁黨人子弟入京。新舊政爭反映於文壇而呈現黨派的色彩。嫌惡蔡京一派的暴虐者宗尚歐陽修、蘇軾的詩文，其餘緒延續至南宋。朱弁《風月堂詩話》卷上，記述：

> 東坡詩文，落筆輒為人所傳誦……崇寧、大觀間，海外詩盛
> 行……是時朝廷雖嘗禁止，賞錢增至八十萬，禁愈嚴而其傳愈

42　魏徵等：《隋書》卷六十六，〈李諤傳〉，頁 1545。

43　青木正兒：第三章〈魏晉南北朝の文學思想〉，《支那文學思想史》，收載於《青木正兒全集》第一卷，頁 40-54。青木正兒說：其南北朝文學的論述，大抵參酌其師鈴木虎雄：第二篇〈魏晉南北朝時代の文學論〉，《支那詩論史》，京都：弘文堂書房，1925 年 5 月，頁 40-121。

多，往往以多相夸。士大夫不能誦坡詩者，便自覺氣索，而人
或謂之不韻。[44]

蘇東坡廣州、海南島詩作雖犯禁而盛行。非獨詩作，文章亦流行於南
宋。陸游《老學菴筆記》卷八，曰：

建炎以來，尚蘇氏文章，學者翕然從之，而蜀士尤盛。亦有語
曰：蘇文熟喫羊肉，蘇文生喫菜羹。[45]

東坡文之精通與否，與科舉及落窮達攸關，極言東坡詩文風行一世的軼
事。

　　蘇東坡無論述詩文的專著，後人綜輯諸著書而集錄《東坡詩話》
《東坡文談錄》一卷《詩談錄》三卷。蘇東坡紹述歐陽修文風，以平淡
為旨趣，而含藏色澤為要。其〈與二郎侄書〉曰：「凡文字，小時須令
氣象崢嶸，彩色絢爛，漸老漸熟，乃造平淡。其實不是平淡，絢爛之
極」。又評韓、柳詩曰：「所貴乎枯澹者，謂其外枯而中膏，似澹而實
美。淵明、子厚是也。若中邊皆枯澹，亦何足道」。[46]並千古之名言。其
貶謫海南時，置陶淵明、柳子厚集於座右，稱之為「二友」，[47]於陶詩尤
有妙悟。東坡詩作不枯淡，而示子侄以平淡為詩作的取徑正道。

　　蘇東坡詩文評論中，未見批判紹述派的文字，或置身黨爭渦中，遭
貶斥而慎言。黃山谷則不然，而有譏誹王安石詩文的敘述。陳師道《後
山詩話》記載山谷之言：

44 朱弁：《風月堂詩話》卷上，影印文淵閣四庫全書，集部 418 詩文評類，台北：商
　務印書館，1986 年 3 月，頁 13。
45 陸游：《老學菴筆記》，收載於〔清〕張海鵬輯，《學津討原》14，台北：新文豐出
　版公司，1980 年 12 月，頁 443。
46 蘇東坡：〈評韓柳詩〉，《東坡全集》補遺，《四庫全書・集部三・別集類二》。
47 蘇東坡：〈答程全父推官〉之三：「流轉海外，如逃深谷，既無與晤語者，又書籍舉
　無有，惟陶淵明一集，柳子厚詩文數冊，常置左右，目為二友」。《東坡全集》卷
　八十四。

魯直謂荊公之詩，暮年方妙，然格高而體下。如云：似聞青秧
底，復作龜兆坼，乃前人所未道。又云：扶輿度陽燄，窈窕一
川花，雖前人亦未易道也。然學二謝，失于巧爾。48

惠洪《冷齋夜話》卷五〈詩置動靜意〉載記：

荊公曰：前輩詩云「風靜花猶落」，靜中見動意。「鳥鳴山更
幽」，動中見靜意。山谷曰：此老論詩，不失解經旨趣，亦何
怪耶。49

王安石以雕磨字句，極盡工巧為宗尚，殊異於歐、蘇的詩風。編纂《三
經新義》以為科舉經解的圭臬，此為黃山谷冷笑之所以。然附和王安石
元祐黨的魏泰，於《臨漢隱居詩話》品評歐陽修的詩作，曰：「永叔之
詩，才力敏邁，句亦清健，但恨其少餘味爾」。貶斥黃山谷詩，曰：「黃
庭堅喜作詩得名，好用南朝人語，專求古人未使之事，又一二奇字，綴
而成詩，自以為工，其實所見之僻也。故句雖新奇，而氣乏渾厚」。至
於王安石，則揭舉其詩作的佳句，推尊之曰：「荊公，大儒也，孟子後
一人而已。雖萬世之下，聞其風宜企慕之」。50 南渡之際，紹述餘黨之葉
夢得著《石林詩話》三卷，書中指摘歐陽修詩說的誤謬，批評師法歐詩
者的流弊，曰：

歐陽文忠公詩始矯崑體，專以氣格為主，故其言多平易疏暢，
律詩意所到處，雖語有不倫，亦不復問。而學之者往往遂失於
快直，傾囷倒廩，無復餘地。然公詩好處豈專在此。51

指陳宋詩淺露之所以，述說其弊端，亦有中的的所在。推重王安石，則

---

48 陳師道：《後山詩話》，收載於何文煥輯，《歷代詩話》，頁 306。

49 惠洪：《冷齋夜話》，北京：中華書局，1988 年 7 月，頁 41。

50 魏泰：《臨漢隱居詩話》，收載於何文煥輯，《歷代詩話》，頁 322、327、329。

51 葉夢得：《石林詩話》卷中，收載於何文煥輯，《歷代詩話》，頁 407。

曰：

> 王荊公少以意氣自許，故詩語惟其所向，不復更為涵蓄……後
> 為群牧判官，從宋次道盡唐假人詩集，博觀而約取，晚年始盡
> 深婉不迫之趣。（《石林詩話》卷中）

又曰：

> 王荊公晚年詩律尤精嚴，造語用字，間不容髮。然意與言會，
> 言隨意遣，渾然天成，殆不見有牽排比處。（《石林詩話》卷中）

以詩語造遣若渾然天成的精妙，此王安石專擅的所在，唯過於工巧，則
其為缺失。葉夢得以元祐、紹述二派的岐異而立論，蓋元祐派以氣格達
意為宗尚而不厭淺露；紹述派則以修辭為要而用意婉轉。就政治主張而
言，元祐保守而紹述革新，然文學主張則相反，元祐打破唐風而興起新
詩風；紹述則有復歸三唐五代的傾向。葉夢得《石林詩話》為紹述派代
表的詩說，於「用字訣」的論說，洵有足以解頤的所在。然其後，未見
宗法紹述派文學的詩話。蓋北宋末至南宋崇尚歐、蘇、黃的詩作，詩話
大抵推重元祐的文學而專擅於文壇，如惠洪《冷齋夜話》、許顗《許彥
周詩話》、張表臣《珊瑚鈎詩話》、朱弁《風月堂詩話》、吳可《藏海詩
話》即是。江西詩派風靡南宋一代，其餘勢延續至元初。故元祐詩風可
謂是宋詩的正統。

　　歐陽修詩作尚氣格，詩語以平淡暢達為要，與鼓吹簡勁質直之古
文的文論同步。詩文創作以質樸為依歸，與皎然《詩式》所謂「任其醜
朴」同趨。而黃山谷更彰顯斯旨，胡仔《苕溪漁隱叢話前集》記述：

> 山谷云：寧律不諧，而不使句弱，用字不工，不使語俗，此庾
> 開府之所長也，然有意於為詩也。至於淵明則所謂不煩繩削而
> 自合者，雖然，巧於斧斤者，多疑其拙，窘於檢括者，輒病其

放……淵明之拙與放，豈可為不知者道哉。[52]

述說古人詩作之拙難及。蘇東坡〈書鄢陵王主簿所畫折枝〉云：「論畫
以形似，見與兒童隣，賦詩必此詩，定非知詩人，詩畫本一律，天工
與清新」[53]，意謂畫無拘泥於技巧，詩無束縛於格式，則與黃山谷同調。
蘇、黃的書論亦與詩、畫論同一思想。《御定佩文齋書畫譜》卷六〈宋
蘇軾自論書〉：「書初無意於佳乃佳爾」，〈宋黃庭堅論書〉：「凡書要拙多
於巧」。[54] 陳師道深受黃山谷影響，《後山詩話》曰：「寧拙毋巧，寧樸毋
華，寧粗毋弱，寧僻毋俗，斯文皆然」[55]，直言詩文之拙樸粗僻勝於巧麗
弱俗。呂本中祖述江西詩派，訓誡子弟於詩作，曰：「初學作詩，寧失
之野，不可失之靡麗。失之野，不害氣質，失之靡麗，不可復整頓」[56]，
詩作以質樸為要。吳可《藏海詩話》曰：「凡詩切對求工，必氣弱，寧
對不工，不可使氣弱」[57]，則重氣格。羅大經《鶴林玉露》曰：「作詩必
以巧進，以拙成，故作字惟拙筆最難，作詩惟拙句最難。至於拙，則渾
然天全，工巧不足言矣」[58]。李塗《文章精義》曰：「文章不難於巧而難
於拙，文章不難於曲而難於直，文章不難於細而難於麤，文章不難於華
而難於質，可與智者道，難與俗人言也」[59]。二人所述皆沿襲「拙樸」是
尚的傳承。

　　杜甫詩作的崇尚是元祐、紹述二派共通的所在。王安石酷愛杜詩
而開其端緒，早年任鄞縣縣令，撮拾杜甫集遺漏二百餘篇，而得窺杜工

52　胡仔：《苕溪漁隱叢話前集》卷三，台北：中華書局，1981 年，頁 6。

53　蘇東坡：《東坡全集》卷十六。

54　孫岳頒：《佩文齋書畫譜》，《四庫全書・子部・藝術類》，頁 22、25。

55　陳師道：《後山詩話》，收載於何文煥輯，《歷代詩話》，頁 311。

56　魏慶之：《詩人玉屑》卷五引呂本中：《呂氏童蒙》，京都：田原仁左衛門，1639
　　年，頁 4。

57　吳可：《藏海詩話》，收載於丁福保輯，《歷代詩話續編》，北京：中華書店，1983
　　年 8 月，頁 331。

58　羅大經：《鶴林玉露》卷三，《四庫筆記小說叢書》，頁 277。

59　李塗：《文章精義》，香港：中華書局香港分局，1977 年 4 月，頁 63。

部集全貌，其後編輯《四家詩》，以杜甫為首，歐陽修、韓愈、李白次之。[60] 故宋代鼓吹杜詩，可謂始於王安石。葉夢得追隨王安石，於《石林詩話》盛讚杜詩之妙，曰：「禪宗論雲間有三種語，其一為隨波逐浪句，謂隨物應機，不主故常，其二為裁斷眾流句，謂超出言外，非情識所到，其三為函蓋乾坤句，謂泯然皆契，無間可伺。其深淺以是為序……老杜詩亦有此三種語，但先後不同」。又曰：「詩下雙字極難，須使七言五言之間，除去五字三字外，精神興致，全見於兩言，方為工妙……老杜『無邊落木蕭蕭下，不盡長江滾滾來』，與『江天漠漠鳥雙去，風雨時時龍一吟』等，乃為超絕」。[61]

歐陽修不愛杜詩，劉攽《中山詩話》非難之，曰：

> 楊大年不喜杜工部詩……歐公亦不甚喜杜詩，謂韓吏部絕倫。
> 吏部於唐世文章，未嘗屈下，獨稱道李、杜不已。歐貴韓而不
> 悅子美，所不可曉。[62]

歐陽修推崇韓愈詩文，韓愈盛讚李、杜，歐陽修不喜杜詩，甚不可解。

蘇東坡未必不推崇杜甫，陳師道《後山詩話》曰：「蘇子云：子美之詩，退之之文，魯公之書，皆集大成者也」。又曰：「蘇詩始學劉禹錫……晚學太白」。[63]

黃山谷則宗尚杜甫，陳師道《後山詩話》曰：

> 唐人不學杜詩，惟唐彥謙與今黃亞夫庶、謝師厚景初學之。魯
> 直，黃之子，謝之婿也。其於二父，猶子美之于審言也。[64]

---

60 以杜甫為第一，蓋無異論，而李白居末，則眾說紛紜，《苕溪漁隱叢話前集》卷六〈杜少陵一〉載錄諸家的論辯，頁 4-5。
61 葉夢得：《石林詩話》，收載於何文煥輯，《歷代詩話》，頁 406、411。
62 劉攽：《中山詩話》，收載於何文煥輯，《歷代詩話》，頁 288。
63 陳師道：《後山詩話》，收載於何文煥輯，《歷代詩話》，頁 307。
64 陳師道：《後山詩話》，收載於何文煥輯，《歷代詩話》，頁 307。

黃山谷受其父黃庶與岳丈謝師厚的影響而愛杜詩。故元祐派提倡杜詩者，可謂始於黃山谷。江西詩派的詩風風靡南宋一代，以是，南宋詩話亦尊崇杜詩，確立其詩聖的地位。《苕溪漁隱叢話》集成北宋以來的詩話，品評杜詩的論述為李白詩作評論的十倍以上，就數量而言，崇杜的風尚，思過半矣。至於蔡夢弼編纂《草堂詩話》二卷，綜輯北宋末以來，論說杜詩二百餘條，張戒《歲寒堂詩話》二卷的下卷悉數論說杜詩，可謂極盛，而卷上記述：

> 王介甫只知巧語之為詩，而不知拙語亦詩也。山谷只知奇語之為詩，而不知常語亦詩也。歐陽公詩專以快意為主，蘇端明詩禪以刻意為工。李義山詩只知有金玉龍鳳，杜牧之詩只知有綺羅脂粉，李長吉詩只知有花草蜂蝶，而不知世間一切皆詩也。惟杜子美則不然，在山林則山林，在廊廟則廊廟，遇巧則巧，遇拙則拙，遇奇則奇，遇俗則俗，或放或收，或新或舊，一切物，一切事，一切意，無非詩者。故曰吟多意有餘，又曰詩盡人間興。誠哉是言。[65]

品評唐宋詩人的得失，而獨尊杜甫，可謂當時論調的表徵。蓋尊奉杜甫，猶儒家之於孔子，以杜詩的一字一句皆為詩法的極致準則。蔡夢弼《草堂詩話》記述：

> 山谷黃魯直詩話曰：子美作詩，退之作文，無一字無來處。蓋後人讀書少，故謂杜、韓自作此語耳。[66]

江西詩派後進從黃山谷詩說，主張詩語必有古書的典據，疏解杜詩當究明字句的來歷，而穿鑿太甚，論者以是顰眉蹙額。如朱弁《風月堂詩話》卷下：

---

65 張戒：《歲寒堂詩話》，收載於丁福保輯，《歷代詩話續編》，頁 464。
66 蔡夢弼：《草堂詩話》卷一，收載於丁福保輯，《歷代詩話續編》，頁 199。

客又曰：僕見世之愛老杜者，嘗謂人曰此老出語絕人，無一字
無來處。審如此言，則詞必有據，字必援古，所由來遠，有不
可已者。予曰：論事當考源流，今言詩不究其源，而踵其末
流，以為標準，不知國風雅頌祖述何人。此老句法妙處，渾然
天成，如蟲蝕木，不待刻雕，自成文理。[67]

解脫「詞必有據，字必援古」的束縛，謂杜詩的妙處在天成與清新，而
不在詩語典據來歷的雕琢守舊。陸游《老學菴筆記》卷七，亦曰：

今人解杜詩，但尋出處，不知少陵之意，初不如是……但以一
字亦有出處為工，如西崑酬倡集中，詩何曾有一字無出處者，
便以為追配少陵，可乎。且今人作詩，亦未嘗無出處，渠自不
知若為之箋注，亦字字有出處，但不妨其為惡詩。[68]

迷信黃山谷「無一字無來處」的詩說，終形成禁錮而封閉滯礙。

（三）陸時雍的「情韻」詩說，下開王士禎的神韻說

　　清初貶斥明代詩文理論的風潮下，王士禎繼起而高唱神韻說。王
士禎嘗紹述錢謙益的詩說，然未必攻擊前後七子，但無重蹈李、王的弊
端，而另闢蹊徑。涉獵漢魏至宋元的詩作，詩趣以古澹為主，而拈出神
韻二字。其於所作《池北偶談》曰：

明詩本有古澹一派，如徐昌國、高蘇門、楊夢山、華鴻山輩。
自王、李專言格調，清音中絕。同時王奉常小美作藝圃擷餘，
有數條與其兄及濟南異者，予特拈出。如云：今之作者，但須

67　朱弁：《風月堂詩話》卷下，影印文淵閣四庫全書，集部 418 詩文評類，台北：商
　　務印書館，1986 年 3 月，頁 14。
68　陸游：《老學菴筆記》，收載於〔清〕張海鵬輯，《學津討原》14，頁 440。

真才實學，本性求情，且莫理論格調。又云：詩有必不能廢
者，雖眾體未備，而獨擅一家之長……有明則徐昌國、高子業
二君，詩不同而皆巧於用短。徐有蟬蛻軒舉之風，高有秋閨愁
婦之態。更午百年，李、何尚有廢興，二君必無絕響。[69]

謂李、王不解古澹的詩趣，王世懋不慊其兄王世貞拘束於格調詩說，而
稱譽古澹派徐昌國、高蘇門之詩可為不朽。至於「神韻」二字的出處，
《池北偶談》曰：

汾陽孔文谷天胤云：詩以達性，然須清遠為尚。薛西原論詩，
獨取謝康樂、王摩詰、孟浩然、韋應物，言：白雲抱幽石，綠
條媚清漣。清也。表靈物莫賞，蘊真誰為傳。遠也。何必絲與
竹，山水有清音，景昃鳴禽集，水木湛清華。清遠兼之也。總
其妙在神韻矣。神韻二字，予向論詩，首為學人拈出，不知先
見於此。[70]

謂「神韻」的拈出與明朝孔文谷暗合。實則明末陸時雍的「情韻說」或
為王士禎神韻說的先聲。陸時雍《詩鏡總論》曰：「情欲其真，而韻欲
其長也，二言足以盡詩道矣」[71]。則以「情」、「韻」為詩作的極致，而
曰：「凡情無奇而自佳，景不麗而自妙者，韻使之也」。詩論既已用「神
韻」二字，曰：「五言古非神韻綿綿，定當捉衿露肘」。又曰：「詩之
佳，拂拂如風，洋洋如水，一往神韻，行乎其間」。所謂「韻欲其長」
者，蓋指餘韻，曰：「詩被於樂，聲之也。聲微而韻，悠然長逝者，聲
之所不得留也。一擊而立盡者，瓦缶也。詩之饒韻者，其鉦磬乎」。故

---

69 王士禎：〈談藝二・王奉常論詩語〉，《池北偶談》卷十二（上冊），北京：中華書局，1982 年 1 月，頁 273-274。

70 王士禎：〈談藝八・神韻〉，《池北偶談》卷十八（下冊），北京：中華書局，1982年 1 月，頁 4。

71 陸時雍：《詩鏡總論》，收載於丁福保輯，《歷代詩話續編》，頁 1415。

「有韻則生，無韻則死；有韻則雅，無韻則俗；有韻則響，無韻則沉；有韻則遠，無韻則局」。至於「韻」則與「格」「風」、「色」、「氣」攸關。曰：「韻生於聲，聲出於格，故標格欲其高也。韻出為風，風感為事，故風味欲其美也。有韻必有色，故色欲其韶。韻動而氣行，故氣欲其清也。此四者，詩之至要也」。「格」者「標格」，「聲」者「聲調」，「風」者「風味」，「事」者「事實」，「色」者「色澤」，「氣」者「生氣」，詩韻的根源在「標格」與「聲調」，是上承格調說，而「凡情無奇而自佳，景不麗而自妙者，韻使之也」，「詩之佳，拂拂如風，洋洋如水，一往神韻，行乎其間」的「情韻」詩說，或下開王士禛的神韻說。

（四）格調、神韻、性靈三詩說的評述

　　格調、神韻、性靈是構成詩作的要素，詩歌創作必須具備此三要素而不可偏廢。蓋性靈是詩歌的內在要素，格調是外在要素，神韻則內外兼具。性靈是詩人性格感情的發露，詩語表現創作心境的思惟所在。格者表現思想的形式，調者詩語的音調韻律，故格調是構成詩歌外形的骨架。神韻是結合格調性靈的風味興趣，非遊離於格調性靈之外，乃以二者蘊釀而出的餘韻。取譬於飲食，性靈是佳肴的食材，格調是料理的方法，神韻則是二者相生而成的滋味。王漁洋所涵蘊的是滋味中的風味，翁方綱則指向滋味全體。格調、神韻、性靈總括詩法，詩作不具備此三者則不能成立，古來無性靈之詩，無格調之詩，無神韻之詩，概不存在，但以三者分量的多寡，形成各種的樣態而已。三詩說的分殊在於強調的重點的差別，主張格調者忽略性靈，宗尚性靈者輕視格調，二者對峙，如水火而不相容，神韻則執兩用中而欲取協調。性靈派堅持不論料理方法，只要精選食材，就能品嚐其美味，格調派主張不拘食材，只要料理方法合乎古法，就能呈現品格。神韻派既選擇食材，也鍛鍊手藝而完成美食風味。詩作的本質論盡於此三詩說，翁方綱雖提出肌理說，僅

是修飾神韻說的變貌而已。[72]

四、中國文學思想史的論說方法

青木正兒《支那文學思想史》的論證方法有四：語學與文學的結合；援引歷代文集收錄的文章與詩話；縱觀文學思想的變遷；論考各時代作家詩文的思想內涵。

(一) 語學與文學的結合

青木正兒強調：以文字構成的觀念，推察上古社會狀態，是人文研究的方法之一。「美」、「善」等文字構成的觀念，以「羊」為象徵，蓋可推察中國上古原始的美感意識在於味覺。許慎《說文解字》四篇上：「美、甘也。从羊、大。羊在六畜中，主給膳也」[73]。謂上古先民以羊為六畜中，作為食品而最為甘美，其後衍生視覺的美感。表述視覺美感的「色」字，《說文解字》九篇上：「色、顏色與心若合符節」。「色」的本義是喜怒哀樂的顏面表情，與美感無關。推斷人類智慧發展的過程，如幼兒的發育，先是口腹之慾，然後發達視聽能力。聽覺美感的象徵是「喜」與「樂」的快感，二字的本義皆與音樂有關。「喜」字見於卜辭，《說文解字》五篇上：「喜、樂也。从壴、从口」。段注：「壴、象陳樂立而上見，从口者笑。曰喜也，聞樂則笑」。即聞鼓樂開口而笑之意。故「喜」字的觀念與音樂攸關。「樂」字見於卜辭，「木」上，二「糸」相連，中間無「白」字，即象絃樂器之文字，以絃樂器代表音樂，再由音樂之義，衍生快樂之義。「喜」、「樂」二字的構成觀念，說明音樂發

---

72 青木正兒：第七章〈清代の文學思想〉，《支那文學思想史》，收載於《青木正兒全集》第一卷，頁 103-117。

73 許慎：《說文解字》，台北：藝文印書館，1997 年 4 月，頁 148。

展的二個階段，樂器演奏，聽聞最原始大鼓的節拍而愉悅的時代，以「喜」字表述快感。絃樂器發達後，聽聞旋律而愉悅的時代，以「樂」字表述快感。原始藝術中，以音樂最令人欣喜。

視覺美感的象徵，以「文」字為最古。《周易・繫辭下》：「物相雜，故曰文」[74]。《說文解字》九篇上：「文、錯畫也，象交文」。線之交錯的紋樣為「文」的本義。《周禮・考工記》：「畫繢之事，雜五色……青與赤謂之文」，顏色交雜是後起之義。至於《書・益稷》：「日月星辰，山龍華蟲，作會宗彝……以五采彰施于五色」，又衍生彩色之義。「采」，《說文解字》六篇上：「採取也，從木、從爪」，《詩經・唐風・采苓》：「采苓采苓，首陽之巔」，即用採取的本義，彩色則是轉義。「繪」，《說文解字》十三篇上：「會、五采繡也」，會集五彩絲線而成錦繡。《論語・八佾》：「繪事後素」，亦繪繡之事。原始的繪畫，始於器物紋樣之「文」，而後發展成彩色錦繡之「繪」、即由紋樣的本義衍生色彩的觀念。《釋名・釋言語》：「文者，會集眾絲以成錦繡，合集眾字以成辭義，如文繡然也」[75]，言語撮集交織而成文辭，如錦繡華麗的紋彩，言語修飾而成文。說明文學與視覺美感的關係深遠。

「音」表述聽覺音樂的觀念。《說文解字》三篇上：「音、聲生於心，有節於外，謂之音……從言含一」，意謂言之有節，即以人言之聲，表述音的觀念。「章」字，《說文解字》三篇上：「樂竟為一章，從音十，十，數之終也」，意謂樂曲終止。而《詩經・小雅・谷風之什・大東》詠織女星，而謂「不成報章」，則轉用樂章之曲節而衍生織布紋彩之義。至於《詩經・小雅・魚藻之什・都人士》：「出言有章」，則轉用為言語文采而衍生文章之義。「章」字用義的變遷，說明音樂、美術與文學三者的同質性。音樂與文學於歌謠有本源性的關連，象徵二者於

---

74 《十三經注疏1：周易》，台北：藝文印書館，1997年8月，頁175。
75 劉熙：《釋名》，《四部叢刊初編縮本》005，台北：商務印書館，1965年8月，頁15。

藝術關係的意識，音樂與美術類似性的意識，顯示上古美感意識的發達。

　　「文」之形象色彩錯雜而成紋樣之本義，又用以形容類似的萬象而衍生「天文」、「人文」的用語。《周易・賁卦象傳》：「觀天文以察時變，觀人文以化成天下」即是。紋樣之義，或轉為文字之義，又以文字修飾而成文章，如《左傳・宣十二年》：「夫文止戈為武」，「止戈為武」釋文字之義，《釋名》：「文者，會集眾綵以成錦繡」，則以文章為「文」。或轉用為實事物的文飾，而「文」、「質」相對，文飾之言辭，謂之為「文辭」。《論語・雍也》：「質勝文則野，文勝質則史，文質彬彬，然後君子」是也。《左傳・襄二十五年》：「志有之，言以足志，文以足言」，則以有文飾之言辭表述志趣者，稱為「文辭」。後世多用此義。「文章」一詞亦有文飾之義的轉用。唯「文學」、「文獻」之「文」，蓋為文字連屬之義，文學用語中，「文」字指涉辭藻修飾之「文」與文字連屬之「質」的趣旨分殊。

　　「文學」一詞首見於《論語・先進》：「德行顏淵、閔子騫、冉伯牛、仲弓，言語宰我、子貢，政事冉有、季路，文學子游、子夏」，記述孔門四科十哲的專擅。邢昺疏以「文章博學」解釋「文學」之義，意謂研究學術，能以文著述立說。即廣義的文學概念。《荀子・大略》：「人之於文學也，猶玉之於琢磨也。詩曰如切如磋，如琢如磨，謂學問也」[76]，《墨子・非命中》：「凡出言談，由文學之為道也，則不可而不先立義法」[77]，荀子「文學」與「學問」互用，墨子則「言談」與「文學」對稱，明示「文學」即「學問」。《韓非子・六反》：「學道立方，離法之民也，而世尊之曰文學之士」[78]，亦然。以上先秦諸子之所見。漢代也

76　王先謙：《荀子集解》卷十九，《新編諸子集成》第二冊，臺北：世界書局，1991年5月，頁334。
77　孫詒讓：《墨子閒詁》卷九，《新編諸子集成》第六冊，頁169。
78　王先慎：《韓非子集解》卷十八，《新編諸子集成》第五冊，頁318。

無甚差異。《史記・儒林傳》：「夫齊魯之閒於文學，自古以來，其天性也。故漢興，然後諸儒始得脩其經藝，講習大射鄉飲之禮……及今上即位，趙綰、王臧之屬明儒學，而上亦鄉之，於是招方正賢良文學之士」[79]，「文學」者，儒學的指稱。

　　逮及六朝，始以「文學」為「純文學」[80]，而區別於儒學與諸子學。《南史・宋本紀》：文帝時，置儒學、玄學、文學與史學四館。明帝時，立總明觀，分儒、道、文、史與陰陽五部[81]。六朝所謂「文」、「文章」「文筆」者，皆意謂「純文學」。宋王儉《七志》立「文翰志」，梁阮孝緒《七志》改稱「文錄集」，魏摯虞著《文章流別集》，總輯詩文，要皆狹義的文學概念。然而以「文學」稱「學問」之古義，亦並行於當時，如《世說新語・文學第四》：「鄭玄在馬融門下……何平叔注老子始成，詣王輔嗣……莊子逍遙篇，舊是難處，諸名賢所可鑽味，而不能拔理於郭、向之外……左太沖作三都賦初成……」[82]，文學包含儒家、道家之學與文章之事。爾來，「文學」的廣狹二義並行至近世，狹義的文學主要指稱詩、賦與文，而戲曲、小說亦納入文學之屬者，蓋清末以來，受西方文學與日本編修「中國文學史」的影響。[83]

---

79 司馬遷：《史記》卷一百二十一，台北：鼎文書局，1978 年 11 月，頁 3117-3118。
80 鈴木虎雄稱曹魏是文學意識形成的自覺時期，〈魏の時代—支那文學上の自覺期〉，《支那詩論史》，頁 40-43。吉川幸次郎主張為文學而文學的「文學任務說」，謂周代至秦漢是前文學時期，東漢抒情詩的創作，魏晉美文的好尚，文學於是興隆，〈中国文学の四時期〉，《中国文学入門》，東京：講談社，講談社學術文庫，1976 年 6 月，頁 101-108。文學以抒情為主，東漢末期抒情詩賦的創作，「純文學」的意識萌生，是京都中國文學研究者的主張。
81 李延壽：《南史・本紀》卷二〈宋本紀中第二〉：「上（文帝）好儒雅，又命丹陽尹何尚之立玄素學，著作郎何承天立史學，司徒參軍謝元立文學」。台北：鼎文書局，頁 45-46。《南史・本紀》卷三〈宋本紀下第三〉：「（明帝泰始六年）九月戊寅，立總明觀，徵學士以充之。置東觀祭酒、訪學各一人，舉士二十人，分為儒、道、文、史、陰陽五部學」。頁 82。
82 劉義慶：《世說新語》卷二〈文學第四〉，《新編諸子集成》第八冊，頁 47-71。
83 興膳宏：〈含羞の人：小川環樹先生〉謂小川環樹學問的特色是語學與文學的結合，〈中国の文学における風景の意義〉（收錄於小川環樹：《風と雲：中国文学論

（二）援引歷代文集收錄的文章與詩話

　　青木正兒說：唐代文學論述的專著甚多，《崇文總目》、《唐書藝文志》、《直齋書錄解題》、《郡齋讀書志》等官私目錄的著錄，共有二十餘種。唯今存者，僅五、六種，空海《文鏡秘府論》引述而可窺其遺文者，約有四種，然大抵為小品，且無盛唐時代的論述。僅能撮眾多文集論說中的片鱗鴻爪，論考文采蓊鬱之黃金時代的文學主張。[84] 宋代後的文論亦不多，全書隨處可見援引詩話，論述文學主張。

1. 摘錄文集的文章

　　齊梁駢體延續至盛唐，然古文復興的風尚，萌芽於盛唐末，至中唐逐漸興盛。韓愈與門人李翱、張籍等振聲提倡，柳宗元唱和。唯韓、柳文論專著未存，僅見於與人的書簡中。文體以周漢古文是尚，文學理論亦尊漢儒「德本文末」之說。韓愈竊以孟子自任，意在繼承儒家的道統，〈答李翊書〉曰：

> 道德之歸也有日矣，況其外之文乎……行之乎仁義之途，游之乎詩書之源，無迷其途，無絕其源，終乎吾身而已。[85]

以源於六經，遂行仁義為文學的究極，亦即以道德為文學的存立價值。

集》，東京：朝日新聞社，1972 年 12 月）是其代表作。（《異域の眼：中國文化散策》，東京：筑摩書房，1995 年 7 月，頁 210-216）武內義雄祖述王引之「為三代之舌人」的詮釋經典的意識，著作《支那學研究法》主張小學與目錄學的融通是中國學的研究方法。吉川幸次郎則於《陶淵明伝》、《杜甫》、《読書の学》等著作，強調：咀嚼詩語的涵義，探究詩人創作詩歌當下的心境，是中國文學研究法。小川環樹亦有〈風と雲─感傷文學の起源〉、〈落日の觀照─都留春雄《王維》への跋─〉等（收錄於《風と雲：中国文学論集》），敘述詩語情境的「詩境論」著作。因此，訓詁明然後義理、辭章明，是京都中國學者的學問意識。
84 青木正兒：《支那文學思想史》，收載於《青木正兒全集》第一卷，頁 55。
85 韓愈：《韓昌黎集》卷三，北京：商務印書館，1933 年 3 月，頁 58-59。

李漢《韓昌黎集・序》謂：「文者，貫道之器」[86]，一語道破韓愈的文學精神所在。柳宗元〈答韋中立論師道書〉曰：

> 始吾幼且少，為文章，以辭為工。及長，乃知文者以明道。是固不苟為炳炳烺烺，務采色夸聲音而以為能也。凡吾所陳，皆自謂近道，而不知道之果近乎遠乎。吾子好道，而可吾文，或者於道不遠矣。[87]

「文以明道」、「所陳近道」與「文以貫道」的旨趣咸同。至於文章的指歸，二人亦皆以周漢的古文為典範。韓愈於〈答李翊書〉曰：「始者，非三代兩漢之書不敢觀，非聖人之志不敢存」，而作文的涵養，則上自書、詩、易、春秋左傳，下至莊子、離騷、史記及司馬相如、揚雄之文。[88] 柳宗元則淵源於五經，參以穀梁、孟、荀、老、莊、離騷、國語、史記，以廣識見。[89] 至於作文的存心，二人皆以精神為宗尚。韓愈〈答李翊書〉曰：

> 氣，水也，言浮物也。水大而物之浮者，大小畢浮。氣之與言猶是也。氣盛則言之短長，與聲之高下者皆宜。

柳宗元〈答韋中立論師道書〉曰：

> 未嘗敢以怠心易之，懼其弛而不嚴也。未嘗敢以昏氣出之，懼

---

86 韓愈：《韓昌黎集》卷三，頁1。
87 柳宗元：《柳河東集》卷三十四，香港：中華書局，1972年1月，頁542-543。
88 韓愈：〈進學解〉曰：「作為文章，其書滿家，上規姚姒渾渾，佶屈聱牙，春秋謹嚴，左氏浮誇，易奇而法，詩正而葩。下逮莊騷，太史所錄，子雲相如，同工異曲」。《韓昌黎集》卷三，頁77-78。
89 柳宗元：〈答韋中立論師道書〉曰：「本之書以求其質，本之詩以求其恆，本之禮以求其宜，本之春秋以求其斷，本之易以求其動，此吾所以取道之原也。參之穀梁以厲其氣，參之孟荀以暢其支，參之老莊以肆其端，參之國語以博其趣，參之離騷以致其幽，參之太史以著其潔，此吾所以旁推交通而以為之文也」。《柳河東集》卷三十四，頁543。

其昧沒而雜也。未嘗敢以矜氣作之，懼其偃蹇而驕也。抑之欲
其奧，揚之欲其明，疎之欲其通，廉之欲其節，激而發之欲其
清，固而存之欲其重，此吾所以羽翼夫道也。

韓愈以氣盛為行文的動力，柳宗元以氣弱為戒，正反異說而歸趣則一，
亦氣格主義的論說，然與曹丕「文以氣為主」之說有別。曹丕謂作者
的氣質以文而顯，韓、柳則以氣盛的精神為作文的主宰，文氣的觀念
殊異。韓、柳的文學思想為宋代文人所承繼，衍生後世古文創作的風
潮。90

2. 援引詩話

　　晚唐之際，古文創作的風潮式微，修辭的習尚代興。論詩者，有
司空圖《二十四詩品》特出。分詩趣為「雄渾、沖澹、纖穠、沉著、
高古、典雅、洗煉、勁健、綺麗、自然、含蓄、豪放、精神、縝密、
疏野、清奇、委曲、實境、悲慨、形容、超詣、飄逸、曠達、流動」等
二十四品。各品以四言十二句，敘述其詩境趣致。比皎然《詩式》十九
體更為詳備，詩趣的涵義更為深遠。皎然的分類，頗多「貞、忠、節、
志、德」等倫理式的德目與「氣、情、思、悲、怨」等心理的感受，司
空圖則以詩境呈現的「風趣」，如「雄渾、沖澹、纖穠」等為中心，又
間雜「洗煉、委曲、實境、形容」等文辭修飾的手法。詩趣雖以比喻形
容居多，而理論說明者極少，然自得其妙趣。如敘述〈含蓄〉：

不著一字，盡得風流。語不涉己，若不堪憂。
是有真宰，與之沉浮。如綠滿酒，花時返秋。
悠悠空塵，忽忽海漚。淺深聚散，萬取一收。

前四句通論「含蓄」，中四句說「含」字，末四句說「蓄」字的詩境。

---

90 青木正兒：《支那文學思想史》，收載於《青木正兒全集》第一卷，頁61-63。

又如形容〈清奇〉：

> 娟娟群松，下有漪流。晴雪滿汀，隔溪漁舟。
>
> 可人如玉，步屟尋幽。載瞻載止，空碧悠悠。
>
> 神出古異，淡不可收。如月之曙，如氣之秋。

前四句景已清奇，中四句人亦清奇，末四句其人之想亦清奇。〈含蓄〉略具論理的說明，〈清奇〉則為比喻之形容，全篇蓋如此，非以說明的論述，而為詩趣的「贊」語。後世論說詩趣，殆用二十四品的標目。袁枚倣之，作《詩品》，黃鉞應用畫論而作《二十四畫品》。至於〈與李生論史書〉、〈與王評詩書〉，則是詩論的名作。尤以前者，說詩之風味，為後世所稱揚。

> 愚以為辨於味而後可以言詩也。江嶺之南，凡足資於適口者，
> 若醯非不酸也，止於酸而已。若䰼非不鹹也，止於鹹而已。中
> 華之人所以充飢而遽輟者，知其鹹酸之外，醇美者有所乏耳。
> 彼江嶺之人習之而不辨也宜哉……近而不浮，遠而不盡，然後
> 可以言韻外之致耳。[91]

以品味比喻詩趣，蓋以嶺南之人不解詩的風味為喻，以鹹酸之外的美味比譬於詩的「意外」之致。「韻外之致」與「含蓄」之說攸關，於王士禎「神韻說」的樹立有深遠的影響。晚唐又有僧齊己《風騷詩格》一卷，立「十體、十勢、二十式、四十門、六斷、三格」，分別詩趣與詩格，極其繁雜而頗多重複雷同，不如司空圖《二十四詩品》之簡潔而齊備精闊。至於張為《士人主客圖》一卷，分晚唐詩人為「廣大教化、高古奧逸、清奇雅正、清奇僻苦、博解宏拔、瑰奇美麗」[92]等六派，評定

91《唐詩紀事》卷六十三，頁 522-523。
92《唐詩紀事》卷六十五〈張為〉，頁 539。

品級而列舉名家詩句。詩派的分別但依詩風而任意評定，不足議論。[93]

（三）縱觀文學思想的變遷

考鏡周漢以迄清朝文學思想演化的軌跡。上古至漢代是「實用悅樂時代」，六朝至唐代是「文藝至上時代」，宋代到清朝是「倣古低徊時代」。《詩經》、《書經》與孔門詩教表述實用悅樂的文學思想，漢儒倡行道德教化的文學思想，辭賦家的創作有「貴族式遊戲」的傾向，王充提出儒學與文學「調和說」。魏晉南北朝文學評論與修辭主義盛行，初唐修辭主義的餘風與文學復古的萌芽，盛唐與中唐的復古思想隆盛，晚唐宗尚「詩格」的風氣形成。北宋仁宗朝確立達意氣格的風潮，南渡前後反映元祐紹述黨爭的詩文風尚，南宋的詩論旨在臧否江西詩派的鍛鍊與妙悟，兩宋的文論則推崇質樸的古文而以簡潔洗練為極致。明代的文學思想：復古格調與創造清新是復古格調與創造清新兩行，清朝的文學思想則是神韻說的興起與性靈說的重構。

（四）論考各時代作家詩文的思想內涵

《清代文學評論史》[94]補述清朝的文學思想的推移，其中，〈神韻說の提倡と宋元詩の流行〉謂：王漁洋的「神韻」即「古澹」，於平淡的風致，添加古趣，其內容為沖澹、自然、清奇，而洗去濃豔的風趣。至於表現方式則兼具「纖穠」與「含蓄」，前者補綴鉛華盡去的寡味，增加明朗亮麗的外觀，後者是不假文字雕琢修飾的內在蘊藉。換言之，外形雖平淡，卻含有不盡的「興趣」，既是沖澹、自然、清奇的「古澹」，又具有明麗的色澤。此為王漁洋神韻詩作的極致。[95] 王漁洋「神韻說」

93　青木正兒：《支那文學思想史》，收載於《青木正兒全集》第一卷，頁 63-65。
94　青木正兒：《清代文學評論史》，收載於《青木正兒全集》第一卷，頁 393-582。
95　青木正兒的中國文學思想史論具有異彩創見的敘述，頗參採橋本循〈創見に滿ち

的明解，是青木正兒古澹的風趣，含蓄清奇性格的體現。

五、遊於藝的異彩風格

　　青木正兒平生愛用「文藝」一詞勝利於「文學」，嗜好中國繪畫與音樂，有深厚的造詣。嘗謂文學與藝術的表現方式雖異，而思想胸臆的深層則是脈絡相連。第二章〈周漢の文學思想〉敘述中國文學美感想起源於聽覺與視覺，說明文學與音樂美術攸關，推衍原始的美感意識與古代實用悅樂的文學觀。又標立〈周漢の音樂思想〉[96]，論述《詩經》、《書經》的音樂思想，儒家的樂教與《荀子》、《呂氏春秋》、〈樂記〉的音樂論。

　　青木正兒的性情傾向道家，而不喜漢儒與宋儒者經術道學的宗尚。批判漢儒道德教化的文學觀，謂漢代的文學是儒學的附庸，至魏晉始萌芽純文學的自覺。贊頌道家素樸古拙的文學觀，影響後世文藝思潮極其深遠。標舉〈道家的文藝思潮〉[97]，論述虛無的文藝思想，衍生重樸拙而輕技巧的文學思潮，棄虛飾而復歸於純真的思想，形成尚古拙的趣味意識。強調以趣味為根柢的文藝思潮萌芽於宋代，至明清而隆盛。至於高蹈風雅的思想則是文人氣質的所在與文藝創作的動力，而促成敘景詩與山水畫發達的機運。

　　た文學史〉，青木正兒：《支那文學思想史》，收載於《青木正兒全集》第一卷，頁583-587。
96　青木正兒：〈周漢の音樂思想〉，《支那文學思想史》，收載於《青木正兒全集》第一卷，頁153-184。
97　青木正兒：〈道家の文藝思潮〉，《支那文學思想史》，收載於《青木正兒全集》第一卷，頁195-207。

第四章
吉川幸次郎的中國文學研究方法論 *

一、中國文學研究是精神史研究與文學內涵的探究

　　興膳宏說：「吉川幸次郎（1904-1980）的中國學術研究生涯可分為經學、雜劇與詩、特別是杜詩研究的三個時代」。[1] 綜觀吉川幸次郎於中國文學的研究，則可歸納為中國文學的精神史研究與中國文學的內在本質研究，前者是其師狩野直喜（1868-1947）中國文學與哲學合一說的繼承發展，後者則是成就日本近代中國文學研究泰斗的所在。吉川幸次郎在《尚書正義》譯注 [2]，強調《尚書正義》是探究中國中世精神史的重要文獻，又在 1944 年《元雜劇研究》[3] 的自序，指出《元雜劇研究》既

---

* 本文曾刊於《政大中文學報》第 16 期，2011 年 12 月，頁 111-136。

1　興膳宏：〈吉川幸次郎〉，收載於礪波護、藤井讓治編，《京大東洋学の百年》，京都：京都大学学術出版会，2002 年 5 月，頁 282。又有關吉川幸次郎的學術生平，參見桑原武夫、興膳宏等編，《吉川幸次郎》（東京：筑摩書房，1982 年 3 月）；〈先学を語る：吉川幸次郎博士〉（《東方学》第 74 輯，1987 年 7 月，其後收入東方学会編，《東方学回想 V：先学を語る（4）》，東京：刀水書房，2000 年 4 月，頁 147-173）。

2　吉川幸次郎與東方文化研究所的同事，關西地區經學研究者於 1935 年 4 月著手，校訂《尚書正義》，費時 6 年完成，定名為「尚書正義定本」，於 1943 年 3 月發行。在《尚書正義》的校定中，於 1938 年冬，有和譯《尚書正義》之議，取得所長松本文三郎的認同，並引介岩波書店，應允出版《尚書正義譯注》。於翌年（1939）夏天著手《尚書正義》全文和譯，1940 年 2 月出版《尚書正義》。

3　《元雜劇研究》是吉川幸次郎的博士論文，1948 年 3 月在東京：岩波書店出版，其後收入《吉川幸次郎全集》第十四卷，東京：筑摩書房，1968 年 9 月。鄭清茂中文譯本《元雜劇研究》，於 1960 年 1 月，在台北：藝文印書館出版。〈《元雜劇研

是將中國文學史方法論付諸實現的最初成果，也是中國精神史研究的一部分。但是在 1968 年《吉川幸次郎全集》第十四卷的〈自跋〉，則說：「我現在未必以為文學史的研究是精神史研究的前提，而主張重視『文學的尊嚴』⁴」。亦即以中國文人的創作旨趣及其作品之文學性的探究與賞析為極致。故於元人雜劇的研究之後，傾注心力於以杜甫為中心的中國文學內涵的探究，⁵終身講述注釋杜甫及其詩文，剖析中國古典詩文的意境，架構中國文學研究的方法論，「傾注精力於前人未發之析理」，而「研究深邃而用意周密，眼光犀利而識見卓拔」，⁶允為日本近代中國文學研究第一人。茲以中國文學史研究為精神史研究的前提，中國文學的變遷與中國古典詩文的意境研究，說明吉川幸次郎的中國文學研究方法論。

二、中國文學的精神史研究

　　吉川幸次郎在《「元雜劇研究」自序》強調：《元雜劇研究》是運用中國文學史方法而完成的著作，也是其中國精神史研究的一部分。文

究》自序〉寫於 1944 年 7 月，收入《吉川幸次郎全集》第十四卷，東京：筑摩書房，1968 年 9 月，頁 3-4。

4　吉川幸次郎：《吉川幸次郎全集》第十四卷，頁 610。

5　吉川幸次郎於其與高橋和巳的對話〈人間とは何か―文学研究への私の道〉說：我的學問歷程有所變遷，《元雜劇研究》是從語言學的角度分析元曲的用語，究明中國十三世紀中國文學於口語表現的究竟。又順應日本大正至昭和初期話中華民國時期中國學界風行口語文學研究的熱潮話從圍繞文學的諸相說明文學成立的經緯，即以「社會史觀」的角度，致力於元代社會與元曲雜劇的關係研究，著眼於「聽眾的環境」，考察元曲雜劇前後期「文學倫理」變遷的究竟，是別出前人研究的新裁。唯如宮崎市定所說文學宜從「受容者」的側面進行探究，此為文學的歷史研究，而非文學研究的第一要務。基於「文學任務」的反省，乃轉向杜甫及其詩作的研究，用以探究中國古典文學的特質與詩人創作詩文的用心所在。(《高橋和巳全集》第十八卷，東京：河出書房新社，1978 年 9 月，頁 564-565)

6　青木正兒：〈吉川幸次郎博士論文《元雜劇研究》審查要旨〉，《吉川幸次郎全集》第十四卷，頁 610。

學是社會的存在，各時代的文學性格都與形成文學的社會有極為密接的關連。文學的精神史的探究，不但要考察文學生活，還必須把握與文學生活共通之「風土生活」中所流傳下來的法則。雜劇文學成立於元代，蒙古人統治中國，漢人的精神生活產生各種動搖。若綜合考察雜劇的非傳統文學性，以及如黃宗羲《明夷待訪錄》所說：「古今之變，至秦一盡，至元又一盡」之元代變革性，則漢人之「歷史自身」孕育的變動與受蒙古人刺激的動搖，是雜劇形成的原因。而雜劇之衰頹，乃根源於變異回歸不變之傳統文學精神觀念復甦。[7] 換而言之，政治興革與統治政策的變遷，導致士人意識變化之時代精神的推移，是吉川幸次郎以元雜劇為例而進行中國文學的精神史研究的主軸。其以為雜劇與雜劇以前的口語文學，於文學的價值有飛躍性的上昇。至於價值上昇的原因則在於作者層的變動，即雜劇以前的民間演藝的腳本，大抵出自市井之手；元代初期，士人參與雜劇的製作，雜劇的文學乃有飛躍的進展。而作者層變動的原因，王國維主張「元初之廢科目，卻為雜劇發達之因」[8]，即元代廢除科舉，士人不得仕宦，乃撰述雜劇的腳本。狩野直喜以為雜劇發生原因之一，為「元初滅金，復平江南，降臣甚多，而恥事異姓，隱居山林者，亦不少。……其更奇僻者，則不屑為尋常詩人文人，徒費其才於狂言綺語，以娛婦女童蒙，而姓字湮沒不傳者，固不少。」[9] 說明士人的自嘲意識，促成狂言綺語的盛行。然青木正兒以為「詩酒尚足發其憤，何翕然而赴此途耶」。吉川幸次郎強調：士人之所以製作雜劇，乃元初社會風氣使然。蓋蒙古人強烈的統治，使中國人的精神產生變革，促成「生活倫理」與「文學倫理」轉變的風氣。蒙古的統治，尤其是世祖以前的統治，破壞中國人的生活傳統，否定尊重文學的風氣與科舉的

7　吉川幸次郎：《吉川幸次郎全集》第十四卷，頁 3-4。
8　王國維：《宋元戲曲史》第九章，《王國維戲曲論文集》，台北：里仁書局，1993 年 9 月，頁 97。
9　狩野直喜：〈元曲の由來と白仁甫の梧桐雨〉，《支那學文藪》，東京：みすず書房，1973 年 4 月，頁 245。

廢止，只是一端而已。蒙古強烈的壓力，遂導致拘限於傳統的士人體悟
認定非傳統中的合理性，形成倫理變化的風氣。歷來文人以詩文創作是
尚，不屑指染低俗的文學；元初社會風氣的轉變，遂形成士人創作雜劇
腳本之文學觀念的轉變。金朝的士人對戲劇極其關心，然文弱的金朝，
士人僅為戲劇的聽眾而未形成戲劇作者的地步。在元朝強烈統治下，造
成士人創作雜劇的風氣。由於士人成為雜劇的作者，中國的口語文學才
獲得文學的價值。元代初期的社會盈溢著追求清新的氣氛，促成士人從
事雜劇創作的動力，雜劇的內容也躍動著清新的風格。故初期的作品大
抵「明朗健康」而無「卑屈灰暗」的氣息。作品的基調雖是遊戲之作；
文字則極為真摯。因此，遊戲文字或狂言綺語的意識雖依然存在，然其
創作則有極盡真摯表述的用心。10

　　後期雜劇的中心從北方的大都移到南方的杭州，南方的作者逐漸
增加，作品的內涵較諸前期，則頗為低俗。其原因固在於科舉的復興，
有才之士取得仕進之路，雜劇的作者大抵為落第之二三流的文士。而主
因則在於傳統思想的復興所形成的社會風氣的變遷。蓋南方文士以傳統
詩文的創作為終身的職志而輕視雜劇的存在，以致從事雜劇製作的作者
的素質低下，作品甚少如前期之靈動活潑的氣象，而呈現弛緩沉滯的低
調。雜劇文章的特色在於「活潑」二字，元代初期的雜劇與明代戲曲相
比，其特徵在於合理的敘述事件的推移而取得人生的真實，以「愚直」
而表現出靈動活潑的精神，反映元代初期精神的社會風氣。後期南方的
作品，受到傳統文化復興風氣的影響，雜劇的素材由前期的市井生活轉
向讀書人的生活，寫作方式則重視前人作品的模倣，以致直接熟視人生
的能力減退，作品內涵弛緩而趨向沉滯的氣運。

　　吉川幸次郎在《尚書正義》譯注強調：《五經正義》是集結取捨經
義而以合理解釋為歸趨的結晶，不但可以窺知鄭玄以後中世經學的風

---

10 吉川幸次郎：《元雜劇研究》第二章〈元雜劇の作者（上）前期の作者〉，收載於
　　《吉川幸次郎全集》第十四卷，頁139-144。

尚，更顯示致力於經說細微差異與取捨矛盾的解說之中世經傳訓詁的學風。換而言之，《五經正義》是中世經學的代表，也是理解中世思惟方式與人文精神的重要史料。蓋《五經正義》是以合理解釋經義而精細探索經傳文字為前提，綜輯經傳文字的慣用例，考索言說者心理和言說的事實根據，其疏義可謂之為「人間學」（anthropology）的成立。如〈金縢〉「我之弗辟」的「辟」或作「法」，或作「避」而有征伐與避居的不同解釋，則周公的歷史定位就有分殊差異。《五經正義》對某家注解有所駁斥，輒用「非其理也」一詞，探究言語所述存在事實的妥當性，論述是否符合人類生活的法則。又以「非文勢也」或「非義勢也」批評某氏的訓詁未必體得言說者的心理情感，亦即「辟」訓為「法」或「避」的文字解釋的差異，則周公的性格與周初歷史的定位就有不同。故吉川幸次郎強調《五經正義》是中世經傳義疏的集成，也是探究中世精神思想史的重要文獻。[11] 至於《尚書正義》之所以具有意義的是中國思想史的史料價值，吉川幸次郎強調漢代以後的思惟大抵以經典為規範，而甚少超離經義的範疇，然則歷代的經傳訓詁除了經典原義的探究以外，也添加對經典的時代的理解，故具有思想的的史料價值。《尚書正義》之異於其他注疏的是眾議歸結而非個人的專著，以研討論辨的累積，力求符應經傳的原義，即使有未必能與經義一致的所在，卻是折衷融合而認同共識的注疏性格是中世世風的具現。多年議論的累積而取得的認同，又有超越中世的制約，具有普遍性的性格，異於宋代以後，以個人思索主體而歸趨於理想主義的思潮。如對堯舜的評價，《尚書・堯典》「帝曰往欽哉……九載績用弗成」，《尚書孔氏傳》「鯀至用之……載年至退之」的《尚書正義》注疏：

> 馬融云堯以大聖，知時運當然，人力所不能治……水為大災，

---

11 吉川幸次郎：〈支那人の古典とその生活〉，《吉川幸次郎全集》第二卷，東京：筑摩書房，1968 年 2 月，頁 318-322。

天之常運……災以運來，時不可距。12

《尚書・大禹謨》「負罪引慝」，《尚書孔氏傳》「慝惡至頑父」的《尚書正義》注疏：

> 言能以至誠感頑父者，言感使當時暫以順耳，不能使每事信
> 順，變為善人……下愚之性，終不可改。但舜善養之，使不至
> 于姦惡而已。13

《尚書正義》綜輯諸說，以為堯舜並非全知全能的存在。堯不能治水，舜對頑父的感化只是一時性的，皆時運之所致。唯堯舜知己所不能者，與時運不濟，乃命運使然的定限，故為聖人。此一思惟與視堯舜為絕對性存在的思想有別，而近似於如《三國演義》和《水滸傳》所描述的劉備和宋江的英雄形象，即英雄不能改變命運，只能安之若命而協調順遂的世俗思想。吉川幸次郎稱之為「決定的運命論」（天生命定論），是中世思想的具現。14 再者，一般以為〈禹貢〉是中國最古記載地理的文獻，為中國古代史學者所重視，然對《尚書正義》的解釋不符〈禹貢〉載記的地理實情而甚有非議。但是吉川幸次郎主張〈禹貢正義〉的主旨不在於地理的考證訓詁，而是中世所展開的論理。意味〈禹貢正義〉是經學文獻而非地理文獻，立意於形成論理的完成，比〈禹貢〉經文更能汲取中國人的真實精神。就此意義而言，探究《尚書正義》於中

---

12 《尚書正義》卷二，台北：中華書局，1966 年 3 月，頁 12。
13 《尚書正義》卷四，台北：中華書局，1966 年 3 月，頁 8。
14 吉川幸次郎說明《尚書正義》的價值和體現中世思想的論述，見〈《尚書正義》訳者の序〉，《吉川幸次郎全集》第八卷，東京：筑摩書房，1970 年 3 月，頁 4-11。
又吉川幸次郎於《吉川幸次郎全集》第十卷（東京：筑摩書房，1970 年 10 月）〈自跋〉主張中世「決定的運命論」（天生命定論）的思想，於〈中國文學に現われた人生観〉（《吉川幸次郎全集》第一卷，東京：筑摩書房，1968 年 11 月，頁 105-111）強調中國中世文學頗多記述人生的不安定限和人是微小存在的詩文，所呈現的是悲觀傾向的人生觀。

國文明史上的意義是吉川幸次郎考校譯注《尚書正義》的宗尚所在。其
於〈尚書正義定本序〉說:「難義紛設,類羊腸之宛轉。賓賓屢核,辯
毫髮於機微。辭曲折而後通,義上下而彌鍊,匪惟經詁之康莊,實名理
之佳境。」[15]即《尚書正義》的記述複雜曲折,細微分析注疏言語的內在
涵義,探究《尚書正義》所演繹的論理世界。又在《吉川幸次郎全集》
第八卷〈自跋〉強調:其所尊重的不是《尚書》文本,而是《尚書正
義》,故致力於《尚書正義》的校定。不探索孔穎達的演繹究竟是否合
於經書的原意,旨在辨彰七世紀中國人言語表達的方法和思考方式。[16]
至於《尚書正義》所表述的論理,吉川幸次郎以為是愚者惡人存在,且
絕對無法救濟之「決定的運命論」(天生命定論)思惟,而異乎中國傳
統人性本善的人性論。亦即《尚書正義》雖是《尚書》經傳的義疏,卻
也反映六朝至唐初人為命運所支配,有極多限定的思惟方式。換句話
說,《尚書正義》所提示的天生命定論,即人間世界既有絕對善良,全
知全能的聖人,也有無救濟可能之絕對愚者惡人的存在。《尚書正義》
雖是《尚書》經傳的義疏,卻也反映六朝至唐初人為命運所支配,有極
多限定的思惟方式。《尚書正義》是中國中世人文精神史的重要史料。[17]
　　雖然如此,吉川幸次郎於 1950 年代執筆〈中国文学研究史:明治
から昭和のはじめまで、前野直彬氏と共に〉與 1960 年發表〈日本の
中国文学研究〉[18]指出:明治前期是中國文學的受容時期,明治後期是評

---

15 吉川幸次郎:〈尚書正義定本序〉,《吉川幸次郎全集》第八卷,頁 24。
16 吉川幸次郎:〈自跋〉,《吉川幸次郎全集》第八卷,頁 505。有關吉川幸次郎《尚
　 書正義》於中世人性論的主張,張寶三:〈日本近代京都學派對注疏之研究〉,《唐
　 代經學及日本近代京都學派中國學論集》(台北:里仁書局,1998 年 4 月,頁 224-
　 253)論述有之。
17 吉川幸次郎強調《尚書正義》反映中國中世人文精神的說明,見於吉川幸次郎:
　 〈自跋〉,《吉川幸次郎全集》第十卷,頁 465-479。
18 吉川幸次郎:〈中国文学研究史:明治から昭和のはじめまで、前野直彬氏と共に〉
　 與〈日本の中国文学研究〉二文,收入《吉川幸次郎全集》第十七卷,東京:筑
　 摩書房,1969 年 3 月,頁 389-420。唯根據《吉川幸次郎全集》第十七卷〈自跋〉

釋時期，大正至昭和初年則是翻譯時期。再就研究的取向而言，明治時代大抵以西洋的方法論進行分析性的研究，大正年間則重視新領域、新資料與目錄學的研究。所謂「新領域」是指戲曲小說文學，新資料是敦煌文物而目錄學則是日本宮內省、內閣及藩府、寺院、私人文庫之書物的研究。昭和初期則重視語學與現代文學的研究。綜觀明治以來的中國文學的研究，大抵有偏重戲曲小說、現代文學與資料萬能、語學萬能主義的缺失。若欲彌補此一缺失而取得均衡的發展，則宜重視文學內容本質的研究與修辭藝術的鑑賞。換句話說，吉川幸次郎以為文藝作品的內容與修辭藝術的研究，是戰後日本於中國文學研究的新取向。乃以中國文人典型的杜甫與中國詩歌結晶的杜詩為例，而展開詩文內容的解說、修辭藝術的鑑賞與理論性的分析，架構中國文學研究與文藝作品賞析的方法。[19]

　　吉川幸次郎在 1968 年《吉川幸次郎全集》第十四卷的〈自跋〉，回憶 1924 年與其師狩野直喜對弟子性向才情的洞察。狩野直喜對吉川幸次郎說：「與『元曲』相比，汝或傾向於詩文」。吉川幸次郎感嘆說：「『達人的直觀』，明敏察知學生研究的方向。如吾師的洞察，我的研究從戲曲轉向文學」。進而強調：「我現在未必以為文學史的研究是精神史研究的前提，而主張重視『文學的尊嚴』」，[20] 亦即以中國文學本質的探究與賞析為極致。換而言之，如何解析文學作品的語意，以體得文人創

　　說：前者接受日本文部省委託，在當時在京都大學碩士班研究的前野直彬協力下而執筆。前野直彬 1947 年自東京大學中國文學系畢業後，進入京都大學中國文學碩士班研究，1952 年修了。故此文當執筆於 1950 年代初期。至於〈日本の中國文學研究〉則於 1960 年 1 月在《經濟人》發表。

19　吉川幸次郎以杜甫詩的分析研究為中心的中國文學鑑賞論是中國文學研究的新途徑。〈杜甫の詩論と詩〉，1967 年 2 月 1 日京都大學最終講義，先後刊載於《展望》，朝日新聞社「清虛の事」，其後收入《杜詩論集》，1980 年 12 月，東京：筑摩叢書，《吉川幸次郎全集》第十二卷，東京：筑摩書房，1968 年 6 月，頁 627-628。

20　吉川幸次郎：〈自跋〉，《吉川幸次郎全集》第十四卷，頁 601-610。

作的心境，考察中國文學的源流變遷，是吉川幸次郎中國文學研究的究極所在。

三、中國文學論

　　興膳宏說：「賞析辭彙所具有的功能是『吉川中國學』的主軸，吉川先生終身抱持著辭彙不僅是為了傳達事實，而是在如何表達事實，表現事實是文學的使命，而洞見文學的表現形式則是文學研究之任務的觀念」。[21] 有關吉川幸次郎的中國文學論，可以從中國文學史觀與中國文學批評論來說明，前者有先秦是前文學史的時代，古代到唐代是詩歌的時代而宋代以後是散文的時代的中國文學時代區分論和以人生觀的推移探究中國文學變遷的文學史觀，後者則有向內集中（intensive）與外部擴張（extensive）的融合，緻密與飛躍的分析。

（一）中國文學史觀

1. 中國文學的時代區分

　　有關中國文學發展歷史的分期，吉川幸次郎大抵根據其師內藤湖南（1866-1934）的主張而稍有差異，其以為中國文學的發展可分為四個時期。[22] 吉川幸次郎以為中國文學第一期的「場」是在黃河流域，其文學

21 興膳宏：〈吉川幸次郎先生の人と学問〉，《異域の眼：中国文化散策》，東京：筑摩書房，1995 年 7 月，頁 192-203。

22 見吉川幸次郎：〈中國文學の四時期〉（此文原收於 1966 年 5 月新潮社出版的《新潮世界文学小辞典》，其後又收入《中国文学入門》，東京：講談社，講談社學術文庫，1976 年 6 月，頁 101-108）。吉川幸次郎有關中國文學史的分期，又見於〈中国文学史序說〉（《吉川幸次郎遺稿集》第二卷，東京：筑摩書房，1996 年 2 月，頁 3-23），除第一期止於漢武帝外，其餘大抵相同。據覽文生《吉川幸次郎遺稿集》第二卷〈解説〉指出：〈中国文学史序說〉是吉川幸次郎的手稿，唯不明其執筆的時間，或為自東方研究所轉任京都帝國大學教授（1947 年）時，所準備的講稿。

體裁，除《詩經》是表現感情的韻文以外，大抵是以組織國家方法之政治性或論述個人、學派思想內容之論理性為中心。換句話說，當時士人的政治、論理的意識較為強烈，因此語言的表現也以生存法則與人生的現實為多，而人的感情、玄思或唯美追求的價值則是次元的存在。至於《楚辭》之以韻文的文體與比興的手法抒發豐富的感情，為後世美文的典型，或由於《楚辭》是產生於長江流域的緣故。

　　第二期的文學是以感情抒發為主，而表現的方式則是有韻律的辭賦詩歌。吉川幸次郎以為由於文學不再是政治的附庸，而有語言美感與個人感情的表現，故有獨立的價值而成為構築文明的基本要素。至於東晉以後，文明的中心轉移到長江流域，歌詠山水田園與自然風景的詩文也成為中國文學的主要題材之一，與三國西晉的宮廷貴族的浪漫文學輝映成色。到了八世紀前半的盛唐，由於詩人的感性與思想的飛躍，又把握自然的象徵以為自由詩語的表現，形成中國詩歌的黃金時代。

　　第三期是散文的時代，即使是韻律的詩歌也有散文化的傾向。漢唐以來雖然有《史記》、《漢書》歷史散文的傳統；但是吉川幸次郎以為第二期的千年間，依然是以四六駢儷之文為主，尚未有以散文為典型的意識。在第三期的文學中，最值得注意的是雜劇、小說等虛構文學的產生。起源於庶民娛樂的講唱，經過潤飾而形成口語講唱之口白並存的雜劇與散文詩歌兼蓄的小說。

　　第四期的文學則是受到西洋文明的影響，產生以虛構文學為主流與語體文為通行文體的變革。

　　吉川幸次郎以文學是作者在表現生活與感情的觀點，考察中國文學的發展，主張上古是文學前史的時代，因為此時的文學作品是以傳達思想意識為主的，作者未必有發揮文字語言之藝術功能的意識。中世以後，文人有文學為語言藝術與具有抒發情感之價值的自覺，唯中世是詩

的時代，散文有詩化的現象，近世以後則是散文的時代，詩有散文化的傾向。[23]

2. 中國文學史觀：以人生觀的推移論述中國文學的變遷

吉川幸次郎說：「樂觀主義不但是儒家的人生觀，樂觀與悲觀的交替推移也是中國文學發展流衍的一個重要現象」。[24]從人生觀的角度來探究中國古典文學的內容，則中國文學是一部表現情意的文學史。《詩經》所表現的人生觀基本是樂觀主義，如〈周風・桃夭〉即是祝福女性結婚而充滿希望的詩歌。〈邶風・柏舟〉固然是憂愁悲憤的作品，但是接續其後之〈邶風・綠衣〉「我思古人，實獲我心」的敘述，困窮只是一時性的，個人或是社會，其本來的存在是圓滿幸福。換句話說《詩經》的時代，一般人並沒有失去人生理想與希望，而且正因為尚存在著人生本來理想的寄望，對現實的遭遇才有悲憤，《詩經》的憂憤之作大抵是在這種心理狀況下創作。《詩經》之後的《楚辭》也存在著這種創作心理。屈原固然有滿腹的鬱憤而投江自盡，但是其人生哲學則是重建幸福圓滿的人間社會。換句話說，人生本來幸福的信念是屈原內在根底的人生觀，而古代昇平社會的回復，則是其終身的執著。[25]

《詩經》與《楚辭》所反映的樂觀主義之人生觀並不是永久持續的。秦漢到初唐的文學有感嘆人的存在是何其微小，表現出天道無常之絕望灰暗的色彩。如項羽〈垓下歌〉的「時不利」即有時不與我和天命無常的感嘆。感受人天生就有著生死的限定與福禍因果未必相報的無奈，即使窮盡最大的努力也無法突破人生困境的悲觀，則是此一時期的

---

23 以文化史的觀點區分中國歷史，進而論述中國各個時代的文化特色，是參採吉川幸次郎〈中國文學史序說〉（《吉川幸次郎遺稿集》第二卷，頁 3-23）的說法。

24 吉川幸次郎：〈中国文学における希望と絶望〉、〈中国文学に現われた人生観〉，《中国文学入門》，頁 122-151，亦收載於《吉川幸次郎全集》第一卷，頁 88-111。

25 吉川幸次郎：〈詩經と楚辭〉，《吉川幸次郎全集》第三卷，東京：筑摩書房，1969 年 9 月，頁 16-27。

文學作品的顯著象徵。如「韮上露，何易晞，露晞明朝更復落，人死一去何時歸」的輓歌，表現一般人恐懼死亡的心理。〈古詩十九首〉「浩浩陰陽移，年命如朝露，人生忽如寄，壽無金石固」，則說明人既是微小不安定的存在，且有極多的限定，而最大的限定就是死亡。至於「白露沾野草，時節忽復易，……不念携手好，棄我如遺跡」，「思君令人老，歲月忽已晚」，則以時節轉換之快象徵著人生的短暫，時間的流逝只是徒增遺憾而已。此感嘆時間的推移而產生「幸福轉變成不幸或不幸的持續或人生終歸死亡」之悲哀，可以說是漢代文學的普遍情感。[26] 魏晉南北朝，文人的作品頗多感嘆人之無法超越死生哀樂與擺脫運命支配的悲觀與絕望。如曹操〈短歌行〉「對酒當歌，人生幾何，譬如朝露，去日苦多」，感嘆人生的短暫。阮籍〈詠懷詩〉「獨坐空堂上，誰可與歡者，出門臨永路，不見行車馬，登高望九州，悠悠分曠野，孤鳥西北飛，離獸東南下，日暮思親友，晤言用自寫」，以自然的悠久廣闊而襯托人的藐小，又用「孤鳥」與「離獸」來表現自身的孤獨。江淹的〈效阮籍〉「宵月輝西極，女圭映東海，佳麗多異色，芬葩有奇采，綺縞非無情，光陰命誰待，不與風雨變，長共山川在，人道則不然，消散隨風改」，更通過與自然的對比而描寫其對人生的感傷，以自然是超越時間而永遠美善的存在，表達人生短暫的悲哀。故魏晉六朝文學所刻畫的人生不是圓滿幸福，而是充滿憂愁抑鬱的灰暗色彩。

回復古代樂觀主義，歌詠人生在世原本是充滿希望的是盛唐文學，特別是李白與杜甫詩歌的特色。唐代詩人未必沒有人生苦短的感嘆，如杜甫「人生七十古來稀」，也不無青年榮華的眷戀；然「可惜歡娛地，都非少壯時」（〈可惜〉），而以「致君堯舜上，再使風俗淳」（〈上韋左相二十韻〉）為職志，即使是流離失所，依然寄望有朝一日能實現「廣廈千萬間，大庇天下寒士盡歡顏」（〈茅屋為秋風所破歌〉）的理想。即

---

26 吉川幸次郎：〈推移の悲哀：古詩十九首の主題〉，《吉川幸次郎全集》第六卷，東京：筑摩書房，1968 年 4 月，頁 266-330。

超越絕望與悲觀，以為理想社會可能實現的樂觀，人間社會依然有快意的情境。李白的詩歌也有異於魏晉悲哀的情境，如〈將進酒〉的「天生我才必有用，千金散盡還復來」，則表現出積極樂觀的性格，由於酒能消解萬古以來的憂愁，又唯有飲者能留名青史，故以「五花馬、千金裘」換「美酒」也毫不吝惜。換句話說肯定歡樂之積極的意義，是李白詩的情境。吉川幸次郎以為李白是以超越絕望的轉折，回復古代的樂觀。杜甫以為人性良善的本質，社會本來和樂的樂觀主義，是杜詩活力的泉源。杜甫於自然的歌詠，是從自然中探求秩序與調和要素與生生不息的創造能源。換句話說，自然創生的營為，是杜甫展望未來而充滿幸福與無限希望的精神底據。[27]

　　吉川幸次郎以為宋代文學與宋代新儒學的成立互為表裏，宋代產生如何脫離悲哀，建立新的樂觀主義的文學意識，文學的情意世界中，甚少傾吐悲哀與苦寒的色彩，尤其是蘇東坡的詩，即展現出理性的樂觀主義。蘇東坡洞察人生的道理，以為是非得失與人事浮沉，如時間的流轉，四時的推移，乃天道之常，所以說「吾生如寄耳」（〈送芝上人遊廬山〉）。又以為人之有生離死別如自然的循環，花好月圓之不能長存，則是人世間的常情，因而說「離合既循環，憂喜迭相攻」（〈潁州初別子由二首〉），即以超越死生與得失的困境，進而肯定「人生無離別，誰知恩愛重」（〈潁州初別子由二首〉）之天道常理的積極意義。即人生未必只是失意困窮的一再重現，看穿人事的浮沉而泰然自處，則是洞察事理的結果。換句話說，超越命定的限制而肯定人之所以為人的存在價值，翻轉悲哀的人生觀為喜樂的人生觀，進而展現無限的可能。因此，「十日春寒不出門，不知江柳已搖村，稍聞決決流冰谷，盡放青青沒燒痕，數畝荒園留我住，半瓶濁酒待君溫，去年今日關山路，細雨梅花正斷魂」（〈正月廿日往岐亭郡人潘古郭三人送余於女王城東禪莊院〉），肯定四

---

27 吉川幸次郎：〈新唐詩選　前篇：杜甫十五首〉，《吉川幸次郎全集》第十一卷，東京：筑摩書房，1968 年 8 月，頁 46-49。

時佳興與人同的超越與日常愉悅之俯拾可得的澹然，是蘇詩的生命情境。[28] 蘇東坡樹立的理性樂觀主義為後世的詩人所承繼，構築中國文學之具有形上超越的情意世界。[29]

（二）中國文學批評論

1. 向內集中（intensive）與外部擴張（extensive）的融合

　　吉川幸次郎的《陶淵明伝》[30] 發想特異，以絕筆的〈自祭文〉開端，傳記的敘述從死說起。論述方式既採取向內集中（intensive）的方式，將自己投入對象中，經由作品的解讀分析，讓陶淵明敘述自己出生的土地、人生經歷及所創作詩文的心境。又通過外部擴張（extensive）的方式，詳細且如實的再現陶淵明生存的時代背景與政治舞台更迭交替的諸相。全篇引述陶淵明三分之一的詩文敘述陶淵明的傳記，強調「淵明的土地，讓淵明自身來說」。一海知義說：「陶淵明其人以及文學，讓陶淵明自身來說，此由內面貼切作品，為此書的目的」[31]。即以「舌人意識」[32]，分析陶淵明詩文的內在涵義，進而體得陶淵明創作詩文的心境為

---

28 吉川幸次郎：〈宋詩概說：宋詩の人生観　悲哀の止揚〉，《吉川幸次郎全集》第十三卷，東京：筑摩書房，1969 年 2 月，頁 27-32。

29 陸游：〈東津〉「四方本是丈夫事，安用一生無別離」，《劍南詩稿》卷三，即是一例。

30 吉川幸次郎：《陶淵明伝》，東京：新潮社，新潮文庫，1958 年 5 月。

31 吉川幸次郎：《陶淵明伝》，頁 53。一海知義：〈解說〉，見於吉川幸次郎，《陶淵明伝》，頁 194。

32「舌人意識」之「舌人」語出龔自珍〈工部尚書高郵王文簡公墓表銘〉，說明王引之的學問宗尚在於「為三代之舌人」。武內義雄於古希（七十）祝壽宴會，講演「高郵王氏の學問」，說明戴段二王之細密實證的乾嘉學風，正確詮釋古代語言的「舌人意識」是其學問宗尚的所在。吉川幸次郎致力於陶淵明詩文意涵的詮釋，或可謂其亦有「舌人意識」。至於「心得」，則是吉川幸次郎說明其師狩野直喜學問宗尚的所在。吉川幸次郎說：沉潛於中國的古典文學的蘊涵，主張「儒雅」與「文雅」的融貫是中國文明異於其他文明的特質所在，此為狩野直喜的「心得」之學。亦即探究中國文學的本質，以沉潛洗練的工夫，體得「儒雅」的內涵，進而成就精通文章經術的通儒之學為究極的「心得興到」之學。吉川幸次郎體得陶淵明創作

極致。吉川幸次郎援引陶淵明的詩語，或主客合一而直透詩意，或藉物抒情而物我融合，敘述陶淵明的處境與心境。藉物抒情者，以飛鳥的意象寄寓其心境。飛鳥「晨去於林，遠之八表」（〈歸鳥〉）或是陶淵明前半生仕宦而欲用於有道的寫照，然「栖栖失群鳥，日暮猶獨飛，徘徊無定止，夜夜聲轉悲，厲響思清遠，去來何依依」，（〈飲酒〉第四首）失群孤鳥之無巢可歸的沉痛悲鳴，或陶淵明離鄉求仕而徘徊岐路的自況。以飛鳥寫其心境，詩語未必激烈，而心中的苦惱與矛盾則隱約浮現於字裏行間。陶淵明借物抒情的飛鳥意象，既有「山氣日夕佳，飛鳥相與還」之幸福真實的寄興，也有「日暮猶獨飛，徘徊無定止」之孤獨悲鳴的沉痛，詩語雖簡潔而心境則複雜糾結，故〈飲酒〉第七首「泛此忘憂物，遠我遺世情，一觴雖獨進，杯盡壺自傾，日入群動息，歸鳥趣林鳴，嘯傲東軒下，聊復得此生」，欲以「忘憂」之酒解消世間之無情，隱居田園而託林鳥之嘯傲東窗，復得人生的素樸真實，則曠達與頓挫的詩韻共響，寬闊與沉痛的心境並存而可感。蘇東坡評此詩曰：「靖節以無事自適為得此生，則凡役於物者，非失此生耶」，（《東坡題跋》卷二〈題淵明詩〉）此詩固有曠達適得的超越，而未嘗無日落寂寥，獨酌聽鳥啼的孤獨感傷，飲忘憂之酒而遠離世間的隱痛，溢於言表。遠飛八表而欲以抒發猛志是陶淵明前半生的寫照，然當時政局的推移，赴任彭澤縣令，苦於物役，乃以倦鳥自喻而決意歸隱田園，終老天年。

　　主客合一的敘述，全篇隨處可見。尤以第十章〈歸去來辭〉的分析，通篇以「おれ」（「俺」）或「おのれ」（「己」），即吉川幸次郎（筆者・客）＝陶淵明（作者・主）之主客合一的筆調，通過詩賦的語言，致力於體得陶淵明辭官返鄉與歸園田居的心境。陶淵明前半生的政治局勢是以桓玄為中心，政局的推移亦波及陶淵明的進退。至於同在劉牢之幕下的劉裕的顯赫騰達，或為陶淵明出仕歸田矛盾複雜心境的主

　詩文的心境，或可說是「心得」之學的表現。

因。

晉安帝隆安五年（401）八月，孫恩圍建康，桓玄欲出兵解圍，朝廷不許。陶淵明於桓玄宣告出兵前一月，作詩〈辛丑歲七月赴假還江陵夜行塗口〉，「懷役不遑寐，中宵尚孤征」，其旅行的意圖雖不明確，卻暗示時局情勢頗為緊急。[33] 翌年，情勢加速急迫，正月，朝廷命劉牢之征討桓玄，唯劉牢之優柔寡斷，又多疑猜忌，雖受命於朝廷，反降服於桓玄，桓玄乃揮軍直入建康，自任宰相，殺攝政王父子。其後，劉牢之叛變桓玄，失敗而於亡命北方的途中自殺。元興二年（403）十一月，桓玄篡位，國號楚，時陶淵明三十九歲。前年，劉牢之自殺，陶淵明歸返潯陽柴桑故里，凝視時局的動亂，於元興二年，作〈癸卯歲始春懷古田舍〉詩二首：

> 先師有遺訓，憂道不憂貧，瞻望邈難逮，轉欲志長勤，秉耒歡
> 時務，解顏勸農人。……長吟掩柴門，聊為隴畝民。

「憂道不憂貧」是孔顏樂處，「瞻望邈難逮，轉欲志長勤」，天下有道則仕，無道則隱，是夫子之教，而勤勞不懈，乃人生的本分，若無所可用則「長吟掩柴門，聊為隴畝民」，耕讀於田園，而恬然適得，是進退之節。又同年十二月，作〈癸酉歲十二月中作與從弟敬遠〉：

> 寢跡衡門下，邈與世相絕，顧眄莫誰知，荊扉晝常閉，淒淒
> 歲暮風，翳翳經日雪，傾耳無希聲，在目皓已潔。……高操非
> 所攀，謬得固窮節，平津苟不由，栖遲詎為拙，寄意一言外，
> 茲契誰能別。

---

33 古直謂陶淵明受命朝廷出使勸阻勸出兵。然李長之從葉夢得之說，謂陶淵明此時已在桓玄幕中。龔斌從朱自清之說，謂陶淵明此時為桓玄僚佐。龔斌：《陶淵明集校箋》，台北：里仁書店，2007 年 8 月，頁 196。袁行霈亦謂陶淵明此時在桓玄幕中無疑。袁行霈：《陶淵明集箋注》，北京：中華書局，2003 年 4 月，頁 195。

歲暮田居，風雪蕭瑟，詩韻沉鬱。蓋桓玄篡位，幽禁東晉天子於潯陽，陶淵明感同身受，既傷痛九五之尊竟淪落於故里鄉野而「邈與世相絕」，當下的自身也僅能「固窮」自守，棲栖於簡陋僻野而潔淨的世界。然而桓玄短祚，陶淵明於元興三年（404）四月，再度出仕。

元興三年二月，劉裕率兵攻京口，三月攻建康，五月斬桓玄。四年二月迎天子至於建康，挾天子以令諸侯而肅正綱紀。劉裕的「義舉」，陶淵明或暗自稱許。此年前後，劉牢之子劉敬宣奉派潯陽，陶淵明任其參謀。義熙元年（405）暮春，陶淵明奉命出使建康，途經安徽錢谿，作〈乙巳三月為建威參軍使都經錢谿〉：

> 我不踐斯境，歲月好已積，晨夕看山川，事事悉如昔，微雨洗高林，清飆矯雲翮，眷彼品物存，義風都未隔，伊余何為者，勉勵從茲役，一形似有制，素襟不可易，園田日夢想，安得久離析，終懷在歸舟，諒哉宜霜柏。

「晨夕看山川，事事悉如昔」，桓玄墜落，天子還都，晉王朝山川再現，景物依舊的欣喜之情隱微可察。「微雨洗高林，清飆矯雲翮，眷彼品物存，義風都未隔」則直寫暮春清涼，萬物向榮的景緻，萬般存在皆順應宇宙自然的理則。春雨洗滌的修竹，遨翔優遊的飛鳥，皆適得其所，而體現自然的美善，是理想的歸趨。萬物既各得其所，陶淵明乃率直的表述「勉勵從茲役」。然而世事複雜多變，又難免有一抹不安的憂慮。一旦有形為物役，束縛於世間制約的感受，終將歸隱田園。歸田的決意在就任彭澤縣令之時。赴任縣令的理由，或因昔任參謀，今就任一縣之長，革命之後，諸事待興，又以戰後生活貧苦，得俸祿以供給家用。然則就任彭澤，卻成為陶淵明確認其與世俗風尚矛盾難合的契機。在任三月，便掛冠求去，〈歸去來辭〉是陶淵明致仕歸田的宣言。以後二十二年而至老死的歲月，完全隱居於柴桑栗里。

吉川幸次郎強調素樸表現體得自然秩序的平靜是陶淵明文學的特色，而〈歸去來辭〉完美表述詩文高密度的平靜，是陶詩的代表作之

一。唯回顧陶淵明的前半生，〈歸去來辭〉又有特殊的含意。何以陶淵明歷任軍閥的參謀幕僚，赴任窮鄉的縣令，陶淵明自稱是家貧和有道則仕的儒家傳統思想之所致。〈歸去來辭序〉說：「耕植不足以自給」，〈飲酒〉第十九首亦云：「疇昔苦長飢，投耒去學仕」，晚年〈與子儼等疏〉述懷曰：「少而窮苦，每以家弊，東西遊走」，蓋以家貧，「會四方有事」而遊走東西。至於〈雜詩〉第五首「憶我少壯時，無樂自欣豫，猛志逸四海，騫翮思遠翥」，以心有大志，為求世用，故為劉牢之的幕佐。然環顧時勢，「自余為人，逢運之貧」（〈自祭文〉），當時「政爭、奸智、陰謀、暗殺充斥，就有潔癖之人而言，乃是貧乏的時代」[34]，雖有用於世間的希望，終究鮮能得償宿願，即便就任彭澤縣令，亦在職三月而辭官，〈歸去來辭〉是遠離貧乏不潔之政治舞台的「絕緣書」，末二句「聊乘化以歸盡，樂乎天命復奚疑」更是超越死生窮達而因任自然，回歸素樸真實的世界，安貧樂道而逍遙自得的宣言。

　　然則陶淵明歸隱田園的晚年心境未必始終清朗透澈。吉川幸次郎說：「清澈結晶的精神，更透顯其對人間世界的深層憂慮，此為陶淵明詩語平靜而詩情沉痛迴盪的所在」。〈雜詩十二首〉的第三首：

> 榮華難久居，盛衰不可量，昔為三春蕖，今作秋蓮房，嚴霜結
> 野草，枯悴未遽央，日月有環周，我去不再陽，眷眷往昔時，
> 憶此斷人腸。

自然循環不已而人生的逆旅僅一回而已，「我去不再陽」，憶昔斷腸的無常感傷的詩語，與歸園田居後平靜澄澈的日常心境，形成矛盾的對映，其感嘆人世無常的沉痛益發顯著。〈歸去來辭〉之「聊乘化以歸盡，樂乎天命復奚疑」是達觀的哲學，時間流逝固然無情，生老病死的有限是人生的宿命，皆天地自然與人間社會的普遍性存在，但是「揮杯勸孤

---

34 陶淵明之有「潔癖」，當時「貧乏」的解釋，見吉川幸次郎：《陶淵明伝》，頁 10。

影」而「顧影獨盡」則是隱者孤獨落寞而暗然神傷的身影也依稀可見。
陶詩表面張力的牽引而形成平靜的詩語，然「逢運之貧」，以固窮守拙
的「潔癖」性格而人生的進退浮沉，故詩文的深處奧裏始終蘊含著迴流
暗潮，而有孤寂沉痛的詩意。尤其是歸田之後「情隨萬化遺」（〈於王撫
軍座送客〉）的晚年心境，吉川幸次郎說：陶淵明已非官場之人，即使
昔日仕宦只是政治舞台的「配角」，如今則是舞台下的觀眾，閑居田園
的隱者看似「冷徹」的觀眾，而有時依然凝視同僚登台演出，則不免無
情冷酷。故顏延之〈陶徵士誄〉所述「在眾不失其寡，處言愈見其默」
誠要約陶淵明「平靜而複雜，矛盾而真實」的性格，至於陶淵明畫像之
「眉上揚而目澄徹」的寫照，亦得其孤高潔癖的神韻。[35]

　　吉川幸次郎以向內集中（intensive）的方法，融入陶淵明的詩文世
界，緻密詮釋陶淵明詩語的內在含意，貼切體得陶淵明創作詩文的心
境。至於「時勢人物與陶淵明傳記有不可解交錯」的論述，是吉川幸
次郎以外部擴張（extensive）的方法，論述陶淵明生存的時代背景，
政治舞台的錯綜複雜，既如實的再現，而時局的變化與陶淵明傳記的
交錯，乃形成陶淵明詩語雖平靜而沉痛，內心複雜矛盾而真實表述的
文學特質。一海知義說：「如何統合向內集中（intensive）與外部擴張
（extensive），是古典文學深度研究的重要問題，吉川幸次郎《陶淵明
傳》的記述，內外融合而詳密分析詩文的涵義，既體得作詩的心境，又
細察時代動向與詩人進退的處境，是中國古典文學深層研究的範例」。[36]

2. 緻密與飛躍

　　吉川幸次郎以為「感動的表白」與「世界的描寫」是文學的使命。
《毛詩‧序》所謂「詩者志之所之也」，乃說明文字抒發情感表達內心
感受的文學功能，至於敘事的文學則以人間世界之緻密描寫為究極。

35　吉川幸次郎：《陶淵明伝》，頁 186-188。
36　一海知義：〈解說〉，見於吉川幸次郎，《陶淵明伝》，頁 194-195。

如果「感動的表白」是詩,「世界的描寫」是賦,則陸機〈文賦〉所謂的「詩緣情而綺靡,賦體物而瀏亮」,乃是中國文學的理念,中國傳統文學上下三千年的歷史即在此理念下展開的。37 吉川幸次郎又說「賦體物而瀏亮」是凝視人間社會與自然萬象的視線,而以「緻密」為極致,「詩緣情而綺靡」是人間真實感受的昇華而以「飛躍」為圓熟。「緻密」是體察客觀存在事物的方向,「飛躍」則是抒發主觀內在意象的方向,「緻密」所刻畫的是輪廓清晰的具象世界,「飛躍」所指涉的是起興超越的抽象世界,「緻密」猶「賦」的「體物而瀏亮」而「飛躍」則是「詩」的「緣情而綺靡」。因此,「緻密」與「飛躍」可以說是詩歌成立的必要條件,38 而將「緻密」而「飛躍」之文學理念極致表現的是杜甫。〈胡馬〉之「鋒稜瘦骨成,竹批雙耳峻,風入四蹄輕」,〈畫鷹〉之「㧐身思狡兔,側目似愁胡,絛鏇光堪摘,軒楹勢可呼」的細微描寫是橫向凝視的「緻密」,〈曲江〉「遊子空嗟垂二毛,白石素沙亦相蕩」,〈旅夜書懷〉「星隨平野闊、月湧大江流……飄飄何所似、天地一沙鷗」之孤獨意象是縱向昇華的「飛躍」。至於〈月夜〉「今夜鄜州月,閨中只獨看,遙憐小兒女,未解憶長安……何時倚虛幌,雙照淚痕乾」,〈月夜憶舍弟〉「戍鼓斷人行,邊秋一雁聲,露從今夜白,月是故鄉明,有弟皆分散,無家問死生」之凝視人間社會與自然萬象的視線是「緻密」的極致,〈倦夜〉「竹涼侵臥內,野月滿庭隅,重露成涓滴,稀星乍有無,暗飛螢自照,水宿鳥相呼,萬事干戈裏,空悲清夜徂」之時間推移的無限空間與人間真實的感受則是「飛躍」的圓熟。緻密伴隨著超越才能更緻密,飛躍中有緻密才能更超越。緻密的凝視對事物的感受,才能深入事理而形成超越的意象,對事理抱持著飛躍超越的意念,才能緻密細微地抒發內在的感受。「緣情」飛躍要有緻密的「體物」才能完備,「體物」緻密要有超越的「緣情」才能圓足。杜甫不但以賦入詩,由於「緻密」與

37　吉川幸次郎:〈中国の文学とその社会〉,《吉川幸次郎全集》第一卷,頁292。
38　吉川幸次郎:〈杜甫の詩論と詩〉,《吉川幸次郎全集》第十二卷,頁593-628。

「飛躍」的並存互補相互完成,「體物」就具有主動與被動,主觀與客觀融合的新的意義。再就作詩的方法而言,對句是分別殊相而後統一融合的詩歌創造技巧,即對同一事物先從兩個不同的方向來歌詠,而後進行統一融合,到達飛躍中有緻密的圓熟。如〈敬贈鄭諫議十韻〉的「諫官非不達,詩義早知名,破的由來事,先鋒軔敢爭,思飄雲物外,律中鬼神驚,毫髮無遺恨,波瀾獨老成。」所謂「詩義」是作詩的方法、原則、理論,故知杜甫在壯年的時期即有詩論的意識。若以「緻密」與「飛躍」來分析,則「破的由來事」是準確表達詩義之「緻密」的方向,「先鋒軔敢爭,思飄雲物外」則是抽象性意象之飛躍超越的方向。「律中鬼神驚」是詩律的細密而到達超自然的存在,即由於「緻密」而生「飛躍」之並存的手法。「毫髮無遺恨」是確實緻密而周衍的方向,「波瀾獨老成」固然是飛躍的方向,而意境的飛躍是詩律緻密的結果,由於詩作是緻密才能到達圓熟的飛躍。再就作詩的方法而言,對句是分別殊相而後統一融合的詩歌創造技巧,即對同一事物先從兩個不同的方向來歌詠,而後進行統一融合。「破的由來事,先鋒軔敢爭」的「破的」與「先鋒」是鄭虔作詩的兩個方法,而二者的融合則完成由緻密而生超越的「律中鬼神驚」,進而到達飛躍中有緻密的圓熟境界。

四、吉川幸次郎是日本近代中國文學的泰斗

　　吉川幸次郎的中國文學研究方法論有二,其一是以中國文學史研究為精神史研究的前提,其二是以向內集中和外部擴張的融合,緻密和飛躍的並存而探究中國文學的內在本質。前者是其師狩野直喜中國文學與哲學合一說的繼承發展,後者則是成就日本近代中國文學研究泰斗的所在。狩野直喜說:「中國文明的形態是文學與哲學密接相關而發展的」[39],

---

39 狩野直喜:〈總論〉第一節〈支那文學の範圍〉,《支那文學史:上古より六朝まで》,東京:みすず書房,1970 年 6 月,頁 3-4。

哲學的論述蘊含著文學的感性，文學的創作亦以儒雅為內涵，而以文雅的表現為正統。狩野直喜強調「儒雅」是中國文學的本質，「儒」是古典文學所內涵的理性和知性，「雅」是洗練（法文的 raffine）而蘊藏著優雅郁鬱的芬芳。經過理性與知性鍛鍊的緻密詩文才是中國古典文學的上乘。沉潛於中國的古典文學的蘊涵，主張「儒雅」與「文雅」的融貫是中國文明異於其他文明的特質所在，此為狩野直喜的「心得」。吉川幸次郎說狩野直喜於中國文學的研究，採取中國哲學史與中國文學史不可分的立場。於京都大學講授中國哲學史與中國文學史的課程，建立文哲不分的文學批判基準，匡正歷來漢學家的偏狹。江戶漢學崇尚宋文明詩，喜好《唐宋八家文》或因應世俗學問水準的《文章規範》，狩野先生則重視《文選》，尊尚唐代以前古雅的古文和清代細緻的詩風。40

　　吉川幸次郎以為文藝作品的內容與修辭藝術的研究，是戰後日本於中國文學研究的新取向。以杜甫詩為例，展開文學內容的解說與修辭藝術的鑑賞，架構中國文學研究與文藝作品賞析的方法。在所作〈私の杜甫研究〉41 說：「杜甫的研究方法是凝視杜詩而審思其詩意，並通過比較的方式，將杜詩放置於中國文學史中，以凸顯其特殊性。由於杜詩語意的凝視與杜詩於中國文學史之地位的考察」。意謂抒情與寫實是中國文學的特質，圓滿具足之抒情文學的完成者，全幅表現寫實主義的是杜甫。文學表現的重點由外形的感動轉換為題材的感動是唐代文學的特徵。至於詩體韻律的完成而得以自由奔放或細密凝結的表現，詩歌內容的積極性與個性的全面凸顯則是唐詩的精神。在唐代詩人當中，完成近體詩的格律，豐富詩歌的題材，深化詩歌的內容，纖細描寫景物心象，而庶幾達到空前絕後之境界的是杜甫。換句話說，杜詩最大的特徵在於藝術性與現實性的融合。杜甫一生的遭遇與其生存的背景促成杜詩不斷

40　吉川幸次郎：〈解說〉，見於狩野直喜，《支那學文藪》，東京：みすず書房，1973年4月，頁500-504。
41　吉川幸次郎：《吉川幸次郎講演集》，東京：筑摩書房，1996年4月，頁405-421。

成長，由離心發散而向心凝集之詩作的方向轉移，由體物工微而至人生體悟之圓熟的意境完成，正足以說明杜詩特徵的所在。吉川幸次郎又在〈我所喜歡的中國詩人〉[42]說：「杜詩不但是中國詩人最誠摯真實的藝術結晶，由於其體現人類的誠摯真實，故歷久而彌新，而且又融合詩歌的藝術性與現實性，故為後世詩人在創作古典詩歌上的典範」。杜詩融合藝術性與現實性是吉川幸次郎最佩服的所在。其弟子興膳宏說：「吉川先生之所以對中國產生深刻的共感，是在於中國所擁有的優雅的一面，而不在於莊嚴的一面，其所以深深地愛好中國的詩文，是在於中國詩文所具備的纖細之美，擁有纖細之美的詩人的典型是杜甫。這是吉川先生深入研究杜甫的原因所在」。[43]

---

42 吉川幸次郎：〈我所喜歡的中國詩人〉，《吉川幸次郎全集》第一卷，頁 147。
43 興膳宏：〈吉川幸次郎先生の人と学問〉，《異域の眼：中國文化散策》，頁 192-203。

第五章
小川環樹的中國文學詩境論[*]

一、小川環樹的學問：言語學與文學的結合

小川環樹（1910-1993）精通中國語學，鑽研中國文學。興膳宏說：「小川環樹與吉川幸次郎（1904-1980）維繫京都大學中國文學研究的傳承於不墜，吉川幸次郎是雄偉大丈夫，高明英華，小川環樹是仙風鶴骨，沉潛蘊蓄。」[1]陽剛陰柔，相得益彰，或可謂日本近代京都中國文學研究的雙璧。小川環樹於所著《風と雲：中国文学論集》的「後記」說：「《論集》收錄中國小說史與中國語學以外，有關中國詩文論述的二十九篇文章。」[2]因此，如興膳宏所說：小川環樹沉潛於中國語學、中國古典詩文與小說、日本漢學，而有精深的研究。[3]至於小川環樹於中國文學的成就，或與其家學淵源及為學交遊有所關連。

小川家一門俊秀，小川環樹祖父小川駒橘（1844-1922）為紀州藩士，福澤諭吉慶應義塾最初的學生，精通英學，於漢學亦有深厚素養，尤好中國古典小說。[4]父親小川琢治（1870-1941）為京都帝國大學地理

---

[*] 本文曾以〈小川環樹論中國詩人的詩語與情境〉為題，刊於《龔鵬程國際學刊》第四輯，台北：台灣學生書局，2022年4月，頁233-254。

1 興膳宏：〈含羞の人：小川環樹先生〉，《異域の眼：中国文化散策》，東京：筑摩書房，1995年7月，頁210。
2 小川環樹：〈《風と雲：中国文学論集》あとがき〉，《風と雲：中国文学論集》，東京：朝日新聞社，1972年12月，頁423。
3 興膳宏：〈含羞の人：小川環樹先生〉，《異域の眼：中国文化散策》，頁212。
4 小川環樹：〈南紀小川氏家譜述略〉，《小川環樹著作集》第五卷，東京：筑摩書

學教授，兄長貝塚茂樹（1904-1986）為京都帝國大學史學教授，湯川秀樹（1907-1981）為諾貝爾物理學賞得主，於中國經史諸子文學多所涉獵。[5] 小川環樹於〈心の履歷：師友誘掖の恩〉敘述：幼隨祖父素讀《四書》，又讀《唐詩選》、《文章規範》，而嗜好漢詩文。感佩青木正兒（887-1964）《支那學》〈發刊辭〉所述開創中國文學新取徑的主張，乃於 1929 年入學京都帝國大學，專攻中國文學。受教於鈴木虎雄（1878-1963），聽講《文選》《杜詩》，體得「以直探詩文真義為第一要諦」的讀書之學，以及講述以理路整然，平明周到為要，譯注以簡潔，無過與不及是尚的學問態度。選修倉石武四郎（1879-1975）講授江永《音學辨微》與魯迅《吶喊》，涉獵中國聲韻訓詁學與中國現代語音學，著述《中國語學研究》。1934 年留學中國，交遊於羅常培、趙元任而鑽研中國現代漢語與蘇州方言。與魯迅暢談書寫《中國小說史略》的原始本末，旁及當時北京古書店的消息。承襲祖父愛好中國古典小說的家學，於大學時，嘗精讀《中國小說史略》，頗尊敬魯迅，乃有《中國小說史の研究》的撰述。[6]

二、小川環樹論中國詩人的詩語與情境

興膳宏說：「文學與語學的緊密結合，是小川環樹中國文學研究的特色。〈中国の文学における風景の意義〉一文，詳細論考「風景」的語義及其文學表述的演變過程，是其代表的論著」。[7]

房，1997 年 5 月，頁 507-510。

5　小川環樹：〈《湯川秀樹著作集》第六卷解說〉，《小川環樹著作集》第五卷，頁 342-351。

6　小川環樹：〈心の履歷：師友誘掖の恩〉，《小川環樹著作集》第五卷，頁 174-197。中國留學交遊與中國語學、中國小說史撰述的關係，乃作者的推論。

7　興膳宏：〈含羞の人：小川環樹先生〉，《異域の眼：中国文化散策》，頁 211。

（一）中國文學的「風景」論

　　小川環樹說「風景」一詞最早見於《晉書‧王導傳》載記「新亭對泣」故事，謂「風景不殊，舉目有江山之異」。《世說新語‧言語篇》作「風景不殊，正有江山之異」。日本江戶時代秦鼎《世說新箋》[8] 卷三注曰：「風光景色也」。「風光景色」猶英語「landscape」之義，「新亭對泣」故事的「風景」詞義應是「風」與「光」。許慎《說文解字》七篇上日部：「景、光也」，段玉裁注依《文選》張孟陽「七哀詩」李善注，補注「景、光也」，即英語「light」之義。再據劉熙《釋名‧釋天》所謂：「景、竟也，所照處有境限也」，加注：「日月皆外光，而光所在處，物皆有陰光如鏡，故謂之景」。亦即「景」有日月之光所照之處的意思。又注：「晷、日景也」，曰：「上文云景光也，渾言之，此云晷、日景也，不云日光，析言之也。以其陰別於陽，即今之影字也」。意謂景、影無別，「景」的字義包含光與影。

　　「景」字於詩文表述，檢尋斯波六郎《文選索引》[9]，有：

> 不睹白日景（陸機〈苦寒行〉，《文選》卷 28）
>
> 浮景忽西沉（張孟陽〈七哀詩〉，卷 23）
>
> 尋異景不延（謝靈運〈登江中孤嶼〉，卷 26）
>
> 明月澄清景（曹植〈公讌詩〉，卷 20）

《文選》所載「景」字之義，殆謂日月之光及其照耀的空間。詩語「景」字而有「風景」（scenerey）之義者，始見於唐代詩文。中唐朱慶餘「醉裏求詩境」[10] 的「詩境」是超離世俗外界而獨立的「詩的環境」或「詩的

8　文政九年，1826 年刊本。

9　斯波六郎：《文選索引》，東廣島：広島大学文学部中国文学研究室，1954 年。

10　朱慶餘：〈陪江州使君重陽宴百花亭〉，《全唐詩》卷 514，北京：中華書局，1960 年 4 月，頁 5866。

世界」。姚合「好景時牽目」11，是好景在前，佇足凝視，詩語的「景」猶英語「view」，即視野、視域之義。姚合「閒吟景思通」12的「景思」是取景的苦心。朱慶餘「有景皆牽思」13，即觸景而引發詩意，「敍吟」的詩題，即表述詩人作詩的心境。至於：

> 閒坐饒詩景（姚合〈送徐員外赴河中從事〉，《全唐詩》卷 496）
> 空餘孤嶼來詩景（朱慶餘〈送唐中丞開淘西湖夏日遊泛因書示人〉，
> 　　卷 514）
> 到來詩景饒（朱慶餘〈杭州盧錄事山亭〉，卷 514）

山水田園，坐臥行止皆詩景，「縱是殘紅也入詩」14，是詩人從自然界的事物選取自己喜好的「景」，以之入詩而構成「詩境」。入詩取材的「景」已非日月之「光」（light），而是詩人視野和視域的「風景」（view 或 scenerey），以之賦詩吟詠，故可謂是「詩景」。雍陶「滿庭詩景飄紅葉，繞砌琴聲滴暗泉」15的「詩景」可譯為「詩的風景」，即適合構成詩句的「風景」（scenerey）。換言之，「詩境」是詩人取景，斟酌詩語而構築其獨自的詩意，抒發其情境的美的經驗。以詩語寄寓情境的表述是盛唐以前所未見。16

　　小川環樹的中國文學「風景」論，是立證於中國繪畫史的記載，說明山水畫與詩文的關係。小川環樹說其於中國文學「風景」的論考，始終留意於中國繪畫史的載記。六朝及唐代繪畫的真本未見，不易確認詩畫的密接關係，唯唐宋的記述則提供展開論考的根據。大中元年（847）

11　姚合：〈閒居遣懷〉，《全唐詩》卷 498，頁 5654。
12　姚合：〈和王郎中召看牡丹〉，《全唐詩》卷 502，頁 5705。
13　朱慶餘：〈敍吟〉，《全唐詩》卷 515，頁 5889。
14　朱慶餘：〈同友人看花〉，《全唐詩》卷 514，頁 5877。
15　雍陶：〈韋處士郊居〉，《全唐詩》卷 518，頁 5920。
16　小川環樹：〈中国の文学における風景の意義〉，《風と雲：中国文学論集》，頁 35-51。

張彥遠著《歷代名畫記》十卷，論述六朝以來山水畫的發展。其所記載畫家的畫題，尚無足資論考文學「風景」的佐證。然根據北宋熙寧七年（1074）郭若虛著《圖畫見聞志》六卷的載記，五代至北宋初年頗多「寒林」的繪畫。「寒林」描繪枯木落葉的寒冬之景，是賈島一生苦吟的詩境。朱慶餘亦有「林居向晚饒詩景」[17]的詩句。朱慶餘、姚合深受賈島的影響，其所謂的「詩境」是獨立於政治俗世之外的世界，「詩的風景」含藏著孤獨的情境。可謂之為詩畫題詠，描繪敘景之旨趣同趨的文藝風尚。至於鄭谷「予嘗有雪景一絕，為人諷吟，段贊善小筆精微，忽為圖畫，以詩謝之」[18]，詩作入畫，又作題畫詩，是詩畫合一的事例。又〈雪中偶題〉[19]的詩作，據《圖畫見聞志》卷五所述，是題畫詩，乃詩畫合一的文藝創作。此時，題畫詩孳乳增多，如方干題詩於水墨畫之上，是中國繪畫史值得特書之事。《瀟湘八景圖》作於唐末五代，亦有詩作為證。詩畫之「景」為 scenery 無疑。此後，詩語之「景」則多意味 scenery 之義。歐陽修《六一詩話》引梅堯臣之詩，謂「必能狀難寫之景，如在目前」[20]，分論詩作的「景」與「情」，肇始於此時。南宋周弼《三體詩》分別敘景與抒情的詩句，於律詩之作，則有「景聯」之說，元方回《瀛奎律髓》繼之。明代以迄清末，或主情景分離，或唱情景交融，詩作的情境，為詩論家品騭高下的論斷的依據。[21]

（二）六朝詩人的詩語及其詩歌表述的世界觀

　　小川環樹強調自然詩（nature poetry）與敘景詩（landscape poetry）

17　朱慶餘：〈題錢宇別墅〉，《全唐詩》卷 515，頁 5891。
18　鄭谷：〈予嘗有雪景一絕⋯⋯〉，《全唐詩》卷 675，頁 7725。
19　鄭谷：〈雪中偶題〉，《全唐詩》卷 675，頁 7731。
20　歐陽修：《歐陽文忠公全集》卷 128，《四部叢刊初編縮本》050，台北：商務印書館，1965 年 8 月，頁 999。
21　小川環樹：〈中國の文學における風景の意義〉，《風と雲：中國文學論集》，頁 50-53。

有異，詩人作詩敘述自然觀念哲學問題的是自然詩；敘景詩則是描寫山水田園之自然風景的文學作品。根據英人 John Frodsham《謝靈運評傳》的記述：「歐人所謂的自然詩包含中國的田園詩與山水詩」。[22] 其實，中國的山水詩不含描寫田園的詩作，論考中國山水詩之際，未必能使用「自然詩」一詞，亦即山水詩不等同於自然詩。六朝時，「山水」一詞，用以表述自然風景，詩、畫皆然。敘述山水之景的詩作是山水詩，點畫山水的繪畫是山水畫。山水的英語字義是 landscape，與「風景」的不同。《晉書・羊祜傳》記載羊祜「樂山水，每風景，必造峴山，置酒言詠，終日不倦」。「樂山水」，謂愛好自然風景，「每風景」，Frodsham 氏譯為 good view，即好景。實則不然，應為風和日麗之時，必登峴山，眺望景色，「每風景」之「景」為「光」。「風景」的本義是「風」與「光」，其後，於春秋二季，天朗氣清，陽光普照之日，則出遊，登山臨水，欣賞戶外風光，寫景吟誦。「山水」與「風景」各有所指而互異。羊祜「樂山水，每風景」，描寫天朗氣清，惠風和暢的景色，是敘景詩的特色。

　　峴山在荊州附近，漢水蜿蜒，非深山幽谷的秘境。羊祜「樂山水」，是城居都會者的郊遊散策，有詩人遊山玩水之山水詩作的閑情雅興。或謂山水詩與隱逸思想關連甚深，隱逸本為都會之人，以嫌惡世俗而隱居山中，山水詩殆為脫離城居之人的詩作，與以陶淵明為代表的田園詩作的情境有別。[23]

1. 謝靈運「孤嶼」的詩語與佛教的世界觀

　　小川環樹說魏晉六朝的文學敘景多描寫日月之光。王粲〈登樓賦〉

[22] John D. Frodsham, *The Murmuring Stream: The Life and Works of the Chinese Nature Poet Hsieh Ling-Yün (385-433), Duke of K'ang-Lo*, Kuala Lumpur: University of Malaya Press, 1967.

[23] 小川環樹：〈中国の叙景詩と仏教〉，《小川環樹著作集》第二卷，東京：筑摩書房，1997 年 2 月，頁 327-329。

（《文選》卷 11）是王粲登樓眺望風景的「點景人物」，「白日忽其將匿」
敘落日之景，天色慘澹，風聲蕭瑟，而表述寂寥之情。〈七哀詩〉寫舟
船之旅，「日暮愁我心，山岡有餘暎」（《文選》卷 23），敘日暮餘暉之
景，是王粲詩賦的特色。南朝以降，寫落日餘輝的詩賦增多，謝靈運尤
著力於雲日山水的敘景。

> 山水含清暉……出谷日尚早，入舟陽已微。林壑斂暝色，雲霞
> 收夕。（〈石壁精舍還湖中作〉，《文選》卷 26）

對句的「日」與「陽」皆寫日光，暝色已微，落日餘暉，亦敘所見之光
景（light）。至於：

> 雲日相輝映，空水共澄鮮。（〈登江中孤嶼〉，《文選》卷 26）

夕照與雲霞輝耀明媚，而長空湖水澄澈，是謝靈運敘所見湖中島的光
景。

> 表靈物莫賞，蘊真誰為傳。想像崑山姿，緬懷區中緣。始信安
> 期術，得盡養生年。（〈登江中孤嶼〉，《文選》卷 26）

在溫州附近的「江中孤嶼」，遙想崑崙山之仙人優遊自得而長生不老。
謝靈運篤信佛法，有「敬擬靈鷲山，尚想祇洹軌」的詩句[24]。「崑山」的
仙界即「靈鷲山」的淨土，「表靈」、「蘊真」的仙術當是生命無限的佛
法。小川環樹強調：「謝靈運「描述眼前所見孤嶼景致，同時以此比擬
作崑崙山。在結句裏表明祈求『安期術』的心懷，想念的真正目標，卻
非仙山。在他心目中的，可能就是靈鷲山。『表靈』『蘊真』也都是與此
山有關，這種神秘力量大概是因為諸佛所居而有的。靈鷲山者佛陀說法
於此。『安期術』其實就指佛法而言。抑有進者，本來佛的居所，即是

---

24 謝靈運：〈石壁立招提精舍〉，收載於黃節，《謝康樂詩注》卷三，北京：中華書
　　局，2008 年 1 月，頁 111-112。

佛土，是光明遍滿的。謝靈運在山水之間所看到的『清暉』，雖然是現
實的光輝，但可能他以為是看見了佛土的光明。謝靈運是最能欣賞山水
之美的詩人，我以為他的欣賞與觀照是和他所信仰的佛教世界觀為表裏
一體」。25

2. 陶淵明「人境」的詩語與儒家的世界觀

　　小川環樹說陶淵明雖歸居田園而隱逸，然其世界觀則異乎謝靈運、
阮籍、嵇康等人憧憬仙境的詠懷，雖嚮往仙人以遊仙，而「結廬在人
境」，不假幽居於山谷以為理想居處的仙境；以安居於田園，優遊於農
村鄉野風土的適性自得為究極。小川環樹強調〈桃花源記〉雖是虛構的
理想世界，居民非生活於斯土的仙人，描寫的武陵「桃源鄉」的風景也
是田園農村的「人境」。「其中往來種作，男女悉如外人，黃髮垂髫，並
怡然自樂」，隱居的鄉人安居樂俗，表述以人為中心而堅信世界秩序的
儒家的世界觀。唯陶淵明異於以經世濟民為職志的傳統儒者，是以農為
生，於耕耘農作的生活中，體認自然的秩序。移居田園雖與現實的人間
社會保持距離，春耕夏耘秋實冬藏的生活秩序，最能感受自然的恩惠。
人間秩序與自然恩惠的共生，是陶淵明親近自然的表述。26〈飲酒〉第
五首「採菊東籬下，悠然見南山，山氣日夕佳，飛鳥相與還，此中有真
意，欲辨已忘言」，表述所有自然景物皆是秩序井然的存在，且為安居
於天下之間的眾人所共有，而非一人獨享的世界觀。〈歸田園居〉第一
首：

> 方宅十餘畝，草屋八九間。榆柳蔭後簷，桃李羅堂前。
> 曖曖遠人村，依依墟里煙。狗吠深巷中，雞鳴桑樹巔。

---

25 小川環樹：〈六朝詩人の風景観〉，《小川環樹著作集》第一卷，東京：筑摩書房，
　　1997 年 1 月，頁 340-348。引述的文字是小川環樹的原文。
26 小川環樹：〈唐詩を中心にして〉，《小川環樹著作集》第二卷，頁 273。

前四句是居處簷下堂前之近景的敘述，後四句是村落生活雞犬相聞之遠景的描寫。詩文之遠近分明的敘景，表述人間社會生活營為之和諧的世界觀一致。風景的遠近勾勒，如繪畫遠近法（perspective）點畫遠近鮮明的世界。陶淵明點描風景遠近秩序的心象風景，或根源於儒家以秩序性為宗尚的世界觀。[27]

（三）唐宋詩人的詩語及其詩歌表述的自然觀

　　小川環樹說：若謂盛唐三詩人，無人不稱李白、王維、杜甫。李白是「道教的詩人」，王維是佛教徒，杜甫是儒家者流也是常識。三人思惟宗尚不同，詩歌表述的自然觀有異，詩語的敘景亦殊。至於蘇東坡的詩文則表述佛、道並存的自然觀。

1. 李白描寫仙山的詩語與道教的自然觀

　　小川環樹說造化之力與仙山觀念的表述是李白詩歌的特色。一般以為中國文學缺乏萬物創造的觀念，實則李白詩歌有造化神奇的詠歎。

　　飛流直下三千尺，疑是銀河落九天。（〈望廬山瀑布〉）

飛瀑宛如自九天之上而降三千尺，與「黃河之水天上來」的誇張描寫，皆天外異想。登臨香爐峰，則曰：

　　仰觀勢轉雄，壯哉造化功。（〈望廬山瀑布〉）

直寫飛瀑奔騰，氣勢雄偉壯觀，變化萬千，景象奇偉，是自然造化的神功。瀑布飛流直瀉的敘景出神入化。其造化或造化之力的觀念與老莊思想、道教哲學有緊密的關連。登臨之山大抵指涉仙人住宿的仙界，則表述其仙山的觀念。如〈遊太山〉：

27　小川環樹：〈唐詩について〉，《小川環樹著作集》第二卷，頁 241-247。

> 四月上太山……天門一長嘯，萬里清風來。玉女四五人……含
> 笑引素手，遺我流霞盃。稽首再拜之，自愧非仙才。曠然小宇
> 宙，棄世何悠哉。

登高長嘯，清風拂面。仙女含笑迎來，相贈仙人酒盃，如臨仙境，曠然
自在。

> 平明登日觀，舉手開雲關。精神四飛揚，如出天地間。

旭日東昇，自況撥雲。朝陽普照，平明朗暢，心曠神怡，悠然自得，如
神遊於天地之外的仙鄉。

> 西上太白峰，夕陽窮登攀。太白與我語，為我開天關。願乘冷
> 風去，直出浮雲間，舉手可近月。(〈登太白峰〉)

夕陽西照，仙人指路，御風而行，飛上雲霄仙境，星月唾手可得。李白
遠離人境，其心中的仙鄉，則是：

> 問余何意棲碧山，笑而不答心自閑。桃花流水窅然去，別有天
> 下非人間。(〈山中問答〉)

「碧山」是人間之外的天下，人生理想的歸鄉。既能逍遙於桃花流水的
仙境而自在自得，也能「醉來臥空山，天下即衾枕」(〈友人會宿〉)，
遠離喧囂而天地與我為一。「相看兩不厭，只有敬亭山」(〈獨坐敬亭
山〉)，山居坐詠，與自然冥合而相知相得。李白登山飲酒，詩語雖多誇
飾，而其所表述的是道教的自然觀。[28]

2. 王維「落日」的詩語與佛教的自然觀

　　小川環樹說王維詩歌有落日的意象，眺望夕陽的意境與淨土的表象

---

28 小川環樹：〈唐詩を中心にして〉，《小川環樹著作集》第二卷，頁 252-258。

完全一致。王維以前未嘗無描寫落日風景的詩賦，王維的落日觀照，則
有特殊的意蘊。〈輞川閑居贈裴秀才迪〉：

> 寒山轉蒼翠，秋水日潺湲。倚杖柴門外，臨風聽暮蟬。渡頭餘
> 落日，墟里上孤煙。復值接輿醉，狂歌五柳前。

倚杖臨風聽秋蟬。寒山日暮，落霞殘照，遠處村里炊煙裊裊，形成遠近
上下交錯的景緻。〈使至塞上〉：

> 大漠孤煙直，長川落日圓。

「孤煙」與「落日」對照（contrast）的表象更為鮮明。敘述大漠浩瀚無
垠，萬里無風，遠處烽火直上天際的風景。「孤煙直」，意謂無入侵警示
的太平日常，黃河蜿蜒曲折，落日清晰可見。「落日圓」，既是前所未有
的敘景，以之為圓滿具足的象徵，則是王維特有的詩境。「圓」的語境
與淨土表象結合，點描理想世界的心象。[29]〈山居即事〉：

> 寂寞掩柴扉，蒼茫對落暉。

薄暮蒼茫與夕陽餘暉是敘景；然王維的觀照或集中於落日。以「蒼茫對
落暉」一句寄寓其沉潛佛教，暢然喜悅的心境。

　　小川環樹又強調王維「獨坐」的詩作，不是風景描寫的敘景；而是
靜坐禪修冥想（meditation）的兀坐。〈秋夜獨坐〉：

> 獨坐悲雙鬢，空堂欲二更。雨中山果落，燈下草蟲鳴。白髮終
> 難變，黃金不可成。欲知除老病，惟有學無生。

---

29 小川環樹〈落日の觀照－都留春雄『王維』への跋〉強調：劉宋畺良耶舍漢譯《觀
　無量壽經》有「日想觀」，謂「諦觀於日，欲沒之處」，淨土宗流行於盛唐，王維信
　仰日想觀，詩作於凝視「落日」的自然觀照絕非偶然，與自然融合一體的詩境表
　述，與其宗教信念有不可分的關係。（《小川環樹著作集》第二卷，頁342-343。）

山中雨夜果實落下之聲，燈下草間蟲鳴之音，皆可聽聞，極寫二更寂靜的風景。「空山不見人，但聞人語響」（〈鹿柴〉）亦寫寂靜的境界，如同「返景入深林，復照青苔上」之有空無反觀的禪趣。「欲知除老病，惟有學無生」亦有淨土的意境。潛修佛教「無生」的超越，方能解消老病煩惱的困惑。王維詩歌的風景是以淨土觀為中心，其潑墨點描具有濃厚的佛教色彩，詩語的「靜」非止於自然寧靜風景的描寫；其靜寂境界的心象情境，說明其沉潛佛理的深厚涵養。

　　李白與王維皆有宗教的情懷，以超越人間俗世為依歸；杜甫為純然的儒者，於自然觀的表述與李白、王維迥異。[30]

3. 杜甫「促織」等微小生物的詩語與儒家物我共感的自然觀

　　杜甫詩歌表述與自然物，尤其是微小生物共感的自然觀。如「促織」：

> 促織甚微細，哀音何動人。草根吟不穩，床下意相親。
> 久客得無淚，故妻難及晨。悲絲與急管，感激異天真。

詩題是微細的促織，以微小生物的鳴叫聲起興，觸動杜甫流離失所的感傷心境，促織的哀鳴實則是杜甫自身遭遇的象徵。「抱葉寒蟬靜，歸山獨鳥遲」（〈秦州雜詩二十首〉第四首），秋蟬無聲，意謂寒蟬微弱，飛鳥遲歸是獨鳥離群，要皆杜甫以細微的生物自況，而表述物我共感的詩境。至於〈春水生〉七絕：

> 二月六夜春水生，門前小灘渾欲平。
> 鸍鶒鸂鶒莫漫喜，吾與汝曹俱眼明。

則以擬人的手法，稱呼鸂鶒水鴨為「汝曹」，以與自然生物的對話，起興物我共感的心象。人與生物交融共感，表述對自然的親近感是杜甫詩

---

30 小川環樹：〈唐詩を中心にして〉，《小川環樹著作集》第二卷，頁259-263。

歌的特色之一。[31]

4. 蘇東坡「造物」的詩語與佛、道並存的自然觀

蘇東坡於自然描寫的詩作，或如〈百步洪〉：

長洪斗落生跳波，輕舟南下如投梭。水師絕叫鳧雁起，亂石一
線爭磋磨。有如兔走鷹隼落，駿馬下注千丈坡。斷絃離柱箭脫
手，飛電過隙珠翻荷。四山眩轉風掠耳，但見流沫生千渦。險
中得樂雖一快，何異水伯誇秋河。[32]

以自然風景為才氣縱橫的對象，曲盡其全身活力而雄豪渾灑，極力於自
然怪奇奔險的敘景描寫。或如：

青山偃蹇如高人，常時不肯入官府。高人自與山有素，不待招
邀滿庭戶。（〈越州張中舍壽樂堂〉，《集註分類東坡先生詩》卷3）

朝見吳山橫，暮見吳山從，吳山故多態，轉側為君容。（〈法惠
寺橫翠閣〉，卷9）

東山知我欲山行，吹斷簷間積雨聲。嶺上晴雲披絮帽，樹頭初
日掛銅鉦。野桃含笑竹籬短，溪柳自搖沙水清。西崦人家應最
樂，煮葵燒筍餉春耕。（〈新城道中二首〉，卷1）

蘇東坡致力於人與自然合一共存的回復。「吳山」縱橫多姿是自然萬象
的凝視，「與山有素，不待招邀滿庭戶」是相親於自然而物我融合的表
述。「東風知我」則隱喻自然的善意。小川環樹強調蘇東坡多用「知我」
的詩語，乃蘇東坡以為人與自然皆善意，故詩作甚少著墨於天地無親自
然無常的無奈，人之壽命短促與人力之有拘限的感歎；而主於以自然可
親，於人間存在皆有善意的表述。詩作敘景輒表述人間有情的感動，以

---

31 小川環樹：〈唐詩を中心にして〉，《小川環樹著作集》第二卷，頁264-267。
32 蘇東坡：《集註分類東坡先生詩》卷八，《四部叢刊初編縮本》052，頁166。

物我一體的境界為究極。故可謂詩作是蘇東坡「休止」的場域，其於作詩之際，生命的新機全幅湧現。如〈蠟日遊孤山訪惠勤惠思二僧〉：

> 作詩火急追亡逋，清景一失後難摹。（卷 17）

二句表述其創作詩歌的真摯情感。與使人心澄靜的美景交會，立即縱筆敘景，刻畫自然景物，抒寫當下瞬間的感受，詠歎天地人間美善的情境。「人生如寄何不樂」[33]，人生雖短暫如寄，而幸福無處不在，無時不有，要皆歌詠自然清景與人間美善。而「造物」的詩語，尤能說明蘇東坡詩作的自然觀：

> 造物不我捨（〈司馬君實獨樂園〉，卷 10）
> 造物雖駛如吾何（〈百步洪〉，卷 8）
> 造物何如童子戲（〈和人假山〉，卷 19）
> 造物小兒如子何（〈贈梁道人〉，卷 4）

「造物」一詞出自《莊子・大宗師》，謂萬物的創造者，而呼「造物」為「小兒」是蘇東坡的「諧謔」，以萬物創造支配者如幼兒天真無邪的存在。吾人俯仰於天地之間，能逍遙悠遊於人間世界如「地上仙」[34]，不假隔絕人境而離群索居於他鄉，亦能自在自得。故人的存在雖如「緲滄海之一粟」，若心能如「空明水」[35] 而澄靜休止，與「江上之清風，山間之明月」為友，則「物與我皆無盡」。天地自然為人間快樂的源泉，無盡的寶庫，蘇東坡詩賦含藏莊子逍遙自得的哲學，其詩語情境不遜色於李白的道教的自然觀，與王維淨土的自然觀亦有差異，為佛教與道家並

---

33 蘇東坡：〈答呂梁仲屯田〉，《集註分類東坡先生詩》卷 18，頁 327。
34 白居易：「但能斗藪人間事，便是逍遙地上仙」，〈贈隣里往還〉，《白氏長慶集》卷 58，《四部叢刊初編縮本》041，頁 319。
35 蘇東坡：「東方雲海空復空，群仙出沒空明中」，〈登州海市〉，《集註分類東坡先生詩》卷 25，頁 471。

存的自然觀。[36]

（四）表述「詩境」的擬人法：物我冥合、情景交融

　　擬人法是隱喻（metaphor）的文學表現，以物擬人，表述物我冥合的思惟，以景物描寫的詩語，寄託詩人的情境而情景交融。小川環樹說：文學的擬人法顯示親近自然的思惟，擬人法之修辭手法的發展能窺察中國人自然觀的變化。古代至中世，對自然抱持著畏懼的心理，唐宋以後，恐懼自然的心理逐漸薄弱，而親近自然的情感增強。綜觀中國古典文學：《詩經》至漢代的詩賦，擬人法的作品甚少；魏晉以後的文學，擬人法萌生，南朝孳乳；唐代以後興盛。南宋董穎〈江上〉詩的末二句：

摩娑數尺沙邊柳，待汝成陰繫釣舟。

柳樹抽芽，婀娜多姿，綠蔭遮蔽則能繫舟。「汝」字擬人。錢鍾書說：

對草、木、蟲、魚以及沒有生命的東西像山、酒等這樣親切生動的稱呼，是杜甫詩裏的習慣。孫奕《履齋示兒編》卷十所謂「爾」「汝」羣物，盧同〈村醉〉「摩娑青莓苔，莫嗔驚著汝」也是一個有名的例。宋人喜歡學這一點，像王安石〈與微之同賦梅花〉「少陵為爾牽詩興，可是無心賦海棠」。[37]

小川環樹則舉唐錢起〈暮春歸故山草堂〉：

谷口春殘黃鳥稀，辛夷花盡杏花飛。

---

36 小川環樹：〈蘇東坡の一生とその詩〉，《小川環樹著作集》第三卷，東京：筑摩書房，1997 年 3 月，頁 94-97。

37 錢鍾書：《宋詩選注》，北京：人民文學出版社，1958 年 9 月，頁 145-146。

> 獨憐幽竹山窗下，不改清陰待我歸。[38]

辛夷杏花皆散盡，唯窗外幽竹常綠，清影依舊，如故舊待歸人。錢起以「幽竹」擬人，待詩人歸返草堂。董穎以柳枝成蔭能繫舟，亦以擬人的手法，寄寓物我冥合，與自然相親為一。

　　小川環樹又強調：唐詩於擬人法的使用最廣，而宋詩繼承。然唐宋詩作，於擬人法的表現則有不同。北宋王質〈山行即事〉開端的二句：

> 浮雲在空碧，來往議陰晴。

錢鍾書說：

> 天上的雲片忽聚忽散，彷彿在討論要不要下雨。……宋人詩詞裏描寫天氣時常用的。例如「雲來嶺表商量雨，峯繞溪灣物色梅」。（《後村千家詩》卷十四潘牥「郊行」）[39]

意謂宋人詩作以雲擬人，談論陰晴。小川環樹則說蘇東坡是宋人以擬人法描寫天氣的先聲，其〈新城道中〉：

> 東風知我欲山行，吹斷簷間積雨聲。

「我欲山行」之「知」的主體是「東風」，物我共通，吹斷積雨，而能遂行。「東風」知詩人之「我」的表現，見於唐代賈至的〈春思〉：

> 草色青青柳色黃，桃花歷亂李花春。
> 東風不為吹愁去，春日偏能惹恨長。[40]

花草敍景，寄寓憂愁遺憾的情感，而東風不解愁思，春日繁盛徒增憾

38《全唐詩》卷 239，頁 2687。

39 錢鍾書：《宋詩選注》，頁 209-210。

40《全唐詩》卷 235，頁 2597。

事。以「東風」擬人的手法，隱喻詩人的愁憾。探究「不為」與「偏能」的詩語，「東風」則未有「好意」，殊異於蘇東坡「東風知我」之共感善意的情境。王質的「浮雲」聚散，相談陰晴，雖未示好意與否，而有自然相親的寄寓。唐宋於自然風物的擬人表述，蓋明暗幽顯的不同。換言之，就擬人法而言，唐宋詩作皆有親近自然的情境，了無古代畏懼自然的感受。唯唐詩之擬人詩作，除盧同詩作以外，殆有與世浮沉之晦暗情境。而宋詩表述自然於人具有善意者甚多。蓋宋代詩人大抵抱持幸福基調的人生觀，故宋詩的情境較唐詩明朗。以輕快的詩語表述人生充滿幸福之樂觀的代表是蘇東坡，南宋楊萬里繼之。其〈彥通叔祖約遊雲水寺〉：

> 風亦恐吾愁路遠，殷勤隔雨送鐘聲。[41]

風雨本無情，而楊萬里轉換發想，謂微風細雨懇切送行，傳聞出遊山寺鐘聲，雖遠猶近，忘卻路遠勞頓而快意適志。又〈舟過謝潭〉：

> 好山萬皺無人見，都被斜陽拈出來。[42]

舟行旅次，綠水青山無人眷顧，幸「被」斜陽拈出，得以觀賞多彩萬幻的山色。楊萬里「幽默」的詩語比東坡更為輕快，曲盡表述自然於人有善意的情境。

　　唐宋詩作於擬人法的敷陳，其詩語情境有暗明幽顯的差異，抑或說明唐宋自然觀與人生觀的變化。[43]

---

41 《四部叢刊初編縮本》064，卷3，「江湖集」，頁24。
42 《四部叢刊初編縮本》064，卷15，「南海集」，頁140。
43 小川環樹：〈自然は人間に好意をもつか：宋詩の擬人法〉，《風と雲：中国文学論集》，頁56-63。

（五）詩人的詩語與氣質

　　小川環樹強調以詩人頻繁使用的詩語，庶幾能窺察詩人的氣質。晚唐劉滄詩作的特色在於「寒」字的多用。《全唐詩錄》卷八十八，收錄劉滄十八首詩中，用「寒」字的詩，有九首之多：

> 滿山寒葉雨聲來（〈秋夕山齋即事〉）
>
> 寒窗幽思度煙空（〈洛陽月夜書懷〉）
>
> 遠枝寒鵲客情傷（〈秋日夜懷〉）
>
> 寒潮欲上泛萍藻（〈江行書事〉）
>
> 寒山半出白雲層（〈咸陽懷古〉）
>
> 風靜寒塘花正開（〈長洲懷古〉）
>
> 荻花寒渡思悽悽（〈浙江晚渡懷古〉）
>
> 風生寒渚白蘋動（〈秋日山寺懷友人〉）
>
> 歲晚蟲鳴寒露草（〈留別崔澣秀才昆仲〉）

又檢尋《全唐詩》卷五八六，劉滄使用「寒」字的詩語，另有：「寒鴉」（〈晚秋洛陽客舍〉、〈題古寺〉）、「寒燒」（〈深愁喜友人至〉）、「寒磬」（〈題龍門僧房〉）、「寒原」（〈過鑄鼎原〉、〈題王校書山齋〉）、「寒木」（〈江城晚望〉）、「寒蕪」（〈邊思〉、〈長安冬夜書情〉）、「寒色」（〈八月十五日夜玩月〉）、「寒燈」（〈晚春宿僧院〉）、「寒林」（〈懷汶陽兄弟〉）、「寒水」（〈遊上方石窟寺〉、〈從鄭郎中高州遊東潭〉、〈秋日旅途即事〉）、「寒雨」（〈題巫山廟〉）、「寒雁」（〈旅館書懷〉）、「寒野」（〈秋日登醴泉縣樓〉）、「寒光」（〈宿題天壇觀〉、〈宿題金山寺〉、〈夏日登西林白上人樓〉）、「寒松」（〈夏日登慈恩寺〉）、「寒聲」（〈留別山中友人〉）、「寒巢」（〈過北邙山〉）、「寒角」（〈送友人罷舉赴薊門從事〉）、「寒梅」（〈看牓日〉）、「寒流」（〈送元敘上人歸上黨〉），等二十九個詩語，四十一首詩。現存劉滄詩作一百零三首，以「寒」字敘景的詩語頻用率達五分之二。與劉滄同年登科進士的李頻詩作，收錄於《全唐詩》

卷五八七－五八九，其用「寒」字的詩語，有「寒露」、「寒瓦」、「寒日」、「寒天」、「寒汀」、「寒意」、「寒氣」、「寒泉」、「寒雨」、「寒樓」等十例。今日傳存李頻詩作二百零三首，其用「寒」字的詩語，僅二十分之一。

　　劉滄多用「寒」字，然「寒」字的詩語，未必是劉滄創造新詞的「造語」。「寒山」一詞既見於《楚辭·大招》的「北有寒山」，張協〈七命〉的「寒山之桐」，謝莊〈月賦〉的「騰吹寒山」，謝靈運〈入華山子岡是麻源第三谷〉的「桂樹凌寒山」。又《全唐詩》收錄劉長卿五百零七首詩，「寒」字的詩語有「寒山」、「寒潮」、「寒塘」、「寒笳」、「寒鳥」、「寒雨」、「寒江」、「寒松」、「寒禽」、「寒臥」、「寒士」、「寒枝」、「寒衣」、「寒渚」、「寒流」、「寒磬」、「寒城」、「寒煙」、「寒潭」、「寒燭」、「寒雲」、「寒光」、「寒霜」、「寒聲」、「寒暉」、「寒沙」、「寒草」、「寒水」、「寒缸」、「寒竹」、「寒木」、「寒日」、「寒林」、「寒氣、「寒砧」等，同一詞或有二、三次使用者，凡七十六例，達詩作的七分之一。其中，「寒山、「寒雨」、「寒渚」亦為劉滄所用，或為唐代詩人共通的詩語。然而此類「寒」字詩語既已載記於唐代以前的編纂。馬國翰《玉函山房輯佚書·小學類》收載梁元帝《纂要》：

> 冬曰玄英⋯⋯風曰寒風⋯⋯日冬景、寒景，時曰寒辰⋯⋯鳥曰
> 寒鳥、寒禽，草曰寒卉、黃草，木曰寒木、寒柯。[44]

「寒」字用語於南朝既已存在。又檢索斯波六郎《文選索引》，南朝文學有「寒流」、「寒城」、「寒煙」、「寒渚」等詩語，《纂要》雖未載錄，而劉長卿四詞皆用，劉滄亦用「寒流」、「寒渚」二詞。若以十七、十八世紀「新古典派」（neoclassicists）之「詩語」（poetic diction）形成的觀念而言，中國古典詩歌的「詩語」是南朝到唐代，為詩人共同的智慧傳

44　見《初學記》卷三，《太平御覽》卷二十七引。

承。尤其是謝朓的詩作,「寒流」等四詞具見於其詩賦。如:

> 秋河曙耿耿,寒渚夜蒼蒼(〈暫使下都夜發新林至京邑贈西府同
> 僚〉,《文選》卷26)

李善注:「秋河、天漢也」,「秋」字以示時節。又「寒燈耿夢」(〈冬緒
羈懷示詺議虞田曹劉江二常侍〉[45])的「寒燈」為唐代詩人所常用。謝朓
詩文集至南宋既以全本的形式流傳於世,其詩語或當為唐代詩人入詩敘
景。

劉長卿、劉滄多用「寒」字的詩語以敘景,是二人共通的所在,然
二人詩語的情境則有不同。

李頻詩作亦用「寒」字,「寒意」、「寒天」、「寒氣」等用以形容天
氣的詩語,劉滄則未使用。劉滄「寒」字的詩語大抵藉所見或想像之
景物,表述心中感受的情境。就詩題而言,多為秋冬之作,然詩作「寒
渚」等詩語未必指涉秋冬時節。小川環樹強調劉滄作詩的心境極為特
殊,終始抱持著精神緊張的狀態。精神持續緊繃的狀態,其他詩人或將
陷入苦楚沉痛的深淵,然劉滄則以之作為創作詠歎詩歌的動力,而以
「寒」字的詩語,表述其緊張精神的感受與情境。其〈經無可舊居兼傷
賈島〉:

> 塵室寒窗我獨看,別來人事幾凋殘。
> 晝空蕭寺一僧去,雪滿巴山孤客寒。
> 落葉墮巢禽自出,蒼苔封砌竹成竿。
> 碧雲迢遞長江遠,向夕苦吟歸思難。[46]

字詞的重複使用是律詩的禁忌,雖唐宋名家之作往往見之,然不輕率
吟詠。「寒窗」與「孤客寒」的「寒」字重出,是劉滄特意的敷陳。故

---

45 謝朓:《謝宣城集》卷三,《四部叢刊初編縮本》034,頁20。
46《全唐詩》卷586,頁6798。

人遠去巴蜀舊居，劉滄獨看「寒窗」塵埃未掃的敘景，寄寓其寂寥的
心境。「孤客寒」是其睹物傷感而遠思賈島遂州長江的故里，心中浮現
賈島慕情故鄉，苦吟於夕照遲暮的身影。既「傷賈島」，亦有孤獨苦寒
的共感。蘇東坡謂「郊寒島瘦」，實則賈島寒瘦兼具。賈島甘受詩境之
狹隘，嚴苛於自身的詩作情境，斟酌苦吟詩語藝術，「瘦」以說明其詩
的世界，苦吟詩語心境則可謂之為「寒」。劉滄深知賈島寒瘦的心象，
亦以「寒」字的詩語自況而表述其詩人的氣質。李頻有〈過長江傷賈
島〉：

> 忽從一宦遠流離，無罪無人子細知。
> 到得長江聞杜宇，想君魂魄也相隨。[47]

無罪而流離是無奈的感傷，杜宇悲鳴而魂魄失所的相隨是哀憐的表述。
劉滄之「傷賈島」雖不直述悲憫之情，而字裏行間的詩境則與賈島有苦
寒的共感。《唐才子傳》謂劉滄詩「慷慨懷古」，其〈咸陽懷古〉的末二
句「風景蒼蒼多少恨，寒山半出白雲層」，「寒山」雖是慣用的詩語，然
劉滄鮮明點描蒼涼風景，勾勒出其獨特的蒼寒氣質。[48]

（六）「紙上散步」：詩語情境之「追體驗」的「唐詩散步」

　　小川環樹說「紙上散步」，從書中追溯往昔足跡的記憶，是其日常
作息的步調。散步唐詩，咀嚼詩人的詩語，與自身遊歷中國的情境或
日本的風土相契，體得超越時空的共感，是涵詠中國古典文學的平生
喜悅樂事。吟詠張籍「汾陽舊宅今為寺，猶有當時歌舞樓。四十年來
車馬絕，古槐深巷暮蟬愁」（〈法雄寺東樓〉[49]），輒浮現三十年前（1934-

---

47 《全唐詩》卷 587，頁 6812。
48 小川環樹：〈詩語と詩人の氣質：劉滄を例として〉，《小川環樹著作集》第二卷，
　　頁 404-416。
49 《全唐詩》卷 386，頁 4353。

1936）留學北京的情景。散步於東城區胡同，偶見張籍詩中所謂的「古
槐」數株掩曳於深宅舊院，夕陽餘暉，行人影斜，老宅殘照，陳年舊事
皆潛藏靜寂而黯然無聲。功業彪炳之王侯的宅邸，四十年後竟成為寺
院，僅存歌舞樓台。蓋盛極必衰，昔時車馬絡繹不絕的門前蕭條凋落，
但聞秋蟬愁鳴於索瑟的風中而已。長安與北京異地，又千載懸隔，而目
睹北京胡同陳舊的風物，則與張籍有今昔境遷事物推移的共感。張籍之
後五十年，趙嘏也〈經汾陽舊宅〉而作：

> 門前不改舊山河，破虜曾輕馬伏波。
> 今日獨經歌舞地，古槐疏冷夕陽多。50

二人皆記述汾陽舊宅的景象，而「疏冷」的情境則更為寂寥。詩境相
繫，思索「紙上散步」，必湧現的唐詩是與趙嘏同時的雍陶〈城西訪友
人別墅〉：

> 澧水橋西小路斜，日高猶未到君家。
> 村園門巷多相似，處處春風枳殼花。51

「枳殼」與日本的「カラタチ」（枸橘，Poncirus foliata）是否相同種，
雖未可知；唯春季綻放白色小花，枝多刺，種植以為藩籬則相似。雍陶
描寫早春鄉野的風景，造訪友人別墅，雖郊外路遠，莊園田家的景緻皆
近似，枳殼花開，春風送暖，別有情趣。若改易「澧水」詩語，亦能作
為日本的「風物詩」，點描扶桑習以為常的風景，吟詠玩味而倍感親切。

　　張籍與趙嘏的詩境寂寥落寞，而雍陶思索輕快明朗，或春秋季節
差異，而有「暮蟬」、「夕陽」與「日高」敘景的不同。然長安城內與郊
外鄉間景色的迥別，其詩作當下的心理與表述的情境自然分殊。唐詩有
閑寂的情趣，既有閑情與憂愁結合，表述惆悵不安的心境，而幽靜與友

50《全唐詩》卷 550，頁 6371。
51《全唐詩》卷 518，頁 5924。

情共感，以契合相親者亦不少。雍陶「村園門巷多相似，處處春風枳殼花」的詩語，如淡彩寫生，敘景鮮明，雖千年之後，仍不失其品味。[52]
賴山陽「第二橋頭雨後泥，村園門巷路東西。遇人休問南禪寺，一帶青松路不迷」（〈遊南禪寺詩〉），「一帶青松路不迷」是有名的佳句，而「村園門巷路東西」的敘景，蓋據雍陶詩而作。江戶末期的南禪寺在京都郊外，田野松樹參道的風景，今日不可得見。然雍陶詩早於賴山陽千年的唐代作品，今日吟詠，依然有歷歷如繪的親近之感。七絕雖短，不朽名作則藝術長存永續，其詩語情境跨超時空，以「紙上散步」的涵詠，雖千載之後亦能交會而莫逆相親。[53]

三、「等量翻譯」是小川環樹的詮釋學

小川環樹在〈心の履歷：師友誘掖の恩〉強調：其師鈴木虎雄講述中國文學，理路整然，平明周到，流暢無礙，易於筆記。譯注中國詩歌甚多，《杜詩》譯注為代表的著述，譯文去蕪存菁，流暢達意，簡潔明快，無過與不及的「等量翻譯」。鈴木先生以為「歷來杜詩注釋書汗牛充棟，裨益吾輩後學者固多，然有與作者真意無關涉者，或探索真意卻害義者亦不少。……余之譯注精神在作者本意之外，無一字以添蛇足，有闡明含蓄之餘意者，然無本意以外之橫生枝節」[54]此為鈴木先生著述的一貫態度。昭和 16 年（1941）病後，思考力極度衰退，絕望之際，閱讀森槐南《杜詩講義》[55]，背誦杜詩，鍛鍊記憶力。旬月記誦杜甫律詩二、三十首，知力因而回復，若有神助。夙昔鍾愛李白、王維猶勝於杜甫，蓋李白之明朗闊達，王維之靜寂易於理解，杜甫之沉鬱難於體會。

---

52 小川環樹：〈唐詩の散步〉，《小川環樹著作集》第二卷，頁 319-322。
53 小川環樹：〈唐詩の一側面〉，《小川環樹著作集》第二卷，頁 325-326。
54 鈴木虎雄：〈杜少陵詩集譯解の後に書す〉，《杜甫全詩集》第四卷，東京：日本図書センター，1978 年 6 月，頁 885-886。
55 森槐南：《杜詩講義》四冊，東洋文庫，東京：平凡社，1993 年 3-10 月。

唯是時吟詠之〈秋興八首〉，於今卻能心領神會，乃獨愛杜甫而不觸及案上的李白詩集，心象改易的感受情境誠難以分析性說明表述。逮及通讀杜詩全篇，著眼於杜甫「憂愁」的詩境，撰述〈吾道長悠悠：杜甫の自覺〉一文。細微念想的精確展開而成章，是學問悅樂的源泉。資料的反復考索慎思，探求適切證據，精審考究以為論斷，亦是治學的歡愉。其感受如攝影時，對準鏡頭，調整焦距，與景物吻合不離而清晰寫真的情狀。唯精確的考證，不僅以目凝視，設定確鑿的著眼點，更需要心中構圖的神遇。雖然，心、眼未必能勾勒構圖的全貌，必也思考玩味，運筆書寫，然後究極的境地乃能豁然通達朗現。但凡注釋論考，若能彰顯本初的幽微，喜悅的情境，誠不可言喻。56

興膳宏說：小川環樹與吉川幸次郎監修《中國詩人選集》，各卷題跋精簡而得其旨要，可堪窺察其學殖見識。《唐詩概說》鉅細靡遺且精細清楚的說明唐詩格式，詩人詩歌的特質與詩風變遷。唐詩概說之書不少，而無人能出其右。至於宋代詩文的研究，范成大《吳船錄》的翻譯出版，是最初的業績。收錄於《中國詩人選集二集》的《蘇軾》二冊、《宋詩選》、《蘇東坡集》、《陸游》皆其精心譯注的傑作。與山本和義共譯的《蘇東坡詩集》則是風雨名山的代表著作，與《宋詩選》的翻譯，同為去蕪存菁的「淡白」譯文，具見小川環樹平易通達而蘊藉深遠之獨特筆致，深得其所敬愛之鈴木虎雄先生譯文平明，無過不及之洗練「等量翻譯」的神韻，而恬然於世俗的人格亦隱見於字裏行間。57

山本和義說：小川環樹學殖豐富，文章平明流暢，文如其人。以修辭的「擬人法」探究「中國人自然觀的變遷」，將宋詩定位於中國文學發展的最終階段，而稱譽小川環樹的「中國學」超越中國詩史、文學史的領域，上達文明史的境域。58

56 小川環樹：〈心の履歷：師友誘掖の恩〉，《小川環樹著作集》第五卷，頁 174-181。
57 興膳宏：〈含羞の人：小川環樹先生〉，《異域の眼：中国文化散策》，頁 213-214。
58 山本和義：〈《小川環樹著作集》第三卷解說〉，見於小川環樹，《小川環樹著作集》

　　小川環樹譯注唐宋詩文，傳承鈴木虎雄「求真、平易、通達」的
精神，斟酌詩語，以探究詩人創作詩文當下的情境為依歸，譯文平明
流暢，以蘇東坡詩文如行雲流水的境地為究極。換言之，忠實詩文的原
義，體得詩人創作的情境，而通達流暢表述的翻譯旨趣，為其詮釋中國
古典詩文的主張，或可謂之為小川環樹的詮釋學。[59]

　　吉川幸次郎於〈人間とは何か一文學研究への私の道〉[60]說：

> 《尚書正義》是我的學問之母。六朝至唐初的儒學是一種煩瑣
> 哲學，講經義疏，皆以經書的一字一句為底本，議論之際，雖
> 有穿鑿附會的所在，而遣詞造句輒見推敲斟酌的用心。咀嚼
> 《尚書正義》的義疏，詳細探究字句的意義，乃能深切著明隱
> 含於字裏行間的義蘊。換而言之，讀《尚書正義》而體得斟酌
> 考察經書的一字一句而綿密謹慎的義疏，是經書解釋最根本的
> 方法。昭和16年（1941）春，與東方文化研究所的同仁精密
> 考索，審慎語譯，六年後，完成《尚書正義定本》與《國譯尚
> 書正義》，既是共同研究的成果，也確立解讀中國古典的方法
> 與自信。蓋讀中國古典，必深入字句深層的思想情感，是精讀
> 翻譯《尚書正義》而體得的讀書方法，此為中國傳統經書解釋

第三卷，頁510-511。

59 吾嘗問町田三郎先生（1932-2018），其平生最得意的著述者何，町田先生答曰：
　《孫子》（東京：中央公論社，中公文庫，1974年10月）。凤以孔子「辭達而已矣」
　為究極，譯注之際，不求急進，每篇譯畢，必尋同門師弟，聽其誦讀譯文。有辭
　語難解或滯礙不順者，則反復斟酌改易修正，期予易解流暢而後已。町田先生譯
　注求是而譯文平明通達的心得，與鈴木虎雄、小川環樹譯學的旨趣相契合。求真
　求是而平易通達的學問宗尚，或可謂之為日本近代中國學薪傳的精髓所在。武內
　義雄（1886-1966）強調王引之所謂「為三代之舌人」的「舌人意識」是詮釋中國
　經典的理念。以訓詁的語言學為根柢，闡明先哲著述立說的旨趣，是清代漢學與
　京都中國學的學問性格。

60 吉川幸次郎：〈人間とは何か一文學研究への私の道〉，收載於高橋和巳，《高橋和
　巳全集》第十八卷，東京：河出書房，1978年9月，頁566。

學的方法。以中國經典解釋的方法應用於杜詩及古典文學作品
的研究，是我的中國古典文學研究的方法所在。

《尚書正義》的考訂與翻譯以保存反復論辨經義之「煩瑣」的原貌為依
歸，是中國經學詮釋的方法。以之論考譯注中國古典詩文，說明傳統詩
人遣詞造句的用心所在。推敲陶淵明用「真」字詩語的六首詩作，說明
陶淵明心境的浮沉既以飛鳥為諷喻，而人生進退抉擇的契機則取決於其
與左右時勢之政治人物的關係以及「潔癖」性格。[61] 以杜甫觀照人間社
會與自然景象的細微嶄新視線，如「夜深坐南軒，明月照我膝」（〈寫
懷二首〉），「重露成涓滴」（〈倦夜〉）是杜甫凝視熟慮而緻密勾勒之獨
特寫照的「新視線」，「曲江蕭條秋氣高，菱荷枯折隨風濤」（〈曲江三
章〉），描寫秋風蕭瑟，菱荷枯折的凋殘景象，而起興遊子流離失所，感
時而孤獨寂寥的心境，則非漢魏六朝以來，以自然為唯美典型的「文學
倫理」，是杜甫熟慮而緻密的表現，為前代所無的新風景，堪稱中國古
典詩歌的「創新者」。[62]

　　小川環樹盛稱吉川幸次郎的學問是以經學方法研究文學[63]，而其自
身以文字訓詁的語言學探究詩文字句表述的內涵。二人學問方法相近，
且志趣相投，譯注《中國詩人選集》（岩波書店），編纂《世界古典文學
全集》（筑摩書房），振興斯文。於中國文學的譯注論考亦能引領風騷，
繼鈴木虎雄、青木正兒之後，為日本近代京都中國文學研究的雙璧。

61　吉川幸次郎：《陶淵明伝》，東京：新潮社，新潮文庫，1958 年 5 月，頁 60-82。
62　吉川幸次郎：〈杜甫の詩論と詩〉，《吉川幸次郎全集》第十二卷，東京：筑摩書
　　房，1968 年 6 月，頁 598-617。
63　小川環樹：〈經學から文學への道程：私の見た吉川博士の学問〉，《小川環樹著作
　　集》第五卷，頁 310-314。

下編
實學語學角度的唐宋詩人及其
文學研究

第六章
鈴木虎雄的杜甫詩論：清新與獨創

一、近代日本中國文學通事

　　町田三郎先生（1932-2018）於〈明治漢学覚書〉區分明治漢學為漢學衰退與啟蒙思想的隆盛（明治 1 年至 10 年初）、古典講習科與斯文會的活動（明治 10 年初至 22、23 年）、東西哲學的融合與日本學術的注視（明治 24、25 年至 35、36 年）、中日學術的總合（明治 37、38 以後）等四個時期。《漢文大系》（明治 42 年至大正 5 年；1909-1916），《漢籍國字解全書》（明治 42 年至大正 6 年）是中日學術總合的象徵。[1] 前者二十二卷，綜輯江戶時代（1603-1866）儒者文人以漢文注釋中國經典的精華。後者四輯，既收錄江戶時代中國古典國字解之「先哲遺著」（1-3 輯），又加上新譯注（4 輯）。國字解促進日本近世的教育普及，新譯注則是日本近代譯注中國古典的先聲。大正（1912-1925）以來，國民文庫刊行會繼起，於 1922 年先後出版《國譯漢文大成》（經史子部 20 種、文學部 20 種），《續國譯漢文大成》（經史子部 24 種、文學部 24 種）。昭和（1926-1988）以後，岩波書店、講談社、中央公論社等，以文庫本、新書本，陸續出版中國經史子集之重要典籍的譯注。明治書院出版《新釈漢文大系》全 114 卷、別卷 1 卷，集英社刊行《全釈

---

[1] 町田三郎：〈明治漢学覚書〉，《明治の漢学者たち》，東京：研文出版，1998 年 1 月，頁 3。連清吉譯：《明治的漢學家》，台北：台灣學生書局，2002 年 12 月，頁 1。

漢文大系》33 卷。近世至現代，中國古典大抵皆有日文的譯注。

鈴木虎雄（1878-1963）於京都大學教授期間，出版譯注《白樂天詩解》、《杜少陵詩集》，退休後，又譯注《陶淵明詩解》、《陸放翁詩解》、《玉台新詠集》、《李長吉歌詩集》、《杜詩》（文庫版）[2] 而優遊自適，可謂之為近代日本中國文學通事[3]，中國文學譯注的泰斗。其弟子青木正兒（1887-1964）譯注《李白詩集》，吉川幸次郎（1904-1980）譯注《杜甫詩集》，小川環樹（1910-1993）譯注《蘇東坡詩集》，吉川幸次郎與小川環樹又主編譯注《中國詩人選集》，京都中國文學鼎盛而引領風騷。至於久保天隨（1875-1934）譯注《老子》、《莊子》、《列子》、《荀子》、《韓非子》、《孫子》、《李白詩集》、《韓退之詩集》、《蘇東坡詩集》、《高青邱詩集》、《唐詩選》、《西廂記》、《三國演義》等，而稱雄於東京。[4]

二、贊頌杜甫

1928 年，鈴木虎雄在《杜少陵詩集》〈總說〉[5] 敘述：杜甫依仁游

---

2 小川環樹、吉川幸次郎、倉石武四郎等：〈先学を語る：鈴木虎雄博士〉，見於東方學会編，《東方学回想 II：先学を語る（2）》，東京：刀水書房，2000 年 10 月，頁 115-139。

3 通事一詞，見於《周禮・秋官・掌交》：「掌邦國之通事，而結其交好」。日本江戶時代，德川幕府於長崎設置「唐通事」或稱「唐通詞」的通譯之官，教習唐音吳語，以暢通唐船貿易物流，促進日本經濟文化的發展。鈴木虎雄以簡潔平易之「等量翻譯」為究極，譯注中國六朝以迄唐宋之大家的文學，承先啟後，而引領風騷，洵可謂為近代日本的中國文學通事。

4 神田喜一郎（1897-1984）謂：久保天隨與鈴木虎雄是東京帝國大學漢文科出身，而創作詩詞的雙璧。二人先後於明治 32 年、33 年畢業，然未有深交，詩學宗尚亦迥異，久保天隨喜性靈，而鈴木虎雄主格調。神田喜一郎：《日本における中國文學 2：日本填詞史話（下）》，《神田喜一郎全集》第七卷，東京：同朋舍出版，1986 年 12 月，頁 417。

5 鈴木虎雄：《杜少陵詩集》〈總說〉寫於 1928 年 4 月。《杜少陵詩集》的譯注，原收錄於《續國譯漢文大成》，東京：國民文庫刊行會，1928-1931 年。1978 年，東

藝，抱持任重道遠的情懷，詩作包羅萬象，承先啟後而集大成，詩歌儒雅，藝術性卓拔而獨步千古。故推崇杜甫及其詩作，說明杜甫在唐代文學史上的地位，析論杜詩的內容及藝術性。鈴木虎雄說：

> 若將道德與文學獨立觀之，或有衝突而不相容者。例如戀愛詩於道德上或不許可而文學則不可棄，詠山水花鳥風月等自然美者，近似繪畫而無關乎善。實則道德情操與心境詠歎誠為一致，作者自身之道德情感，以文學表出而美善合一，則最受感動。杜甫之「詩作藝術」凌駕於中國古今詩人；然予所推崇者，以其作詩技巧之外，作品輒見美善合一者。杜甫懷抱儒家道德觀而重五倫之道，或欲入佛門修其法，或謂慕道教，求仙採藥，鍊丹砂，蓋多發自憂悶無可奈何之時。儒學乃中國固有思想，具普遍價值，以傑出的「詩作技巧」表述儒家道德情感兼容的詩語情境，未有踰越杜甫者。杜甫生涯雖多饑寒漂泊而心志高遠，東坡謂其「一飯未嘗忘君」，期致君於堯舜，充滿忠君之念，而發乎真實衷情，絕非如其他詩人但出於表面形式而已。安危置之度外以直諫天子，進賢才，諭勇武，亦出於忠君。愛國憂民，親妻子，敦朋友，甚至草木蟲鳥之微，亦有非常之同情。仁民愛物之情奕奕然而大放光彩，如此詩人謂之有一無二，亦無不可。是予平生愛誦其詩而推崇之所以。6

又說：

> 周朝至初唐，堆積而成之文學根幹，逮及盛唐而開其花，以杜

京：日本図書センター復刻，書名改為《杜甫全詩集》。〈總說〉，《杜少陵詩集》，收載於《杜甫全詩集》第一卷附錄，頁 1-80。復刻更改書名，或以別於 1963-1966 年，東京：岩波文庫出版鈴木虎雄、黑川洋一共同譯注乾隆勒選《唐宋詩醇》收錄杜甫詩之《杜詩》一至八冊。

6　鈴木虎雄：〈總說〉，《杜少陵詩集》，收載於《杜甫全詩集》第一卷，頁 1-2。

甫而結其實。上自風騷漢魏，下至六朝初唐，取歷代之所長，
鎔鑄融會於胸中，以其獨得為機軸而交織成章。杜甫如山腰之
大水池，上游諸多源泉皆傾注而貯存，然後流向下游原野而灌
溉注入。[7]

吉川幸次郎說：「杜詩題材豐富，詩境開展大抵隨著杜甫生涯遭遇而積
累圓熟」。[8]明邵寶《杜詩集註》以杜詩表述事物性質而分為紀行、述
懷、懷古等五十餘類。鈴木虎雄認為以敘情、敘事、敘景分類固無不
可，然未完足。蓋杜甫詩作而情景事物兼具者甚多，乃以「人間環境」
的觀點，區分為人事與自然二類，人事的記述有自身感慨、記世態民
情、寫特定人物，自然則分山水、園林田野與時令氣象。

三、杜詩分類

　　杜甫於自身感慨，或記述當下身家君國；或追懷往昔，而以感慨
出之者甚多。前者於五古，則推〈自京赴奉先縣詠懷五百字〉及〈北
征〉，二篇最能說明杜甫之所以為「集大成」的詩作。七古則如〈哀江
頭〉、〈同谷歌〉。後者於五古，有〈往在〉、〈壯遊〉。〈往在〉可謂是杜
甫的自傳，追述少年入文學之林，壯年周遊天下，進諫救房琯，以夔
州客居而終。〈壯遊〉首述安祿山之亂，長安宮殿焚燒，末段記吐蕃叛
亂，以冀望代宗修德安民作結，感慨無窮，詩作亦極盡章法變化之妙。
七古感慨之妙者，作〈冬狩行〉，敘章彝之亂，寧用武力以平賊；詠
〈舞劍器行〉，敘說見舞而追憶開元盛世。至於七律名作之〈秋興〉八
首，亦於夔州追憶長安者多。詠物之作，亦多述感慨，如〈蕃劍〉、〈銅

7　鈴木虎雄：〈總說〉，《杜少陵詩集》，收載於《杜甫全詩集》第一卷，頁 10。
8　吉川幸次郎：〈杜甫私記〉，《吉川幸次郎全集》第十二卷，東京：筑摩書房，1968
　　年 6 月，頁 4。

瓶〉。而〈古柏行〉，以柏自比，〈畫馬〉、〈畫鷹〉則以馬、鷹自況。

　　記述世態民情而感人肺腑的詩作，首推樂府詩。〈三吏〉、〈三別〉、〈佳人〉之五古與〈哀王孫〉七古，是杜甫樂府詩的名作。寫天寶以後，於亂離之際，世間板蕩情境，酸鼻至極。其次，題詠時事而堪稱詩史的作品也極多，如七古〈兵車行〉、〈洗兵馬〉、〈悲陳陶〉、〈悲青坂〉，五古〈留花門〉、〈寒蘆子〉。而〈草堂〉敘徐知道之反，〈入衡州〉記臧玠之亂等皆是。

　　關乎軍旅時事的描述，如〈前出塞〉九首，〈後出塞〉五首，為千古名作。前者諷哥舒翰貪功於吐蕃；後者刺安祿山立邊功欲求天子之寵，自洛陽驅兵赴直隸。蓋批判朝廷權勢與節度使窮兵黷武，開邊拓疆，欲成就功名而塗炭生民。

　　軍旅諸作既有兵者不祥，師之所在荊棘生焉的反戰訴求；亦有防衛禦敵正義之師的伸張。前者如〈兵車行〉，借役夫「邊庭流血成海水，武皇開邊意未已」的感歎，敘述戰爭的悲慘。〈送高三十五書記十五韻〉則寄語高適「崆峒小麥熟，且願休王師，請公問主將，焉用窮荒為」，勸諫哥舒翰休兵，無妄為窮荒邊區的開拓。後者如〈前出塞〉第六首：「殺人亦有限，立國自有疆，苟能制侵陵，豈罪多殺傷」，用兵旨在剋止敵軍的侵襲，不忍殘殺，遑論發兵壓境，掠土屠殺。「虜其名將歸，繫頸授轅門，潛身備行列，一勝何足論」，參軍抗敵，期能捕虜賊首而立戰功。而「丈夫誓許國，憤惋復何有，功名圖麟閣，戰骨當迅朽」（〈前出塞〉第三首），為國許身，雖戰死亦無遺憾。要皆儒家仁民愛物的理想，或借從軍兵士的口吻而抒發胸懷。

　　寫特定人物而栩栩如生，躍然紙上，有司馬遷史家散文的筆緻。夔州時期的〈八哀〉五古為代表作，雖哀傷之詩作，亦為記傳。王思禮、李光弼為武將，嚴武為武人而有文采，杜甫受其恩遇。李璡為宗室，是杜甫的酒友，李邕是長者而蒙知遇，蘇源明、鄭虔是莫逆之交，張九齡一代名相，文章道德卓越，錯綜記述八人的世系行誼與自身交遊之筆力，洵能與太史公爭雄。晚年於湖南所作〈送重表姪王砅評事使南

海〉，是送別詩作而雜敘事。首敘與王砯聯姻交誼，寫其祖母逸事；次述流離失所而受王眷顧的往事；終以王砯赴嶺南，自身亦有南遊之意作結。詩如傳記小說，變幻離奇而筆力沉著雄壯，散文亦難及之，為杜甫詩集中，屈指可數的名作之一。

　　山水詩作以紀行詠歎為主。杜甫的遊歷蓋分為五期，第一、壯年時，周遊東南，多追述的詩作。第二、乾元二年（759），發秦州赴同谷的紀行，五古十二首。第三、同年，從同谷到成都的紀行，五古十二首。第四、永泰元年（765），出成都，大曆三年（768）至江陵，吟詠江峽諸作，唯此間山水景象，無成篇的紀行，但散見於排律之中，如〈秋日夔府詠懷一百韻〉之「峽束滄江起」至「野店引山泉」一段，〈出瞿唐峽將適江陵四十韻〉之「老向巴人裏」及「不有平川決」兩段。第五、大曆四年（769）入湖南，往來岳、潭、衡諸州的水、陸紀遊二十餘首詩作。五期紀行詩作，以第二、三期之秦、蜀紀行為勝。第四期的紀行僅片斷，第五期的詩作雖寫舟行而夾人事，頗多感慨之詠歎，然筆力稍遜色，少有如第二期〈青陽峽〉，第三期〈飛仙閣〉之秦、蜀紀行的詩作，情事夾敘，山水勝景兼寫的意境。

　　寫園林而有詩趣者，如長安時期之〈陪鄭廣文遊何將軍山林〉十首五律，〈重何氏〉五首五律。至於寫草堂的〈將赴成都寄嚴鄭公〉五首七律，則多抒情；〈柴門〉五古，寫夔州住宅而有自得之趣。記述田野生活而優遊自得者，如〈秋野〉五首五律，〈課小豎鋤斫舍北果林〉三首五律，而〈甘林〉五古，既寫適得的情趣，兼憐貧而無食的落魄。〈行官張望補稻畦水歸〉及〈秋行官張望督促東渚刈稻〉二首五古詩作，敘農事而憐憫民情。此類田家詩與陶淵明、王維、儲光羲等人但寫農家田園素樸情境的詩作迥異。

　　時令與氣象的詩作不勝枚舉，時令詩記述四時的氣候與景物。氣象的描寫，以五古詩作為例，〈雷〉敘聞空雷之景；〈火〉既敘述大旱山焚而祈雨的景象，又記述土俗而夾議論。〈牽牛織女〉，由星辰景象的敘述而起興急轉，論及夫婦君臣關係。至於寫雨之作甚多，古體律絕不一，

各應時地而雨景異狀。寫月，如〈八月十五夜〉、〈十六〉、〈十七夜〉五律，情境各不相同。敘時，如〈曉望〉、〈日暮〉、〈暝〉、〈晚〉、〈夜〉五律諸作各盡其情境，絕妙天成，而獨步千古。[9]

四、杜甫詩論

鈴木虎雄說：杜甫以天生稟賦與經史子集的涵養，成就表述儒家情懷的宏偉詩才。所謂「讀書破萬卷，下筆如有神」，旁搜文史、佛典、雜說而縱橫驅使，斟酌取捨而交織成篇。至於文學典籍，則博覽歷代製作而汲取各家所長，獨樹風格。詩作如此，詩論亦然。考察其詩論，蓋有以下數端。

1. 轉益多師

杜甫首推《詩經》之詩，又重屈、宋之作，而並稱風雅、騷雅。次舉漢賦，標榜司馬相如、枚乘、枚皋、揚雄等人以自比。尤以《文選》為宗尚。漢魏六朝之大家，散見於其詩句，而評騭歷代文人的特長。於當朝，首標初唐王、楊、盧、駱、沈、宋，張九齡等同時交友中，苟有所長，而皆推重。家學則淵源於祖父杜審言，所謂「轉益多師是汝師」，既為其座右箴言，亦為涵詠詩賦的底據。

2. 以「清新」為究極

鈴木虎雄說：清者簡潔無冗，新者創意標新，韓愈所謂「去陳言」之義近似。用字嚴密精鍊而妥當適切，是上達「清新」究極的法門。至於音調之精切與魄力之雄渾，則以比喻表述。如：

> 才力應難跨數公，凡今誰是出群雄。
> 或看翡翠蘭苕上，未掣鯨魚碧海中。（〈戲為六絕句〉）

9　鈴木虎雄：〈總說〉，《杜少陵詩集》，收載於《杜甫全詩集》第一卷，頁53-61。

不以綺靡華麗為尚，而以雄偉廣大自期。詩作興會入神之處，則多用「神融躑飛動」〈〈寄劉峽州伯華使君四十韻〉），「意愜關飛動，篇終接混茫」（〈寄彭州高三十五使君適虢州岑二十七長史參三十韻〉）等神秘驚奇之語，說明「詩應有神助」（〈遊修覺寺〉）的感悟。然則下筆如有神助，終歸於詩人的才情與遣詞造句的斟酌。選擇最確當的詩語，表述眼前見聞感觸的情境，引發千古幽微的共感，是苦心營為的所在。如「受」字詩語的推敲：「能事不受相促迫」（〈戲題王宰畫山水圖歌〉），「脩竹不受暑」（〈陪李北海宴歷下亭〉）是平易的描寫，未必有新意；然而「輕燕受風斜」（〈春歸〉），「野航恰受兩三人」（〈南鄰〉），「一雙白魚不受釣」（〈即事〉），則妙趣橫生，以其他詩語代用，不能得此興味。字詞的選擇嚴密妥當，則詩語精鍊而適切，杜甫妙手天成的詩句，以錘鍊貼切的詩語，表述清新的情境與靈妙的詩趣。又如：

> 青蟲懸就日，朱果落封泥。（〈課小豎鋤斫舍北果林　三首〉）
> 仰蜂粘落絮，行蟻上枯梨。（〈獨酌〉）
> 江動月移石，溪虛雲傍花。（〈絕句六首〉）
> 寒沙縈薄霧，落月去清波。（〈將曉二首〉）

「就」、「封」、「粘」、「上」、「移」、「傍」諸字巧妙，「就」、「封」與「懸」、「落」，「粘」、「上」與「仰」、「行」，「移」、「傍」與「動」、「虛」，「寒」與「縈」，「落」與「去」，景物權衡相待，而詩語妥當，契合情境。至於：

> 暗水流花徑，春星帶草堂。（〈夜宴左氏莊〉）
> 山河扶繡戶，日月近雕梁。（〈冬日洛城北謁玄元皇帝廟〉）

「帶」、「扶」將「春星」、「山河」擬人化而靈動。

> 山虛風落石，樓靜月侵門。（〈西閣夜〉）

以「落」、「侵」動態詩語之用，而顯虛靜情境的幽趣。

　　兩行秦樹直，萬點蜀山尖。（〈送張二十參軍赴蜀州因呈楊五侍御〉）

「直」、「尖」二字點描秦樹蜀山的特色。

　　細雨魚兒出，微風燕子斜。（〈水檻遣心二首〉）
　　圓荷浮小葉，細麥落輕花。（〈為農〉）
　　小驛香醪嫩，重巖細菊斑。（〈九日奉寄嚴大夫〉）

「細」與「兒」，「微」與「斜」，「圓」與「小」，「細」與「輕」相應，
「小」與「香」、「嫩」，「重」與「細」、「斑」亦配合得宜。

　　穿花蛺蝶深深見，點水蜻蜓款款飛。（〈曲江二首〉）

以「穿」、「點」形容「蝶」、「蜓」的靈動，最為適切。疊字之用，常有
詩句遲緩之嫌，而杜詩則不然，「深深」、「款款」既情景交融，至於：

　　短短桃花臨水岸，輕輕柳絮點人衣。（〈十二月一日三首〉）
　　無邊落木蕭蕭下，不盡長江滾滾來。（〈登高〉）
　　江天漠漠鳥雙去，風雨時時龍一吟。（〈灧澦〉）

諸聯的「短短」、「輕輕」、「蕭蕭」、「滾滾」、「漠漠」、「時時」的疊字，
床架疊構於對句中，詩語浮聲切響，情境靈妙而清新。

3. 句法變化而品格獨創

　　用語妥當則詩趣及詩的品格滋生。杜甫的詩趣細鉅靡遺，古人論之
甚詳。如胡應麟稱杜甫五律的詩趣，有吳均、何遜之精思，庾信、徐陵
之妙境。高華秀傑而楊、盧下風，典重冠裳而沈、宋退舍。神奇寓古澹
者，儲、孟莫能為前，闊大含沉深者，高、岑瞠乎其後。穠麗者，王維
失容，豪雄者，李白遜色。圓暢為錢、劉之祖，平易者，元、白所宗。
渾成、瑰僻、幽微、淺顯、結構纖新、用晦緻密，為晚唐詩家所從出
（《詩藪內編》卷四）。承先啟後，又睥睨當代，可謂集大成者。至於七
律的風格，則雄壯而兼闊大、高拔、豪宕、沉婉、飛動、整嚴、典碩、

穠麗、奇峭、精深、瘦勁、古淡、感愴、悲哀，包羅萬象。而雄渾之結
語、拗字、雙聲疊韻之詩句，古今作者無出其範疇者（《詩藪內編》卷
五）。其雖未盡杜詩無窮變化之全，亦足以窺其大體。鈴木虎雄指陳：
比較杜甫與其他詩人之情境類似的詩句，則可知詩人「句品」的差異。
如：

> 岸花臨水發，江燕繞檣飛。（何遜〈贈諸遊舊詩〉）
> 岸花飛送客，檣燕語留人。（杜甫〈發潭州〉）
> 山隨平野闊，江入大荒流。（李白〈渡荊門送別〉）
> 星垂平野闊，月湧大江流。（杜甫〈旅夜書懷〉）
> 泉聲咽危石，月色冷青松。（王維〈過香積寺〉）
> 凍泉依細石，晴雲落長松。（杜甫〈謁真諦寺禪師〉）
> 氣蒸雲夢澤，波撼岳陽城。（孟浩然〈望洞庭湖贈張丞相〉）
> 吳楚東南坼，乾坤日夜浮。（杜甫〈登岳陽樓〉）

杜詩句法的變化奇峭，對句的品類亦富饒精深。鈴木虎雄分析杜甫詩
作的句法變化有倒裝、頓挫、「雙管齊下」等殊異的品相。倒裝句法有
三，或一句之內的倒裝，如「露從今夜白，月是故鄉明」（〈月夜憶舍
弟〉），白露、明月分離而倒置。「綠垂風折筍，紅綻雨肥梅」（〈陪鄭廣
文遊何將軍山林〉），綠筍、紅梅之紅綠色彩與植物分隔。或文字之異位
而極端者，如「紅豆啄餘鸚鵡粒，碧梧棲老鳳凰枝」（〈秋興八首〉）。或
詩句前後承接而倒裝者，如「更為後會知何地，忽漫相逢是別筵」（〈送
路十六侍御入朝〉），是律詩的倒裝；「就中雲幕椒房親，賜名大國虢與
秦」（〈麗人行〉），是古體的倒裝，末尾「炙手可熱勢絕倫，慎莫近前
丞相嗔」，點出賜號虢、秦的椒房親，以親近丞相而炙手可熱。前後呼
應，緻密整嚴。至於倒裝詩句之安排，得畫龍點眼之妙趣者，如〈送重
表姪王砅評事使南海〉：

> 次問最少年，蚪髯十八九。

　　子等成大名，皆因此人手。

　　下云風雲合，龍虎一吟吼。

　　願展丈夫雄，得辭兒女醜。

　　秦王時在座，真氣驚戶牖。

虬髯少年是秦王而不說破，末尾點出如龍虎吟吼之真氣，是脈絡敷陳的倒裝。以「秦王時在座，真氣驚戶牖」作結，有前後皆振撼之慨。

　　詩句之倒裝如書法之逆筆，杜甫詩篇隨處可見。詩句客觀的前後承繼是詩人主觀情境之起承轉合的表述，情意平穩流暢，則詩句如直線延伸；然情感急激轉換，則詩句如曲線屈折，以感受意念的急緩浮沉而有屈折廣狹高下的變化。世稱白居易詩婉轉流麗，以其句意平滑流暢故也。杜詩則極盡轉圓屈折，如〈觀公孫大娘舞劍器行〉的屈折則甚為巧妙。破題首敘大娘之劍舞及其弟子李氏，次開「先帝侍女八千人」云云的局面，至「梨園弟子散如煙，女樂餘姿映寒日」而回應李氏，旋即轉屈展開：

　　金粟堆南木已拱，瞿塘石城草蕭瑟。

　　玳筵急管曲復終，樂極哀來月東出。

　　老夫不知其何在，足繭荒山轉愁疾。

「金粟堆南木已拱」寫玄宗，「瞿塘石城草蕭瑟」自況，「玳筵急管曲復終」敘觀舞，「樂極哀來月東出」則情景交融，引發「老夫不知其何在，足繭荒山轉愁疾」的遺憾而作結。「金粟」以下四句，句句屈折，「樂極」句，樂哀情境交感而更屈折，結尾二句拓放而沉鬱，其曲線如物理學拋物線的形狀。

　　頓挫既說詩作情境，又指筆勢急促抑止的句法。如〈憶昔〉第二首，前半描述開嚴盛世，物阜民豐，安和樂俗的太平景象，然「豈聞一絹直萬錢」一句而急轉直下，方東樹稱之為「轉拗頓挫」。「有田種穀今流血，洛陽宮殿燒焚盡，宗廟新除狐兔穴，傷心不忍問耆舊，復恐初

從亂離說」，敷陳今昔變異顛沛流離的苦難，引發沉痛傷感，故方東樹以「傷心」一句亦為頓挫，起興離亂無期的沉鬱情境。又如〈驄馬行〉破題寫馬，異日必能奔騰飛馳，然「時俗造次那得致，雲霧晦冥方降精，近聞下詔喧都邑，肯使麒麟地上行」，語氣急轉而議論，故方東樹謂之「詠歎頓挫」。至於〈往在〉，前半寫宗廟焚燬的淒涼，及代宗時的吐蕃作亂肆虐，後半「安得自西極」至「歸號故松柏」二十五句，婉轉曲述太平安樂的祈願；然末尾以「老去苦飄蓬」作結，急轉頓挫而遺憾無窮。頓挫亦一曲折的筆法，故方東樹評〈因許八寄江寧旻上人〉曰：「大約詩章法，全在句句斷，筆筆斷，而真意貫注，一氣曲折頓挫，乃無直率死句合掌之病」。[10] 以詩語構句的頓挫手法，表述屈折變化的情境。

　　所謂「雙管齊下」，是詩作分合而渾融的手法。杜甫律詩的章法有二，其一、對句有結構緊密而壁壘森嚴，脈絡相承的創製；其二、長律與排律亦有分說離合，事理渾融的章法。前者如〈題終明府水樓〉七律第二首：

　　宓子彈琴邑宰日，終軍棄繻英妙時。
　　承家節操尚不泯，為政風流今在茲。
　　可憐賓客盡傾蓋，何處老翁來賦詩。
　　楚江巫峽半雲雨，清簟疎簾看奕棋。

第三句承第二句，第四句承第一句，而後聯承第四句「風流」起興敷陳。又如〈秋興八首〉第二首：

　　夔府孤城落日斜，每依北斗望京華。
　　聽猿實下三聲淚，奉使虛隨八月槎。

10　方東樹評〈憶昔〉、〈驄馬行〉，《昭昧詹言》卷十二，北京：人民文學出版社，1961年10月，頁264、259。評〈因許八寄江寧旻上人〉，《昭昧詹言》卷十七，頁412。

　　晝省香爐違伏枕，山樓粉堞隱悲笳。

　　請看石上藤蘿月，已映洲前蘆荻花。

前六句夔府與京城對說，末二句以夔府作結。事實渾然，分說但寫其渾然的手段而已，其極致則在渾然不分的圓融。

　　長律與排律是杜甫專擅的所在，詩篇鋪述多用「雙管齊下」的手法，分說合述而渾融。兩事對立分合敘述，如散文合傳之法。譬諸〈寄岳州賈司馬六丈巴州嚴八使君兩閣老五十韻〉，賈、嚴二人分說合述而夾敘詩人的處境，是一例。〈送郭中丞兼太樸充隴右節度使三十韻〉則是縱橫捭闔的傑作。第一段「詔發山西將」至「鎮靜示專征」言郭英乂屯隴右，第二段「燕薊奔封豕」至「忍淚獨含情」，勸郭回節鉞，以成勤王之功。第三段「廢邑狐狸語」至「莫作後功名」八句總括前二段，而結尾前一句「安邊仍屆從」之「安邊」謂第一段，「仍屆從」謂第二段，僅此五字而該括前文，可謂用意周匝，敘述齊整而分合渾融。

　　以上所述，蓋鈴木虎雄以為杜甫轉益多師而別出新裁，為後世師法的所在。[11] 吉川幸次郎於〈杜甫の詩論と詩〉強調：杜甫沉潛經典而創造新詞，以賦為詩，主觀感受與客觀描寫的融合而形成體物緣情並蓄的新義，以細微的視線，觀照人間社會與自然景象，點描前代所無的新風景，皆為杜甫的創新。[12] 師生二人探究杜甫遣詞造句的用心，稱頌杜甫詩作格律緻密的藝術美感。

五、杜詩譯注

　　大正年間（1911-1925）與民國初期，日中學界以戲曲小說之虛構文學的研究為主流，而杜甫及其詩賦的講述注釋則中衰不振。吉川幸次

11　鈴木虎雄：〈總說〉，《杜少陵詩集》，收載於《杜甫全詩集》第一卷，頁 61-80。
12　吉川幸次郎：〈杜甫の詩論と詩〉，《吉川幸次郎全集》第十二卷，頁 598-617。

郎說：戲曲小說研究是大正年間中國文學的主流，鈴木虎雄與杜甫為友，譯注杜詩，復興日本愛讀杜甫的傳統。雖有《白樂天詩解》，嘗謂白居易比杜甫難以理解，於李白亦然。至於後世詩人的論述，則之稱為戲作。[13] 鈴木虎雄於岩波文庫版《杜詩》〈序〉，要約其終身一貫的主張：

> 孔子之思無邪者，言作詩之態度；孟子之逆志、尚志、尚友者，說讀詩者之態度，蓋揭示詩以人格養成為緊要的旨趣。然奉孔孟之儒者非但不貴詩，反有輕蔑傾向。說詩之可貴者，唯宋之朱子及其他若干人而已。朱子特重杜甫之詩，謂立杜詩為一學科而講述。予尊孔孟朱子，共鳴於朱子「杜詩尊重論」。……予愛好杜詩，……注釋《杜少陵詩集》。

其以儒家理想主義的立場，主張文學的尊嚴，鑽研中國文學，創作漢詩。又與杜甫為友，傾注熱情於杜詩的講述研究。《杜少陵詩集》是二十世紀唯一以日語譯注杜甫全部詩歌的鉅篇，後學奉之為圭臬。《杜少陵詩集》〈凡例〉敘述其譯注的旨趣：

一　本書以清仇兆鰲所撰《杜詩詳註》為底本，但於本文之字誤，或非是者，則未必從之。

一　解釋者，斟酌余「總說」中列舉諸書，而採其當者。

一　為解釋原作意義，應必要而分章段，然構造之說明，不一一為之。以構造之研究另屬一事。

一　關乎作品價值之評論，皆不為之。蓋評論者，乃文義解釋以後之事。評論亦自為一專門之學。

一　欲知杜詩之評論者，參照「總說」所舉評論之書，及古今

---

13 吉川幸次郎：〈鈴木虎雄先生の功績〉，《吉川幸次郎全集》第十七卷，東京：筑摩書房，1969 年 3 月，頁 306。

　　詩話、論文之語。

一　余解釋之際，採「知之為知之，不知為不知」之態度。但
　　學識淺陋，於自所知得，或難保無誤謬，故存疑與未得所
　　解者亦不尠。希冀方家之指教賜正。

龔自珍在〈工部尚書高郵王文簡公墓表銘〉[14]引述王引之「夫三代之語言
與今之語言，如燕越之相語也。吾治小學，吾為之舌人焉」。武内義雄
（1886-1966）於古希（七十歲）祝壽宴會，講演「高郵王氏の學問」，
說明戴段二王之細密實證的乾嘉學風，正確詮釋古代語言的「舌人之
學」是其學問宗尚的所在。武内義雄以清朝訓詁學，尤其是王引之「舌
人意識」為底據，兼融訓詁學、校勘學、目錄學和原典批判的方法論，
審慎解釋古典的文句，是「武内古典文獻考證學」的究極，《論語》、
《老子》的譯注是精密訓詁的結晶。[15]取譬於「武内古典文獻考證學」，
探求確證真實而無雷同，訓解而無妄評，闕疑存實的譯注態度，或可謂
之為鈴木虎雄的「舌人意識」。小川環樹在〈心の履歷：師友誘掖の恩〉
記述其師為杜甫之「舌人」的指歸：

　　鈴木先生講述中國文學，理路整然，平明周到，流暢無礙，
　　易於筆記。譯注中國詩歌甚多，《杜詩》譯注為代表的著述，
　　譯文去蕪存菁，流暢達意，簡潔明快，無過與不及的「等量翻
　　譯」是鈴木先生譯注《杜詩》的究極。所謂「歷來杜詩注釋書
　　汗牛充棟，裨益吾輩後學者固多，然有與作者真意無關涉者，
　　或探索真意卻害義者亦不少。……余之精神在作者本意之外，

14　龔自珍：〈工部尚書高郵王文簡公墓表銘〉，《龔定盦全集類編》，台北：世界書局，
　　1973 年 5 月，頁 233。
15　武内義雄講演「高郵王氏の學問」的內容，參見町田三郎先生：〈「舌人」の学〉，
　　《明治の青春：続明治の漢学者たち》，東京：研文出版，2009 年 3 月，頁 313-
　　316。「武内學」的闡述，參見金谷治：〈武内義雄〉，見於江上波夫編，《東洋学の系
　　譜》，東京：大修館書店，1992 年 11 月，頁 249-259。

無一字以添蛇足，雖有闡明含蓄不顯之餘意者，然於本意以外，無生枝節」[16]，是鈴木先生平生著述中國古典文學的一貫態度。[17]

六、鈴木虎雄的詩風

鈴木虎雄於京都大學退休與喜壽（77 歲）之際，門下弟子為其出版《豹軒詩鈔》、《豹軒退休集》。其平生創作的漢詩近一萬首，放眼近代日本，蓋無人能出其右。小川環樹說：考察《豹軒詩鈔》，可以窺知鈴木虎雄的詩學宗尚與詩風。其詩學的歸趨有三，一為《詩》、《書》至六朝選體之古詩，二為杜甫，三為近世之陸游與李夢陽。讀明治 33 年（1900），23 歲詩作〈詠懷〉[18]：

八歲游家塾，略記詩書章。

八歲就家塾，〈長善館規〉記載學子讀《詩》、《書》，訓讀《文選》，課索詩作。「選學」的精熟與古典涵養，是其穩固詩學的基礎。

十五入中學，課督日上庠。
……
此時讀杜詩，愛誦忘飲嘗。
徹曉伏繙帙，有得喜欲狂。

則表述其沉潛於杜詩的情境。咀嚼東京遊學至東京帝國大學畢業，任職日本新聞社期間的詩作，與劉基等明初詩人的氣勢聲調，頗為相通。

---

16 鈴木虎雄：〈杜少陵詩集譯解の後に書す〉，《杜甫全詩集》第四卷，頁 885-886。
17 小川環樹：〈心の履歷：師友誘掖の恩〉，《小川環樹著作集》第五卷，東京：筑摩書房，1997 年 5 月，頁 175-176。
18 鈴木虎雄：〈詠懷〉，《豹軒詩鈔》卷三，京都：弘文堂書房，1938 年 1 月，頁 22-23。

赴任京都帝國大學後，講演〈儒教と支那文學〉，標舉陶淵明、杜甫與
李夢陽為中國的三大詩人，[19] 又編述〈李夢陽年譜略〉（《藝文》20 卷 1
號，1929 年 1 月）。明詩是尚的詩風與明治初期之幕府遺老的宋詩派，
或以風靡一世之森槐南為中心的清詩派，大異其趣。至於古體長篇的
詩作是其傾注心血的所在，意氣縱橫，有凌駕前人氣概，筆路圓熟，
無斧鑿的痕跡，追蹤明人而比肩齊驅。明治 45 年（1912）贊頌乃木將
軍殉死的〈哀將軍曲〉七古，長達一千六十四字，王國維評曰：「悲壯
淋漓，得古樂府之妙處。雖微以直率為嫌，而真氣自不可掩。貴邦漢
詩中，實未見有此作也」[20]，而擊節歡賞。大正 12 年（1923），東京大地
震，〈乘艦〉六百二十字長篇，池谷觀海評曰：「蔚然大文字，……章法
井然，篇法完備，或森嚴或詳密或宏麗，筆力高且大」[21]，敘事詳密，語
語無紆緩之筆，章法井然，有森嚴弘麗之緻，可謂得杜陵詩史之遺意。
律、絕的佳作，亦不勝枚舉。如大正 13 年（1924）夏，〈歸家曝書〉的
七絕：「門庭寂寞故田家，曝著蠹殘書五車，依舊簷前遺愛在，夕陽逗
紅紫薇花」，風調秀絕。同年秋，遊金閣寺的五律，「寂寥金閣寺，秋
色自郊坰。紅樹經霜麗，平湖點石青。風生銀漢水，日下夕佳亭。往
昔將軍苑，吟笻儘可停」[22]，則格調高暢，對句穩切。昭和 2 年（1927）8
月，〈歸村〉五律：

> 空堂塵鏡在，古壁舊衣閒。
> 復灑雙行淚，難尋疇昔顏。
> 寒蟬依密樹，落日冷前山。

---

19 鈴木虎雄：〈儒教と支那文學〉，《支那文學研究》，京都：弘文堂書房，1925 年 11
　月，頁 669-674。

20 鈴木虎雄：〈哀將軍曲〉，《豹軒詩鈔》卷五，京都：弘文堂書房，1938 年 1 月，頁
　24-26。

21 鈴木虎雄：〈乘艦〉，《豹軒詩鈔》卷九，京者：弘文堂書房，1938 年 1 月，頁 5-7。

22 鈴木虎雄：〈歸家曝書〉、〈金閣寺〉，《豹軒詩鈔》卷九，頁 18、22。

懷抱無窮恨，新阡幾往還。

「寒蟬密樹，落日前山」，寫眼前之景。上句以「依」，下句以「冷」，起興追憶先逝的父兄，含蓄生情，倫理至親的思念，見於言外。池谷觀海評曰：「純以情行之，而韻隨之，身世淒涼之人讀過腸斷矣」[23]。《豹軒詩鈔・敘》曰：「假漢字以寫其情，日心漢語，束縛良苦，欲遊方外，病未能耳」。以漢語寫和心固難；然其古典涵養深邃，以豐博的學殖與天縱的文才，極盡漢詩遣詞造字之妙，為後學的軌範。[24]

---

23 鈴木虎雄：〈歸村〉，《豹軒詩鈔》卷十，京都：弘文堂書房，1938 年 1 月，頁 20。
24 小川環樹：〈豹軒先生の詩学および詩風の一端〉，《小川環樹著作集》第五卷，頁 232-241。

第七章
鈴木虎雄的杜甫紀行詩析論：
景物本位與自我著色

一、杜甫的山水紀行

　　1928 年，鈴木虎雄《杜少陵詩集》〈總說〉：杜甫的山水詩作以紀行詠歎為主，其遊歷蓋分為五期。第一期、壯年時，周遊東南，多追述的詩作。第二期、乾元二年（759），發秦州赴同谷的紀行，五古十二首。第三期、同年，從同谷到成都的紀行，五古十二首。第四期、永泰元年（765），出成都，大曆三年（768）至江陵，吟詠江峽諸作，唯此間山水景象，無成篇的紀行，但散見於排律之中，如〈秋日夔府詠懷一百韻〉之「峽束滄江起」至「野店引山泉」一段，〈出瞿唐峽將適江陵四十韻〉之「老向巴人裏」及「不有平川決」兩段。第五期、大曆四年（769）入湖南，往來岳、潭、衡諸州的水、陸紀遊二十餘首詩作。五期紀行詩作，以第二、三期之秦、蜀紀行為勝，第四期的紀行僅片斷，第五期的詩作雖寫舟行而夾人事，頗多感慨之詠歎，然筆力稍遜色，甚少有如第二期〈青陽峽〉，第三期〈飛仙閣〉之秦、蜀紀行的詩作，情事夾敘，山水勝景兼寫的意境。[1]

---

[1]　鈴木虎雄：《杜少陵詩集》〈總說〉寫於 1928 年 4 月。《杜少陵詩集》的譯注，原收錄於《續國譯漢文大成》，東京：國民文庫刊行會，1928-1931 年。1978 年東京：日本圖書センター復刻，書名改為《杜甫全詩集》。《杜少陵詩集》〈總說〉，收載於《杜甫全詩集》第一卷附錄，頁 53-61。

二、杜甫紀行詩析論

　　1911年，鈴木虎雄在〈杜甫の紀行詩〉[2]論述杜詩敘景抒情的特色，強調：「杜甫以『景物本位』，即凝視自然而描寫自然景物的詩作極妙。以自然描寫為主的詩人或有匹敵，甚且凌駕杜甫的詩作；然杜甫敘景的詩作，常『自我著色』，即蘊含抒情而別具妙趣，是杜甫之所以為杜甫而迥異於其他詩人的所在」。又說：「杜甫著色而最鮮明的是抒情詩，其次是敘物詩，以此兩類詩作即能流傳千載而不朽者，古來論之甚詳。然而杜甫紀行敘景的詩作亦帶感情，其一生遊歷山川，壯年周遊東南，乾元年間行走秦蜀，永泰年間出成都，入江峽，漂泊兩湖以終，紀行敘景以抒情，故杜甫詩作可謂皆為紀行詩。其中，杜甫自謂『紀行』者，有〈發秦州〉題下自注：『乾元二年，自秦州赴同谷紀行』五古十二首，與〈發同谷〉題下自注：『乾元二年十二月一日，自同谷赴成都紀行』五古十二首，可資論考杜甫發秦州抵成都的行跡與情境」。杜甫秦、蜀紀行，描寫棧雲峽雨，跋涉險阻的艱辛，是杜甫一人的寫照，故吉川幸次郎說：「記錄旅行的連作是杜詩的新機軸」。[3]

（一）同谷紀行

　　直隸、河南一帶，安、史餘焰未消，長安饑饉，杜甫罷官而流寓秦州（今甘肅省天水市）。然秦州苦寒，拾橡栗以自給，「囊空恐羞澀，留得一錢看」（〈空囊〉），極盡貧乏。故鈴木虎雄說：發秦州而赴同谷（今甘肅省成縣），蓋以衣食易得的希冀。其旅行既非休養生息，亦非觀賞

2　鈴木虎雄：〈杜甫の紀行詩〉，原刊載於《日本及日本人》第 565、566 號，1911 年 9 月，其後收入《支那文學研究》，京都：弘文堂書房，1925 年 11 月，頁 101-156。

3　吉川幸次郎著，興膳宏編：《杜甫詩注》第八冊〈はしがき三〉說：以連作記錄旅行與〈自京赴奉先縣詠懷五百字〉、〈北征〉長篇紀行詩，是杜詩的新機軸。東京：岩波書店，2014 年 8 月，頁 159。

山水之美，而是困苦「懸命」以求生計的紀行。唯於顛沛之間，依然有慷慨國事的抒情與詠歎風物之美的敘景。

　　乾元二年（759）十月，自秦州出發，赴成州同谷縣，寫途中紀行五古十二首，〈發秦州〉是第一首。赴同谷的理由，見於詩中：

　　我衰更懶拙，生事不自謀。無食問樂土，無衣思南州。

以垂老又拙於生計，以無衣食，遂南赴同谷求樂土。

　　漢源十月交，天氣如涼秋。草木未黃落，況聞山水幽。
　　栗亭名更嘉，下有良田疇。充腸多薯蕷，崖蜜亦易求。
　　密竹復冬筍，清池可方舟。雖傷旅寓遠，庶遂平生遊。

聽聞同谷在漢水的發源地，氣候溫暖，山水幽美，食物豐裕。「栗亭」以盛產栗子而得名，其為樂土，可以想見。既有良田，薯蕷足以充饑，蜂蜜易取，冬筍可食，又有清流，泛舟其上，探山水之幽，誠為樂土。雖路阻道遠，庶幾盡平生歡。畢竟秦州：

　　此邦俯要衝，實恐人事稠。應接非本性，登臨未銷憂。
　　谿谷無異石，塞田始微收。豈復慰老夫，惘然難久留。

表述離去秦州的因由。秦州地處交通要道，俗事繁多，交際應酬，非性之所長。景色尋常平凡，不足以解憂。耕作少收，未能溫飽，非長居終老之地，遂赴征途。

　　日色隱孤戍，烏啼滿城頭。中宵驅車去，飲馬寒塘流。
　　磊落星月高，蒼茫雲霧浮。大哉乾坤內，吾道悠悠長。

〈杜甫の紀行詩〉譯解：「末段卓絕。日落烏啼，夜半出行，星月耿耿，而前路雲霧蒼茫的淒涼敘景，隱含垂老失所落寂的情境。杜甫攜家帶眷，行走於日暮星夜苦寒的寂寥身影歷歷如繪而浮現眼前。詩語情境躍然紙上，展現神助的筆力與縝密的風格。結語二句飛躍，有以天地為

家的妙趣，一掃沉鬱陰霾，杜甫胸懷如宇宙似的雄壯寬闊」。⁴小川環樹
說：「吾道悠悠長」是「杜甫的自覺」⁵。

〈赤谷〉，鈴木虎雄《杜少陵詩集》卷八，「題義」：「同谷紀行第二
首，敘述秦州出發後，最初跋涉的險阻」。⁶

> 天寒霜雪繁，遊子有所之。豈但歲月暮，重來未有期。
> 晨發赤谷亭，險艱方自茲。亂石無改轍，我車已載脂。
> 山深苦多風，落日童稚饑。悄然村墟迴，煙火何由追。

天寒地凍，道路艱險難行，日暮谷風霜冷，稚童饑餓不堪，然村里遙
杳。杜甫詩語屢見妻子携行遠遊的困苦，〈彭衙行〉亦有「痴女饑齩
我，啼畏虎狼聞，懷中掩其口，反側聲愈嗔，小兒強解事，故索苦李
餐」的記述。

> 貧病轉零落，故鄉不可思。常恐死道路，永為高人嗤。

老病飄零，恐死道中的傷感，竟為死於湖南舟中的預言，悲慘唏噓。結
尾客死異鄉，終為高人所嗤笑之自我解嘲的詩語，似尚有遮撥的餘裕。

〈鐵堂峽〉，錢謙益《錢注杜詩》引宋祝穆《方輿勝覽》卷六十九，
〈利州西路天水郡〉曰：「鐵堂山在天水縣東五里」。⁷

> 山風吹遊子，飄渺乘險絕。硤形藏堂隍，壁色立積鐵。
> 徑摩蒼穹蟠，石與厚地裂。修纖無垠竹，嵌空太始雪。

4　鈴木虎雄：〈杜甫の紀行詩〉，頁 109。以下行文引述，分見於《支那文學研究》，
　　頁 101-156，茲省略頁數的標注。
5　小川環樹：〈吾道長悠悠：杜甫の自覚〉，《小川環樹著作集》第二卷，東京：筑摩
　　書房，1997 年 2 月，頁 362。
6　鈴木虎雄：《杜少陵詩集》卷八，《杜甫全詩集》第一卷，頁 216-217。以下行文引
　　述，分見此卷，頁 212-279，茲省略卷數及頁數的標注。
7　錢謙益：《錢注杜詩》卷三，上海：中華書局，1958 年 10 月，頁 100。以下行文引
　　述，分見此書，頁 99-113，茲省略書名及頁數的標注。

浦起龍《讀杜心解》注：「隍，《爾雅注》作，《漢書》作皇。《胡廣傳》：列坐堂皇上。注：室無四壁曰皇。……『硤形』、『壁色』二句，『鐵』、『堂』二字，得此刻劃」。[8]〈杜甫の紀行詩〉記述：「拘泥於『隍』字的字義，則不知作者的旨意。以余之想像：此地形如鐵箱中空，取去其蓋，攀沿至一邊的上端而下視。故『隍』者，家徒四壁，四方壁立之堂。硤形與堂隍同義，壁色與積鐵亦同義，鐵謂黑而堅，藏者非藏他者，而自藏於亂山之中，二句頗刻劃」。

　　鈴木虎雄於〈杜甫の紀行詩〉的論述，旨在探究詩人創作詩歌當下的用心；至於《杜少陵詩集》的譯注，則如小川環樹所說，以簡潔精要的「等量翻譯」是尚[9]，〈杜甫の紀行詩〉與《杜少陵詩集》立義分殊而取捨別裁。如「嵌空」的字義，《杜少陵詩集》「字解」：「空虛之貌，如玲瓏之類。余嘗訓為嵌于空，意謂峰頂之雪。案此謂谿底積雪，以接下句『哀壑』二字，今訂正」。〈杜甫の紀行詩〉解釋為：「峽頂餘曖曖太古雪，如插碧空」；《杜少陵詩集》的譯注，則以詩義前後相承為善，據錢謙益箋注：「嵌空、一作孔」，而譯注為「谿底橫亙太古以來，萬年積雪玲瓏剔透」。

　　　威遲哀壑底，徒旅慘不悅。水寒長冰橫，我馬骨正折。
　　　生涯抵弧矢，盜賊殊未滅。飄蓬踰三年，回首肝肺熱。

前半八句敘景，後半八句紀行抒情，浦起龍曰：「『徒慘』『馬折』之悲，從『盜賊未滅』生來。言苟非世亂，何至重累爾輩也」。詩句倒裝而起興，以感歎身世作結。

　　〈鹽井〉，《杜少陵詩集》「題義」：「感嘆鹽商堀鹽井而奪取暴利」。

8　浦起龍：《讀杜心解》卷一之三，〈鐵堂峽〉注，台北：古新書局，1976 年 2 月，頁 75。以下行文引述，分見此書，頁 72-89，茲省略書名及頁數的標注。
9　小川環樹謂鈴木虎雄《杜少陵詩集》的譯注以「等量翻譯」是尚，見小川環樹：〈心の履歷：師友誘掖の恩〉，《小川環樹著作集》第五卷，頁 174-179。

錢謙益引《新唐書・食貨志》曰：「豪賈射利，官不能半。」

　　鹵中草木白，青者官吏鹽煙。官作既有程，煮鹽煙在川。

〈杜甫の紀行詩〉說：「煮鹽而煙瀰漫青川的描寫，極有妙趣，非杜甫詩才，不能美化殺風景之官鹽場」。

　　汲井歲搰搰，出車日連連。自公斗三百，轉致斛六千。

採鹽勞苦，連日增產，然官價一斗三百錢，轉賣至民間，卻高漲至一石六千，即一斗六百錢。

　　君子慎止足，小人苦喧闐。我何良嘆嗟，物理固自然。

〈杜甫の紀行詩〉解譯為：君子當知足而不謀暴利，否則百姓必喧噪不休。雖然如此，我又何須感嘆，求取小益是事物當然的道理。

　　〈寒峽〉，錢謙益引（宋、黃）鶴注：秦至成之界，垂二百里，又七十里至成。今寒峽尚為秦州。

　　行邁日悄悄，山谷勢多端。雲門轉絕岸，積阻霾天寒。
　　寒峽不可度，我實衣裳單。況當仲冬交，泝沿增波瀾。

仇兆鰲《杜詩詳註》亦引黃鶴注：秦成之間，大抵多峽。[10] 道路險阻重疊，懸崖絕壁，行路艱難，仲冬峽寒，衣單不勝寒。

　　野人尋煙語，行子傍水餐。此生免荷殳，未敢辭路難。

兵馬多事之秋，持槍從軍是人間最大的苦痛，而今免之，又何敢多言行路之艱難。浦起龍曰：「結作自解語，又翻轉前篇『死道路』『肝肺熱』等句意」。仇兆鰲引陳繼儒曰：此與鐵堂、青陽二篇，幽奧古遠，多象

10　仇兆鰲：《杜詩詳註》，台北：文史哲出版社，1973 年 4 月，頁 448。以下行文引述，分見此書，頁 444-471，茲省略書名及頁數的標注。

外異想，悲風泣雨，入蜀人不堪多讀。

〈法鏡寺〉，仇兆鰲注：「舊注無考」。

身危適他州，勉強終勞苦。神傷山行深，愁破崖寺古。

仇兆鰲注：「傷神之際，見崖寺蒼古，故愁懷頓破」。

嬋娟碧蘚淨，蕭槭寒籜聚。回回山根水，冉冉松上雨。

泫雲蒙清晨，初日翳復吐。朱甍半光炯，戶牖粲可數。

楊倫《杜詩鏡銓》謂「『嬋娟』二句寫寺內景，『回回』二句寺前摹寫入神」。[11] 浦起龍曰：「中八，寫寺間卉物晴旭之趣」。

拄策忘前期，出蘿已亭午。冥冥子規叫，微徑不復取。

〈杜甫の紀行詩〉說：「此詩寫山間古寺陰晴，他作傾注於奇崛險峭的描寫，此詩則有閑淡幽趣。吟味紀行連作，至此而稍有可以休止的心境」。

〈青陽峽〉，浦起龍謂「峽亦無考」，鈴木虎雄於〈杜甫の紀行詩〉說：「此峽位置不明」，其後或據仇兆鰲引邵注曰：「青陽峽在秦州之南」，然於《杜少陵詩集》注曰：「秦州南路之峽名，所在不明」。〈杜甫の紀行詩〉譯解：「前作〈法鏡寺〉表述平和的心境；然以再次跋涉險阻，急轉直下而吐露山行厭嫌之情，終以感嘆自然造化雄偉作結」。

塞外苦厭山，南行道彌惡。岡巒相經互，雲水氣參錯。

林迴峽角來，天窄壁面削。磧西五里石，奮怒向我落。

仰看日車側，俯恐坤軸弱。魑魅嘯有風，霜霰浩漠漠。

塞外秦州多山，向同谷南行的山路更為險峻。岡巒縱橫，雲霧瀰漫，樹林連綿，穿梭其間，峽口迎面而來，斷崖狹窄，峽壁鬼斧參天，谿谷西

11 楊倫：《杜詩鏡銓》卷七，台北：藝文印書館，1971年9月，頁490。以下行文引述，分見此書，頁485-515，茲省略書名及頁數的標注。

側五里之間，巖石如動怒而朝我拋落，俯仰其間，驚心動魄。谷風呼嘯如鬼哭神號，風霜吹散，陰森闇黑。〈杜甫の紀行詩〉譯解：「『林迴』以下四句寫實景，『仰看』以下四句實景雜想像，記述山氣陰森之處。續之以所見情境，連想嘗登吳嶽眺望，感嘆造化之力不可測而作結」。

> 昨憶踰隴坂，高秋視吳嶽。東笑蓮華卑，北知崆峒薄。
> 超然侔壯觀，已謂殷寥郭。突兀猶趁人，及茲嘆冥漠。

〈杜甫の紀行詩〉又曰：「前踰隴坂而看吳嶽深秋，東笑華山低，北覺崆峒近。今經青陽峽，超拔壯觀相似，其勢如臨天空。昔吳嶽之壯觀當下再現，迎面而來。今昔情境接續，不得不感嘆造化之力之不可測」。

〈龍門鎮〉，錢謙益引《水經注》：洛谷水……西南入漢水。漢水又東，合洛漢水。水北發洛谷，南逕威武戍，又西南與龍門水合。水出西北龍門谷。……又南逕龍門戍東。鈴木虎雄《杜少陵詩集》「字解」：「龍門鎮在甘肅省成縣東」，蓋據浦起龍引述《大清一統志》：「在成縣東」。「題義」：「過龍門鎮憐戍卒之作」。

> 細泉兼輕水，沮洳棧道濕。不辭辛苦行，迫此短景急。

仇兆鰲注：「此往龍門之路，言行遲而日短」。

> 石門雲雪隘，古鎮峰巒集。旌竿暮慘淡，風水白刃澀。
> 胡馬屯成皋，防虞此何及。嗟爾遠戍人，山寒夜中泣。

浦起龍引《蜀都賦》注：「石門在漢中之西、襃中之北，蜀之險。按：石門即指龍門，當在兩當、成縣之間，正是漢西、襃北也。」……成皋在東都東。引《新唐書》：「是年九月，史思明陷東京及齊、汝、鄭、滑四州」。評詩曰：「下八，四敘景事，四寄慨歎」。〈杜甫の紀行詩〉譯注：成皋，漢時縣名，當今河南省開封府汜水縣西北，在洛陽東。乾元二年九月，安祿山將史思明東京洛陽，及齊、汝、鄭、滑四州。鄭州一帶即成皋。今胡人兵馬遠在東都之東，成皋一帶，屯防於龍門邊鄙之

處，蓋為無用的勞役。想偏遠鎮守的將兵，當於夜寒山中涕泣。以寄與
山中戌卒同情作結。蓋據浦起龍《讀杜心解》。

　　竹添光鴻《棧雲峽雨日記》卷上：六月十一日抵「石門關」，記述
「石門」形狀：「陡崖壁立，望之如門，蓋以是得名。山右聳者，騰空而
下，蜿蜒如龍，與左邊一峰戴石作虎形者，適相抵，如鎖鑰然，故又有
雙鎖之名。關踞龍背，實棧道之咽喉也。過此地勢稍平。鳳縣即秦隴西
地，自此以西，為禹貢梁州域」。[12] 近代日本漢學家憧憬中國歷史文化，
旅行神州，記載秦蜀的山川險峻與風土民情，彷彿記實杜甫跋涉秦棧蜀
道的情境，今昔輝映。

　　〈石龕〉，鈴木虎雄考證「石龕」的所在，解析〈石龕〉的詩語情
境，而曰：「詩的前半寫日暮異常情景，後半敘述與伐竹者的對話。至
此的連作，除〈鹽井〉〈法鏡寺〉以外，大抵著力於山川險阻的描寫，
於人的記述，如〈赤谷〉『落日童稚饑』，〈鐵堂峽〉『徒旅慘不悅』，〈寒
峽〉『野人尋煙語，行子傍水餐』，〈龍門鎮〉『嗟爾遠戍人』，皆點綴式
的詩語，而此詩的對話，或接近目的地的同谷，連作隱見緊張弛緩的情
境」。

　　熊羆咆我東，虎豹號我西。我後鬼長嘯，我前狨又啼。

12　竹添光鴻（竹添進一郎，字光鴻，號井井，1842-1914）於明治 9 年（1876）五月
　　二日發北京，溯黃河至西安，越秦嶺，走蜀道到成都，自重慶下三峽，八月二十
　　日到達上海。紀行《棧雲峽雨日記并詩草》三卷，上、中二卷日記，下卷詩草。熊
　　本：星野末藏書肆，明治 12 年（1879）3 月，頁 22-23。以下行文引述竹添光鴻蜀
　　道山川紀行日記，分見此書卷上，頁 25-35，茲省略書名及頁數的標注。竹添光鴻
　　《棧雲峽雨日記》的梗概，前人評騭及其中國紀行於日本近代中國觀與明治漢學史
　　之地位的論述，參見町田三郎：〈明治初年の中国旅行記（その 1）：竹添井井《棧
　　雲峽雨日記》〉，《明治の漢學者たち》，東京：研文出版，1998 年 1 月，頁 29-46。
　　連清吉譯：〈明治初年的中国旅行記（一）：竹添光鴻《棧雲峽雨日記》〉，《明治的
　　漢學家》，台北：台灣學生書局，2002 年 12 月，頁 29-50。至於竹添光鴻詩文優劣
　　與紀行詳略的評述，詳見先師張之淦眉叔先生（1919-2002）：〈論竹添光鴻游記及
　　詩〉，《遂園瑣錄》，台北：台灣學生書局，2002 年 9 月，頁 141-146。

　　　天寒昏無日，山遠道路迷。驅車石龕下，仲冬見虹蜺。

〈杜甫の紀行詩〉曰：「首四句天寒日暮驚恐之景並敘，本於曹操《苦寒行》『熊羆對我蹲，虎豹夾路啼』。驅車至石龕下，時雖仲冬而見虹蜺，時令乖離的異象，或為不祥之兆」。

　　　伐竹者誰子，悲歌上雲梯。為官採美箭，五歲供梁齊。
　　　苦云直幹盡，無以應提攜。奈何漁陽騎，颯颯驚蒸黎。

「為官」以下四句，採竹者之言。末二句，杜甫之語。「無以應提攜」句，歷來諸注皆解為既已無充當軍事之用的竹箭。〈杜甫の紀行詩〉主於記述時局而譯述，曰：「『五歲供梁齊』，五年者天寶十四年安祿山反叛，至今乾元二年。為官作箭，供河南、山東地方之用，已五年。既已無竹可採用，然而『奈何漁陽騎，颯颯驚蒸黎』，何以直隸順天府叛軍依然肆虐不休，驚悚無辜百姓。末二句詩人之語。或有杜詩為詩史的用心」。

　　　〈積草嶺〉，杜甫題注：「同谷界」。錢謙益引《通志》：嶺在舊天水同谷之間。蔡夢弼曰：謂此嶺之外，東西別行，東則同谷，西則鳴水。

　　　連峰積長陰，白日遮隱見。颼颼林響交，慘慘石狀變。

仇兆鰲注：「首記積草之景，兼敘跋涉之艱。山疊多陰，故日光隱見。颼颼慘慘皆形容積陰也」。

　　　山分積草嶺，路異鳴水縣。旅泊吾道窮，衰年歲時倦。

垂老山路跋涉的困乏，歲晚累月行走的疲罷，將於終點的抵達而得以消解。

　　　卜居尚百里，休駕投諸彥。邑有佳主人，情如己會面。
　　　來書語絕妙，遠客驚深眷。食蕨不願餘，茅茨眼中見。

浦起龍曰：「下八，開出別致，行已及境，漸有即次之喜，早為收局張本也。末二句，作致意主人語，言供具一蕢已足，跋涉勞人，本是飽諳苦味者也」。〈杜甫の紀行詩〉曰：「詩中主人者何人，惜不知其姓名，或為同谷縣宰。杜甫居秦州之際，書信勸杜甫來同谷，杜甫喜而從之。此詩結尾數語發自心中，詩語表述艱難之際，結識善心之人的感動。〈彭衙行〉亦有記述感謝同家窪孫宰知遇，杜甫誠重情之人」。至於「茅茨眼中見」，吉川幸次郎著、興膳宏編《杜甫詩注》第八冊〈はしがき四〉說：「『茅茨』者，同谷友人安排的臨時居所，其遺跡在縣南鳳凰臺的山麓，即同谷紀行最後一首〈鳳凰臺〉的山邊，稱之『子美草堂』、『少陵草堂』，為縣八景之一。見於清乾隆六年（1741），知縣黃泳纂修《成縣新志》（京都大學人文科學研究所藏）。王嗣奭《杜臆》注，亦曰：『成州有八景，泥功山、鳳凰臺居其二』」。興膳宏《杜甫詩注》第八冊〈あとがき〉說：「華州赴秦州之際，得甥杜賀與舊識贊上人的接濟。秦州出發後，行經各地而受接待者，杜甫輒稱『主人』。同谷占居，深眷遠客的知交，成都紀行〈鹿頭山〉記述的裴冕，是給予杜甫成都生活期待感與成都生活的新主人。〈秦州見勅目薛三璩授司議郎畢四曜除監察與二子有故遠喜遷官兼述索居凡三十韻〉，任官中央的薛璩、畢曜為其舊識。杜甫雖致仕流離，同谷至成都的遊歷，皆有人接待。同谷成都紀行詩作透露其交遊廣闊的消息」。[13]

〈泥功山〉，錢謙益引《方輿勝覽》：在同谷郡西二十里。〈杜甫の紀行詩〉注曰：「泥功山蓋同於青泥嶺，唯『青泥』詩語，非山名。青泥嶺當今陝西省漢中府略陽縣西北七十餘里，在同谷東，較積草嶺更接近同谷」。

鈴木虎雄之說據浦起龍注：「此云泥功，即是青泥嶺之別名也」。唯距離則異於錢謙益引《元和郡國志》：「青泥嶺在興州長舉縣西北五十三

---

13 興膳宏：〈あとがき〉，見於吉川幸次郎著，興膳宏編，《杜甫詩注》第八冊，頁376-377。

里」。

　　朝行青泥上，暮在青泥中。泥濘非一時，版築勞人功。

破題直寫《元和郡國志》所謂「懸崖萬仞，上多雲雨，行者屢逢泥淖」之景。仇兆鰲注：「泥濘之處，功須版築，此泥功所由名也」。

　　不畏道塗遠，乃將汩沒同。白馬為鐵驪，小兒成老翁。
　　哀猿透卻墜，死鹿力所窮。寄語北來人，後來莫忽忽。

〈杜甫の紀行詩〉曰：「『白馬』以下四句夾雜滑稽諧謔，雖為宋人所喜，而遜色於杜甫其他詩作。詩語接續前詩〈積草嶺〉所述期待款待的心境，隱含以更接近同谷而歡愉欣喜的情境」。

　　〈鳳凰臺〉，杜甫題注：「山峻，人不至其頂」。錢謙益引《寰宇記》：鳳凰山在同谷縣。《水經注》云：漢世有鳳凰棲其上，故謂之鳳凰臺。北去郡二里，水出臺下。《方輿勝覽》：在同谷縣東南十里。〈杜甫の紀行詩〉曰：「杜甫敘山景色，實則以自身儒家聖賢的理想託之於山」。《杜少陵詩集》「題義」則曰：「想像鳳凰山之鳳雛而述作。鳳雛或指肅宗欲廢的長子廣平王俶，或指貶斥的賢相房琯、張鎬。以『恐有無母雛』為定之詞，鳳雛之念，但為自己的理想」。

　　亭亭鳳凰臺，北對西康州。西伯今寂寞，鳳聲亦悠悠。
　　山峻路絕蹤，石林氣高浮。安得萬丈梯，為君上上頭。

鳳凰高臺北對貞觀時廢置的西康州，引發如周文王西伯般的聖人不出，故徒有臺名，亦不聞鳳鳴之聲。高山險峻而無人跡，但見石林雲霧裊繞，若有萬丈梯，會當攀臨絕頂。以下詩句全為想像。

　　恐有無母雛，饑寒日啾啾。我能剖心血，飲啄慰孤愁。
　　心以當竹實，炯然無外求。血以當醴泉，豈徒比清流。
　　所重王者瑞，敢辭微命休。坐看綵翮長，舉意八極周。

　　自天銜瑞圖，飛下十二樓。圖以奉至尊，鳳以垂鴻猷。

　　再光中興業，一洗蒼生憂。

浦起龍曰：「是詩想入非非。要只是鳳凰臺本地風光，亦只是杜老平生血性。不惜此身顛沛，但期國運中興，刳心瀝血，興會淋漓，為十二詩意外之結局也」。〈杜甫の紀行詩〉曰：「讀此詩，杜甫於國家之遠大抱負，易以推察而知。文辭融合〈大雅〉、〈離騷〉高潔忠良的意境，披瀝心血，誠此詩之謂也」。

　　鈴木虎雄敘述杜甫秦州赴同谷紀行十二首詩作，引述前人品評，說明杜甫的心境作結。引韓子蒼評：「子美秦州紀行諸詩，筆力變化，當與太史公諸贊方駕」，謂杜詩富於變化，與太史公比肩。引鍾伯敬：「老甫入蜀詩，非徒山川陰霽，雲日朝昏，寫得刻骨，即細草敗葉，破屋危垣，皆具性情，千載之下，宛如身歷」；江盈科云：「少陵秦州以後詩，突兀宏肆，迥異前作，非有意換格。蜀中山水，自是特奇崛，獨能象景傳神。如春蠶結繭，隨物肖形，乃為真詩文真詩筆也」。[14] 稱敘景非止於寫實，亦帶有抒情想像，如魑魅形影之若有若無的筆觸，始得妙趣。鍾惺謂杜甫於細瑣卑微的事物亦賦予生命，江盈科稱杜甫應境隨遇而易筆敘景，抒情厚薄深淺恰如其分，吾亦有同感。引浦二田：「讀諸詩，如看橫卷」，說杜甫描寫自然的筆力超拔卓絕，詩語入畫，山水紀行如身歷其境。紀行敘景以抒情，是紀行詩的指趣，而〈鳳凰臺〉抱持熱烈情感的詩境與李白求仙遐思的情境大異其趣。

（二）成都紀行

　　杜甫在同谷期間，作〈萬丈潭〉五古及〈乾元中寓居同谷縣作歌七首〉七古。鈴木虎雄〈杜甫の紀行詩〉曰：前者「龍依積水，窟壓萬

---

14 韓子蒼、鍾伯敬、江盈科的評點，見引於仇兆鰲《杜詩詳註》。

丈內」之龍蟄，恐杜甫以之自比。寓居歌最為悲痛慘憺，「長鑱長鑱白
木柄，我生託子以為命」，鋤犁一把是生命的依託，穿衣是「短衣數挽
不掩脛」，食物則「歲拾橡栗隨狙公」，內是「男呻女吟」，外則「弟妹
離散」，感歎「我生何為在窮谷」而無奈不堪。雖如〈積草嶺〉所述，
有人照料生計，而寓居歌詠則是窮苦的實情。秦州苦寒，同谷亦困頓難
安，遂往赴蜀地成都。十月發秦州，仲冬十一月經寒峽，到達同谷大抵
亦為十一月，十二月初奔向成都，同谷寓居極為短暫。赴成都是何人規
勸不甚明晰，唯成都紀行詩作中，〈鹿頭山〉記述劍南節度使、成都府
尹裴冕的眷顧，則裴冕或為一人。又時任蜀彭州（今成都府彭縣）刺史
高適為杜甫舊識，杜甫抵成都，高適即作詩贈答，詩中雖無勸誘遊蜀的
詩語，然照顧杜甫在成都生活的嚴武離去之後，杜甫有依附高適之意，
則故舊在蜀，往赴成都或為權宜之計。

　　杜甫於乾元二年十二月初，携帶妻子離開同谷，十二月末到達成
都。其間紀行跋涉蜀道的艱險。

　　〈發同谷縣〉，杜甫題注：「乾元二年十二月一日，自隴右赴成都紀
行」。

　　浦起龍曰：「此（〈發同谷縣〉）為後十二首之開端，亦如〈發秦
州〉詩，都敘未發將發時情事，但彼則偷起所赴之區，逆探其景，此則
祇就別去之地，曲道其情」。鈴木虎雄《杜少陵詩集》「題義」：「作者來
同谷，此亦不能居。乾元二年十二月一日遂自同谷出發，南赴成都。寫
途中情境，本篇以下，凡十二首紀行詩。此其第一首，敘居住不得安定
之情」。

　　　賢有不黔突，聖有不煖席。況我饑愚人，焉能尚安宅。
　　　始來茲山中，休駕喜地僻。奈何迫物累，一歲四行役。

仇兆鰲注：「此歎行無定也。上四，以古人自解，下四，以勞生自慨。
地僻謂同谷境幽，物累為妻子所牽。趙（子櫟）曰：春自東都回華州，
秋自華州客秦，冬自秦赴同谷，又自同谷赴劍南，故曰四行役」。

　　忡忡去絕境，杳杳更遠適。停驂龍潭雲，回首虎崖石。
　　臨岐別數子，握手淚再滴。交情無舊深，窮老多慘慼。

仇兆鰲注：「此記臨發躊躇也。《杜臆》：龍潭即萬丈潭。《地志》：有
虎穴在成州西。〈寄贊上人〉詩云：徘徊虎穴上，豈即其處耶。龍潭虎
穴，同谷之景，不忍舍。交情慘慼，同谷之人，不忍別」。

　　平生懶拙意，偶值棲遁跡。去住與願違，仰慚林間翮。

仇兆鰲注：「此歎奔走非其本願。偶逢棲遁，願本欲住，今又舍之而
去，是去住念違，不能如林鳥之自適也」。
　　〈木皮嶺〉，錢謙益引《方輿勝覽》：木皮嶺在同谷縣東二十里，河
池縣西十里。杜甫發同谷，取路栗亭，南入郡界，歷當房村，度木皮
嶺，由白水峽入蜀。即此。鈴木虎雄《杜少陵詩集》「題義」曰：「成都
紀行第二首，過木皮嶺而述靈境」。

　　首路栗亭西，尚想鳳凰村。季冬攜童稚，辛苦赴蜀門。

浦起龍曰：「起四，是啟行之始，點出『赴蜀門』，亦猶『發秦州』之預
提同谷也」。同谷紀行與成都紀行前後相映。

　　南登木皮嶺，艱難不易論。汗流被我體，祈寒為之暄。
　　遠岫爭輔佐，千巖自崩奔。始知五嶽外，別有他山尊。

仇兆鰲注：「涉嶺艱難，承辛苦，祈寒汗流，承季冬」。楊倫曰：「『汗
流』以下二句，云登山真景，『遠岫』以下四句遠景，正寫其高」。
　　〈杜甫の紀行詩〉譯解：「遠山如爭為我山之輔佐，無數巖壁如波浪
崩湧迎來。登臨眺望，始知五嶽之外，別有仰尊靈山」。

　　仰干寒大明，俯入裂厚坤。再聞虎豹鬬，屢躋風水昏。

〈杜甫の紀行詩〉譯解：「寫其山勢，仰之則凌碧空蔽日光，俯視則似入

九地而裂大地」。

　　高有廢閣道，摧折如斷轅。下有冬青林，石上走長根。

〈杜甫の紀行詩〉譯解：「山之高處有既廢的棧道，其形如車軸折斷成凵形，低處有冬青樹林，其長根盤旋巖石而上。四句寫偶然所見之瑣事」。

　　西崖特秀發，煥若靈芝繁。潤聚金碧氣，清無沙土痕。

〈杜甫の紀行詩〉譯解：「西崖最秀，靈芝仙草繁生，山色潤澤如黃金碧玉凝聚，清淨無垢」。

　　憶觀崑崙圖，目擊玄圃存。對此欲何適，默傷垂老魂。

浦起龍曰：「結入妙，又轉出好景，使人留戀，纔動足，便思住足」。楊倫亦謂：「八句又忽轉出好景，所謂情隨事遷」。仇兆鰲注：「崑崙玄圃，借仙境以稱其絕勝，欲留不得，所以傷神」。

　　〈杜甫の紀行詩〉譯解：「崑崙山者昔稱仙境之處，玄圃者山上之靈苑。想像望見崑崙仙境之圖象，玄圃靈境便橫現眼前，今昔時空交錯，靈境悠然在望，將往何處。默然頓挫而感傷垂老失所。杜甫〈北征〉詩，過山間，述花果，比之於桃源仙境，而吟詠『緬思桃源內，益歎身世拙』。此詩結語亦有相同的情境」。

　　〈白沙渡〉，錢謙益、仇兆鰲引《方輿勝覽》：白沙渡、水會渡，俱屬劍州。浦起龍注：「舊據《方輿勝覽》，以白沙、水回二渡俱屬劍州，誤也。劍州在劍門南，此去劍門尚遠，當即成州渡嘉陵江處。《一統志》：嘉陵江源出鞏昌府鳳縣，東歷兩當、略陽，會東谷等水，流經四川，入大江」。鈴木虎雄〈杜甫の紀行詩〉據浦起龍注，曰：詩中的「長江」即謂此。

　　畏途隨長江，渡口下絕岸。差池上舟楫，杳窕入雲漢。

仇兆鰲注：「此記渡口登舟，畏途指陸行，長江乃嘉陵江，即西漢水，

故比之雲漢」。

　　天寒荒野外，日暮中流半。我馬向北嘶，山猿飲相喚。
　　水清石礧礧，沙白灘漫漫。迴然洗愁辛，多病一疎散。

〈杜甫の紀行詩〉譯解：「舟行河之中游，於荒野之外，日暮天寒。馬似思鄉而向北嘶嘯，岸猿亦相應鳴喚。近岸則乍見渚清沙白的景色，而愁辛洗去，老病遽散。中游舟行至登岸，蓋皆如此情境」。

　　高壁抵釜嶔，洪濤越凌亂。臨風獨回首，攬轡復三歎。

楊倫引朱（鶴齡）注：「言水清沙白，風景可娛，及已渡，回首見高壁洪濤之可畏，故為之三歎」。浦起龍引仇注：「起四，渡口登舟，中八，舟中之景，結四，捨舟登陸」，而評曰：「愚按此寫江景極可悅，而首言『畏途』，末言『三歎』，中以『洗愁辛』三字，挑起兩頭，饒有別趣」。
　　〈水會渡〉，仇兆鰲引朱（鶴齡）曰：「渡名水會，即前所謂合鳳溪也」。浦起龍引《一統志》：嘉陵江過略陽，會東谷等水，恐即此處。

　　山行有常程，中夜尚未安。微月波沒久，崖傾路何難。
　　大江動我前，洶若溟渤寬。篙師暗理楫，歌笑輕波瀾。

仇兆鰲注：「此從山行說向水渡，崖傾在未渡以前，江動在登舟之際」。鈴木虎雄《杜少陵詩集》「詩意」譯注「微月」二句，曰：「但見幽微月光隱現，崖傾路險」。〈杜甫の紀行詩〉譯解「大江」以下四句，說：「至水會渡口，遽見大川流動於眼前，波濤洶湧如大海橫闊。乘舟者膽顫心驚，船夫卻無心的操楫，歡笑逍遙，一副無意於波浪的神色」。

　　霜濃木石滑，風急手足寒。入舟已千憂，陟巇仍萬盤。
　　迴出積水外，始知眾星乾。遠遊令人瘦，衰疾慁加餐。

浦起龍引仇注：「上八，從山行說向水渡，下八，從水渡說到登岸」，而評曰：「愚按前篇寫薄暮，此篇寫向曉。前寫江行之趣，此寫江勢之

險」。〈杜甫の紀行詩〉說：「以『陟巘』句，結『霜濃』二句，而『入舟』句，插入過往情事。不言上岸而知上岸，是詩的筆法，若言由此上岸，則是散文」。又說：「〈水會渡〉是日暮之渡，此詩是夜半之渡，各有其趣。『大江』以下四句，『積水眾星』二句絕妙」，或據浦起龍的按語而演繹。

　　〈飛仙閣〉，錢謙益引《方輿勝覽》：飛仙嶺在興州東三十里。相傳徐佐卿化鶴跉泊之地，故名飛仙。上有閣道百餘間，即入蜀路。又云：「飛仙閣在梁山。梁山，即大劍山也」。〈杜甫の紀行詩〉注「飛仙閣」的所在，據浦起龍引朱（鶴齡）注：在今漢中府略陽縣東南四十里。

　　　土門山行窄，微徑緣秋毫。棧雲闌干峻，梯石結構牢。
　　　萬壑敧疎林，積陰帶奔濤。寒日外澹泊，長風中怒號。

浦起龍曰：「自此以下四篇俱志棧道之景」。〈杜甫の紀行詩〉譯注：「此詩以下四篇，皆敘棧道之景。蜀之棧道，唐時三泉縣（今陝西漢中府姜寧縣治）至利州（今四川保寧縣廣元縣治）間，有橋閣一萬九百八十間，保護險阻欄干四萬七千百三十四間」。乃據仇兆鰲引《梁州圖經》：「棧道連空，極天下之至險。興利州至三泉縣橋閣」。至於「飛仙閣」的所在，〈杜甫の紀行詩〉譯注：「在三泉縣北方」。

　　錢謙益引《寰宇記》：斜谷路在梁州西北。入斜谷路至鳳州界一百五十里，有橋閣二千九百八十九間，險板閣二千八百九十二間。《通志》：棧道在襃斜谷中。飛仙閣，即今武曲關北棧閣五十三間也，總名連雲棧。

　　仇兆鰲贊曰：「蜀道山水奇絕，若作尋常登臨覽勝語，亦猶人耳。少陵搜奇抉奧，峭刻生新，各首自闢境界。後來天台方正學入蜀，對景閣筆，自歎無子美之才。何況他人乎」。

　　竹添光鴻《棧雲峽雨日記》：「（六月）十五日，抵武曲舖，道旁大石題『千古烟霞』四字。山間有瀑，裊裊瀉下，風來颭之，如撒明珠。襃之水瀦則蘸藍，奔則翻雪。奇巖怪石，如蟠龍，如奔馬。棧道一線，

通於其間，行旅皆在圖畫中矣」。

〈杜甫の紀行詩〉賞析：「以遠近法紀行狹窄高聳的斷崖棧道，則見萬壑連綿，隨山勢曲折而疏林點在，厚密薄暗而生奔騰波濤之聲，近側吹向遠方的長風怒號，遠方淒寒的陽光無力而失其明。此詩似勾勒二重圓圈的情境，內圈薄暗陰氣，外圈日光普照。又內圈森林散在，外圈風吹如奔濤聲響。身歷其境，甚難以『萬壑』四句，描寫其情境，讀者默想而吟味其妙」。

> 歇鞍在地底，始覺所歷高。往來雜坐臥，人馬同疲勞。
> 浮生有定分，饑飽豈可逃。歎息謂妻子，我何隨汝曹。

〈杜甫の紀行詩〉譯注：「『歇鞍』四句謂就地而宿，『浮生』四句表述感想」。鈴木虎雄之紀行的遠近構圖與末八句情境的敘述，或據浦起龍注：「上八記敘，下八感慨。記敘處，但寫閣道之凌空危峻，而行役之苦，都從感慨處發之。『萬壑』『積陰』，以下句形上句，『奔濤』即疏林之敲處。身度壑林之上，俯瞰陰林擺動，如濤奔也。『外澹泊』，內陰而光在遠也，『中怒號』，度狹而聲愈猛也。『外』『中』二字，妙於體物。讀者如行峻嶺空衕間」而演繹。

〈五盤〉，仇兆鰲引《一統志》：七盤嶺在保寧府廣元縣北一百七十里，一名五盤嶺。又引魯訔曰：棧道盤曲五重。〈杜甫の紀行詩〉譯注：「此五盤嶺，或謂七盤嶺」。

竹添光鴻《棧雲峽雨日記》：「（六月）十六日，過青橋驛，抵新開嶺，為棧中第一勝境。……抵將軍舖，一大石屹立，狀如兜鍪，名將軍石，面鐫屹然砥柱四大字。自此一蹊旋轉而上，曰七盤嶺，嶺下二大石臨溪對峙，所謂石門也。故道循麓，由石門而行。漢熹平中，楊淮嘗作頌」。

仇兆鰲注：「此章四句起，下兩段各六句。首記五盤嶺」。

> 五盤雖云險，山色佳有餘。仰凌棧道細，俯映江木疏。

仇兆鰲注：「棧在上，江在下，嶺在中間，故曰仰凌俯映」。浦起龍曰：
「妙在首句即點即撇，上不履『棧』，下不涉『江』，正寫出盤紆避險之
趣」。

> 地僻無網罟，水清反多魚。好鳥不妄飛，野人半巢居。
> 喜見淳樸俗，坦然心神舒。

浦起龍曰：「棧道四篇，一苦一愉，相間成章」。〈杜甫の紀行詩〉譯
注：「『好鳥』詩語，杜甫常用，『野人』則以善意稱呼生活簡樸之農民
的詩語。連日山行疲倦的心身，以眼前的淳樸風俗而精神舒坦」。

> 東郊尚格鬥，巨猾何時除。故鄉有弟妹，流落隨丘墟。
> 成都萬事好，豈若歸吾廬。

浦起龍曰：「『地僻』四句，述其風土，忽到羲皇以上。惟所見淳樸如
此，因想到故鄉經亂，離散不還，則不如入蜀好矣。而詩云『豈若歸吾
廬』，乃知思歸心切，仍是望治情殷也」。仇兆鰲注：「方對景神舒，而
忽動鄉關之思，以思明未平，歸家無日也。時弟在濟州，妹在鍾離」。

鈴木虎雄《杜少陵詩集》「題意」曰：「成都紀行第六首，過五盤嶺
而思弟妹」。〈杜甫の紀行詩〉譯注：「此詩寫山間村俗淳樸的景象，然
末段頓挫，言情而曲折。想到洛陽城外，安祿山餘黨尚在纏鬥的局勢，
奸惡叛賊史思明何時能除的憂慮，弟在濟州，妹在鍾離，零落分散而徘
徊於廢殘丘墟的沉痛，而興起往赴的蜀地成都或許萬事皆好，然終不及
歸返河南故鄉吾家的傷感」。

〈龍門閣〉，錢謙益引《元和郡國志》：龍門山在利州綿谷縣東北
八十二里，出好鍾乳。《寰宇記》：亦名葱嶺山。《梁州記》云：葱嶺有
石穴，高數十丈，其狀如門，俗號為龍門。馮鈐幹田云：其他閣道雖
險，然在山腰，亦微有經，可以增置閣道。惟此閣石壁斗立，虛鑿石
竅，而架木其上，比他處極險。

竹添光鴻《棧雲峽雨日記》：「（六月）二十一日，抵龍洞背，即葱

嶺，有洞名曰龍洞，一水奔突，趨于洞中，有聲深然。嶺上有玉皇觀，甍宇紺碧，隱見于林木間。循叢薄而登以達巔，大石攢列遍地，有昂頭而仰天如黿者……殊形詭狀，備極奇觀。道左又有屹然矗立，如數朵蓮華相附，著成一大片者，高廣各可三十丈，最為絕特。葱嶺古龍門閣。記之者曰：石壁斗立，虛鑿石竅，架木其上，比他處極險。杜少陵亦云：『途危石滑』。今則孔道谺開，蹈蹬而上矣。并作〈龍洞背　即古龍門關〉五古：『龍洞深而默，中有萬雷轟。吸盡前溪水，吐從後澗傾。上有玉皇觀，深樹映彤甍。苔古鱗甲滑，沙肥脊背平。奇巖蓮花現，恍聞妙香清。滿山多怪石，一一如鑿成。造物真好事，斧斤費經營。大笑立龍首，老龍眠不驚』。[15]

　　仇兆鰲引《一統志》：「在保寧府廣元縣嘉陵江上」。〈杜甫の紀行詩〉據之，謂：「屬廣元縣，在嘉陵江東岸」。《杜少陵詩集》「題意」曰：「成都紀行第七首，述龍門棧道之危險」。

　　清江下龍門，絕壁無尺土。長風駕高浪，浩浩自太古。

四句記江勢之險。仇兆鰲注：「下龍門，江在龍門之下也。俯臨風浪，愈見山行可畏」。〈杜甫の紀行詩〉譯曰：「此處嘉陵江清流倒瀉直下，岸崖絕壁無一尺之土，俯視江流，但見遠古長風乘高浪而來」。

　　危途中縈盤，仰望垂線縷。滑石敧誰鑿，浮梁裊相拄。
　　目眩隕雜花，頭風吹過雨。百年不敢料，一墜那得取。

仇兆鰲注：「此因度閣之難而發為驚歎也。朱注：花隕而目為之眩，視不及審也。雨吹而頭為之風，迫不能避也。正形容閣道險絕。次公注：雜花過雨，作比喻者非」。浦起龍曰：「飛仙之險在山，龍門之險，尤在下臨急水。……中八，先述閣道之敧危，次述臨江之恐墜，其意承遞而

15 竹添光鴻：《棧雲峽雨詩草并詩草》卷下，頁15-16。以下行文引述竹添光鴻蜀道山川紀行詩作，分見此卷，頁15-19，茲省略書名及頁數的標注。

下。……『目眩』『頭風』接『浮梁』來，臨迅駛之流，故『目眩』如『花隄』，騰澎湃之響，故『頭風』若『雨吹』。朱注：欲實指花雨，則途中或有花飛，篇內全無雨景，且於江險意，含蘊不著矣。『危途』四句，棧道圖未必能爾」。楊倫批語：「一幅棧道圖。何云：寫艱難險峻，乃爾細麗」。

　　飽聞經瞿唐，足見度大庾。終身歷艱險，恐懼從此數。

〈杜甫の紀行詩〉譯解：「瞿唐峽在四川夔州府，大庾嶺在江西省南安府大庾縣。前者川流之險，後者山路之險。前者之險已飽聞，後者之艱難以此處之危險而得以想像。生涯險阻的憂慮，恐自此時絕境的登臨而萌生」。

　　〈石櫃閣〉，錢謙益引《方輿紀勝》：石欄橋，在綿谷縣北一里。自城北至大安軍界，營橋欄閣，共一萬五千三百一十六間。其著名者，為石櫃閣、龍門閣。

　　竹添光鴻《棧雲峽雨日記》：「（六月）二十一日，宿朝天鎮。鎮枕嘉陵江，距昭化百三十五里，乘舟而下，一日可至，然大險矣。二十二日，踰朝天嶺。……蓋蜀道之難在棧，而北棧鳳嶺為最高峻，西棧則莫過於朝天。遍山大石，皆穿百孔，自面達背，如水波衝擊而成者。隔江斷崖有飛瀑數條，皆異其勢。……抵千佛崖，斷壁拔江而立，唐利州刺史韋杭龜為棧道，鐫佛像于崖面。爾後繼鐫者益眾，有如巨人者，……刻劃精巧，金碧輝煌。崖盡則石櫃閣，與龍門、飛仙號為三閣。……宿廣元縣」。則石櫃閣在朝天鎮與廣元縣之間，踰朝天嶺、千佛崖之後的棧道。

　　季冬日已長，山晚半天赤。蜀道多早花。江間饒奇石。
　　石櫃曾波上，臨虛蕩高壁。清暉回群鷗，暝色帶遠客。

仇兆鰲注：「此段敘景。上四，蜀道時景，下四，閣道暮景。日初長，故晚猶赤，地氣煖，故早放花。水光上映，則高壁影蕩，日落鷗還，則

暝色侵客矣。《杜臆》:「『清暉回群鷗』已奇,『暝色帶遠客』更雋」。

> 羈棲負幽意,感歎向絕跡。信甘屛懦嬰,不獨凍餒迫。
> 優遊謝康樂,放浪陶彭澤。吾衰未自由,謝爾性所適。

仇兆鰲注:「此段述懷。羈棲絕跡,有負幽意,實以身弱,不能搜奇,非但迫於饑寒也。『吾衰』句,承『屛懦』,『屛懦』句,承陶謝。此章亦上下八句」。然〈杜甫の紀行詩〉分下八為前後四句兩段而譯注。前四句述行旅生活而優遊山水的吾道悠悠,遠赴成都,非以不能力耕,迫於饑寒而去同谷,乃感悟身體衰弱而不能探幽。後四句欣羨陶淵明辭官而放浪於田野,謝靈運亦退而優遊於山水。謝靈運《遊名山志》有「山水性分之所適」之言,杜甫亦有「焉得思如陶謝手,令渠述作與同遊」(〈江上值水如海勢聊短述〉)的詩語,而此時則感歎不得自由之身,如陶謝適性逍遙,寄情於山水田園而作結。

　　〈桔柏渡〉,錢謙益引《方輿紀勝》:桔柏渡在昭化縣,今昭化驛有古柏,土人呼桔柏,故以名潭。玄宗幸蜀,至益昌縣,渡桔柏江,即桔柏渡也。浦起龍曰:「嘉陵江東下,公則渡橋而西以上劍閣也」。鈴木虎雄《杜少陵詩集》「題義」曰:「成都紀行第九首,敘桔柏渡景,述別水之情」。

> 青冥寒江渡,架竹為長橋。竿濕煙漠漠,江永風蕭蕭。
> 連筒動婀娜,征衣颯飄飄。急流鴇鷁散,絕岸黿鼉驕。

浦起龍曰:「上八,可作長橋旅圖」。仇兆鰲注:「此渡橋之景,『竿濕』承次,『江永』承首句,鴇鷁黿鼉,橋本所見之物」。

> 西轅自茲異,東逝不可要。高通荊門路,闊會滄海潮。
> 孤光隱顧眄,遊子悵寂寥。無以洗心胸,前登但山椒。

錢謙益引陳浩然本注:桔柏,乃文州嘉陵二江合流處也。東下入渝,合通荊門矣。仇兆鰲注:「此對景言情,身向西行,水從東注,其赴荊海

者，不能要之暫停矣。且欲臨流顧盼，挹水洗心，亦不可得。此所以悵
然而山行也」。浦起龍曰：「公少遊吳越，樂其土，素有東遊之志。觀
入蜀以後詩，每每情見乎辭。此來連日緣江，至是則長謝於『東逝』之
水，故致慨『西轅』也。『不可要』者，不得與水相期會也。是篇為近
蜀門下之界，故下八特寄依違之意，於文情亦有將合故離之致焉」。

〈杜甫の紀行詩〉譯解：「此渡處，東西水路分途，嘉陵江東流荊
門，匯入大海，與我（杜甫）西往成都之道，殊途。流連顧盼江水，江
水似知我惜別而孤寂的隱微其寒光，我亦不復洗去憂愁，落寞前行登頂
峰。江水擬人而情景交融。杜甫入蜀時，即有出蜀東游之意，故此等詩
句與東游之意，見於諸詩」。

〈劍門〉，錢謙益引《水經注》云：益昌有小劍城，去大劍城三十
里，連山絕險，飛閣通衢，故謂之劍閣也。劍州在劍門縣，諸葛武侯相
蜀，于此立劍門，以大劍山至此，有隘束之路，故謂之劍門。

竹添光鴻《棧雲峽雨日記》：「（六月）二十三日，踰桔柏渡，宿昭
化縣。……二十五日，微雨，發昭化……踰牛頭山……抵大木戍，即古
白術嶺，極高峻，當前崛起者，為大小劍山，層層相倚，綿延南北且
百里。在南者其鋩森然指天，在北者皆攢敧于西南，益進與山近。北者
隱蔽不復見，南則陡絕如削，橫劃一帶，高者三四丈，低亦不下於尋。
望之如雉堞上插千百鋒刃者，半腹以下陵夷，而大石錯落，張勢爭雄，
皆潤黑作鐵色。行里許，截然中斷，上疊石為關，即劍關，一曰劍門，
又曰劍閣。……入劍關驛宿焉。是日山路極峻險，其土赤埴而滑，坦處
敷石，陂則為蹬，以防顛跌。余自得劍山，步步呼奇叫快，不覺輿中傾
軋之苦也。作〈劍閣〉五七古體：『不入劍州路，焉知蜀山奇。曲折鑿
成道，夾崖壓人危。半峰以上峭而立，氣沖霄漢勢勇發。裙腰一帶亂石
圍，鋩色黯黗晴猶濕。截然中斷開一門，高架重關障雄藩。時平鎖鑰生
綠鏽，日紫雉堞帶血痕。東客萬里來巴蜀，無端鄉愁積成。臨風且歌蜀
道難，遇雨又唱淋鈴曲。蜀道即今為康莊，蜀山依舊攢劍鋩。劍鋩日觸
離人目，不怕離人割愁腸』」。

惟天有設險，劍門天下壯。連山抱西南，石角皆北向。

兩崖崇墉倚，刻劃城郭狀。一夫怒臨關，百萬未可傍。

〈杜甫の紀行詩〉譯解：「此說劍門之險。天設險阻，劍門最壯。山脈連綿擁固西南，巖石稜角皆朝向北方，左右陡崖高聳如屏牆，險阻天成如城郭，固若金湯，一夫當關，百萬之兵亦難叩門」。

川嶽儲精英，天府興寶藏。珠玉走中原，岷峨氣悽愴。

三皇五帝前，雞犬各相放。後王尚柔遠，職貢道已喪。

仇兆鰲注：「往見舊人手卷，此（「珠玉」）句之上，有『川嶽儲精英，天府興寶藏』二句。方接以珠玉」。浦起龍引仇注，而按：「杜詩多四句轉意，此段獨闕兩句，且得此一提，文氣愈暢。仇氏非偽撰也，脫簡無疑」。〈杜甫の紀行詩〉亦從仇、浦之說。然楊倫引朱鶴齡注：蜀為天府，故珠玉皆歸中原，然物力有窮，岷峨亦為之悽愴矣。而按：「仇本珠玉上有二句，庸濫，決非公筆」。

至今英雄人，高視見霸王。并吞與割據，極力不相讓。

吾將罪真宰，意欲鏟疊嶂。恐此復偶然，臨風默惆悵。

仇兆鰲注：「末段言其形勝，恐蜀人罹於戰爭也。并吞者王，如漢光武是也，割據者霸，如公孫述是也。從古多因疊嶂憑險，恐此復有其事，故臨風而生悵。首條形容劍門，題意已盡，下面又另開議論，自三皇五帝至今，包舉數千年治亂興亡，真絕大經濟文字」。楊倫眉批：「宋祈知成都至此，詠杜詩首四句，歎伏以為實錄」。〈杜甫の紀行詩〉贊曰：「此詩寓大議論」；《杜少陵詩集》「題義」曰：「成都紀行第十首，見劍門之劍，述恐英雄割據之意」。

竹添光鴻《棧雲峽雨日記》：

（六月）二十六日，冒雨行里許，得一山穹然而迤長，兩邊陡絕，巔則平坦，官道所經，有華表，揭「天成橋」三句。停轎

北望劍山，其岩嶢爭崢者，皆成大斧劈，纍纍不絕，又有突起
其後者，綿數百里，愈遠愈峻，皆于雲表，而所謂雉堞則無見
矣。蓋關前後山勢皆成劍鋩，而取趣各不同，是天之所以鑿一
門而截斷之與。宿劍州，州城北負漢陽山，南面鶴鳴山，山左
右合，而城適當其窪，狹而卑，其勢宜攻而不便守。

則寫劍山而論山城形勢。中村敬宇眉批：「看山與讀書同，故解讀書法
者，必解看山法，余久抱此說，而今又徵於茲卷矣」。竹添光鴻踰劍
閣，宿劍門，有感而作〈劍門驛〉七絕：「酒痕淚點客衣斑，一夜歸
心滿劍關。巴蜀雲人萬里，杜鵑聲裡夢家山」。又倣杜甫秦州苦寒而
作〈秦州雜詩〉與同谷、成都紀行的詩題，先後作〈劍州雜詩二首〉與
〈發劍州〉。後者為：「雞籌報曉夢魂驚，又治行裝出劍城。雨蝕殘碑前
代字，風吹老柏漢時聲。半生詩酒逞狂態，萬里江山弔古情，溫飽原
非男子志，破簍短褐一身輕」。劍盟萬世清眉批：「清空一清」。前者其
一：「湍流激石響如霆，古廟陰森龍氣腥。雲絮亂黏巴樹白，子規啼破
蜀山青。天低劍外朝捫斗，雨滴愁邊夜聽鈴。遠役何堪多病客，數莖蓬
鬢漸星星」。劍盟眉批：「逼近晚唐」。其二：「水葉初黃上三車，綠陰時
節尚天涯。雲封劍閣猿啼晝，雨滿巴山客憶家。故劍依人情切切，余之
西航，屬家累于增田氏謦絲學語響哇哇。一女甫三歲慇懃莫把歸期問，
岷嶺吳江萬里賒」。隱畊葛其龍眉批：「神似杜陵」，紫黻蔡爾康眉批：
「二首神似放翁」。

　　〈鹿頭山〉，仇兆鰲引《新唐書》：「漢州德陽縣有鹿頭關，關在鹿頭
山上，南距成都百五十里」。又引《全蜀總志》：「鹿頭山，在德陽縣治
北三十餘里」。〈杜甫の紀行詩〉曰：「在今四川綿州、德陽縣，去成都
北百五十里。至此蜀道劍盡而漸為平地之處」。

　　竹添光鴻《棧雲峽雨日記》：

（六月）二十八日，過上亭舖，一名琅瑠驛，即明皇聞鈴處，
抵七曲山，有文昌廟，極麗閣……對廟巖上有盤石，相傳為仙

蹟……下山則送險亭。蓋西棧之險至此而盡，所以名也。……
下古瓦關，下有劍泉，寒冽沁骨，抵梓潼。顧望來路，惟見群
山萬嶽翔舞於雲際，恍然疑從九天飛下也。二十九日雨，發梓
潼，劍關至此老柏夾道，大皆十圍，相傳為蜀漢時所植。抵宿
化舖，翠松蒼竹，依依近人，又多桑樹。……渡涪水，宿綿
州。……三十日，渡茶坪河……過朝天寺，在古為翠望亭，因
明皇得名，蓋取翠華臨幸之義也。縣志載陸放翁遊翠望亭，讀
宋景文題詩，今無所考。宿羅江縣，梓潼以西多水田。……七
月一日，抵白馬關，翠柏滿山，龐靖侯祠在焉。渡綿陽河，抵
德陽縣，自此西南，廣袤千里，土厚水深，真天府也。東北環
以群山，巍峨相倚，西北則一髮遙翠浮於天際而已。

是過送險亭，下古瓦關，抵梓潼而劍關盡，始為平地。至於蜀道雖險，
而田圃開墾，菽麥收成，雞犬相聞，牛羊載道的景象，竹添光鴻於六月
二十八日的日記，驚歎稱述曰：「余經直隸至西安，一路荒涼，稻米不
易獲，意謂中原秦中而如此，蜀棧則深箐宿莽，狐兔所窟，虎豹所噑，
道塗險狹，行旅皆負擔而過，無由得粒食也。既入兩棧，山間之地，
皆墾為田圃，巖縫石罅，無不菽麥，所至雞犬相聞，牛羊載道。路之險
者，鑿而闢之，棧之危者，磴而欄之，宛為康莊，兩騎聯而走矣。都邑
則繁盛，客店則閎壯，肩輿絡繹，晝夜不絕，小站亦皆炊膏粱以待客。
吁天下之事，每出意料所不及，非深于閱歷者，寧可與語之哉」。

　　鹿頭何亭亭，是日慰饑渴。連山西南斷，俯見千里豁。
　　遊子出京華，劍門不可越。及茲險阻盡，始喜原野闊。

仇兆鰲注引王洙曰：「自秦入蜀，川嶺重複，極為險阻，及下鹿頭關，
東望成都，沃野千里，葱鬱之氣，乃若烟霞靄然」。浦起龍曰：「入蜀
者，過鹿頭便無山路，皆成沃野矣。曰『連山斷』，曰『險阻盡』，將前
來無數奇險，一筆掃空。眼界曠然，又恰是將到之體」。

　　殊方昔三分，霸氣曾間發。天下今一家，雲端失雙闕。
　　悠然想揚馬，繼起名碑兀。有文令人傷，何處埋爾骨。

鈴木虎雄《杜少陵詩集》「字解」：「『繼起』謂繼揚、馬而起之人，案：
此想起陳子昂、李白等人」。「題義」：「成都紀行第十一首，述見平地之
喜，思蜀地昔時之文人，言及裴冕」。「詩意」語譯：「昔蜀據一方，與
魏吳對峙，三分天下而稱霸於其間，今天下一統，蜀則如劍門雙闕險阻
高聳於雲間而失其存在。撫今思古，追憶蜀地的司馬相如、揚雄，連想
繼起的蜀地文人的高名。唯有文才者往往不得知遇，令人感傷。汝等知
名文人埋骨於何處竟不可知。蘊涵我亦將如斯的感歎」。此或謂之為杜
甫的「詩人自覺」。

　　紆餘脂膏地，慘憺豪狹窟。仗鉞非老臣，宣風豈專達。
　　冀公柱石姿，論道邦國活。斯人亦何幸，公鎮踰歲月。

仇兆鰲注：「此幸撫蜀得人也。蜀本膏腴豪俠之場，自經喪亂，不免元
氣日虧，必得老臣仗鉞，方能播宣風教，專達朝廷。裴冕以宿望而鎮此
邦，可為生民厚庇矣。引《舊唐書》：『至德二載十二月，右僕射裴冕封
冀國公。乾元二年六月拜成都尹，充劍南西川節度使』。據詩云：『公鎮
踰歲月』，則裴冕拜成都尹，當在是年六月之前。恐舊書有誤」。
　　〈杜甫の紀行詩〉曰：「裴冕在乾元二年六月為成都尹，此詩成於同
年冬末」。則據《舊唐書》的記載，而不從仇注。
　　〈成都府〉，竹添光鴻《棧雲峽雨日記》：「（七月）二日，過彌牟
鎮，有八陣圖，四旁象城門，中置土壘，高約三尺，逐序羅列，今猶存
七十有一，廣輪蓋三十六畝而贏。有武侯祠，面八陣圖，其背則鎮城
也。……聞蜀中八陣圖有二焉，其在夔州魚復者，蓋行營布陳之遺制，
所以防江路也。彌牟則為成都近郊，豈乎昔講武之場乎。駟馬橋即古昇
橋，司馬相如題柱處。過橋又有武侯祠，從祠前過，入成都城」。竹添
光鴻的蜀道行程，蓋與杜甫同途。

　　翳翳桑榆日，照我征衣裳。我行山川異，忽在天一方。
　　但逢新人民，未卜見故鄉。大江東流去，遊子日月長。

仇兆鰲注：「初見成都人物，而歎遊子不歸也。此以江水東流，興己之棲泊」。浦起龍注：「大江即岷江也。環府城西北，轉而東流」。〈杜甫の紀行詩〉曰：「『大江』句，有實指岷江之舊注。按非僅形容歲月流逝之句」，乃據浦注而言。

　　曾城填華屋，季冬樹木蒼。喧然名都會，吹簫間笙簧。

錢謙益引《蜀都賦》：「金城石郭，兼市中區，既麗且崇，實號成都」。漢武帝元鼎二年，立成都城十八門。〈杜甫の紀行詩〉曰：「誠極雜沓之名都會，有吹簫者，有弄笙簧者夾雜其間」。

　　信美無與適，側身望川梁。鳥雀夜各歸，中原杳茫茫。

仇兆鰲引《舊唐書》：「成都府在京師西南二千三百七十九里，去東都三千二百一十六里」。曰：「又聞成都歌吹，而歎中原遙隔也。此以鳥雀歸巢，興己之無家。引張遠注：『公初至成都，而輒動鄉關之思。所謂成都萬事好，不如歸吾廬也』」。

　　初月出不高，眾星尚爭光。自古有羈旅，我何苦哀傷。

錢謙益引《困學紀聞》：「初月出不高，眾星尚爭光」，謂肅宗初立，盜賊未息也。浦起龍注：「『信美』而猶『望川梁』，見『鳥雀各歸』，而傷故鄉之不可歸也。所以然者，由寇擾中原，如星爭月彩，人忌避亂，是以不免『羈旅』也。朱氏以困學借喻為曲說，不知不借喻，即結聯如何綴屬」。〈杜甫の紀行詩〉曰：「古來以『初月』二句比之為肅宗初立，眾盜未已」。
　　浦起龍引楊德周曰：「紀行諸篇，幽靈危險，直令氣浮者沉，心淺者深。刻劃之中，元氣渾淪，窈冥之內，光怪迸發」。

（三）秦、蜀紀行詩總結

鈴木虎雄說：贊賞同谷成都間紀行詩十二首者，不乏其人。如：

邵子湘云：發同谷縣，後十二首，較秦州詩，更爾刻劃精詣，
　　　　　奇絕千古。[16]

李子德云：萬里之行役，山川之夷險，歲月之喧涼，交游之違
　　　　　合，靡不曲盡，真詩史也。[17]

蔣弱六云：少陵入蜀詩與柳子厚諸記，別險搜奇，幽深峭刻。
　　　　　自是千古天性位置配合，成此奇地文，令讀者應接
　　　　　不暇。[18]

沈歸愚云：自秦州至成都諸詩，奧險清峭，雄奇荒幻，無所
　　　　　不備。山川諸老相觸發，宜其有境必搜也，鬼斧神
　　　　　斤，至於此極。[19]

皆讚譽有加。若有不足或添加者，是登臨山水，欲敘景而難曲盡之際，記憶杜甫紀行詩作，則所欲表述的情境皆在其中，於是感悟少陵野老能發幽情，超越時空而感同身受。讀其他詩人的紀行詩作，終覺遙不可及而難望其項背。

〈杜甫の紀行詩〉總結，曰：杜甫「同谷、成都紀行詩作皆風雅，無須評騭其優劣高下。詩作之妙趣，在於由喧雜轉靜默處之表述。六朝詩人之敘景，有佳句而不成篇，不如杜甫。王維、孟浩然之寫景，幽玄而靜止，杜甫則雄渾而躍動，迴異於前人。其敘景而兼敘情、議論，敘

---

16 《五家評本杜工部集》卷三，〈發同谷縣〉眉批，道光 14 年（1834）序刊，東京：早稻田大学図書館土岐文庫藏，頁 21。

17 楊倫《杜詩鏡銓》卷七，〈成都府〉注引。

18 楊倫《杜詩鏡銓》卷七，〈成都府〉注引。

19 東京：早稻田大学図書館土岐文庫藏，頁 21。沈德潛：《杜詩偶評》卷一，〈成都府〉評，江戶：昌平坂学問所，享和 3 年（1803）刊，東京：早稻田大学図書館土岐文庫藏，頁 28。

景而議論，以表述其波瀾萬狀的境遇，凝視眼前沈默風景而賦予詩語，亦極盡風雅的旨歸」。

　　鈴木虎雄撰述〈杜甫の紀行詩〉，咀嚼杜甫遣詞造句的用意，探索杜甫敘景抒情的心境，彷彿二人相攜跋涉秦棧蜀道，甘苦與共，超越時空而惺惺相惜。

三、杜甫的「詩人自覺」

　　杜甫去長安，不能立要津，以經世濟民。秦州苦寒，詠歎「吾道長悠悠」。發秦州，入同谷，抵成都，其後漂泊江南，山川紀行，而成就不朽的詩名。小川環樹說：「吾道長悠悠」的詠歎，寓含致仕而以文為事的心境。杜甫壯年欲立身行事，「致君堯舜上，再使風俗淳」（「奉贈韋左丞丈二十二韻」）的弘毅信念頓挫，而流離秦蜀，漂泊兩湖。一生接續「詩是吾家事」（〈宗武生日〉）的傳承，抒發「文章千古事，得失寸心知」（〈偶題〉）的抑鬱。晚年「名豈文章著，官應老病休」（〈旅夜書懷〉）的感歎，是杜甫辭官而文事之自覺的寫照。陸游劍門騎驢而敘景吟詠與杜甫同谷、成都紀行的情境相彷彿。陸游復國壯志未酬而鄉居採藥體物，歌詠民間安居樂俗的風土，優遊四時佳興。中國傳統文人之「詩人」自覺的徑路分殊，經世濟民的士道中輟的命運乖舛，無可奈何而以詩文為事的自覺，唯杜甫與陸游而已。[20] 二人「文章驚海內」，不但輝映唐宋文苑，更超越時空而千古傳誦。

20　小川環樹：〈吾道長悠悠：杜甫の自覺〉，《小川環樹著作集》第二卷，頁 362-370。

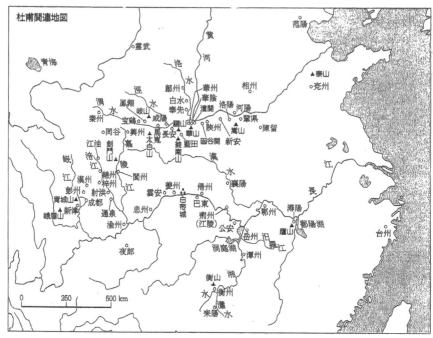

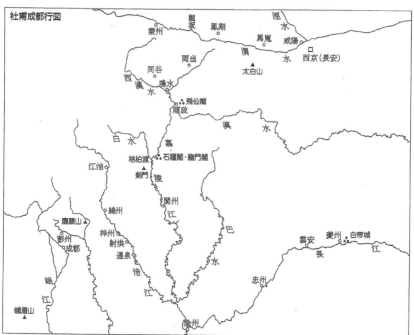

資料來源：吉川幸次郎著，興膳宏編：〈杜甫関連地〉、〈杜甫成都行〉，《杜甫詩注》第八冊，東京：岩波書店，2014年8月，頁 viii。

第八章
青木正兒的李白遊跡考索：
記載行蹤、探究心境

一、李白扶桑的莫逆之友

　　鈴木虎雄（1878-1963）、吉川幸次郎（1904-1980）譯注杜甫詩作，而青木正兒（1887-1964）獨鍾李白，譯注李白詩歌，蓋以「猖介不羈」的性格而相親。小川環樹謂其《支那文藝論藪》為「自由不羈精神」的體現。[1] 思索青木正兒的學問性格，或可謂之為李白扶桑的莫逆之友。青木正兒於 1965 年 12 月 1 日，譯注《李白》脫稿的翌日，在立命館大學中國文學研究所，講授《文心雕龍》後，昏倒於走廊而去世。橋本循說：「李白欲捉水中月而溺死揚子江畔的采石磯，青木正兒高雅之人，仙風道骨，忽然仙逝於白玉樓中，《李白》譯注是其絕筆著述，亦為奇緣」。[2]

1　小川環樹：〈自由不羈の精神：《青木正兒全集》第二卷解説〉，《小川環樹著作集》第五卷，東京：筑摩書房，1997 年 5 月，頁 278。
2　橋本循：〈青木迷陽博士を憶う〉，《青木正兒博士追悼特輯》，京都：立命館大學人文学会，1965 年 11 月，頁 118。〈《青木正兒全集第五卷・月報Ⅶ・編集室》記述：全集第五卷《李白》，青木先生最愛李白詩，分編年篇與分類篇二部，旁徵博引，考證精審，詳密譯注，誠精心的傑作。青木先生完成原稿，交付出版社（集英社）的翌日，昭和 39 年（1964）12 月 2 日，急遽逝世，《李白》洵青木先生的筆之作。七年後，收入《青木正兒全集》第五卷，於昭和 46 年（1971）12 月，在東京：春秋社出版。集英社出版之《李白》，則先於昭和 40 年（1965）5 月刊行。

二、《李白》上篇譯注體例與解題

　　青木正兒的李白詩歌譯注，收錄於《青木正兒全集》第五卷[3]。「凡例」說明篇卷體例、選詩標準、所據版本、參採註釋。

（一）上篇譯注體例

一、本書分上下二篇，上篇編年體，下篇分類體。編年者慎無武斷，折衷諸家之說，猶有不安者，列入分類篇。

二、本文用宋代刊本《李太白文集》。以京都大學人文科學研究所影印東京靜嘉堂文庫藏本為底本。[4] 其誤謬者，改之；妥當者則從之。

三、註釋書以元蕭士贇補註宋楊齊賢集註合刊《分類補註李太白集》為最古。明有許自昌與郭雲鵬兩種校刻本。郭氏校本收錄於《四部叢刊》而通行，唯刪節楊、蕭二家註之處甚多。許氏校本完備，收羅兩家之註，唯無近刊本，僅存明代刊本與日本江戶時代延寶七年重刊本。茲以延寶和刊本為參考之依據。

3　青木正兒：《李白》，收載於《青木正兒全集》第五卷，東京：春秋社，1971 年 12 月。

4　平岡武夫：〈李太白文集序說〉，敘述《靜嘉堂本李太白文集》的版本源流。繆曰芑於康熙五十二年（1713）自徐乾學購得《宋刊本李太白文集三十卷》。其後輾轉於黃丕烈、汪士鍾、陸心源諸人之手，靜嘉堂購置陸心源《皕宋樓藏書》。此書「桓」字缺筆，避欽宗諱。陳振孫《直齋書錄解題》卷十六《李翰林集三十卷》：「蜀本蓋傳蘇（州）本，而蘇本不復有矣」。元豐三年（1080），晏處善於蘇州刊刻《李太白文集三十卷》，蜀地於北宋末至南宋初之間，復刻晏處善的蘇州刊本。陸心源《皕宋樓藏書志》卷六十八，著錄：《李太白文集三十卷》北宋蜀刊本。靜嘉堂藏本雖非元豐三年刊本，蘇州刊本既亡佚，靜嘉堂藏本為最接近唐代的版本。平岡武夫：《李白の作品：資料》，京都：京都大學人文科學研究所，1958 年 10 月，頁 5-8。

四、清乾隆年間，王琦於楊、蕭二家註外，參酌明胡震亨《李
　　詩通》，又加以自說，博引旁證而著《李太白文集輯註》。
　　是書於詩文註釋外，集李白詩研究資料，附錄叢說、年
　　譜、外記等，有李白詩註集大成之觀。茲據之而補註。

五、邦（日本）人註解，以收載於《續國譯漢文大成》之久保
　　天隨（得二）博士《李太白詩集》最完備。詩學者，博士
　　之所長，以作詩能人解釋詩意，頗有教示之所在。

六、詩之選擇標準，於編年篇，摘錄攸關李白生活行動之作。

七、漢字用正體，假名用歷史的假名用法，是著者之主義。本
　　文與註解一概不用簡體字與新假名用法。

「上篇　編年」序文，先敍述譯注李白詩歌的經緯。青木正兒說：「讀
者欲知詩人生活動向與思想軌跡，作品之繫年編次為最便利。杜甫詩集
之刊本，宋蔡夢弼《草堂詩箋》為編年體，甚為便利。然李白詩文集則
無，乃思以編年體譯注李白詩歌。尚未著手，而上海復旦大學中文系古
典文學教研組編年選注《李白詩選》[5]於1961年出版，先得我意為快。該
書參考清王琦〈李太白年譜〉，近人黃錫珪《李太白年譜》附〈李太白
編年詩集目錄〉，詹鍈《李白詩文繫年》[6]，而加上新說。吾之編輯亦採此
法，雖參考此書之編次，作品之選擇，以獨見而有所增減；時期區分穩
當者從之，然標目與編年則稍有改易」。茲區分李白詩歌為五期：

　　第一期　蜀中生活時代，長安元年－開元十三年（1-25歲）

　　第二期　安陸中心之漫遊時代，開元十三年－天寶元年（25-42歲）

5　復旦大學中文系古典文學教研組選註：《李白詩選》，北京：人民文學出版社，1961
　年8月。分〈編年部分〉與〈不編年部分〉，〈編年部分〉分「第一期蜀中時期」選
　注5首，「第二期以安陸為中心的漫遊時期」32首，「第三期長安時期」30首，「第
　四期以東魯、梁園為中心的漫遊時期」58首，「第五期安史之亂時期」51首。〈不編
　年部分〉選注66首。共選注242首。

6　黃錫珪：《李太白年譜》，北京：作家出版社，1958年2月。詹鍈：《李白詩文繫
　年》，北京：作家出版社，1958年6月。

第三期　長安出仕時代，天寶元年－天寶三年（42-44 歲）

第四期　東魯、梁園中心之漫遊時代，天寶三年－至德元年（44-56 歲）

第五期　永王起兵時及晚年，至德元年－寶應元年（56-62 歲）

青木正兒又於〈李白の生涯〉記述：「李白傳記之原始資料，載於《文集》之李華撰〈故翰林學士李君墓誌〉、劉全白撰〈李君碣記〉、范傳正撰〈李公新墓碑〉，備於《舊唐書・文苑列傳》、《新唐書・文藝列傳》。然精細考究李白事蹟者，以清王琦編〈李太白年譜〉為最善，近人王瑤《李白》亦為精善評傳。茲本此二著而摘錄其要，以記述〈李白の生涯〉」。[7]

「上篇　編年」按李白生涯足跡，譯注各期的詩作。

（二）上篇編年詩作解題

青木正兒選錄譯注李白各時期詩作而著錄解題。

第一期蜀中生活時代：

李白一歲至五歲，即長安元年（701）至開元十三年（725），在故鄉蜀地生活。二十五歲（一說二十六歲）出蜀遊他鄉後，遂不再歸返鄉里。僅晚年流放夜郎（貴州省桐梓縣），涉足蜀之東境而已。故在蜀地詠詩大抵為此時之作，現存詩作甚少。以下各詩附記黃錫珪〈李太白編年詩集目錄〉與詹鍈〈李白詩文繫年〉之說，以供參考。選錄譯注此時期之詩作四首。

第二期安陸中心之漫遊時代：

李白於開元十三年（725）、二十五歲出蜀，漫遊湖北、湖南、安徽、江蘇、浙江、山西、山東，其間，於湖北安陸與安徽南陵有居

7　李白詩歌的繫年則取捨黃錫珪〈李太白編年詩集目錄〉，詹鍈〈李白詩文繫年〉之說，而加上己見。

宅。天寶元年（742）、四十二歲，應召入長安都城仕官。此仕官
前，約十七年間，為第二期。唯在長安僅三年而遭逐去都，遊歷河
南、河北、山東、山西，更南下而漫遊江蘇、浙江、安徽、湖北、
湖南，其經過地方前後重複者甚多，故作品當屬前期或後期，難以
判別者不少，研究者之間往往異其說。茲折衷諸說而取最穩當之
說。選錄譯注此時期之詩作二十四首。

第三期長安出仕時代：

李白於天寶元年（742）、四十二歲，應召入京出仕，天寶三年
（744）、四十四歲，遭逐去京。前後三年為第三期。召喚離家之
際，作〈南陵別兒童入京〉詩，有「黃雞啄黍秋正肥」句，則出發
在此歲秋天。到達京城當在秋季，若為秋末，則是陰曆九月。去京
不久，遊梁園（河南省開封），作〈梁園吟〉詩，有「平頭奴子搖
大扇，五月不熱疑清秋」句，則夏五月已來梁園。若為前月，即四
月去京，在京僅一年七個月。選錄譯注此時期之詩作三十三首。

第四期東魯、梁園中心之漫遊時代：

李白於天寶三年春夏之交，出京而再度漫遊，至天寶十四年
（755）、五十五歲冬，安祿山叛亂，天下騷擾，其間平穩生活十一
年為第四期。此時期之遊跡，遍及今山東、河南、河北、山西、陝
西、湖北、湖南、江西、安徽、江蘇、浙江各省，然行蹤未能究
明，與第二期遊歷地方重複者又不少，故作品有難定其前後時期
者。此一時期，家族居住東魯兗州（今山東省滋陽縣），再婚妻子
則定居汴州梁園，二地為南北交通要衝而久留，故以東魯、梁園為
此一時期漫遊之中心所在。選錄譯注此時期之詩作七十四首。

第五期永王起兵時及晚年：

天寶十四年十一月，安祿山於范陽起兵叛亂，十二月洛陽陷落，
翌十五年六月占據長安。玄宗皇帝避難蜀地，七月肅宗即位靈武
（今甘肅省東境），改元至德。當時李白在長江流域，未直接遭受戰
禍。是年秋，玄宗第十六皇子永王璘舉兵，帥舟師下長江而來，李

白招聘為幕僚。翌至德二年二月，永王兵敗，李白被捕下獄尋陽，
獲罪流放夜郎。翌乾元元年、五十八歲，自尋陽溯江而上，翌年春
上溯三峽，至巫峽時，遇大赦，折返而遊歷山川，翌上元元年，歸
返尋陽。其後二年間，往來金陵、宣城，最後寄身族叔當塗令李陽
冰，寶應元年十一月，以病卒於其地。入永王賓幕，流放夜郎，上
下長江之詩作，大抵能推定作詩時期；然歸返尋陽至病沒之二年
間，則難以推定，故摘錄者亦少。選錄譯注此時期之詩作三十四
首。

三、李白遊跡考索：神遊詩境

青木正兒於「上篇　編年」序文，強調其「譯注有獨自見解者」。
考索其訓解旨趣，而有獨見者，在於辨彰事蹟，考竟遊蹤。猶如酒徒詩
友同遊，歷觀神州山川，而莫逆於心。

青木正兒的譯注，主以李白詩歌探究其生活行動。至於詩歌的創
作年代，則取捨黃錫珪〈李太白編年詩集目錄〉與詹鍈〈李白詩文繫
年〉，核實事蹟行蹤與相關作品而考定。如永王起兵時及晚年之二十五
首詩作的繫年，黃、詹二人之說一致者，有二十首。蓋核校作品內容與
歷史記載，而明確其創作年代。至於蜀中生活時代作品少，長安出仕時
代僅三年，考察詩題與內容，大抵能推定詩作年代，黃、詹二人的繫
年或有不同，亦僅一、二年的差異而已。然以安陸為中心與以東魯、
梁園中心的漫遊時代，長期周遊各地，遊歷所在亦前後重複，詩作的時
期不易判別，黃、詹二人的繫年，短則數年，長則數十年的懸隔。青木
正兒以詩歌原義的探索為本，又考察與其他詩作的關連，或思索李白的
行動，並檢尋諸家之說而採最穩當的推定。如〈贈從兄襄陽小府皓〉，
黃氏以為天寶九年、五十歲之作，詹氏則定為開元三十九年、三十九歲
之作。青木正兒說：「按詩意充滿血氣，蓋為年輕之作，故後說較為穩
當。時李白退耕于舂陵（襄陽），在安陸之西，蓋自安陸移居來此。其

地接近從兄李皓任官所在的襄陽。探究詩義，考索地理關係而採詹氏之說，收錄於第二期安陸中心漫遊時代」。[8]

又如〈鳴皋歌送岑徵君〉，黃氏作天寶八年、四十九歲，詹氏作天寶四年、四十五歲。青木正兒按：「此詩原註：『時梁園三尺雪在清泠池作』，與前篇〈梁園吟〉相隔不久。黃氏以前篇為天寶三年之作，而此篇為八年，時間頗為相隔。詹氏以二篇同年之作者得當，然以二篇皆為四年之作，則難從，而推定為天寶三年冬之作。蓋此詩與當為同時送同人之〈送岑徵君歸鳴皋山〉（卷十七）[9]，有『余亦謝明主，今稱傴僂臣』句，尚存憤懣之情，時間推移未久，當在天寶三年冬去長安時之作」。[10] 則以相關詩作的詩語情境，考定詩作年代，而揚棄前人之說。

至於與杜甫初識的考證，則是異乎既有成說的新論。其於〈李白の生涯〉根據王琦〈李太白年譜〉、王瑤《李白》所說，曰：「李白天寶三年、四十四歲，去長安，至天寶十四年、五十五歲安祿山亂起之十年間，漫遊各地。先至東都洛陽，始與杜甫相知」。而註記：「但余有異說，見（四五）梁園吟之考證」。[11] 其於〈梁園吟〉「考證」，說：「於〈李白の生涯〉記述李白去長安後，至洛陽逢杜甫，相携遊梁園（據王瑤《李白》說）。考索此詩，李白直行梁園，與杜甫相逢。所謂李白與杜甫始遇於洛陽之說，乃根據杜甫〈贈李白〉，杜甫述近況之『二年客東都』，謂李白之事，曰『亦有梁宋遊』。宋代註釋家，或解之為『李白將為梁宋之遊，故杜甫作此篇贈之』，或說：『白時得還，與公（杜甫）同在洛，將適梁宋也。後在梁，亦與公同遊』，而推定此詩贈於東

8　青木正兒解說〈贈從兄襄陽小府皓〉，《李白》，收載於《青木正兒全集》第五卷，頁30。

9　〈送岑徵君歸鳴皋山〉，靜嘉堂藏宋版收錄於卷十五。青木正兒標記「卷十七」者，王琦輯註本之篇卷。蓋青木正兒譯注以宋版為底本，「考證」、「事蹟」等論考，標記詩題的篇卷、或據王琦輯註本。下同。

10　青木正兒解說〈鳴皋歌送岑徵君〉，《李白》，收載於《青木正兒全集》第五卷，頁106。

11　青木正兒：〈李白の生涯〉，《李白》，收載於《青木正兒全集》第五卷，頁9。

都洛陽。然平心讀杜甫此詩，了無斷定贈於洛陽之詩意。『二年客東都』者，述洛陽生活之苦境，而欲共飄遊之義。唯『亦有梁宋遊』一句，或有自是將遊梁宋之義。然《草堂詩箋》註『有一作在』，『在梁宋遊』，即現今為梁宋之遊，若然，則贈詩當解為在梁園所作。李白逢杜甫於洛陽之推定，則無根據」。[12] 李白與杜甫交遊公案，青木正兒有異於舊說的獨見。

青木正兒涉獵古今文獻，旁徵博引，於李白詩歌的訓解，別裁「臆說」、「疑問」、「史實」、「考證」、「事蹟」、「餘談」、「寓意」等名目，精確論考詩中所見古今人物事蹟，詳審注釋典故出處，羅縷記存李白行蹤及其家庭瑣事。

（一）「臆說」一則，於〈淮陰書懷寄王宗成〉，推測李白第四期十一年間漫遊行蹤。篇末敘述詩作年代，黃氏以為天寶五年、四十六歲作，詹氏以為五十三歲之作，鄖見以為初去魯而南遊途中作。然後於「臆說」記述：「臆測李白此時行程，自寓居沙邱城（山東兗州附近）而西，至黃河岸邊，溯河往西南方之河南開封（梁園、再婚之妻居此）。再由汴水下東南，經商邱（宋城）至徐州。汴水與泗水合流於徐州，船入泗水，經邳州於下邳圯橋，觀張良遺跡詠懷古詩，遂南下達淮陰，更經寶應（安宜）出揚州（廣陵），渡揚子江遊吳越」。[13]

（二）「疑問」一則，於〈宣州謝樓餞別校書叔雲〉，探究李白創作詩歌當下的心境，曰：「此詩充滿不遇不平之氣。若餞別叔父李雲之作，固有李雲不遇辭官以去，李白送別之意。然第二章有李白慰李雲之

12 青木正兒解說〈梁園吟〉，《李白》，收載於《青木正兒全集》第五卷，頁100。吉川幸次郎：《杜甫詩注》第一冊，〈贈李白〉注「亦有梁宋遊」：《草堂詩箋》一本「亦在梁宋遊」，錢謙益一本「未有梁宋遊」，所據者，宋吳若本之注記。皆不善之異文。東京：筑摩書房，1977年8月，頁81。鈴木虎雄《杜少陵詩集》第一卷，〈贈李白〉「題義」：杜甫見李白於天寶三載八月李白逐長安將遊梁宋而經洛陽之際。收載於鈴木虎雄：《杜甫全詩集》，東京：日本図書センター，1987年6月，頁31。鈴木虎雄與吉川幸次郎皆從舊說，異於青木正兒的論考。
13 青木正兒：《李白》，收載於《青木正兒全集》第五卷，頁144。

辭，亦有李白登樓之感興，第三章勸李雲優遊自適之辭。若如詩題一作〈陪侍御叔華登樓歌〉，則為李白對自身之不遇而鳴不平，全篇可解為李白之心事。平心讀之，後者之感為強。末章『抽刀斷水』句非止比喻，乃作者自身之實感，則愈覺悲壯」。[14]

（三）「史實」一則，於〈永王東巡歌十一首〉，參照《舊唐書》、《新唐書》，記述永王璘事蹟。

（四）「考證」者，取捨前人論說，徵引相關詩作，咀嚼詩意，或於「事蹟」、「餘談」互著，考證地理、人物與詩作年代。

〈梁園吟〉「我浮黃河去京關」句，「考證」記述：「京關」或指潼關，潼關處陝西、河南省界要地，出關至黃河渡口，可乘船。蓋此處至梁園，可舟行，然水路甚遠，故歎「厭遠涉」。[15]

詩題〈梁園吟〉而起興，論證李白與杜甫始遇之地為梁園，而非洛陽。至於李白與杜甫於梁園的偕遊，於〈魯郡東石門送杜二甫〉篇末推定天寶三年冬，李白在梁園，此詩是翌四年以後之作。然後，於「餘談」，曰：李白與杜甫親交僅此一年，於梁園及東魯共詩酒之興而已，其後再無相會。杜甫〈寄李十二白二十韻〉，詠「醉舞梁園夜，行歌泗水春」者，即此間之事。〈遣懷〉曰：「憶與高李輩，論交入酒壚。……氣酣登吹臺，懷古視平蕪」，「吹臺」者，梁孝王歌臺，遺跡在河南省開封南五里云。是高適、李白、杜甫於梁園飲酒，乘興登吹臺懷古。〈昔遊〉有：「昔者與高李，晚登單父臺」，「單父」，今山東省單父縣，是高適、李白、杜甫於東魯遊跡之一。本篇第二句「登臨徧池臺」，指三人之遊覽所在。杜甫〈與李十二白同尋范十隱居〉曰：「余亦東蒙客，憐君如弟兄。醉眠秋共被，攜手日同行。更想幽期處，還尋北郭生」，可想見彼等同遊東魯之狀況。[16]

---

14 青木正兒：《李白》，收載於《青木正兒全集》第五卷，頁198。

15 青木正兒：《李白》，收載於《青木正兒全集》第五卷，頁99-100。

16 李白與高適、杜甫於梁園飲酒，同遊東魯的考證，青木正兒：《李白》，收載於《青

〈沙邱城下寄杜甫〉篇末推定詩作於李杜兩人石門別後，未經數日。然後於「考證」記述：當時李白置家沙邱城地點，楊齊賢注，曰：「趙有沙邱宮，在鉅鹿（今河北省平鄉縣），此沙邱當在魯」，而置疑。王琦注：「引《太平寰宇記》萊州掖縣有沙邱城」。而以之為誤。「據此詩而約其地，當與汶水相近」。[17] 復旦大學中文系選本注：沙丘（今山東省臨清市）。[18] 然根據不明，且離汶水，無干涉而不從。私考以為：李白〈寄東魯二稚子〉有「我家寄東魯，誰種龜陰田」二句，「龜陰」謂龜山之北。龜山在山東省中部，橫亙泗水縣東北與新泰縣東南之山。但「龜陰田」，見《春秋・魯定公十年》經文：「齊人來（魯），歸鄆、讙、龜陰之田」，《左傳》杜預注：「三邑皆汶陽田也。泰山博縣北有龜山，陰田在其北也」。[19] 即龜陰田在汶水之北。若此地為李白安家之所在，沙邱城應在此，其地與汶水相近，符合詩詠之所。然若單用意味東魯之田故事，不能示實際之地理，則吾說不成立。雖然，即於實際，始為用事之妙。[20]

以地理的論考，或起興探究李白與杜甫的交遊，或演繹李白於東魯居家所在。

〈鳴皋歌送岑徵君〉「考證」：「岑徵君」者何人。關於此事，王琦注〈送岑徵君歸鳴皋山〉，以「岑公相門子」，即出宰相名門之子，後涉事而家沒落為由，推論之為與李白同時詩人岑參。蓋根據岑參〈感舊賦序〉「吾門三相矣」，即吾家出江陵公、鄧國公、汝南公三人宰相之家門。徵之《新唐書》，岑文本於太宗貞觀年間，封江陵縣子，從子長倩於垂拱年間，封鄧國公，文本孫羲封南陽郡公（即汝南公），「然不能抑

木正兒全集》第五卷，頁 108-109。
17　王琦輯註：《李太白全集》卷十三，頁 694。
18　復旦大學中文系古典文學教研組選註：《李白詩選》，頁 106。
19　《十三經注疏 6：左傳》，台北：藝文印書館，1997 年 8 月，頁 976。
20　李白安家的沙邱城，昔稱龜陰田，在汶水之北的考證，青木正兒：《李白》，收載於《青木正兒全集》第五卷，頁 110。

退，坐豫太平公主謀誅，藉其家」。[21] 此事與詩「岑公相門子」符合，推測岑徵君即岑參，[22] 而無斷定。然久保天隨則引王琦注，信之如定論，斷言兩篇岑徵君者岑參，於〈將進酒〉「岑夫子、丹丘生」注：「岑夫子指岑參」。[23] 吾不取。關乎岑參事蹟，《新唐書》無傳，唐杜確〈岑嘉州集序〉（《全唐文》四五九）記之最詳而足信。大略云：「南陽岑公，諱參。代州冠族，曾太父（曾祖父）文本、大父長倩、伯父義。……早歲孤貧……天寶三載進士高第。解褐為右內率府兵曹參軍」。據此，李白被逐出宮廷之天寶三年，岑參進士及第而授官職。與不得志而還山之「岑徵君」為別人者甚為明瞭。唯據詩意，岑徵君為坐誅之岑羲之子，若然，岑羲為岑參伯父，岑徵君或為岑參之從兄弟。[24]

　　論辨「岑徵君」非岑參，而揚棄前人舊說。唯二人或為從兄弟而有血緣關係的考定，洵「即於實際，始為用事之妙」。

　　〈秋浦寄內〉「考證」：據〈寄東魯二稚子〉（推定天寶六年、四十七歲作）及〈送蕭三十一之魯中兼問稚子伯禽〉，二子留在山東。據〈贈武十七諤〉自序，天寶十四年安祿山叛亂，翌年傳聞據洛陽，門人武諤將攜李白愛子伯禽來團聚，深感其情義而賦詩相贈。綜合諸詩，可證李白居秋浦之時（天寶十三、四年），其二子在山東住家。然據此詩，其妻未與二子共居山東而在梁園。究何情事。關於李白妻子而最足信之記

---

21 《新唐書》卷一百二，《列傳第二十七岑文本》，台北：鼎文書局，1969年2月，頁3966-3968。
22 王琦輯註：《李太白全集》卷十七，頁866。
23 久保天隨譯解〈送岑徵君歸鳴皋山〉「字解」、「題義」，《李太白集》卷十六，《李白全詩集》第二卷，東京：日本圖書センター，1978年7月，頁746-747。〈鳴皋歌送岑徵君〉「題義」，《李太白集》卷六，《李白全詩集》第一卷，東京：日本圖書センター，1978年7月，頁684。〈將進酒〉「字解」，《李太白集》卷二，《李白全詩集》第一卷，頁236。王琦輯註分「古賦」、「古詩」，為二卷，久保天隨譯解合而為一卷，故篇卷編次有異。
24 「岑徵君」非岑參而為岑參之從兄弟的考證，青木正兒：《李白》，收載於《青木正兒全集》第五卷，頁106-107。

載者，為嘗慕李白而親炙之魏顥〈李翰林集序〉：「白始娶于許，生一女一男。曰明月奴。女既嫁而卒。又合于劉。劉訣。次合于魯一婦人，生子，曰頗黎。終娶于宋」之記述。「娶」者，正式結婚，「合」者，無婚姻關係。最初李白娶高宗時宰相許圉師孫女。最後所娶之「宋氏」，據王琦之說，為「宗氏」之誤，其取證於〈竄夜郎於烏江留別宗十六璟〉，據詩中之意，宗璟之姊即李白之妻。宗家有則天武后時宰相在位者，「三入鳳凰池」，出尚書令之名門。約與〈秋浦寄席內〉同時之詩作〈自代內贈〉（卷二十五），有「妾家三作相，失勢去西秦」，則符合留別宗璟詩之所述。可知自秋浦寄書信于梁園之妻，即最後所娶之宗氏。李白最初娶妻之許氏，或生離或死別，其生一女一男（〈寄東魯二稚子〉所謂平陽與伯禽）或託之於魯一婦人，在山東養育。其後，於梁園娶宗氏。二稚子在山東，妻在河南。至於魏顥序所謂「明月奴」或伯禽之幼名。[25]

又〈送內尋廬山女道士李騰空二首〉「事蹟」：按前出〈秋浦寄內〉有：「我今去尋陽」，李白其後不久，即自秋浦溯江往尋陽（今九江）。妻宗氏見李白詩（或亦有書翰），南下來尋陽與李白相會。然李白旋即欲下江作宣城之遊，宗氏乃有自尋陽入廬山之意。[26]

論考李白妻子兒女情事，或有彰顯李白處於方內與方外之間的用心，說明李白既是自由不羈而探尋仙道幽玄的謫仙，亦是起居於人間而以詩語表述世間情愛的詩人。

〈聞李太尉大舉秦兵百萬出征東南懦夫請纓冀申一割之用半道病還留別金陵崔侍御十九韻〉「考證」：李白有題為〈獻從叔當塗宰李陽冰〉（卷十二）之詩，黃氏、詹氏皆以為寶應元年之作，即推定作於李白寄身李陽冰而病歿之年。然鄙見以為：此詩為應元年以前之作。蓋此

---

25 李白於梁園娶宗氏，與前妻許姓所生二稚子在山東的考證，青木正兒：《李白》，收載於《青木正兒全集》第五卷，頁213-214。
26 青木正兒：《李白》，收載於《青木正兒全集》第五卷，頁216。

詩末段：「小子別金陵，來時白下亭。群鳳憐客鳥，差池相哀鳴。各拔五色毛，意重太山輕」，述去金陵之時，友人祖餞於白下亭，各贈若干行資。是迥異於上元二年〈留別金陵崔侍御〉，所謂祖餞於臨滄觀及征虜亭，非是時之作者，甚明。而關於祖餞白下亭，有〈金陵白下亭留別〉、〈留別金陵諸公〉（竝卷十五）曰：「五月金陵西，祖余白下亭」。此二詩當與獻李陽冰詩有關連。至於此二詩，黃氏以為至德元年、五十六歲之作，詹氏以為五十歲之作，皆未能決斷，蓋晚年寄身當塗前，李白嘗訪李陽冰于當塗而獻詩。[27]

李白晚年行跡，青木正兒於此詩「事蹟」曰：李白來金陵前，居於何處，未能究明，蓋下揚子江而來，又溯江而去。王琦〈李太白年譜〉考證〈宣城送劉副使入秦〉年代，推定為上元二年冬之事。[28] 若從之，則此時，折返宣城（安徽省蕪湖道）。翌年、即寶應元年，其從叔李陽冰任當塗（在宣城之北）縣令而往赴，此年十一月以病卒於此地，年六十二。[29]

綜輯相關詩作，考證作品的年代，推察李白晚年往來金陵、宣城與當塗之間的行蹤。

（五）「事蹟」者，或解釋詩題，而多為李白事蹟行蹤的論考。

〈宮中行樂詞八首〉「事蹟」：據唐孟棨《本事詩‧高逸第三》：「玄宗……嘗因宮人行樂，謂高力士曰『對此良辰美景，豈可獨以聲伎為娛，倘時得逸才詞人吟詠之，可以誇耀於後』。遂命召（李）白。時寧王邀白飲酒，已醉。既至，拜舞頹然。上知其薄聲律，謂非所長，命為宮中行樂五言律詩十首。……白取筆抒思，略不停綴，十篇立就，更無加點」。[30] 今存八首而已。[31]

27 青木正兒：《李白》，收載於《青木正兒全集》第五卷，頁273。
28 王琦輯註：〈李太白年譜〉，《李太白全集》卷三十五，頁1689。
29 青木正兒：《李白》，收載於《青木正兒全集》第五卷，頁272-273。
30 孟棨：《本事詩》，上海：上海古籍出版社，1991年4月，頁17-18。
31 青木正兒：《李白》，收載於《青木正兒全集》第五卷，頁60-61。

〈清平調詞三首〉「事蹟」：唐韋叡《松牎錄》（《太平廣記・樂類》引）曰：「開元年間，禁中初重木芍藥，即今牡丹也。……得四本，紅紫淺通白者。上因移植於興慶池東沉香亭前。會花方繁開，上乘照夜白，太真妃以步輦從。詔特選梨園弟子中尤者，得樂十六部。李龜年以歌擅一時之名，手捧檀板，押眾樂前，將歌之。上曰：『賞名花，對妃子，焉用舊樂詞為』。遂命龜年持金花牋，宣賜李白。立進〈清平調〉辭三章。白欣然承旨，猶苦宿酲未解，因援筆賦之。辭曰……云云。龜年遽以辭進。上命梨園弟子約略調撫絲竹，遂促龜年以歌。太真妃持玻瓈七寶盞，酌西涼蒲桃酒，微領意甚厚。上因調玉笛以倚曲，每曲遍將換，則遲其聲以媚之。太真飲罷，斂繡巾重拜上。……上自是顧李翰林，尤異於他學士。會高力士終以脫靴為深恥。異日，太真妃重吟前詞，力士戲曰：『此為妃子怨李白，深入骨髓，何反拳拳如是』。太真因驚曰：『何翰林學士能辱人如斯』。力士曰：『以飛燕指妃子，是賤之甚矣』。太真頗深然之。上嘗三欲命李白官，卒為宮中所捍而止」。[32] 宋樂史〈李翰林別集序〉及〈楊太真外傳〉亦見同文。[33]

前者引述孟棨《本事詩》的載記，敘述李白創作〈宮中行樂詞〉的始末與斗酒百篇，奔放揮灑的逸事。後者援引韋叡《松牎錄》的隨筆，記述李白〈清平調詞三首〉詩作的由來，下筆如有神助與戲謔高力士之傳聞。

〈猛虎行〉「事蹟」：據此詩，避亂離家，經宣城來溧陽，欲遊東海而赴剡縣。然此後未見剡縣詩作，而有〈贈王判官、時余歸隱廬山屏風疊〉（卷十一），據此題意，其出發前之住宅有尋陽廬山屏風疊，遊剡縣後，再回此處。此屏風疊為其妻宗氏求師事女道士之居處（見〈送內尋

---

32 宋李昉等奉勒撰、清黃晟校：《太平廣記》卷二百四，〈樂二・李龜年〉，黃氏槐蔭草堂刊，乾隆二十年刊，日本国立国会図書館藏《太平廣記》500 卷目 10 卷，頁 5-6。

33 青木正兒：《李白》，收載於《青木正兒全集》第五卷，頁 65、66-67。

盧山女道士李騰空二首〉）。李白與妻共隱居於此。然此年（至德元年）
十二月，永王璘招李白入幕。李白作〈經亂離後天恩流夜郎、憶舊遊書
懷贈江夏韋太守良宰〉（卷十一），記述其時事。李白隱居盧山，為永王
水軍挾持入幕，翌年二月永王軍敗，獲罪而流放夜郎。[34]

　　〈奔亡道中五首〉「事蹟」：此時，李白從何處奔亡何處。其〈為
宋中丞自薦表〉曰：「屬逆胡暴亂，避地盧山。遇永王東巡脅行，中道
奔走，却至彭澤」（卷二十六），為永王挾持，中途逃亡。實則，〈永王
東巡歌〉（卷八）詠丹陽陣營之狀，永王軍盛勢之間，李白確實在其營
中，敗戰而與敗兵逃至彭澤。彭澤，今江西省北境之縣，臨大江。然曾
鞏〈李白集序〉曰：「璘軍敗丹陽，白奔亡至宿松，坐繫尋陽獄」。[35] 所
謂「奔亡至宿松」者，蓋據李白〈贈張相鎬二首〉題下注：「時逃難，
病在宿松山作」，與〈其一〉有「臥病宿古松滋」[36] 句。松滋者，宿松之
古名，今曰宿松縣，在安徽省南境，與彭澤隔江之西北方近處。私按：
永王軍丹陽敗北後，以船團溯江，入鄱陽湖，更溯贛江。李白或與船
團亡命，於彭澤上岸，蓋以彭澤接近其舊居盧山，一人渡江，騎馬奔走
宿松。檢索地圖，彭澤之江北與泊湖、上長湖相連，宿松即在湖之北。
〈奔亡道中五首〉之其五所詠之湖，蓋為諸湖之水。[37]

　　〈萬憤詞投魏郎中〉「事蹟」：李白被虜投尋陽獄，於永王戰敗之年
春者，以詩中有「獄戶春而不草」而明。然不久，以御史中丞宋若思及
宣撫慰大使崔渙之盡力而得脫其囚。關於此事，作詩〈中丞宋公以吳兵
三千赴河南軍次尋陽、脫余之囚參謀幕府、因贈之〉（卷十一）。而〈為
宋中丞自薦表〉，記崔渙盡力之事，明記「李白年五十有七」。於〈獄中
上崔相渙〉、〈崔相百憂草〉（卷二十四），訴苦衷而暗求相救。然是年

---

34 青木正兒：《李白》，收載於《青木正兒全集》第五卷，頁 228-229。
35 曾鞏：〈李白集序〉，《分類補註李太白詩》，《四部叢刊初編縮本》036，頁 6。
36 「臥病宿古松滋」者，靜嘉堂藏宋本之文，王琦輯註本：「臥病宿松山　繆本作古松
　滋」。〈贈張相鎬二首〉，宋版收錄於卷十，王琦輯註《李太白全集》則編入卷十一。
37 青木正兒：《李白》，收載於《青木正兒全集》第五卷，頁 236-237。

秋，為宋若思幕僚而赴武昌，有〈陪宋中丞武昌夜飲酒懷古〉之作。[38]

〈陪宋中丞武昌夜飲酒懷古〉「事蹟」：宋若思薦李白于肅宗，請與之京官之一職，不遂。竟以坐永王事，將誅之。幸武勳赫赫之郭子儀感念昔時折一兵卒犯罪刑責，李白力諫而免之舊恩，以己之官爵贖李白之罪，天子許之，流放夜郎。遂於翌乾元元年春，發尋陽，溯長江。[39]

綜輯相關詩作，推察永王起兵前後，李白入幕逃亡囚獄脫困的行蹤，幸得宋若思與郭子儀相救，免誅而流放夜郎的事蹟。

〈宿巫山下〉「事蹟」：此時，李白宿巫山下，遇大赦，免赴夜郎，而下瞿塘峽。「三月下瞿塘」句，即記述其行蹤。又〈流夜郎半道承恩放還兼欣剋復之美書懷示息秀才〉（卷十一）[40]亦敘述有之，可確認其事實。且〈自漢陽病酒歸寄王明府〉有「去歲左遷夜郎道，……今年勅放巫山陽」句，可知因得大赦之報，而在巫山下。按《新唐書·肅宗本紀》：「乾元元年十月甲辰，立成王俶為皇太子，大赦」。[41]冊立太子，行大赦，李白蒙受恩惠，元年十月大赦，翌年三月，始傳至巫山下。[42]

記述李白獲知大赦而免於流放夜郎的時地。

（六）「餘談」者，考品物，寫掌故，論詩題，述李白氣質、思想，記交遊，載行蹤，探究創作的心境。

〈贈從兄襄陽小府皓〉「餘談」：「轉蓬」，楊齊賢注：「蓬花北土有之。團欒如毬，風起則隨地而轉，不能自止」。[43]謂之「蓬花」，非言花，乃枯蓬之草團簇如毬。宋陳長方《步里客談》傳其外祖使遼始見蓬花之言，曰：「枝葉相屬，團欒在地，遇風即轉。問之，則云轉蓬」。南

---

38 青木正兒：《李白》，收載於《青木正兒全集》第五卷，頁 240。

39 青木正兒：《李白》，收載於《青木正兒全集》第五卷，頁 241-242。

40 所謂「卷十」者，王琦輯註本之編次，靜嘉堂藏宋版收錄於卷十。

41《新唐書》卷六，〈本紀第六肅宗〉，頁 161。

42 青木正兒：《李白》，收載於《青木正兒全集》第五卷，頁 256。

43 王琦輯註引述有之，《李太白全集》卷九，頁 512。

方無，珍奇而語耳。[44]

　　〈行路難三首〉「餘談」：○首陽蕨，《史記・伯夷列傳》有「采薇食之」，而非「蕨」。但「蕨」（山葵）與「薇」（野生豆），《詩・小雅・四月》：「山有蕨薇」竝稱，古來以同類之山菜，往往混用。此與「月」字合韻而用「蕨」字。[45]

　　考證名物所在及其屬性。

　　〈行路難三首〉「餘談」：○珍羞萬錢，楊齊賢注：「晉何曾日食費萬錢」，[46]何曾好美食而有名。王琦輯注引《北史》：「韓晉明好酒縱誕，招飲賓客，一席之費，動至萬錢」。萬錢為奢侈之標準。[47]

　　記述南北朝奢侈的風氣。

　　〈行路難三首〉「餘談」：○夢日邊，東魏明帝幼而聰哲，為元帝寵異。年數歲，嘗坐膝前。屬長安來，因問帝曰：「汝謂日與長安孰遠」。對曰：「長安遠，不聞人從日邊來」。[48]以此故事，遂始以「日邊」作「帝都」之意。故以其意解此詩，雖捨世垂釣，忽夢見帝都，則猶有留戀長安之意。唯天寶年間編《河嶽英靈集》所載此詩，作「忽復乘舟落日邊」，[49]乘舟遊溪而適志，了無眷戀長安之意。後者似較合宜。[50]

　　寫掌故，兼及詩語考證，論說符合李白情性之文本。

　　〈楊叛兒〉「餘談」：古楊叛曲曰：「暫出白門前，楊柳可藏烏。歡作沉水香，儂作博山爐」。明楊升庵（慎）評云：「古楊叛曲僅二十字，太白衍之為四十四字，而樂府之妙思益顯，隱語益彰。……『沉水』、『博

---

44 青木正兒：《李白》，收載於《青木正兒全集》第五卷，頁30。

45 青木正兒：《李白》，收載於《青木正兒全集》第五卷，頁86。

46《四部叢刊初編縮本》036，《分類補註李太白詩》卷三，〈行路難三首〉「珍羞直萬錢」，無楊齊賢注。《晉書》卷三十三，《列傳第三何曾》：「（何曾）性奢豪，……務在華侈……日食萬錢，猶曰無下箸處」。

47 青木正兒：《李白》，收載於《青木正兒全集》第五卷，頁86。

48《晉書》卷六，〈帝紀第六明帝〉，台北：鼎文書局，1969年2月，頁158。

49 殷璠：《河嶽英靈集》，《四部叢刊初編縮本》102，頁12。

50 青木正兒：《李白》，收載於《青木正兒全集》第五卷，頁86。

山』之句，非太白以雙烟一氣解之，樂府之妙亦隱矣」。[51]

　　論考詩題，又引述楊慎詩評，彰顯李白樂府詩作之妙處。

　　〈上李邕〉「餘談」：天寶四年，杜甫訪李邕于濟州，作〈陪李北海宴歷下〉、〈同李太守登歷下城員外新亭〉二篇。元蕭士贇注，疑「此篇似非太白之作，今釐在卷末」。[52] 或當。詩意蓋有輕狂狷介之氣。[53]

　　作品考辨，敘述李白的氣質。

　　〈古風　其五太白何蒼蒼〉「餘談」……登山詩，詠神仙者多，如〈登峨眉山〉、〈遊太山〉、〈夢遊天姥吟留別〉諸詩。……「古風」中，有九篇詠歎遊仙，此篇為代表之作。

　　綜輯相關詩作，說明李白信仰道教，好神仙而登山探幽的思想。

　　〈元丹丘歌〉「餘談」：元丹丘與李白有親交，詩集多見詠丹丘之詩。列舉題名，有〈西嶽雲臺歌送丹丘子〉、〈元丹丘歌〉（卷七）、〈聞丹丘子營石門幽居〉（卷十三）、〈潁陽別元丹丘之淮陽〉（卷十五）、〈以詩代書答元丹丘〉、〈酬岑勛見尋就元丹丘對酒相待以詩見招〉（卷十九）、〈與元丹丘方城寺談玄作〉、〈尋高鳳石門山中元丹丘〉（卷二十三）、〈觀元丹丘坐巫山屏風〉（卷二十四）、〈題元丹丘山居〉、〈題元丹丘潁陽山居〉、〈題嵩山逸人元丹丘山居〉（卷二十五）十二篇。據諸詩，元丹丘居西嶽（華山）、嵩山（中嶽）與嵩山附近之潁陽，亦於石門山營幽居（石門地理，見〈尋高鳳石門山中元丹丘〉注）。李白詠其山居，可知元丹丘極富裕，非普通之道士。〈題嵩山逸人元丹丘山居・序〉：元丹丘邀約「長往不返」，李白「欲便舉家就之」，其力足以養李白一家之士人，以興味研究道教之隱遁者。論考此人與李白之交遊，亦有意義，今無暇深入。[54]

---

51 王琦輯註引述有之，《李太白全集》卷四，頁 278。青木正兒：《李白》，收載於《青木正兒全集》第五卷，頁 321。

52 《分類補註李太白詩》卷九，《四部叢刊初編縮本》036，頁 175。

53 青木正兒：《李白》，收載於《青木正兒全集》第五卷，頁 114。

54 青木正兒：《李白》，收載於《青木正兒全集》第五卷，頁 336。

綜輯相關詩作，說明李白與道士神遊的情境。

〈贈清漳明府姪聿〉「餘談」：推定與此詩為同年之作者，有〈贈饒陽張司戶燧〉、〈贈盧徵君昆弟〉（卷九）。饒陽，今河北省保定道饒陽縣，在清漳（肥鄉）北方懸隔處。盧徵君之所在，據詩中之意，蓋居滄州。滄州，今河北省津海道滄縣，在饒陽東。李白蓋自邯鄲、清漳北上，遊歷饒陽、滄州一帶。以上詩篇可知李白於燕、趙之遊跡。[55]

〈送殷淑三首〉，黃氏、詹氏皆以為天寶十三年、五十四歲作。「餘談」：此詩所見地名，知詩作於金陵。唯李白來金陵前，曾往揚州。有魏萬者，慕李白，自山西省尋來，見於廣陵（揚州），同舟上金陵，其後，李白別魏萬於金陵，往赴宣城。此事見李白〈送王屋山人魏萬還王屋・序〉（卷十六），王琦考證詩作年代，〈年譜〉列於天寶十三年。[56]

考辨地理所在，前者探索李白於燕趙的遊跡，後者論證漫遊秋浦、揚州、金陵的行蹤。

〈送賀賓客歸越〉「餘談」：《晉書・王羲之傳》「王羲之為右軍將軍，會稽內史。……性愛鵝……山陰有一道士好養鵝，羲之往觀焉，意甚悅，固求市之。道士云：『為寫道德經，當舉群相贈耳』。羲之欣然寫畢，籠鵝而歸，甚以為樂」。[57] 李白有〈王右軍〉（卷二十二「懷古」），「右軍本清真，瀟灑在風塵。山陰遇羽客，要此好鵝賓。掃素寫道經，筆精妙入神。書罷籠鵝去，何曾別主人」，詠此故事。然此篇所寫，為「黃庭經」而非《道德經》，與王羲之傳不合，後世議之者多，王琦不厭其煩，羅列諸說。竊謂李白非誤引典故，或有意變化。蓋賀知章歸山陰鄉里，為道士，自然逢其地之道士，且賀知章能書，固有乞書求字者。亦即故事行於其地，不因襲故事原文，轉用為「黃庭經」，蓋有不平凡

---

55 青木正兒：《李白》，收載於《青木正兒全集》第五卷，頁 179。

56 王琦輯註：〈李太白年譜〉，《李太白全集》卷三十五，頁 1673。青木正兒：《李白》，收載於《青木正兒全集》第五卷，頁 193。

57《晉書》卷八十，〈列傳第五十王羲之〉，頁 2094、2100。

之妙味。58

　　考辨詩語，窺考李白創作詩歌的用心所在。

　　〈古風　其一大雅久不作〉「餘談」：此篇，李白自言其志。一篇主旨在開首二句。前段「綺麗不足珍」以上諸句，為首第一句之意，即述〈大雅〉衰微久矣，後段至「絕筆於獲麟」，為第二句之意，即述我未老衰之間，完成復興〈大雅〉事業之願望。至於「自從建安來，綺麗不足珍」，似以建安詩風為綺麗而斥之，其實李白所斥者，在其（建安）後。蓋〈謝朓樓餞別叔雲〉曰：「蓬萊文章建安骨」，即以其風骨為高，絕無輕建安詩之意。又唐孟棨《本事詩・高逸第三》引李白論詩之語，曰：「梁陳以來，豔薄斯極，沈休文又尚聲律，將復古道，非我而誰與」59，則明言其所斥者為梁陳。斥梁陳而以古道之復興為己任，最能表述其真意。詩之後段末章，雖云編纂聖代傑作以遺後世，其為作家未必滿足於編纂事業。實則以《詩・大雅》起興而欲效法孔子刪詩之修辭，內心有復興古風之夙志。60

　　探究詩意，彰顯李白抱持復興「古風」詩體的志向。

　　（七）「寓意」三則，見於「古風」與「樂府」，取捨前人注疏與隨筆、詩話的記載，探究詩篇的寓意。

　　〈古風其三十五醜女來效顰〉「寓意」：關於此篇寓意，元蕭士贇注：「此篇蓋譏世之詩賦者不過以取科舉干祿位而已，何益於世教哉」。私按：第一章譏模倣主義，第二章譏修辭主義，第三章與「大雅久不作，吾衰誰陳」（〈古風其一〉）同義。而願見郢人之質揮成風之斤者，願與吾共同完成雅頌復古事業之同志出現，然終不得，而歎己之空拳。61

　　引述前人注解，說明李白作詩復興雅頌古風的寓意。

58　青木正兒：《李白》，收載於《青木正兒全集》第五卷，頁87。
59　孟棨：《本事詩》，頁17。
60　青木正兒：《李白》，收載於《青木正兒全集》第五卷，頁279-280。
61　青木正兒：《李白》，收載於《青木正兒全集》第五卷，頁297。

〈遠別離〉「寓意」：此篇「日慘慘兮」至「鼠變虎」與本題無直接關連，述何事者，難以理解。其究竟有何諷刺與寓意。蕭士贇注解謂：天寶末期，玄宗漸倦怠政事，國權歸李林甫與楊國忠，軍權歸安祿山與哥舒翰，國家將危，李白識之，以詩諷刺之。「日慘慘兮雲冥冥者，喻君昏於上而權臣障蔽於下。猩猩啼煙鬼嘯雨者，極小人之形容而政亂之甚也。我縱言之將何補者，太白感歎之辭，謂時事如此矣，我縱言之誠，恐君不以我為忠，而適以取憎於權臣也。夫如是，則又將何補哉。堯舜以下數句，乃是太白所欲言之事，謂權歸於臣，其禍必至於此」。

引述前人注解，說明李白作詩憂慮國事的寓意。

〈蜀道難〉「寓意」：關於此詩寓意，據唐范攄《雲谿友議‧嚴黃門》：「（嚴）武年為給事黃門侍郎。明年擁旄西蜀。累於飲筵對客騁其筆札。杜甫拾遺乘醉而言曰：『不謂嚴定之有此兒也』。武恚目久之，曰：『杜審言孫子擬捋虎鬚』。合座皆笑，以彌縫之。武曰：『與公等飲餞謀歡，何至於祖考矣』。房太尉綰亦有所誤，憂怖成疾。武母恐害賢良，遂以小舟送甫下峽。母則可謂賢也，然二公幾不免於虎口乎。李太白為〈蜀道難〉，乃為房、杜之危也」。[62]《新唐書‧嚴武傳》[63]取此說。據宋洪芻《洪駒父詩話》（已佚，《苕溪漁隱叢話前集》卷五引[64]）：「嘗見《李太白集》一本，於〈蜀道難〉題下注：諷章仇兼瓊也」。蕭士贇注，斥此二說而立新說，謂：安祿山之亂，長安危，玄宗欲避難至蜀時，有贊否兩論。李白在野，不以為然而作此詩諷之。本此主旨而詳細解說寓意。據久保天隨：此詩已見於唐殷璠編《河嶽英靈集》，據序：

---

62 范攄：《雲谿友議》，《四部叢刊續編》026，台北：商務印書館，1976 年 6 月，頁 12857。

63 〈嚴武傳〉：「（嚴）武在蜀頗放肆，……（房）琯以故宰相為巡內刺史，武慢倨不為禮。最厚杜甫，然欲殺甫數矣。李白為蜀道難者，乃為房與杜危之也」。《新唐書》卷一百二十九，列傳第五十四，頁 4484。

64 胡仔：《苕溪漁隱叢話前集》卷五，《四部備要》本，台北：中華書局，1971 年 2 月，頁 4。

「（詩）起甲寅（開元二年）輯終癸未（至天寶十二年）」[65]。然玄宗幸蜀者，天寶十五年事，就年代而言，詩作諷幸蜀之說不成立。嚴武治蜀者，在上元、寶應間，年代更晚，當非諷刺嚴武。[66] 但章仇兼瓊者，事蹟未詳，寓意何在，無由可知。[67]

　　權衡前人論考，難得確鑿合理的證據，而不置〈蜀道難〉寓意之可否。

四、酒徒詩友莫逆於心

　　關於李白吟詠飲酒，記述鳥獸、草木等事物，互見於所著《酒中趣》、《中華名物考》，亦有精詳的解說而意趣深邃。如〈侍從宜春苑奉詔賦龍池柳色初青聽新鶯百囀歌〉，解「鶯」：訓為「うぐいす」，實為別鳥。此鳥常與「柳」合用。[68]「うぐいす」者，為「告春鳥」，俗稱「日本樹鶯」，「鶯」、「柳」合文，或為「黃眉柳鶯」，而異於「うぐいす」。而「薇」、「柚」、「茱萸」、「蕙」等草木，亦有詳細的考證。要皆歷來註釋所未見之特色。[69] 至於〈將進酒〉，題名注：漢代鼓吹鐃歌十八曲之一。考題名之意，「將」者，《詩・大雅・既醉》「爾既殽將」，毛傳曰：「將、行也」。集傳有「將、行也，亦奉持而進之意」。當以此用法解之。則「將進酒」即一般所謂「行酒」。行酒者，酌酒奉客。[70] 持酒勸客相對飲，題解與詩意符應，當體得李白作詩的心境。青木正兒善飲，或與李白志趣相得，酒徒相親，對酌神交，而莫逆於心。

65　殷璠：《河嶽英靈集》，《四部叢刊初編縮本》102，頁 1。
66　久保天隨譯解〈蜀道難〉「餘論」，《李太白集》卷二，《李白全詩集》第一卷，頁 210-211。
67　青木正兒：《李白》，收載於《青木正兒全集》第五卷，頁 310-311。
68　青木正兒解說〈侍從宜春苑奉詔賦龍池柳色初青聽新鶯百囀歌〉，《李白》，收載於《青木正兒全集》第五卷，頁 57。
69　村上幸次：〈《李白》について〉，解說青木正兒譯注《李白》的特色。見於青木正兒，《青木正兒全集》第五卷，頁 369-374。
70　青木正兒解說〈將進酒〉，《李白》，收載於《青木正兒全集》第五卷，頁 311。

附錄：

〈李白年譜略〉
一、事蹟特舉其最顯著者。
二、作品僅列舉本書編年篇所取者。
三、地理但註關乎李白事蹟者。

說明：特舉事蹟，以記述〈李白の生涯〉大事。作品繫年以確定創作時
　　　地，與〈詩歌分期〉相參。地理考察，又佐以〈李白関係地図〉，
　　　以載錄李白歷觀山川遊蹤。
資料來源：青木正兒：《李白》，收載於《青木正兒全集》第五卷，東
　　　京：春秋社，1971 年 12 月，卷頭圖版。

李　白　年　譜　略

一、事蹟は特に顕著なるものを舉げる。
二、作品は本書諸年篇に取つたもののみを列舉する。
三、地理は李白自身の事蹟に關するもののみを舉げる。

紀年	西曆	年齡	事　蹟	作　品	地　理
長安1	701	一	隴西の人。蜀の綿州に生れる。		西域・綿州　今の四川省彰明縣
開元3	715	一五	剣術を好み、書を讀み、賦を試みる。		
開元8	720	二〇	この頃より蜀中を遊歴、蘇頲に見いられる。	〔一〕訪戴天山道士不遇	明府・岷山　今の四川省
開元9	721	二一	成都及び峨眉山に遊ぶ。	〔二〕登錦城散花樓　〔三〕登峨眉山	成都・峨眉山　今の四川省
開元13	725	二五	この秋、蜀を去り、三峽を出でて楚に遊ぶ。	〔四〕峨眉山月歌　〔五〕渡荊門送別　〔六〕秋下荊門	三峽・荊門
開元14	726	二六	淮南に遊ぶ。	〔七〕淮南臥病書懷寄蜀中趙徴君蕤	廣陵・淮南
開元17	729	二九	この年、安陸に婚を結ぶ。許圉師の孫女を娶る。	〔八〕安陸白兆山桃花巖寄劉侍御綰	安陸　今の湖北省安陸縣
開元23	735	三五	洛陽に遊び、この頃安陸を去つて太白山に遊ぶ。	〔九〕〔一〇〕春日醉起言志　〔一一〕春日行	洛陽　河南省　太白山
開元24	736	三六	山東に遊ぶ。	〔一二〕〔一三〕五月東魯行答汶上翁　〔一四〕魯中行	山東省
開元25	737	三七	南陵、方山に住をなす。	〔一五〕〔一六〕〔一七〕贈孟浩然	襄陽　今の湖北省
開元27	739	三九	この頃、春陵に住す。	〔一八〕〔一九〕贈少府	春陵　今の湖北省
天寶1	742	四二	この秋召し出されて長安に赴く。安徽に遊ぶ。妻子を別れて朝廷に入る。	〔二〇〕別内赴徴　〔二一〕南陵別兒童入京	京師・安徽省
天寶2	743	四三	長安にあつて翰林供奉の官に任ず。	〔二二〕〜〔三〇〕清平調詞三首　宮中行樂詞	長安　今の陝西省
天寶3	744	四四	讒を蒙り京國を去る。金を賜うて放還せられ、夏、翰林の官を辭去する。	〔三一〕〜〔四〇〕玉壺吟　行路難	開封・太原　陝西省

年號	西暦	年齡	行蹤	詩文	備考
天寶4	745	四五	杜甫と共に山東に遊ぶ。		
天寶5	746	四六	山東より南下して呉に遊ぶ。		
天寶6	747	四七	越に遊ぶ。		
天寶7	748	四八	金陵に居る。		
天寶8	749	四九	江東に居る。		
天寶9	750	五〇	南陵に遊ぶ。		
天寶10	751	五一	新平に遊ぶ。		
天寶11	752	五二	北方坊州・邠州等の處に遊ぶ。		
天寶12	753	五三	梁園に至る。宣城に至り秋浦に遊ぶ。		
天寶13	754	五四	揚州にて魏萬に遇ひ、共に金陵に至り、又更に宣城に遊ぶ。		
天寶14	755	五五	秋浦に居る。		
至德1	756	五六	避亂して廬山に遊び、後に宣城・剡中等の處に至る。		
至德2	757	五七	永王璘の軍に参じ、璘敗れて潯陽の獄に下るが、宋若思の軍に救はれて幕僚となり、又尋で放たる。		
乾元1	758	五八	夜郎に放たれ、岳州に至って立寄り、江夏に遊ぶ。		

年号	年	歳	事蹟	作品	備考
乾元2	759	五九	びゃう三峽を上り、巴陵を下り、巫峽を返し、江、夏に至りて、至る。江夏山に下り、至りて潯陽に在り、潯陽に渡つて湖嶽に遊ぶ。	聞御府下舟三、行つて南南陵、酈館三經靈流。酈館、古草早嶺、霞、城黃鶴樓、王明府令全體山內。府に三宅遊城。置嶽詩山三。置酒詩曰待上。酒門詩三峽。三峽巫門崎晚詩。木牧沢至門詩。渡荊三門三。等一信自岳 自白、襄、三巫、東	黄鶴樓・廬山・巴陵・三峽・新聞詩白の歷山在藤在北峽。今の江西省。今の湖北省。今の四川省。江の上る四川
上元1	760	六○	江夏より潯陽に浮ぶ。	(一七) 江夏贈韋南陵冰。	武昌 今の湖北省。
上元2	761	六一	金陵に行き、又、夫つて當塗に行く。	(一三○) 聞李太尉大舉秦兵出征東南。（留）別金陵諸偉编。	臨淮 褒斜道達金陵の今安南省。齷の今安徽省。
寶應1	762	六二	當塗に卒す。	(三二) 臨路歌。	

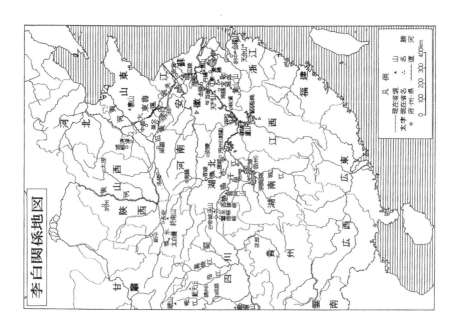

李白關係地図

凡例
―――― 現在省境
大字　現在省名
〇　　府州・県
△　山名　　山名
0　100　200　300　400km

第九章
青木正兒的李白詩境探頤：
換韻妙趣、詩境俊逸

青木正兒《李白》譯注詩作，收錄於《青木正兒全集》第五卷。本書分上下二篇，上篇編年；下篇分類。咀嚼下篇譯解，以究明青木正兒如何探尋李白的詩語情境。

一、《李白》下篇譯注體例與解題

（一）下篇譯注體例

青木正兒的李白詩歌譯注，收錄於《青木正兒全集》第五卷。「凡例」說明篇卷體例：

一、本書分上下二篇，上篇編年體，下篇分類體。編年者慎無武斷，折衷諸家之說，猶有不安者，列入分類篇。

二、詩之選擇標準，於分類篇，選擇探究李白性格、思想、興趣與膾炙人口之作。

三、古體詩分章，長篇亦分段。逐章、段而插入譯解。俾讀者易於領會全篇旨趣。

四、古體詩換韻，換韻與意義語勢關係密接。換韻者，考索詩歌分章之關鍵，故不厭其煩而每篇示之。換韻輒於意義改易處或語勢轉換處；然有特意不合韻而出妙味者。參見本文〈長干行〉末段註。

五、古體詩分章，長篇亦分段。逐章、段而插入譯解。俾讀者

易於領會全篇旨趣。

（二）下篇分類詩作解題

青木正兒選錄李白各類詩作而著錄解題。

1. 下篇「分類」敘述題序曰：

李白詩集題材分類甚早。本書所據靜嘉堂所藏宋刊本分歌詩為
二十一類，宋楊齊賢集註、元蕭士贇補註《分類補註李太白
集》之分類亦同，唯作品排列稍異。清王琦輯註本雖未記載分
類標目，而編次全從補註本，可謂之為分類本。宋刊本與補註
本分為二十一類：

（1）古風、（2）樂府、（3）歌吟、（4）贈、（5）寄、（6）留
別、（7）送、（8）酬答、（9）遊宴、（10）登覽、（11）行役、
（12）懷古、（13）閒適、（14）懷思、（15）感遇、（16）寫
懷、（17）詠物、（18）題詠、（19）雜詠、（20）閨懷、（21）
哀傷。

茲從其分類與順序，選擇通俗平易作品而註解。本文主據宋刊
本，作品排列順序則採分類補註本與王琦註本。[1]

古風、樂府二類詩歌亦有解題。

1　青木正兒「下篇　分類」譯注選詩，同於《唐詩選》者，有〈江上吟〉、〈塞下曲〉
二首。同於《古文真寶前集》者，有〈友人會宿〉、〈送張舍人之江東〉、〈待酒不
至〉、〈月下獨酌〉、〈春日醉起言志〉、〈獨酌〉、〈山中對酌〉、〈金陵酒肆留別〉、〈早
春寄王漢陽〉、〈金陵城西樓月下吟〉、〈將進酒〉、〈登梁王棲霞山孟氏桃園中〉、〈蜀
道難〉、〈襄陽歌〉十四首。青木正兒：《李白》，收載於《青木正兒全集》第五卷，
東京：春秋社，1971 年 12 月，頁 276。

2. 古風解題：

古風者，繼承漢魏詩體二完成之五言古詩。諸篇非一時之作，乃隨興所作無題之詩，其後編集而成者。宋本收錄五十九篇，元蕭士贇補分類補註本亦同數，而內容稍異。補註本合宋本其十八〈昔我遊齊都〉、其十九〈泣與親友別〉、其二十〈在世復幾時〉三篇為一篇；移宋本卷二十二「感遇類」，〈感寓〉之〈咸陽二三月〉與〈寶劍雙蛟龍〉二篇，入「古風」，而編為其八、其十六。三篇合併為一，增添編入二篇，以充減少之數。篇章分合是否蕭士贇所為，茲不深究，除此三處有異之外，二本之編次相同，清王琦註本從補註本；今從宋本之編次。選錄譯注古風詩作十五首。

3. 樂府解題：

樂府者，漢武帝時所置司掌音樂之官，採集民間歌曲而製作新曲。其後，轉稱樂歌為樂府。樂府韻文以配樂為原則，從漢代持續至魏晉南北朝；然魏晉間，有以樂府作韻文，無任樂人伴音者。劉勰《文心雕龍·樂府》曰：

> 子建、士衡咸有佳篇，並無詔伶人故事，謝絲管，俗稱乖調，蓋未思也。[2]

曹植與陸機有佳篇，不命樂人配音伴奏。唐形成風氣，詩人借古樂府曲名為題，而不配樂，詩形亦與原作無關，任意作「讀式詩」。李白此類樂府題之名作甚多，好用長短句而極奔放痛快。更無依古曲名，任意於題名添歌、行、吟、引、曲、篇等字而新作曲名。茲稱此類詩作為「歌吟」或「歌行」，準於樂府歌體。選錄譯注樂府

2　劉勰：《文心雕龍》卷二〈樂府第七〉，《四部叢刊初編縮本》109，台北：商務印書館，1965 年 8 月，頁 8。

詩作十六首。[3]

歌吟選錄譯注六首，贈、寄、留別、送、登覽各一首，遊宴三首，閑適十首，則皆無解題。

下篇「分類」譯注古風、樂府、歌吟、贈、寄、留別、送、遊宴、登覽、閑適等二百二十四首詩歌。又論述〈李白の詩風〉，附錄〈李白年譜略〉。

青木正兒於〈李白の詩風〉說：李白好詠之題材，為神仙、山水、飲酒、婦女，前二者是出世逍遙之所依，後二者為入世快樂之活水。[4]茲檢尋青木正兒列舉的詩歌，探究其如何考索李白詩語的典據，簡潔語譯與探頤詩境的所在。

二、詩歌譯注文辭以簡潔為尚

（一）「飲酒」的題詠：如〈月下獨酌四首　其一〉，前後換韻。

花間一壺酒，獨酌無相親。舉盃邀明月，對影成三人。（真韻）

語譯：花下一壺酒，獨酌而無對飲之人。舉盃迎明月，與我、影而成三人。

月既不解飲，影徒隨我身。暫伴月將影，行樂須及春。（真韻）

語譯：「將」和「與」同義。月素不飲酒，影但隨我身，暫引月、影，乘春行樂。

我歌月徘徊，我舞影凌亂。醒時同交歡，醉後各分散。

3　青木正兒：《李白》，收載於《青木正兒全集》第五卷，頁303。
4　青木正兒：〈李白の詩風〉，《李白》，收載於《青木正兒全集》第五卷，頁360-361。

永結無情遊，相期邈雲漢。（翰韻）

語譯：我歌則月躊躇，我舞而影繚亂。醒時共交歡，醉後各別去。月、影無情而欲結永久無情之交，遙指天河邀約再會之期。

又考證：黃（錫珪）氏與詹（鍈）氏並以之為天寶三年，四十四歲之作。蓋此詩第三首有「三月咸陽城」，第四首有「窮愁千萬端」，推定為李白受人中傷而身危，旋即去長安之天寶三年三月之作。其說穩當。[5]

青木正兒訓解精確，語譯簡潔，不加品騭，含蓄而留餘韻。二人譯注的風格迥異，可堪斟酌玩味。

〈將進酒〉，此篇換韻格。「將進酒」，漢代鼓吹鐃歌十八曲之一。考題名之意，「將」者，《詩・大雅・既醉》「爾既醉將」，毛傳曰：「將，行也」。集傳有「將，行也，亦奉持而進之意」。當以此用法解之。則「將進酒」即一般所謂「行酒」。行酒者，酌酒奉客。

君不見黃河之水天上來，奔流到海不復回。
君不見高堂明鏡悲白髮，朝如青絲暮成雪。（灰韻）

語譯：「黃河水」二句，喻盛年不重來，為「悲白髮」二句之前置，即《詩經》所謂「興」之用法。

人生得意須盡歡，莫使金樽空對月。（月韻）

語譯：「得意」者，我思如斯而行。鮑照〈學古〉，有「人生貴得意」句。與一般所謂「得意」[6]稍有不同。

天生我材必有用，千金散盡還復來。

---

5 〈月下獨酌四首　其一〉譯注解析，青木正兒：《李白》，收載於《青木正兒全集》第五卷，頁 76-77。
6 日語所謂「得意」，為「特長」、「擅長」之義。

烹羊宰牛且為樂，會須一飲三百杯。（灰韻）

語譯：「會須」，江戶時代學者訓為「カナラズ」（「必」）。清劉淇《助字辨略》解之為「應」、「當」，訓「まさに」（「應」、「當」）為宜。「一飲三百杯」者，後漢末名儒鄭玄故事。《世說新語‧文學》注：「袁紹辟鄭玄，及去，餞之城東，欲鄭玄必醉。會者三百餘人，皆離席奉觴。自旦及暮，度鄭玄飲三百餘杯，而溫克之容，終日無怠。[7]

岑夫子丹丘生，將進酒君莫停。
與君歌一曲，請君為我傾耳聽。（庚‧青韻）

考證：「岑夫子」，梁齊賢注：「杜工部詩多與岑參唱和。岑夫子必此人也」。王琦輯注：「岑夫子即集中所稱岑徵君」。王說可從。「岑徵君」，見〈鳴皋歌送岑徵君〉「考證」。「丹丘生」，集中多見「元丹丘」之道士，李白之知交。見〈元丹丘歌〉及「餘談」。

鐘鼓饌玉不足貴，但願長醉不用醒。
古來聖賢皆寂寞，惟有醉者留其名。（庚‧青韻）

語譯：妙音與美饌皆不足貴，唯願長醉不醒。古來聖賢死後皆沉寂，只有醉者留其名。

陳王昔時宴平樂，斗酒十千恣歡謔。
主人何為言少錢，徑須沽取對君酌。（藥韻）

考證：「陳王」，即曹植，封陳王，其詩〈名都篇〉，有「歸來宴平樂，美酒斗十千」句，蓋為「陳王」以下二句之典據。「平樂」，觀名。千文

7　劉義慶撰，劉孝標注：《世說新語》卷上之下〈文學第四〉，《四部叢刊初編縮本》027，頁32。王琦輯註〈將進酒〉引述有之，又引陳暄〈與兄子秀書〉：「鄭康成一飲三百杯」，王琦輯註：《李太白全集》卷三，頁232。

為一貫，十千為一萬錢。

語譯：陳王昔時於平樂觀開宴，酌一升一萬錢之美酒而歡喧。主人何須以錢少而氣餒，但沽酒，與君對酌。

　　五花馬，千金裘，呼兒將出換美酒，與爾同銷萬古愁。（尤韻）

語譯：五花良馬與千金皮衣，呼兒帶出換美酒，與爾等一同打消萬年累積之憂愁。「五花馬」與「千金裘」，皆誇張其奢侈。[8]

　　〈襄陽歌〉，此篇換韻格，首尾二章換韻，中四章同韻。李白另有以「襄陽曲」為題之短篇樂府四首，此詩綜合短篇樂府而創作之長篇歌吟。

　　落日欲沒峴山西，倒著接䍦花下迷。

　　襄陽小兒齊拍手，攔街爭唱白銅鞮。

　　傍人借問笑何事，笑殺山公醉似泥。（齊韻）

考證：「接䍦」，《廣韻》：白帽。此引晉山簡故事，《世說新語・任誕》：「山季倫為荊州，時出酣暢，人為之歌曰：山公時一醉，徑造高陽池。日暮倒載歸，酩酊無所知。復能乘駿馬，倒著白接䍦。舉手問葛彊，何如并州人」。[9]「白銅鞮」，《隋書・音樂志上》：「梁武帝之在雍鎮，有童謠曰：襄陽白銅蹄，反縛揚州兒。識者言銅蹄謂馬也，白金色也。及義師之興，實以鐵騎。揚州之士皆面縛，如謠言。故即位之後，更造新聲，帝自為之詞三曲，又令沈約為三曲，以披弦管」。[10] 後人改蹄為鞮。

語譯：落日將西沉峴山時，有倒戴白帽而徘徊於花下之人。襄陽小兒拍手齊諧，遮街爭唱白銅鞮。過路行人問所笑何事，小兒對曰：山公酩

8　〈將進酒〉譯注解析，青木正兒：《李白》，收載於《青木正兒全集》第五卷，頁311-313。

9　劉義慶撰，劉孝標注：《世說新語》卷上之下〈任誕第二十三〉，頁32。

10　《隋書》卷十三，《志第八音樂上》，台北：鼎文書局，1969年2月，頁305。王琦輯註〈襄陽歌〉：「接䍦、白銅鞮、山公醉俱見五卷〈襄陽曲〉註」，《李太白全集》卷七，頁417。

酊，醉態可笑。

> 鸕鷀杓，鸚鵡盃，百年三萬六千日，一日須傾三百盃。
> 遙看漢水鴨頭綠，恰似葡萄初醱醅。
> 此江若變作春酒，壘麴便築糟丘臺。（灰韻）

考證：「鴨頭綠」，唐代染色之名。「葡萄」，唐太宗時，自高昌輸入綠色馬乳葡萄，始造酒。「醱醅」，字書：酘之謂醱，酘者，熟醅投入原料以增量，此謂醱醅添加綠色葡萄之情境。「糟丘臺」，以酒糟為邱故事，夏桀殷紂皆有之。[11]

語譯：以「鸕鷀杓」與「鸚鵡盃」酌酒，一生百年三萬六千日，每日當傾三百盃。遙見漢水鴨頭綠之水色，恰似初添葡萄酒之諸味。此川若變成春酒，則可以積累之麴築糟丘之臺。

> 千金駿馬換少妾，笑坐雕鞍歌落梅。
> 車傍側挂一壺酒，鳳笙龍管行相催。
> 咸陽市中歎黃犬，何如月下傾金罍。（灰韻）

考證：「駿馬換少妾」，後魏曹彰逢駿馬愛之，懇望以一妾交換故事。「落梅」，落梅花之笛曲。「歎黃犬」，李斯故事。

語譯：以小妾換得千金之駿馬，笑跨雕鞍歌落梅曲，車傍傾吊一壺酒，笙笛喧雜催促前行。高居丞相之位，然臨刑咸陽市中而感歎黃犬，終不如月下傾金罍而飲。

> 君不見晉朝羊公，一片古碑村，龜頭剝落生莓苔。
> 淚亦不能為之墮，心亦不能為之哀。（灰韻）

考證：「羊公一片古碑村」，晉羊祜樂山水，治襄陽時，常遊峴山。死

11　青木正兒注解，皆據王琦輯註引述，《李太白全集》卷七，頁418。

後，地方之人感其德而建碑。望其碑者，皆墮淚，謂之墮淚碑。「龜頭」，碑之臺石造為龜形之風俗。

語譯：君不見為羊祜修建之一片古碑，臺石之龜頭皆剝落生苔。石碑謂之墮淚，見此景，淚豈能不為之墮，心不為之哀乎。

誰能憂彼身後事，金鳧銀鴨葬死灰。
清風朗月不用一錢買，玉山自倒非人推。（灰韻）

考證：「金鳧」、「銀鴨」未詳，或以之殉葬之風俗。「死灰」，火葬之灰。此二句，諸本無。「玉山自倒」，形容嵇康醉倒之狀，見《世說新語‧容止第十四》：「其醉也，傀俄若玉山之將崩」。

語譯：誰憂死後之事，以金鳧銀鴨葬死灰，有無皆可，何需在意。清風明月之賞而不用一錢買，亦可。酩酊不推而自如玉山之倒。

舒州杓，力士鐺，李白與爾同死生。
襄王雲雨今安在，江水東流猿夜啼。（庚韻）

考證：舒州，今安徽省懷寧，唐代產酒器鐵器，「舒州杓」，酌此地產酒之杓。「鐺」，鎗之俗字，溫酒之器。「力士」，未詳。「襄王雲雨」，楚襄王（懷王之誤）夢巫山女神故事。襄陽一帶，昔楚之領地，起興此故事。

語譯：舒州之杓，力士之鎗，李白與汝共生死。流傳浮名之楚襄王今在何處，人事皆如雲煙而不存，唯大江之水東流，夜啼之猿聲常在。[12]

　　（二）「婦女」的題詠：如〈楊叛兒〉，此篇換韻格。《通典》：「楊叛兒，本童謠也。齊隆昌時，女巫之子曰楊旻，少隨母入內，及長，為太后所寵愛。童謠云：『楊婆兒共戲來』，而歌謠訛，遂成楊叛兒」。

12〈襄陽歌〉譯注解析，青木正兒：《李白》，收載於《青木正兒全集》第五卷，頁331-334。

　　君歌楊叛兒，妾勸新豐酒。何許最關人，烏啼白門柳。（有韻）

語譯：君歌楊叛兒之曲，妾勸新豐之美酒。若云何處最動心，則是烏啼
於白門傍列柳上之情境。

　　烏啼隱楊花，君醉留妾家。
　　博山鑪中沉香火，雙烟一氣凌紫霞。（麻韻）

語譯：烏啼隱於楊花，君醉宿妾家。博山香鑪中沉香之火，煙分二道，
一道為君，一道為妾，裊繞繾綣，一香同氣，凌紫霞而昇天。「一氣」，
謂同香，比喻男女情愛無二心。13

　　〈採蓮曲〉，此篇換韻格。「採蓮曲」，草木二十四曲之一，王琦輯
注：起梁武帝父子，後人多擬之。

　　若耶溪傍採蓮女，笑隔荷花共人語。
　　日照新粧水底明，風飄香袖空中舉。（語韻）

語譯：耶溪傍採蓮花之女子，含笑隔花與人語。日照新衣粧之影，映水
透底，風吹香袖，飄舉空中。

　　岸上誰家遊冶郎，三三五五映垂楊。
　　紫騮嘶入落花去，見此踟躕空斷腸。（陽韻）

語譯：岸上誰家登徒子三五成群，隱見於柳樹葉蔭，栗毛駒馬穿入落花
中，乍見採蓮女子，躊躇去留，而空焦惱。14

　　〈長干行〉，此篇換韻格。「長干」，地名，今屬南京鄉里。《景定建
康志》：長干里在秦淮南。「長干行」，都邑三十四曲之一。

13〈楊叛兒〉譯注解析，青木正兒：《李白》，收載於《青木正兒全集》第五卷，頁
　320-321。
14〈採蓮曲〉譯注解析，青木正兒：《李白》，收載於《青木正兒全集》第五卷，頁
　321-322。

妾髮初覆額，折花門前劇。（陌韻）

郎騎竹馬來，遶牀弄青梅。同居長干里，兩小無嫌猜。（灰韻）

語譯：妾前髮始覆額之時，折花遊於門前。有人騎竹馬來，繞牀玩青梅。同住長干里，幼小二人無猜邪。

十四為君婦，羞顏未嘗開。低頭向暗壁，千喚不一回。（灰韻）

語譯：十四為君妻，含羞不舉顏，低頭向暗壁，千呼萬喚亦不回顧。

十五始展眉，願同塵與灰。常存抱柱信，豈上望夫臺。（灰韻）

考證：「塵與灰」，見陸機〈挽歌〉：「今為塵與灰」，謂死也。「抱柱信」，見《莊子・盜跖》：「尾生與女子期於梁下，女子不來，水至不去，抱梁柱而死」，[15] 即守信義之意。望夫石、望夫山之傳說，存在於各處，大抵夫君遠出不歸，妻子久望，遂成石。此亦同類之傳說。「望夫臺」，在忠州（今四川省忠縣）南數十里。

語譯：十五始展安心之眉，願死亦同為塵與灰。常存抱柱而死，不忘信義，豈有上望夫臺之思想。

十六君遠行，瞿塘灩澦堆。五月不可觸，猿聲天上哀。（灰韻）

語譯：十六之時，君遠行，溯江，過瞿塘峽之灩澦堆而入蜀。或云五月水漲，有觸岩之危，猿聲於天上哀啼。

門前遲行跡，一一生綠苔。（灰韻）

苔深不能掃，落葉秋風早。八月蝴蝶來，雙飛西園草。

感此傷妾心，坐愁紅顏老。（皓韻）

---

15 見《莊子・盜跖》者，蕭士贇補註：《分類補註李太白詩》卷四，頁 101。王琦輯註：見《史記・蘇秦列傳》，《李太白全集》卷四，頁 308。

考證：「遲行跡」，費解，或謂夫歸遲，遠行時之足跡久而生苔。「遲」一注作「舊」，雖易解而平凡。「蝴蝶來」，「來」一作「黃」。或云蝴蝶春來，六月非來時。秋黃者尤多。「西園」，五行說，秋之方位在西，故用「西園」。「坐愁」之「坐」當訓為漫（そぞろに），「坐愁」者，無何緣故，不覺而悲。

解析：就押韻分章而言，「門前遲行跡，一一生綠苔」二句之詩意，當入次章，「苔」與前章押同韻，宜屬前章。凡於換韻格，以韻意竝行而轉者為常，此二句逸出規範，清王夫之《夕堂永日結論》稱之為「音意不雙轉」，有「自然蟬連不絕」之妙。《詩經》、漢魏六朝詩多此法，李白亦偶用此法。「生綠苔」截章，「苔深不能掃」，再用前章「苔」字，亦接續之一法。

語譯：門前以夫君歸足遲，舊跡一一生綠苔。苔深不能掃，秋風早吹，木葉落。八月蝴蝶來，雙雙不離而飛舞於西園之草。見此，思君而妾傷心，漫愁而紅顏亦老。

> 早晚下三巴，預將書報家。相迎不道遠，直至長風沙。（皓韻）

考證：「三巴」者，巴郡（重慶）、巴東（夔州）、巴西（合州），今四川省東部。「長風沙」，《太平寰宇記》云：「長風沙，在舒州懷寧縣東一百九十里」。據陸游《入蜀記》：自長干行所在之金陵（南京）至長風沙七百里。

語譯：何時下三巴，預將家書報歸期，是時當不厭遠路出迎，直至百里外之長風沙。[16]

（三）「道教神仙」的題詠：如〈古風其五　太白何蒼蒼〉

> 太白何蒼蒼，星辰上森列。去天三百里，邈爾與世絕。

---

16 〈長干行〉譯注解析，青木正兒：《李白》，收載於《青木正兒全集》第五卷，頁324-326。

考證：太白山在陝西省關中郿縣南，上有洞窟，道教謂第十一洞天之所在。李白任翰林供奉，在長安時，嘗遊此處，有〈登太白峰〉詩。「去天三百里」，《三秦記》曰：俗云「武功太白，去天三百」（武功縣，今郿縣），乃民間傳說。

語譯：太白山何其蒼蒼，繁星森然列於其上。俗謂絕頂距天三百里，遙邈而與浮世斷隔。

中有綠髮翁，披雲臥松雪。不笑亦不語，冥棲在巖穴。

語譯：山中有黑髮老翁，以雲為衣而臥於萬年雪上。不笑不語，棲居於暝暗巖洞之中。「綠髮」，黑髮，仙人雖年老而髮不白。「雲披」，以雲為衣而披覆。「松雪」，太白山極高，絕頂長年積雪。

我來逢真人，長跪問寶訣。粲然忽自哂，授以鍊藥說。

解釋：「粲然」，笑貌。「哂」，微笑。

語譯：我來訪而逢真人，長跪問仙術之秘訣。仙人忽然微笑，傳授我鍊仙藥之方。

銘骨傳其語，竦身已電滅。仰望不可及，蒼然五情熱。吾將營丹砂，永與世人別。

解釋：竦與聳通，「竦身」，身體聳立而飛上空中之姿，意謂仙人昇天。「蒼然」，青色，感情激動而面呈青色。

語譯：我欲將其語銘刻入骨，仙人聳身飛天，如電光幻滅，仰望不能企及，失色蒼然而胸中沸熱。將來以此傳授營鍊丹砂，永久與俗世別離。

「餘談」：據李白〈大鵬賦·序〉，嘗於江陵逢天台道士司馬承禎（字子微），道士評其人格，云：「有仙風道骨，可與神遊八極之表」。司馬承禎開元二十三年歿，李白蓋逢之於開元十三年（二十五歲），出蜀遊湖北江陵之際。其後李白天寶四年（四十四歲）逐宮廷去長安，至從祖陳留採訪大使李彥允處，請北海高天師如貴道士，於齊州紫極宮授

道籙。可窺其於道教之崇尚，詩作以道教演繹道家思想。道教與神仙說關係深遠，姑不論其信神仙與否，然甚好之，尤愛登山。深山多神仙居處，故其登山詩，詠神仙者多，如〈登峨眉山〉、〈遊太山〉、〈夢遊天姥吟留別〉諸詩。〈登太白峰〉未見神仙之詩語，而於「古風」此篇專詠神仙。蓋同時之作而別有趣向。「古風」中，有九篇詠歡遊仙，此篇為代表之作。[17]

　　（四）「登山」的題詠：有〈登峨眉山〉。考證：「峨眉山在今四川省建昌道峨眉縣南之名山，陰曆九月初已降雪，山上煮飯不熟（王琦輯注引《四川通志》），言其高」。

　　蜀國多仙山，峨眉邈難匹。周流試登覽，絕怪安可悉。

語譯：蜀國多仙山，峨眉山拔群，他山遠不能比。周遊登覽，其奇絕怪異之狀，揮筆亦難盡。

　　青冥倚天開，彩錯疑畫出。泠然紫霞賞，果得錦囊術。
　　雲間吟瓊簫，石上弄寶瑟。

考證：「青冥」，本謂天，此指山峰。「泠然」，輕舉之形容。「紫霞」，仙人於天上觀賞者。李白〈古風〉有「至人洞玄象，高舉凌紫霞」句。「錦囊」，仙經。漢武帝以王母與上元夫人所授仙經納入紫錦之囊而保存。（王琦輯注引《漢武內傳》）「簫」，管樂器，「瑟」，弦樂器，「瓊」、「寶」，稱其美。「雲間吟瓊簫，石上弄寶瑟」二句，空想成仙而奏此樂。

語譯：青暗高山倚天展開，色彩交錯，疑為描畫而成者。如輕飄上天，觀賞紫霞，修得錦囊仙經之秘術，於雲間吹瓊簫，在石上撫寶瑟。

---

17 〈古風其五　太白何蒼蒼〉譯注解析，青木正兒：《李白》，收載於《青木正兒全集》第五卷，頁 280-282。

平生有微尚，歡笑自此畢。烟容如在顏，塵累忽相失。

儻逢騎羊子，携手凌白日。

解釋：「微尚」，微妙好尚，蓋謂好神仙之道。「自此畢」，歡笑生終始於此，即上達究極。「烟容」，意謂仙人生活於烟霞中之容貌。「騎羊子」，周成王時，有葛由者，刻木羊賣之。一日乘羊來西蜀，蜀之王侯貴人追隨其後，入峨眉山西南之綏山，皆得仙道。（王琦輯注引《列仙傳》）

語譯：平生有微妙之好尚，歡笑無以復加，顏出煙霞之仙容，塵世之繫累忽然消失。若逢騎羊之葛由，將携手凌白日而昇天。

考證：黃錫珪謂此詩為開元九年，二十一歲之作，詹鍈以為二十四歲之作。李白後年醉心於道教，多作詠神仙思想之詩，觀此詩，其青年時代即好神仙。[18]

〈遊太山六首　其一〉，一作天寶元年四月從故御道上太山。據宋本題下原注，天寶元年四月，（四十二歲）之作。楊、蕭二家註本缺此注，王琦注本補之。

四月上太山，石平御道開。六龍過萬壑，澗谷隨縈迴。

馬跡繞碧峰，于今滿青苔。

語譯：四月上太山，昔為天子登山而開拓之石道平坦。龍駕過萬壑，澗谷隨行而縈迴。馬蹄之跡繞碧峰，而今但殘存於青苔之間。

飛流灑絕巘，水急松聲哀。北眺崿嶂奇，傾崖向東流。

洞門閉石扇，地底興雲雷。

語譯：飛流自高峰傾瀉，水勢急而松風亦哀。眺望北方，山形屏風之怪奇，斷崖向東傾斜。洞窟之石門密閉，洞內自地底如雷聲雲湧震響。

---

18 〈登峨眉山〉譯注解析，青木正兒：《李白》，收載於《青木正兒全集》第五卷，頁15-16。

登高望蓬瀛，想像金籙臺。天門一長嘯，萬里清風來。

語譯：登高望蓬萊、瀛州，想像金籙臺仙鄉，天門長嘯，萬里遠處之清風吹來。

玉女四五人，飄飄下九垓。遺笑引素手，含我流霞盃。
稽首再拜之，自媿非仙才。曠然小宇宙，棄世何悠哉。

考證：「流霞」，仙人之飲。《抱朴子・惑祛》：項曼都入山學仙，十年而歸家曰：「仙人但以流霞一杯與我飲之，輒不饑渴」。

語譯：玉女四五人，自天飄搖而下，含笑伸白手，送我流霞之盃。稽首再三而拜受，自無愧仙人素質。然心寬廣而小宇宙，忘浮世而悠然。[19]

〈夢遊天姥吟留別〉，一作別東魯諸公。此篇頻繁換韻，有錯綜之妙。因換韻而分章。「天姥」，山名。在今浙江省天台縣西北，與天台山相對之高山。（王琦輯注引《一統志》）登之，聞天姥歌謠之響。（王琦輯注引《太平寰宇記》）

海客談瀛洲，煙濤微茫信難求。（尤韻）

語譯：海上之人談瀛洲仙島之事，煙霧波濤瀰漫，誠難搜求。

越人語天姥，雲霓明滅或可睹。（虞韻）

語譯：越人語天姥山之事，雲霓隱現之間，或依稀可見。

天姥連天向天橫，勢拔五岳掩赤城。
天台四萬八千丈，對此欲倒東南傾。（庚韻）

考證：「赤城」，在浙江省天台縣北，以山巔赤石羅列，如城壁而名。

19　〈遊太山六首　其一〉譯注解析，青木正兒：《李白》，收載於《青木正兒全集》第五卷，頁 41-43。

（王琦輯注引《輿地志》）「四萬八千丈」，王琦注謂：《雲笈七籤》「天台山高萬八千丈，周圍五百里」，「四萬」當作「一萬」。
語譯：天姥連天而橫亙，其形勢，山高超拔五岳，廣掩赤城山。四萬八千丈高之天台山，對此山而倒傾於東南。
章節段落：以上第一段，敘天姥山形勢。

　　我欲因之夢吳越，一夜飛度鏡湖月。（月韻）

考證：「因之」，因天姥為天下無比之名山。「鏡湖」，在今浙江省紹興縣。宋代以來，逐漸乾旱，今為田。
語譯：我輩欲因之而夢遊吳越，一夜夢見飛越鏡湖之月。

　　湖月照我影，送我至剡谿。
　　謝公宿處今尚在，淥水蕩漾清猿啼。
　　腳著謝公屐，身登青雲梯。
　　半壁見海日，空中聞天雞。（齊韻）

考證：「剡谿」，在今浙江省嵊縣，曹娥江上游，風景佳麗而有名。鄰近紹興南方，自鏡湖水路南下至此，又東南而行，有天台、天姥。「青雲梯」，山嶺高峻如入青雲。「天雞」，《述異記》載「桃都山上，有大樹曰桃都。……日初出，照此木，天雞則鳴，天下之雞隨之」之傳說。（王琦輯注引）
語譯：鏡湖之月照我影，送我至剡谿。昔謝靈運留宿之處今尚在，清水搖動猿聲高啼。著謝公愛用之木履，登如架青雲梯之高峰。臨石壁山腰，見海上日出，聞空中天雞報曉之聲。

　　千巖萬轉路不定，迷花倚石忽已暝。（徑韻）

考證：「暝」，宋本及楊注本作「暝」，王注本作「暝」。按韻，暝，平聲青韻或去聲霰韻，暝，去聲徑韻。此與「定」合韻，當作暝。暝者，夜也。

語譯：迴轉於無數山巖而路不定，迷花間而倚石休憩，旋即日暮夜來。
章節段落：以上第二段，敘夢登天姥山。

> 熊咆龍吟殷巖泉，慄深林兮驚層巔。
> 雲青青兮欲雨，水澹澹兮生煙。（先韻）

解釋：「殷」，音盛。「雲青青」，以「青青」形容雨將降下之黑雲，難解。

語譯：日暮而聽聞山泉激岩如熊咆龍吟之聲響，震動深林，驚慄萬層山巔。仰望則雲密集而將大雨，俯視則水澹搖而生煙霧。

> 列缺霹靂，丘巒崩摧。洞天石扇，訇然中開。
> 青冥浩蕩不見底，日月照輝金銀臺。（灰韻）

解釋：「列缺」，電光。「霹靂」，雷也。「訇然」，大聲之形容。「金銀臺」，郭璞〈遊仙詩〉，有：「神仙排雲出，但見金銀臺」，神仙之居處。

語譯：雷電交響，丘巒崩摧，神仙洞天之石扇轟聲震動而中開。青冥廣闊無垠，日月輝耀而金銀臺仙鄉現出。

> 霓為衣兮風為馬，雲之君兮紛紛而來下。（馬韻）

考證：「風為馬」，宋本作「鳳為馬」，今從楊注本及王注本。對上之「霓為衣」，同為自然現象之「風」者，穩當。

語譯：以霓為衣，風為馬，雲神紛紛降臨。

> 虎鼓瑟兮鸞回車，仙之人兮列如麻。
> 忽魂悸以魄動，怳驚起而長嗟。
> 惟覺時之枕席，失向來之煙霞。（麻韻）

解釋：「列如麻」，比喻之具象難解，或齊整漂麻皮所取纖維之狀。「怳」，失意貌。

語譯：虎彈瑟，鸞鳥迴車，仙人如麻排列隨行。見之，忽然魂魄悸動，

失意驚起而歡息。夢醒椎見現世之枕與席，向來所見煙霞如幻消散。
章節段落：以上第三段，敘入仙境。

　　世間行樂亦如此，古來萬事東流水。（紙韻）

章節分析：「世間行樂亦如此」二句一章，上句承前章而言，下句為起
後章之楔子。
語譯：世間行樂亦如此，古來萬事皆如東流水，一去不復返。

　　別君去兮何時還，且放白鹿青崖間。須行即騎訪名山，
　　安能摧眉折腰事權貴，使我不得開心顏。（刪韻）

考證：「白鹿」，取義於神仙騎白鹿之傳說，有隱遁之意。「摧眉」，王琦
注：「低首也」。蓋「揚眉」（吐氣，憤怒）之反意，諂媚惶恐之義。
語譯：今別諸君去東魯，何時還返，或如東流之水，一去不回，亦不可
知。飼放白鹿於青崖之間，行時騎之而縱遊名山。豈能諂媚折腰而侍奉
權勢貴人，而心中不樂，顏色不開。
章節段落：以上第四段，別東魯之友，敘飄遊之志而作結。[20]

三、詩境探頤：
解析遣詞用韻之機微，以探究創作詩歌當下的心境

　　青木正兒譯注李白詩歌二百二十四首，而古體詩過半，其視之為傑
作者，如〈鳴皋歌送岑徵君〉五十一句，〈蜀道難〉四十三句之長篇。
凡此長篇古詩，輒分章譯注，分段說明詩意。如〈猛虎行〉之樂府詩，
全篇四十四句，凡十章，分四段，用以說明詩意的展開。「朝作猛虎行」
至「魚龍奔走安得寧」為第一段，敘中原戰況。「頗似楚漢時」至「來

20〈夢遊天姥吟留別〉譯注解析，青木正兒：《李白》，收載於《青木正兒全集》第五
　卷，頁 135-140。

投漂母作主人」為第二段，思及楚漢之爭，自比於張良、韓信。「賢哲栖栖古如此」至「遠肰三匝呼一擲」為第三段，述避亂而往南方。「楚人每道張旭奇」至「得魚笑寄情相親」為第四段，敘溧陽逢張旭而留別之意。[21]

李白詩歌用韻自由奔放，多岐多樣而無定式，有一韻到底格，亦偶有單用平韻或仄韻而換韻，然大多為平仄互用而換韻者。青木正兒既於每段語譯，標示李白所用之韻，又於詩題下的語譯欄，注記李白詩歌複雜的換韻；更於換韻處，說明換韻與語勢詩意的密接關連。如前引〈猛虎行〉的題下注記：「此篇每章換韻」。〈贈清漳明府姪聿〉的題下注記：「此篇每二章換韻」。〈蜀道難〉的題下注記：「此篇換韻格。全篇殆用平韻，中間二句押仄韻」。至於〈梁園吟〉，除題下注記：「此篇每章換韻」外，又於「洪波浩蕩迷舊國，路遠西歸安可得」二句下，注記：「此篇每章換韻，此二句一章。國、得押韻，見重點置於此二句」。篇末案語：「黃氏以為天寶三年、四十四歲之作，詹氏以為天寶四年、四十五歲之作。按：依此詩開端之意，明示去長安之後，直浮黃河來梁園。前說可從。」[22] 茲分析換韻與語勢詩意，此詩一作〈梁園醉酒歌〉，全篇九章，第一、二章押平韻，第三章換仄韻，第四章以下平仄兩韻互用，末章收仄韻。第一、二章敘去長安，客平台，憂思多而對酒歌梁園，憶阮籍詩，而吟「淥水揚洪波」句。第三章語勢一改，梁園徘徊，思歸蜀地而不得，吐露心中苦惱。第四章詩意又轉，悟天命而豈有閑愁，呼酒買醉憶古人。而以「東山高臥時起來，欲濟蒼生未應晚」作結，表述暫隱東山，見時而出，以濟民亦未晚之意。「洪波」云云二句，以思歸不得，興發抑揚詩境，為全部篇關鍵所在。又如〈流夜郎贈辛判官〉，除題下注記：「此篇每章換韻」外，又於「與君自謂長如此，寧知草動風塵起」二句下，注記：「自謂與君倒置，此二句換韻成一

21　青木正兒解說〈猛虎行〉，《李白》，收載於《青木正兒全集》第五卷，頁 224-228。
22　青木正兒解說〈梁園吟〉，《李白》，收載於《青木正兒全集》第五卷，頁 96-99。

章，前句承上章，後句起下章，為接續之用」。[23] 意謂「長如此」接一、二章，李白與辛判官二人昔時在長安意氣英發的情境，「風塵起」續安祿山叛軍狼煙四起，終遭謫放夜郎而作結。

語勢轉變而換韻是通例，然李白亦有逸出突起而生妙趣的詩作。如〈長干行〉，題下注記：「此篇換韻格」外，篇末語譯欄注記：就押韻分章而言，「門前遲行跡，一一生綠苔」二句之詩意，當入次章，「苔」與前章押同韻，宜屬前章。凡於換韻格，以韻意竝行而轉者為常，此二句逸出規範，清王夫之《夕堂永日結論》稱之為「音意不雙轉」，有「自然蟬連不絕」之妙。《詩經》、漢魏六朝詩多此法，李白亦偶用此法。「生綠苔」截章，「苔深不能掃」，再用前章「苔」字，亦接續之一法。

古詩分章譯注，說明各章的要旨，又標示換韻以演繹語勢的抑揚與詩意的轉折，為日本歷來譯注中國古典詩歌所罕見者，誠青木正兒譯注《李白》之獨特超拔的所在。[24]

四、詩風比況：如水墨畫山水之輕妙淡白

青木正兒於〈李白の詩風〉說明李白詩歌的題材、特色、詩風及其比況。詩如其人，李白之為人，如賀知章一見而評曰：「謫仙」[25]，蓋以仙風道骨，脫離人間世而優遊方外，故其詩橫溢飄逸之趣致。且嗜酒，尋醉鄉而飄遊天下，友風月而賦詩，携佳人而耽於美酒，此其人間世之神仙境。好詠之題材，為神仙、山水、飲酒、婦女，前二者是出世的題

23　青木正兒解說〈流夜郎贈辛判官〉，《李白》，收載於《青木正兒全集》第五卷，頁340-341。
24　村上幸次：〈《李白》について〉，見於青木正兒，《李白》，收載於《青木正兒全集》第五卷，頁371-374。
25　孟棨：《本事詩・高逸第三》：李太白初自蜀至京師，舍於逆旅。賀監知章聞其名，首訪之。既奇其姿，復請所為文。出〈蜀道難〉以示之。獨未竟，稱歎者四，號為「謫仙」。頁17。

詠，後二者為入世的詩作。

吟詠世間快樂之詩作，如杜甫〈飲中八仙歌〉，詠「李白斗酒詩百篇」，酒為李白藝術創作之原動力。讚美酒德，敘述酒興，醉中贈人詩篇，遍在於其詩集。〈月下獨酌〉、〈將進酒〉、〈襄陽歌〉、〈把酒問月〉、〈獨酌〉、〈春日醉起言志〉諸篇，皆世之酒徒所愛誦。

詠婦女詩作，李白放蕩不羈，「載妓隨波任去留」（〈江上吟〉）之耽遊，而別有趣味。然直詠者殆無，大抵於樂府題，即俗謠詩題中歌詠，如〈楊叛兒〉、〈採蓮曲〉、〈長干行〉即是。王安石不喜李白，嘗曰：「太白詞話迅快，無疎脫處，然其識污下，詩詞十句九句言婦人、酒耳」（宋釋惠洪《冷齋夜話》卷五）。婦人與酒二者，屢見於李白詩作中。

出世逍遙者，以其歸依道教，醉心神仙說，道教神仙亦思想屢見於其詩作。詠歎感遇之「古風」五十九首中，九首詠慕神仙，尤為特出，〈古風其五太白何蒼蒼〉是代表作。

遊歷天下而賞山水，尤愛登山，多結合神仙說之詩作。登山輒窮山頂，以山頂近天，自為羽化登仙之冥思，或興發山中逢神仙之空想，皆富饒詩趣。如〈登峨眉山〉、〈遊太山〉、〈登太白峰〉、〈夢遊天姥吟留別〉皆其例。敘景詩作亦多，寫景清楚而蕭散，絕句與短篇古詩頗多妙品。〈魯東門汎舟〉、〈望天門山〉、〈陪族叔及賈舍人汎洞庭〉、〈望廬山瀑布〉諸作即是。

就詩體而言，李白長於古詩及絕句，律詩是其短。古詩以樂府歌行最優，尤雜三五七言之長短句，無人能出其右。蓋其奔放不羈之詩才，於此自由詩形，最適於伸其驥足。〈鳴皋歌送岑徵君〉、〈遠別離〉、〈蜀道難〉是其典型。其法多學於《楚辭》，而兼取四六駢文之句法。絕句之短形詩，無乘天來之興，即興而一氣呵成，則難得妙品，經營雕琢則趣味全失。如李白天才縱逸之詩人，最為適切。唐代詩人中，李白與王昌齡最善此體。〈峨眉山月歌〉、〈黃鶴樓送孟浩然之廣陵〉、〈春夜洛城聞笛〉、〈客中行〉、〈清平調詞〉、〈早發白帝城〉諸詩，皆傳誦古今之絕

唱。律詩者，對偶平仄之詩律制約嚴峻，於奔放不羈而厭拘束之詩人有
所不合。李白現存約一千篇詩中，五言律詩七十餘首，七言律詩僅十二
首，非偶然也。本書選注五律詩作，如〈訪戴天山道士不遇〉、〈渡荊門
送別〉、〈太原早秋〉、〈宮中行樂詞〉、〈沙邱城下寄杜甫〉，而〈登金陵
鳳凰臺〉則為七律。

　　古人於李白詩評，首推詩友杜甫〈春日憶李白〉，「白也詩無敵，飄
然思不群。清新庾開府，俊逸鮑參軍」。庾信、鮑照皆李、杜所尊崇之
六朝代表詩人，李白詩風兼備庾信之清新與鮑照俊逸之評，蓋千古不易
之論。其次，李白生前之開元末年，殷璠編《河嶽英靈集》評「李白性
嗜酒，志不拘檢，常林棲十數歲，故其為文章，率皆縱逸也。至如蜀道
難等篇，可謂奇之又奇，騷人以還，鮮有此體調也」。[26] 激賞〈蜀道難〉
等詩作之新奇。其後未見評論李白而可傾聽者。

　　中唐以後，李白與杜甫並稱之說興起。白居易〈與元九（稹）
書〉：「詩之豪者，世稱李、杜。李之作，才矣奇矣，人不迨矣。索其
風雅比興，十無一焉。杜詩最多，可傳者千餘首。至於貫穿古今，覶
縷格律，盡工盡善，又過於李焉」，揚杜而抑李。元稹作〈唐故工員外
郎杜子美墓係銘〉：「李尚不能歷其藩翰，況堂奧乎」，則輕視李白。然
韓愈〈調張籍〉曰：「李杜文章在，光萬丈長。不知群兒愚，那用故謗
傷。蚍蜉撼大樹，可笑不自量」。宋魏泰《臨漢隱居詩話》曰：「元稹作
李杜優劣論，先杜而後李。韓退之不以為然，詩曰：『李杜文章在，光
萬丈長。不知群兒愚，那用故謗傷。蚍蜉撼大樹，可笑不自量』，為微
之發也」。[27] 宋周紫芝《竹坡詩話》不以為然，辯曰：「微之雖不當自作
優劣，然指稹為愚兒，豈退之之意乎」。[28] 宋代尊杜輕李之論盛行，王安

26　殷璠：《河嶽英靈集》，頁11。
27　魏泰：《臨漢隱居詩話》，收載於何文煥輯，《歷代詩話》，北京：中華書局，1981
　　年4月，頁320。
28　周紫芝：《竹坡詩話》，收載於何文煥輯，《歷代詩話》，頁355。

石為先鋒，編集《四家詩》，以杜甫為第一，歐陽修第二，韓愈第三，
而李白置之第四。南宋胡仔《苕溪漁隱叢話前集》卷六引《遯齋閒覽》
云：

> 或問王荊公云：「編四家詩，以杜甫為第一，李白為第四，豈
> 白之才格詞致不逮甫也」。公曰：「白之歌詩，豪放飄逸，人固
> 莫及；然其格止於此而已，不知變也。……元稹以謂兼人所獨
> 專，斯言信矣」。29

此論一出，雷同者多，殆如定論。南宋嚴羽《滄浪詩話》卷四〈詩評〉
持中庸而曰：

> 李、杜二公，正不當優劣。太白有一二妙處，子美不能道，子
> 美有一二妙處，太白不能作。子美不能為太白之飄逸，太白不
> 能為子美之沉鬱。太白〈夢游天姥吟〉〈遠離別〉等，子美不
> 能道，子美〈北征〉〈兵車行〉〈垂老別〉等，太白不能作。30

李、杜各有所長，難安優劣，是最公平之論。二人性格、境遇、興味不
同，詩風迥異。比較二人而欲定高下，終以個人好惡而判斷，難為公正
持平之評價。明王世貞《藝苑卮言》卷四，詳論李、杜二人分殊之所
在，而取之以為結論。

> 五言古、選體及七言歌行，太白以氣為主，以自然為宗，以俊
> 逸高暢為貴。子美以意為主，以獨造為宗，以奇拔沉雄為貴。
> 其歌行之妙，詠之使人飄揚欲仙者，太白也。使人慷慨激烈，
> 歔欷欲絕者，子美也。選體，太白多露語率語，子美多稱語累
> 語，……五言律、七言歌行，子美神矣，七言律，聖矣。五七

---

29 胡仔：《苕溪漁隱叢話前集》卷六，頁 4-5。
30 嚴羽著，郭紹虞校釋：《滄浪詩話》，北京：人民出版社，1961 年 5 月，頁 153。

言絕者，太白神矣，七言歌行，聖矣，五言次之。太白之七言律，子美之七言絕，皆變體。[31]

要之，李、杜各有所長。概觀二人詩風，李白詩如水墨山水畫，杜甫詩如青綠山水。嚴羽評李白為飄逸，有水墨畫輕妙淡白之感，杜甫為沉鬱，有青綠山水沉著莊重之感。豈可以多彩為優，以墨一色論之不知變而為劣。如王安石之論者，其見識可謂與兒童鄰也。[32]

　　李、杜於古體律絕，各有專擅，而傳誦千載者，古今論者詳審敘述。然以傳統繪畫的殊相，形容詩風之異趣，則是青木正兒精通繪畫，沉潛文學而論考中國文學藝術論的特色。

---

31 王世貞著，羅仲鼎校注：《藝苑卮言校注》，濟南：齊魯書社，1992 年 7 月，頁 166。

32 青木正兒：〈李白の詩風〉，《李白》，收載於《青木正兒全集》第五卷，頁 360-363。「與兒童鄰」，語出蘇軾〈書鄢陵王主簿畫折枝〉：「論畫以形似，見與兒童鄰」。

第十章
吉川幸次郎論杜詩的方向與創新：
緻密飛躍與細微視線 *

一、杜甫詩論

　　吉川幸次郎於〈杜甫の詩論と詩〉[1] 指出：歷來以〈戲為六絕句〉為杜甫論詩的作品而詳細分析，然「戲為」乃即興之作，雖品評齊梁、初唐詩人的詩作，提出「不薄今人愛古人，轉益多師亦汝師」的持平之論，而杜甫論詩的主要詩作，則別有他在，尤其是〈敬贈鄭諫議十韻〉與〈夜聽許十一誦詩愛而有作〉是其論詩的代表詩篇。

(一)「詩義」的提出

　　〈敬贈鄭諫議十韻〉的「諫官非不達，詩義早知名」，稱譽鄭虔文辭通達，早歲即以詩論之詩作而聞名。「詩義」一詞，〈詩序〉有「詩有六義」之說，謂詩有六個原則存在，杜甫據以造「詩義」的新詞，敘述其根據原則而創作詩賦的意識。至於「破的由來事，先鋒孰敢爭，思飄雲物外，律中鬼神驚，毫髮無遺恨，波瀾獨老成」與〈夜聽許十一誦詩愛

---

* 本文曾以〈吉川幸次郎論杜詩的方向與創新〉為題，刊於《龔鵬程國際學刊》第四輯，台北：臺灣學生書局，2022 年 4 月，頁 255-280。

1 吉川幸次郎：〈杜甫の詩論と詩〉一文是 1967 年 2 月 1 日於京都大學的最終講義，先後刊載於《展望》，朝日新聞社「清虛の事」，其後收入《杜詩論集》（東京：筑摩書房，1980 年 12 月），《吉川幸次郎全集》第十二卷（東京：筑摩書房，1968 年 6 月，頁 593-628）。

而有作〉的「應手看捶鉤，清心聽鳴鏑，精微穿溟涬，飛動摧霹靂，陶謝賦枝梧，風騷共推激，紫鸞自超詣，翠駮誰剪剔」則是分析性的敷陳詩作的方式。吉川幸次郎訓解「詩義」的「義」為「みち」，即詩作的「道」、「路」，亦即創作詩賦的方向，進而主張杜詩有明晰「緻密」與超越「飛躍」的兩個方向，「緻密」是體察客觀存在事物的方向，「飛躍」則是抒發主觀內在意象的方向，「緻密」所刻畫的是輪廓清晰的具象世界，「飛躍」所指涉的是起興超越的抽象世界，二者雖非同一方向，即「緻密」是橫向觀照人間社會與自然景象的視線，「飛躍」是縱向起興超越的「冥搜」昇華，而二者並存互補相互完成，是詩歌成立的條件。此為杜甫的自覺意識所架構的文學創作論。

　　陸機〈文賦〉說：「詩緣情而綺靡，賦體物而瀏亮」，詩是內在感情心志的幽微曲盡，賦則是清晰描寫外在事物現象。吉川幸次郎演繹《文選・李善注》「以詩言志，故曰緣情，以賦陳事，故曰體物，綺靡者精妙之言，瀏亮者清明之稱」，而強調短篇凝聚剎那衝動觸發的感情意象是詩的任務，審視人間社會與自然萬象而詳密確實的長文敷衍則是賦的任務。[2] 換而言之，賦是明晰緻密的描寫，詩是感情超越飛躍的意象，此為漢魏六朝以來的傳統文學觀。然而杜甫的詩作兼具賦之緻密與詩之飛躍的兩個方向，以賦入詩，且主觀感受與客觀描寫的融合而形成體物緣情並蓄的詩歌新義，此為杜甫「自覺性」的改革傳統的文學觀。至於緻密與飛躍的相輔相成，起興勾勒論理邏輯所未能涉獵的幽玄無垠的世界，則是杜甫的詩論及其創作詩歌的究極所在。

（二）杜詩的方向：「緻密」與「飛躍」

　　吉川幸次郎強調杜甫詩的方向，第一是緻密。詩以題材而產生感動，而題材之所以產生感動，是詩人清晰緻密且正確刻劃題材的輪廓。

2　吉川幸次郎：〈杜甫の詩論と詩〉，《吉川幸次郎全集》第十二卷，頁607。

杜詩的緻密性乃在於杜甫細微凝視人間社會與自然景象，進而在心中咀嚼熟慮，然後以緻密的文辭表現於詩作。杜詩的緻密曲盡於對句修辭，藉以細密描寫人間事實與自然真象。如其表述人生哲學的「易識浮生理，難教一物違」（〈秋野五首〉），「易—難、識—教、浮生——物、理—違」是文辭相對的疊架營為。至於人生雖有起浮而其道理則不難理解，即便是微小事物皆未脫離其所在為的浮生道理，意味世間的所有存在皆得其所在而調和幸福，是杜甫的理想世界，一生執著於理想世界的實現，則是杜甫思想的底據。再者，詩作並非依據邏輯論理說明其人生理想，而是以感動體現其理想而取得認同，是詩的任務，也是杜詩卓絕千古的所在。至於杜甫如何完成詩歌的任務，成就其偉大詩作，則從明晰緻密與超越飛躍兩個方向來架構營為。[3]

　　人間社會的所有事象皆可入詩，是杜詩的特色之一，細微描寫人間社會真實的詩作亦不勝枚舉，而〈北征〉之以賦入詩，是杜甫的創新，蓋《文選》以「征」為名，敷陳遠行旅次所見景物經過的長賦，如班彪〈北征賦〉敘述長安旅行甘肅之經過，曹大家〈東征賦〉描寫洛陽至陳留之旅行，潘岳〈西征賦〉則敘述洛陽至於長安的所見之景象。換而言之，歌詠遠行經歷是東漢魏晉「征賦」題材的文學傳統。然杜甫作七百字之〈北征〉，敘述自行在往鄜州，於途中及到家之事，「杜子將北征，蒼茫問家室，……瘦妻面復光，……曉妝隨手抹，移時施朱鉛，狼籍畫眉闊。生還對童稚，似欲忘饑渴，問事競挽鬚，誰能即瞋喝」，乃描寫「歸家悲喜」，詳細敘述妻子生活的情景，極「盡室家曲折之狀」[4]，是漢魏六朝詩賦所未見的內容，而杜甫之後，亦罕見如此細密審視生活環境而付諸文字的詩作。故杜甫〈北征〉堪稱劃時代的題材與詩作。[5] 至於

3　吉川幸次郎：〈杜甫の詩論と詩〉，《吉川幸次郎全集》第十二卷，頁 596-598。

4　仇兆鰲：《杜少陵集詳註》，台北：文史哲出版社，1973 年 4 月，頁 75。

5　吉川幸次郎於〈唐代文學考〉一文的「文學改革」一節中（《吉川幸次郎遺稿集》第二卷，東京：筑摩書房，1996 年 2 月，頁 262-282），強調六朝未有如〈北征〉如此巨篇的詩歌，亦無緻密描寫人間細微之家庭生活的詩作。至於〈北征〉「菊垂

〈寫懷二首〉之「夜深坐南軒，明月照我膝」的視線既細微又嶄新。蓋明月的吟詠是中國詩歌傳統題材之一，如〈古詩十九首〉，曹植等詩人皆有述懷，大抵為「皎皎明月」之明月普照廣闊的意象。然杜甫倚坐南軒，明月照膝，是細微觀察的「新視線」。又有視線由人間社會的凝視轉移至審察自然景象的描寫，如〈倦夜〉「竹涼侵臥內，野月滿庭隅，重露成涓滴，稀星乍有無」，「風雲月露」是中國傳統詩賦的固有題材，然「重露成涓滴」之露水凝集成涓滴的細微風景，則是杜甫凝視熟慮而緻密勾勒的獨特寫照。6

再者，〈曲江三章章五句〉的詩名取法於《詩經》〈關雎五章章四句〉，〈卷耳五章章四句〉的體例。吉川幸次郎說第一章「曲江蕭條秋氣高，菱荷枯折隨風濤，遊子空嗟垂二毛，白石素沙亦相蕩，哀鴻獨叫求其曹」所描寫的風景雖未必緻密，然探究杜甫創作的心境，則是緻密的結果。蓋杜甫所凝視關照的景象，非如〈麗人行〉所記述的春日曲江佳時勝景，而是秋風蕭瑟，菱荷枯折的凋殘景象，遊子流離失所，感時而孤獨寂寥的心境。此為杜甫著眼於特殊風景的「新視線」。畢竟以謝靈運為代表之六朝詩人的山水詩賦，大抵以自然為美的典型，「文學倫理」

　　今秋花，石戴古車轍，青雲動高興，幽事亦可悅，山果多瑣細，羅生雜橡栗，或紅如丹砂，或黑如點漆，雨露之所濡，甘苦齊結實」之精密的自然描寫，也是六朝詩歌所未見。〈唐代文学考〉是吉川幸次郎於昭和 24（1950）年度在京都大學文學部的講義，由前野直彬筆錄。筧文生：〈解說〉，見於吉川幸次郎，《吉川幸次郎遺稿集》第二卷，頁 573。

6　吉川幸次郎於〈唐代文学考〉一文比較杜甫〈初月〉、〈月〉與庾信〈舟中望月〉、〈望月〉，強調杜甫雖以月題材，卻以月作為其精神的象徵，二首詩作的結尾皆超離「月」的描寫而表白其內心的感受。至於庾信的詩作只是巧妙的安排有關月的故事，尤其二人皆有「獨輪斜」的詩語，庾信則無杜甫起興心象風景之自覺意識。至於對句的營為，庾信只是二句並列，杜甫則上下二句相互呼應而形成對句。尤其巧妙驅使助詞的效用，以曲盡隱微心理屈折的感受，如〈月〉「只益丹心苦，能添白髮明」之「只」、「能」的用法，是杜甫的創新，六朝詩歌未見。以緻密的外在描寫而起興內在心理婉轉屈折的寫實自覺（realism）至杜甫而完成，亦反映唐代文學異於六朝的時代精神。吉川幸次郎：〈唐代文学考〉，《吉川幸次郎遺稿集》第二卷，頁 267-270。

的所在，故致力於山清水秀之風景的描寫，而甚少歌詠哀愁的景象，此為六朝詩賦的慣習常規。然杜甫〈曲江〉詩則超越六朝以來的文學傳統，「秋氣高」、「菱荷」、「白石素沙」、「二毛」、「哀鴻」是縱目大千世界的廣闊視野，而「蕭條」、「枯折」、「空嗟」、「獨哀」的陰鬱頓挫，則是前代所無的新風景，要皆杜甫熟慮而緻密表現的結果。至於「白石」一詞出自《詩經・唐風・揚之水》，說明杜詩「無一字無來歷」，亦是緻密的一端。吉川幸次郎強調杜詩文字頗多援引《文選》的語彙，然「白石」一詞，《文選》未見，或〈揚之水〉所起興的「憂鬱」的意象，千百年以來，詩人所遺忘，至杜甫而再現，亦可謂杜甫緻密細察的用心所在。[7]

杜詩的第二方向是超越飛躍。清晰確實描述所見事物景象是緻密的方向，起興所見景物的意象而物我冥合是飛躍的方向。凝視熟慮而明晰緻密的描寫，若稱之為「風景」，以比喻象徵而起興意象的飛躍，則是「心象」。橫向緻密的風景描繪與縱向飛躍的心象起興，是杜甫用以架構詩歌世界，表述創作心境的所在。

吉川幸次郎強調〈曲江〉「遊子空嗟垂二毛，哀鴻獨叫求其曹」之詠歎失所不遇的中年如孤鴻哀號求友，是杜甫的自喻。〈倦夜〉「重露成涓滴」之露水集聚而成水滴的風景，意味時間的推移，乃論理的說明，其實，於風景的描繪中，暗寓隱晦幽玄的心象世界。故接續的「稀星乍有無」，則以稀星隱現而起興浩瀚遼遠的飄渺虛無。至於〈寫懷二首〉之「明月照我膝」亦非止於自然與自我景象的描述，有起興人間真實，此中有真意的暗喻。故起興邏輯論理未探索的幽玄心象世界，是文學的任務。論理世界的真實是事理輪廓清晰的真實，輪廓清晰背後之幽微隱晦的真實，或輪廓隱晦所以真實的探究，則是文學的任務。杜甫所描述的風景人事非止於風景人事的表象，是含藏廣衍義蘊而描繪的景物，此

---

7 吉川幸次郎：〈杜甫の詩論と詩〉，《吉川幸次郎全集》第十二卷，頁 604-605。

乃杜甫的文學自覺。[8] 至於其中的真意，杜甫偶有點描提示。如〈秋興八首〉第二首的「請看石上藤蘿月，已映洲前蘆荻花」的「請看」二字，是所見之景而興隱喻世界的指引，亦即近處石上藤蘿的月光，映照遠方沙洲盛開的蘆花，遠近相映的特殊美景在前，是否觸景生情而感悟景象之外的境界。第三首「千家山郭靜朝暉，日日江樓坐翠微，信宿漁人還泛舟，清秋燕子故飛飛」，靜坐於山郭江樓，在朝暉翠微中，但見漁人如常的泛舟江上，燕子則無意又似有意[9]的輕飛於秋空，乃杜甫見景生情，物我冥合，於無意識中導入自覺意識而完成詩作，寄寓現象之外延伸的無窮幽玄的世界。

　　至於隱寓幽微無垠的心象境界，杜甫輒以「蒼茫」、「冥搜」來表述。如〈渼陂行〉「咫尺但愁雷雨至，蒼茫不曉神靈意」，於幻想神仙世界之後，突然雷雨交加，如此激烈的天象幻化，或為超自然之神靈的意志，唯驚奇茫然而不能知曉。又〈樂遊園歌〉「此身飲罷無歸處，獨立蒼茫自詠詩」，「蒼茫」雖是天色灰暗的景象，然杜甫野宴飲罷而無所歸之處，則「蒼茫」意味無限茫然不可知的世界，於幽玄廣闊的天地之間，竟無容身所在，含藏寂寥落寞的詠歎。至於「冥搜」則是無垠遼闊之神秘世界的探索，如〈同諸公登慈恩寺塔〉「方知象教力，足可追冥搜」，「冥搜」一詞出自孫綽〈天台山賦〉「遠寄冥搜，篤信通神」。杜甫登塔而感悟佛力神通，以探索幽玄的世界，賦詩寄寓其感悟。吉川幸次郎強調探尋杜甫創作的心境，蓋有搜索現象背後之幽微世界的所在，是詩歌任務的主張。杜詩之所以卓絕，是杜甫的視線非止於細微的凝視而緻密描寫，更延伸其視野至無垠幽玄的世界，起興其中越飛躍的心象境地。亦即明晰緻密的方向與超越飛躍並存輔成，是杜甫作詩的理論。[10]

8　吉川幸次郎的「文學任務說」，見〈杜甫の詩論と詩〉，《吉川幸次郎全集》第十二卷，頁 609。

9　吉川幸次郎不訓「故」為如常，而訓解為「ことさら」，即「故意」、「特意」。見〈杜甫の詩論と詩〉，《吉川幸次郎全集》第十二卷，頁 611。

10　吉川幸次郎：〈杜甫の詩論と詩〉，《吉川幸次郎全集》第十二卷，頁 612-614。

（三）杜甫的詩論：「緻密」與「飛躍」兼容並蓄

　　吉川幸次郎強調明晰緻密與超越飛躍是詩歌成立的條件，緻密是橫向凝視，觀照客觀存在的現象世界，即陸機所謂「體物而瀏亮」的風景描寫，飛躍是縱向昇華，架構主觀感受的心象世界，即「緣情而綺靡」的意象表述。唯陸機分別二者為辭賦與詩歌的風格，而杜詩則心象與風景二者相互並存，相互補完，緻密兼具超越而更明晰，飛躍蘊蓄緻密而更飛躍。此為杜甫創作詩歌的自覺。蓋緻密凝視映照於感覺的事象，乃能敷衍心象幽玄的境界，起興現象蘊涵高遠存在的超絕意象，乃能明晰緻密描述感覺事象的真實存在。換而言之，主觀緣情的「能動」兼具客觀體物的「受動」，「受動」的體物含藏「能動」的緣情，詩作才能周衍圓融。亦即杜甫不僅以賦入詩，將辭賦「體物而瀏亮」的特質引入詩歌的世界，進而提出「體物」並蓄「受動」與「能動」，主觀與客觀融合之文學創作的新義。杜甫之緻密與飛躍融合的詩論，體現於〈敬贈鄭諫議十韻〉與〈夜聽許十一誦詩愛而有作〉的詩作。

　　〈敬贈鄭諫議十韻〉之「破的由來事，先鋒孰敢爭」，上句以弓術比喻詩作，射的要中心是作詩的本事，意謂詩作的明晰緻密。下句以先遣突擊之先鋒作比，意謂詩作下筆如有神助之快速，非他人所能比，是詩作的飛躍超越。「思飄雲物外」謂詩作意涵在雲物之外，飄渺而高遠，是心象的飛躍。「律中鬼神驚」之「律中」是詩作合律中節的緻密而巧奪天工，超自然存在之鬼神亦為之驚歎。二句暗示緻密與飛躍相互補完，詩作明晰緻密而起興飛躍心象境界。「毫髮無遺恨」謂詩作之字句緻密確實而曲盡事物之理，故了無遺憾。「波瀾獨老成」謂通篇結構縱橫周衍而形成浩瀚波瀾的意境，意謂緻密與飛躍並存而完成動天地感鬼神的詩作。吉川幸次郎強調「詩義」之所以定義為作詩的理論，主張緻密與飛躍為詩歌成立的條件，可以杜甫特意營為「對句」的自覺用心來演繹。所謂「對句」是詩人對感受的某一事物現象，先從兩個方向來歌詠，然後統一融合兩個方向而完成詩作的手法。換而言之，從兩個方向

吟詠所見所感，是對句的營為。解析〈敬贈鄭諫議十韻〉一詩，「破的由來事，先鋒孰敢爭」是「詩義」的兩個方向的分別描述，前者緻密，後者飛躍。其後的詩句則是兩個方向相互補足，二者融合而完成，「律中鬼神驚」是緻密而生超越，「波瀾獨老成」是緻密而完成超越圓熟境界。[11] 至於與〈敬贈鄭諫議十韻〉大抵同時期之作的〈夜聽許十一誦詩愛而有作〉，於敘述二人交遊經過之後，杜甫演繹詩作理論的「詩義」。

「誦詩渾遊衍，四座皆辟易」，謂許十一詠誦所作之詩，從容渾然，而四座皆驚歎，蓋「應手看捶鉤，清心聽鳴鏑」，「捶鉤」語出《莊子・知北遊》，杜甫取義郭象注，以測定重量之技術熟練，不失毫芒，比喻許生詩作緻密純熟，得之於心而應之於手，故能悠遊從容，進而起興飛躍，謂許生下筆如鳴矢飛逝之迅捷。換而言之，二句意謂許生詩作兼具如「捶鉤」之緻密熟練與如「鳴鏑」之快捷飛躍。「精微穿溟涬，飛動摧霹靂」則意謂緻密與飛躍相互關涉，「精微」即「緻密」，詩作緻密周衍，故能貫通四海溟涬，亦即詩作精微緻密而神思通達幽微之造化。又由於詩之超越飛躍，優遊寬闊而勢壓雷霆，二句清晰具陳其緻密與飛躍融合感性的論旨。「陶謝賦枝梧，風騷共推激」，意謂詩作得以比美陶淵明、謝靈運之精微熟慮的明晰緻密，合致於《詩》、《騷》之緣情綺靡的起興飛躍。至於何以能匹配於六朝前賢與古典詩騷，則以「紫鸞自超詣，翠駮誰剪剔」而取譬補綴。「紫鸞」鳳凰之遨飛超絕，以譬詩意飛躍超詣，「翠駮」名馬之文理斐燦可觀，以明詩句緻密清晰，二者融合圓足而完成超絕之詩作。然「君意人莫知，人間夜寥闃」，無奈不遇知音，故清夜寂寥而遺憾頓挫。

杜甫夜聽許十一誦詩而起興與贈詩鄭虔而詠歎，要皆具陳緻密與飛躍是詩作的方向，而且二者圓融重純熟而成篇的「詩義」。吉川幸次郎強調「即事非今亦非古」一句，既是杜甫提出「詩義」的自覺意識，也

---

11 吉川幸次郎：〈杜甫の詩論と詩〉，《吉川幸次郎全集》第十二卷，頁 617-618。

是其超絕於古今的自負之言。再者，明晰緻密與超越飛躍之互補並存是詩作的條件，也是文學創作的條件。[12]

二、杜甫的創新

　　吉川幸次郎以為杜詩最大的特徵在於藝術性與現實性的融合[13]。杜甫一生的遭遇與其生存的背景促成杜詩不斷成長，由離心發散而向心凝集之詩作的方向轉移，由體物工微而至人生體悟之圓熟的意境完成，正足以說明杜詩特徵的所在。至於吉川幸次郎指稱杜詩是「思索者的抒情」[14]或杜詩「具有抒發人民性或社會性共同體之責任的意識」[15]皆在強調杜詩具有現實性的特質。關於杜詩的藝術性，吉川幸次郎則說「杜甫是語言再生的魔術師」[16]，探究其立言的意義，則在指涉杜詩的語言具有古典新義，或通過既有言語的整合而產生新的意義，或以舊題材而創造新的意象。前者如「側目似愁胡」，後者如「月」的吟詠。「愁胡」一語雖見於晉孫楚〈鷹賦〉，然「深目蛾眉，狀似愁胡」的「愁胡」不過用以比喻鷹的眉目形狀，而「側目似愁胡」則把鷹的神情全幅呈現，雖是描寫畫鷹，卻栩栩如生，有振翼擒物之勢。杜詩語句雖有來歷，但是通過杜甫的創意，便產生新的意象[17]。以「月」為題材的吟詠，古來有之，六朝的詩人把「月」當作美的象徵，杜甫〈月夜〉、〈月夜憶舍弟〉的詩則將人的感情投入自然之中，進而創造自身所感受的新的自然，亦即以

12 吉川幸次郎：〈杜甫の詩論と詩〉，《吉川幸次郎全集》第十二卷，頁 620-625。

13 吉川幸次郎：〈我所喜歡的中國詩人〉，《吉川幸次郎全集》第一卷，東京：筑摩書房，1968 年 11 月，頁 147。

14 吉川幸次郎：〈中国文明と中国文学〉，《吉川幸次郎講演集》，東京：筑摩書房，1996 年 4 月，頁 94。

15 吉川幸次郎：〈私の杜甫研究〉，《吉川幸次郎講演集》，頁 413。

16 吉川幸次郎：〈杜甫私記・胡馬　画鷹〉，《吉川幸次郎全集》第十二卷，頁 147。

17 吉川幸次郎：〈杜甫私記・胡馬　画鷹〉，《吉川幸次郎全集》第十二卷，頁 145-146。

移情作用，將情景交融，既歌詠自然的秩序，也寄寓自身沉鬱的感情。
因此在六朝，自然是美的典型，而在杜詩的世界中，「月」固然有自然
之美，也有寄託人間事物之人文自然的意義。[18] 換句話說，由於杜甫凝
視人間世界和自然萬物而產生新的自然觀，也由於其細密地刻畫描繪而
形成以賦入詩之詩作意識的自覺性改革。換而言之，吉川幸次郎從杜詩
於中國文學史的意義與杜詩有「創新」的所在，說明杜甫既是詩聖，也
是中國古今第一詩人。

（一）以賦為詩

　　人間社會的所有事象皆可入詩，是杜詩的特色之一，細微描寫人間
社會真實的詩作亦不勝枚舉，而〈北征〉之以賦入詩，是杜甫的創新，
蓋《文選》以「征」為名，敷陳遠行旅次所見景物經過的長賦，如班彪
〈北征賦〉敘述長安旅行甘肅之經過，曹大家〈東征賦〉描寫洛陽至陳
留之旅行，潘岳〈西征賦〉則敘述洛陽至於長安的所見之景象。換而言
之，歌詠遠行經歷是東漢魏晉「征賦」題材的文學傳統。然杜甫作七百
字之〈北征〉，敘述自行在往鄜州，於途中及到家之事，「杜子將北征，
蒼茫問家室，……瘦妻面復光，……曉妝隨手抹，移時施朱鉛，狼籍畫
眉闊。生還對童稚，似欲忘饑渴，問事競挽鬚，誰能即瞋喝」，乃描寫
「歸家悲喜」，詳細敘述妻子生活的情景，極「盡室家曲折之狀」[19]，是漢
魏六朝詩賦所未見的內容，而杜甫之後，亦罕見如此細密審視生活環境
而付諸文字的詩作。故杜甫〈北征〉堪稱劃時代的題材與詩作。

---

18 吉川幸次郎論述杜詩之「月」的意象，見所著〈中国文明と中国文学〉（《吉川幸
　　次郎講演集》，頁 94-124）、〈唐詩の精神〉（《吉川幸次郎全集》第十一卷，東京：
　　筑摩書房，1968 年 8 月，頁 9）、〈東洋文学における杜甫の意義〉（《吉川幸次郎
　　全集》第十二卷，頁 590）、〈杜甫の詩論と詩〉（《吉川幸次郎全集》第十二卷，頁
　　600-603）等文章。
19 仇兆鰲：《杜少陵集詳註》，頁 75。

　　「詩緣情而綺靡，賦體物而瀏亮」是漢魏六朝以來的傳統文學觀，然而杜甫的詩作兼具賦之緻密與詩之飛躍的兩個方向，以賦入詩。〈北征〉將辭賦「體物而瀏亮」的特質引入詩歌的世界，進而提出「體物」並蓄「受動」與「能動」，主觀感受與客觀描寫的融合而形成體物緣情並蓄的新義，則是創新。

（二）細微嶄新視線

　　吉川幸次郎說：觀照人間社會與自然景象的細微嶄新視線，如「夜深坐南軒，明月照我膝」（〈寫懷二首〉），「重露成涓滴」（〈倦夜〉）是杜甫凝視熟慮而緻密勾勒之獨特寫照的「新視線」。〈曲江三章章五句〉的詩名取法於《詩經》〈關雎五章章四句〉，〈卷耳五章章四句〉的體例。第一章「曲江蕭條秋氣高，菱荷枯折隨風濤，遊子空嗟垂二毛，白石素沙亦相蕩，哀鴻獨叫求其曹」，杜甫所凝視關照的景象，非如〈麗人行〉所記述的春日曲江佳時勝景，而是秋風蕭瑟，菱荷枯折的凋殘景象，遊子流離失所，感時而孤獨寂寥的心境。此為杜甫著眼於特殊風景的「新視線」，非漢魏六朝以來，以自然為唯美典型的「文學倫理」，是杜甫熟慮而緻密的表現，為前代所無的新風景。畢竟以謝靈運為代表之六朝詩人的山水詩賦，大抵以自然為美的典型，「文學倫理」的所在，故致力於山清水秀之風景的描寫，而甚少歌詠哀愁的景象，此為六朝詩賦的慣習常規。然杜甫〈曲江〉詩則超越六朝以來的文學傳統，「秋氣高」、「菱荷」、「白石素沙」、「二毛」、「哀鴻」是縱目大千世界的廣闊視野，而「蕭條」、「枯折」、「空嗟」、「獨哀」的陰鬱頓挫，則是前代所無的新風景，要皆杜甫熟慮而緻密表現的結果。至於「白石」一詞出自《詩經・唐風・揚之水》，說明杜詩「無一字無來歷」，亦是緻密的一端。吉川幸次郎強調杜詩文字頗多援引《文選》的語彙，然「白石」一詞，《文選》未見，或〈揚之水〉所起興的「憂鬱」的意象，千百年以來，詩人所遺忘，至杜甫而再現，亦可謂杜甫緻密細察而創新的所

在。[20]

（三）律詩的韻律對句

　　律詩之所以稱為「近體詩」或「今體詩」而異於古體詩，乃在於平仄押韻的一定規律與四聯八句的上下對句。律詩起源於初唐，乃承襲六朝華文美辭，駢對兩行與沈約「四聲八病」之抑揚韻律的詩韻說，於大唐帝國成立的新機運下，形成韻律對句格式的律詩。沈佺期、宋之問並稱，杜甫祖父杜審言亦為律詩的名家，唯大抵為武后朝的宮廷詩人，以駢儷雕琢是尚。

　　對句修辭的歷史甚古，先秦經傳諸子即有創制，如《老子・第一章》「道可道，非常道，名可名，非常名」，《易・繫辭傳》的開端「天尊地卑，乾坤定矣，卑高以陳，貴賤位矣，動靜有常，剛毅斷矣」，大抵反復並列相對的文字事例而言說道理。魏晉六朝詩賦的駢偶蓋沿續先秦之舊，以類似的語言意象疊構同一主題，如《文選》所收阮籍〈詠懷〉「孤鴻號外野，朝鳥鳴北林」，左思〈詠史〉「振衣千仞岡，濯足萬里流」，謝靈運〈從斤竹澗越嶺溪行〉「巖下雲方合，花上露猶泫」，上下對仗極其工整，然要皆不及杜甫之以文法修辭的上下對句，整合自然與人事，抽象與具象，全體與部分，社會與個人之異位元的存在，尤以八句四聯的律詩，巧妙的發揮詩歌韻律對句的藝術性。如〈春望〉「國破山河在，城春草木深」，上句的「國破」是家國傾頹的人間慘劇，下句「城春」是杜甫幽囚長安及其周邊的自然景象。「感時花濺淚，恨別鳥驚心」是傳統對句的形式，以同位元事象的上下並列而表現內心的感受。「烽火連三月，家書抵萬金」，內戰烽火持續至陽春三月仍未終熄的上句與離散家人的書信若能寄達當值萬金的下句，則未必是同位元的事象，上下句相互因果，又以「三月」與「萬金」相對，巧妙整合其意

20 吉川幸次郎：〈杜甫の詩論と詩〉，《吉川幸次郎全集》第十二卷，頁 604-605。

象，表述其無窮的遺憾和感傷。吉川幸次郎進而強調杜甫律詩的對句，輒有上句提示設想而下句出乎意表的對仗，看似衝突矛盾之「不齊一」的表述，然斟酌其詩語的敷陳排列，上下二句又有文法修辭的「齊一」性，如「烽火」對「家書」，「連」對「抵」，「三月」對「萬金」，「不齊一」與「齊一」的整合，上下二句相互睥睨重合，連結交融而架構詩歌遣詞造句的藝術之美，深化詩人幽微蘊藏的情感。杜甫律詩於韻律對句的表現，借用 I. A. Richards *Principles of Literary Criticism* 的用語，是預設（expectancy）與違離（betrayal）的交錯對峙。此「微妙力學」的究極表現是杜甫的創新，其律詩，尤其是四聯八句的律詩創意是中唐以迄明清詩人所尊崇的典型。[21]

三、杜甫詩注

吉川幸次郎不但執著地說：「我的古典是杜甫」[22]，「我是為了讀杜甫而誕生於人間世的」[23]，也自負地說：「注釋杜甫要有錢牧齋的學識與見識，今日可以注解杜詩者，除我之外無他」[24]。其自昭和 22 年（1947）起，開始於京都帝國大學文學院講授杜詩[25]，主持杜甫讀書會，研究杜甫及其詩作的著述，收錄於《吉川幸次郎全集》第十二卷：杜甫篇。至於杜詩的注釋，有《杜甫 I》、《杜甫 II》、《杜甫詩注》五冊行世。[26]

21　吉川幸次郎的杜甫律詩論述，見「杜甫詩注卷二・書生の歌下・律詩部分」的〈はしがき一〉，《杜甫詩注》第二冊，東京：筑摩書房，1979 年 1 月，頁 3-16。

22　吉川幸次郎：〈わたしの古典〉，《吉川幸次郎全集》第十二卷，頁 706。

23　黑川洋一：〈杜甫と吉川先生と私〉，《吉川幸次郎全集第十二卷・月報》，頁 6。

24　黑川洋一：〈杜甫と吉川先生と私〉，《吉川幸次郎全集第十二卷・月報》，頁 6。

25　覓文生：〈解說〉「付錄：吉川幸次郎先生京都大学文学部講義題目一覧」，見於吉川幸次郎，《吉川幸次郎遺稿集》第二卷，頁 576-582。

26　吉川幸次郎：《杜甫 I》、《杜甫 II》分別收載於筑摩《世界古典文學全集》二十八、二十九，東京：筑摩書房，1967 年 11 月、1972 年 8 月出版。《杜甫詩注》五冊則於 1977 年 8 月至 1983 年 6 月，在筑摩書房出版。

（一）注釋杜詩的動機

　　吉川幸次郎強調注釋是根據作者的語言探尋其創作意識，甚至其潛意識的究竟，架構理論析理作品的內容要旨。詩歌是感性的語言，尤其需要逐字咀嚼，檢證詩人創作的心境及詩作的意象，是其注釋杜詩的心得。[27] 至於注釋杜詩的動機是衷心喜愛杜甫及其詩作，三好達治解說吉川幸次郎《杜甫ノート》，指出吉川幸次郎於杜詩有特異的感受，通覽吉川幸次郎的杜詩講述，可以體會其與杜甫有心領神會的契合。[28] 吉川幸次郎則說縱橫古今東西，受到強烈吸引，而能通透融合了然於心的詩作，除杜甫及其詩歌之外無他。表述對杜甫的喜愛，注釋杜甫詩作是唯一的方法，蓋注釋經典是中國學術最重要的傳統，踵繼前賢，尤其是段玉裁《古文尚書撰異》，本居宣長《古事記傳》的風雨名山事業，是京都中國學派學問傳承的究極。至於注釋的旨趣，如本居宣長所說「言のさま」，即語言表象的重視，亦即「向內集中」（intensive），以熟視語言相互連屬疊構，釐析字句相稱均衡流暢的表現為極致。蓋詩歌的韻律不同於音樂的旋律，是詩意著色諧音而組成的和諧韻律。漢字雖是單音節，而高低抑揚頓挫，詩歌精錬文字的音義，曲盡一字一音的組合而架構色調諧合且意象幽遠的詩歌情境。杜詩是中國詩歌之兼具心象風景與韻律和諧的典型，杜甫於〈偶題〉敘說「文章千古事，得失寸心知」，吉川幸次郎欲體得其寸心於千古之後。

27「心得」，是吉川幸次郎說明其師狩野直喜學問宗尚的所在。吉川幸次郎說：沉潛於中國的古典文學的蘊涵，主張「儒雅」與「文雅」的融貫是中國文明異於其他文明的特質所在，此為狩野直喜的「心得」之學。亦即探究中國文學的本質，以沉潛洗錬的工夫，體得「儒雅」的內涵，進而成就精通文章經術的通儒之學為究極的「心得興到」之學。吉川幸次郎體得杜甫創作詩文的心境，或可說是「心得」之學的表現。

28　吉川幸次郎：《杜甫ノート》，東京：新潮社，新潮文庫，1954 年 10 月。

（二）杜甫詩注的立場

　　杜甫於〈戲為六絕句〉敘述：「不薄今人愛古人，……轉益多師亦汝師」，即說明杜甫作詩既有繼承前人詩賦用語的所在，亦有別為新詞，開拓意境的創新。前者如黃山谷〈答洪駒父〉所說「老杜作詩，韓退之作文，無一字無來歷……雖取古人之陳言入於翰墨，如靈丹一粒點鐵成金」。故探索杜詩用語的來歷是注釋杜詩必須的工夫。杜甫詩作奪胎換骨於前人詩賦的用字，或比興創新而豐富詩歌的內容，或超越時空而勾勒傳統詩文普遍存在的心象風景。吉川幸次郎強調宋人諸注於杜詩的用典，特別是杜甫於《文選》的取捨曲盡究明，然不乏誤引誤記的所在。乃援用斯波六郎《文選索引》檢證杜甫如何取捨《文選》詩賦，究明杜甫於《文選》繼承與創新的所在。至於後者，吉川幸次郎說杜甫是「反俗的詩人」，即抱持突破傳統，超越現今而開創新的詩歌境界的自覺意識。以「反俗」性格表現於詩歌，則是詩語「了無來歷」的創新表述，即突破詩賦創作的傳統思惟，選別前人詩賦未見之俗語、民謠與散文用語入詩。有關杜詩「無來歷」的詩語，歷來的杜甫詩注甚少訓解，仇兆鰲《杜少陵集詳註》雖是杜詩注釋的集成，亦未涉及。乃檢尋查慎行奉勅編纂的《佩文韻府》，究明杜甫超越詩歌傳統而以俗語和散文用語入詩的來歷。《佩文韻府》完成於仇兆鰲《杜少陵集詳註》之後，且詳密周全的搜羅杜詩的用語，足資彌補仇氏等清人杜甫詩注的遺漏。

四、杜甫評價

　　吉川幸次郎說：究明「杜甫於中國文學史上的意義」與說明「杜甫所給予的感動」[29]是其講述杜詩的目標。換句話說，從杜詩在中國文

29　吉川幸次郎：〈杜詩序説〉，《吉川幸次郎遺稿集》第二卷，頁289-298。吉川幸次郎以為杜詩之所以受感動的是題材豐富、用語正確、音律完成、人格偉大，至於

學史上的意義說杜甫之所以為詩聖,是其尊崇杜甫為古今第一詩人而終生鍾愛的所在。吉川幸次郎強調著重抒情而表現「人本主義」是中國古典文學的特質,具體而完足地體現中國抒情詩歌的內容是杜甫,因此杜詩是中國抒情詩歌的典型。杜詩隨著杜甫的人生遭遇與生存時代的變動而不斷成長,而杜詩由七言歌行而五七律詩,由離心發散而向心凝集,由客觀緻密的體物而主客觀融合的圓熟體物之變遷的軌跡正是中國古典詩歌歷史發展的縮影。再者杜詩不但是人類最圓滿完足的詩歌,具體呈現了詩歌的道理,而且其詩歌題材的豐富多樣,用語的精確老練,格律的細密工巧,感情的真實摯烈,因此規定其後一千年中國詩歌創作的模式。故如《新唐書・杜甫傳贊》所說:杜甫「貫通古今,渾涵汪洋,千彙萬狀,兼古今而有之」,是集中國古典詩歌的大成而為圓滿足具的詩人。

五、杜甫千年之後的異國知己

吉川幸次郎說:杜甫(712-770)出生於唐玄宗的治世的元年,其自身則出生於明治時代(1868-1910),玄宗開元、天寶的治世與明治的治世都將近四十五年。雖然天寶十四年發生安史之亂,唐代極盛而衰,然則生存於玄宗治世的人民對人生必定充滿希望,而生存於明治時代的人也必然有無限生機的特殊感受[30]。即玄宗的治世是大唐文明的英華,明治的「文明開化」開啟了日本的近代,各為中日歷史上劃時代的關鍵。杜甫雖然經歷盛衰的苦難,其於詩歌內容與格式的表現則是中國中世文學轉換為近世文學的縮影,不但是唐代最偉大的詩人,也是中國的詩聖。至於杜詩融合了藝術性與現實性則是吉川幸次郎最佩服的所

杜詩在中國文學史上的意義則是詩歌形式的增加、抒發中國文人淑世窮愁的普遍現象,建立詩歌的新風格,為劃時代的關鍵性存在。

[30] 吉川幸次郎:〈杜甫私記〉,《吉川幸次郎全集》第十二卷,頁10。

在[31]。由於生存時代之具有歷史意義的因緣際會，又潛心於杜甫與杜詩的講述注釋。至於杜詩的用語、對仗、音律、意境亦有細微的分析。吉川幸次郎於〈杜詩序説〉強調研究杜詩給與感動是研究杜甫的第一目標，杜詩在中國文學史上的意義，即杜詩在中國文學發展的地位，是其講授杜甫及其詩歌的目標。進而標榜杜甫是古今第一詩人，用中國語讀杜甫詩，猶如用英語讀沙士比亞的詩，用德語讀歌德的詩，於人類心靈的感動是古今東西共通的。蓋三人的詩作是人類從古人的語言體得最深切感動的詩篇，就此意義而言，杜詩是人類的寶庫，人類的古典。[32] 吉川幸次郎於杜甫及其詩歌的喜愛執著講述注釋，堪稱日本研究杜甫及其詩作的第一人，洵可謂杜甫千年之後的異國知己。

---

31 吉川幸次郎：〈我所喜歡的中國詩人〉，《吉川幸次郎全集》第一卷，頁 147。
32 吉川幸次郎：〈杜詩序説〉，《吉川幸次郎遺稿集》第二卷，頁 283-293。

第十一章
小川環樹論蘇東坡的創新：工拙與雅俗 *

一、小川環樹的學問

　　小川環樹（1910-1993）幼隨祖父素讀《四書》、《唐詩選》、《文章規範》，而嗜好漢詩文，1929 年入學京都帝國大學，專攻中國文學。受教於鈴木虎雄，聽講《文選》、《杜詩》，體得「以直探詩文真義為第一要諦」的讀書之學，譯注以簡潔，無過與不及是尚的「翻譯之學」。1934 年留學中國，交遊於羅常培、趙元任而鑽研中國現代漢語與蘇州方言，在上海與魯迅暢談書寫《中國小說史略》的原始本末，而著作《中國小説史の研究》。至於中國文學的研究，以語學與文學的結合，講述譯注唐宋詩文。又與吉川幸次郎（1904-1980）編輯《中國詩人選集》的風雨名山事業。吉川幸次郎畢生講義述譯注杜甫及其詩作，為「杜甫千年之後的異國知己」，小川環樹論述譯注蘇東坡的詩文，是「蘇東坡的東瀛神交」。興膳宏稱：「吉川幸次郎是雄偉大丈夫，高明英華，小川環樹是仙風鶴骨，沉潛蘊蓄」。[1] 二人可謂之為日本近代中國文學研究的

---

* 本文曾以〈小川環樹論蘇東坡的創新〉為題，刊於《東亞漢學研究》第 13 號，2022 年 11 月，頁 219-229。

[1] 小川環樹的家學淵源，見其所述〈南紀小川氏家譜述略〉、〈心の履歷〉。中國語學、古典小說研究與中國學者關係的敘述，見〈留学の追憶〉。三篇文章皆收錄於《小川環樹著作集》第五卷，東京：筑摩書房，1997 年 3 月。興膳宏的論贊，見其所著〈含羞の人：小川環樹先生〉，《異域の眼：中國文化散策》，東京：筑摩書房，1995 年 7 月，頁 210。

雙璧。

　　小川環樹於 1961 年至 1972 年先後論述蘇東坡（1036-1101）的詩
文詞賦，撮集為〈蘇東坡とその文学〉[2]。《小川環樹著作集》第三卷 [3] 收
錄〈蘇東坡の文芸〉、〈蘇東坡の文学：その多面性〉、〈蘇東坡の一生
とその詩〉、〈東坡の詞〉、〈東坡の散文〉、〈詩に於ける比喻：工拙と
雅俗〉、〈《五柳先生伝》と《方山子伝》〉等，蘇東坡及文學的論考。
〈《蘇東坡詩選》あとがき〉說明譯注蘇東坡詩賦與日本五山時代僧侶注
釋蘇東坡詩的精要所在。〈《蘇東坡詩集》著者のことば〉敘述譯注《蘇
東坡詩集》的經緯，〈《蘇東坡詩集》はしがき〉解題《蘇東坡詩集》。

　　小川環樹從宋代文學的流衍，論考蘇東坡詩文的創新；以王安石與
蘇東坡為宋代文學的雙璧，論述二人詩文風格的差異；以「水」與「造
物」的詩語，說明蘇東坡達觀的文學思想，乃於法度中出新意，豪快外
寄妙理。比較陶淵明〈五柳先生傳〉與蘇東坡〈方山子傳〉，演繹蘇東
坡散文虛實雙寫之小說筆法的特色，用以說明蘇東坡的文學美感。又講
述蘇東坡的詩文，譯注《蘇東坡詩集》，洵可謂之為蘇東坡的東瀛神交。

二、蘇東坡的創新

　　小川環樹綜述宋代文學的流衍，文學創作的方法及其思想，說明蘇
東坡文學的特色，於宋代文學史上，有其創新 [4] 的所在。

2　小川環樹：《蘇軾》上、下，《中國詩人選集二集》第五、六卷，東京：岩波書店，
　　1962 年 3 月、12 月。〈蘇東坡とその文学〉，《風と雲：中國文學論集》，東京：朝
　　日新聞社，1972 年 12 月，頁 71-199。
3　小川環樹：《小川環樹著作集》第三卷，東京：筑摩書房，1997 年 3 月。
4　吉川幸次郎於〈杜甫の詩論と詩〉指出：杜甫以賦入詩、細微觀察自然與著眼於
　　特殊風景的新視線，而稱之為「杜甫的創新」。（《吉川幸次郎全集》第十二卷，東
　　京：筑摩書房，1968 年 6 月，頁 593-628）蘇東坡以詩入詞，詞作的文學性勝於音
　　樂性，以擬人法演繹自然的善意，別開宋代詩詞豪放的新生面，或可謂之為蘇東
　　坡的創新。

（一）別開宋代詩詞豪放的新生面

　　小川環樹說：蘇東坡詩歌前承梅堯臣、歐陽修突破西崑體的詩風，脫離唐詩的模倣追隨，樹立獨自的新風格，豪放而富變化，自由驅使典故，又巧於譬喻，為元祐（1086-1094）體的代表。梅堯臣詩作題材新奇特異，如以「蝨」為詩題，是其創始，於范仲淹的宴席上，吟詠〈河豚〉而詩名傳誦，〈醜石〉的出人意表。蓋於平凡的日常生活，縱目怪奇的事物，擴大詩作的體裁。劉克莊《後村詩話》稱之為宋詩的開祖。詩作的表現方法雖有生硬之感，而清末崇尚宋詩者則以為有「澀」的異彩。歐陽修宴客題詠「雪」而禁用「鹽、玉、鶴、鷺」常套的詩語。要皆「故意反逆」西崑體，意在開創別出前朝的新詩風。蘇東坡詩作題材新奇不落人後，是梅堯臣「主知傾向」的繼承，不拘於同一曲調，則似取法於歐陽修，而嶄新表現層出，如泉湧不窮。尤其是長篇古詩的韻律流暢輕快，比喻新奇而詩語諧謔幽默，「嶺上晴雲披絮帽，樹頭初日掛銅鉦」（〈新城道中二首〉），以綿帽比喻山嶺的白雲，鮮有前例。樹梢晴日譬為銅鉦，也是新奇的詩語。

　　小川環樹又以才智、學問、議論為宋詩的特色。唐詩不用典故者不少，而西崑體以來，以典故使用的技術而定巧拙。然典故的善用，要在博識與機智。至於議論，有所謂「翻案」者，杜牧「江東子弟多才俊，卷土重來未可知」（〈題烏江亭〉）即是。而宋人嗜好「翻案」，新解釋與新理論的創出是宋代的動向，詩作亦然。「翻案」議論不免流於理屈，而救理屈之弊，要在機智的幽默與諧謔的諷諭。蘇東坡是宋代適度運用諧謔的第一人。如〈石蒼舒醉墨堂〉：

　　人生識字憂患始，姓名粗記可以休。
　　何用草書誇神速，開卷惝怳令人愁。

開首二聯謂但能書寫姓名即可的詩語驚人。

　　我嘗好之每自笑，君有此病何能瘳。

自言其中有至樂，適意無異逍遙遊。

近者作堂名醉墨，如飲美酒消百憂。

蘇東坡自嘲愛好書道而適意至樂，戲稱石蒼舒擅草書，又收藏書帖，如飲酒消愁。實則苦心鍊字，收集書法名帖，要皆無用之事，故「不復臨池更苦學，完取絹素充衾綢」便罷。詩語幽默諧謔的逸趣是梅堯臣、歐陽修、王安石所無，《宋史》記述蘇東坡「雖嬉笑怒罵之詞皆可誦」，或此詩之謂也。[5] 而豪放的詩作，如〈百步洪〉：

長洪斗落生跳波，輕舟南下如投梭。

水師絕叫鳧雁起，亂石一線爭磋磨。

有如兔走鷹隼落，駿馬下注千丈坡。

斷絃離柱箭脫手，飛電過隙珠翻荷。

四山眩轉風掠耳，但見流沫生千渦。

險中得樂雖一快，何異水伯誇秋河。

以自然風景為才氣縱橫的對象，曲盡其全身活力而雄豪渾灑，極力描寫自然的怪奇與水流的奔險。敘景傑作的創造亦是其作詩理論的實踐，所謂「出新意於法度之中，寄妙理於豪放之外」[6]，乃「從心所欲，不逾矩」，意味文學的活動是在藝術規律下，自由發揮創造力，行文意念的「詩想」如泉源湧出，詩文如「行雲流水」的流暢，亦應「行於所當行，止於所當止」的明快。李白之後，未有如蘇軾者。[7]

　　小川環樹強調蘇東坡詞既有幽遠澄靜的婉約之作，亦有以詩入詞，詞作亦有如詩作「明朗闊達」輕快流暢的韻律，突破宋詞婉約的傳統，

5　小川環樹：〈蘇東坡の文芸〉，《小川環樹著作集》第三卷，頁 69-72。

6　蘇東坡：〈書吳道子畫後〉，《經進東坡文集事略》卷六，《四部叢刊初編縮本》052，台北：商務印書館，1965 年 8 月，頁 353。

7　小川環樹：〈東坡の詞〉，引述錢鍾書《宋詩選注》（北京：人民出版社，1989 年 9 月，頁 61）的論說，《小川環樹著作集》第三卷，頁 112。

開創豪放新動向的契機。後者如〈江城子（密州出獵）〉的「老夫聊發少年狂，左牽黃，右擎蒼，錦帽貂裘，千騎卷平岡。為報傾城隨太守，親射虎，看孫郎」，英氣風發，豪放勇壯。〈浣溪沙（徐門石潭・道中作）〉的五首連作，是城外寫生而旋律輕妙。謫居黃州時期多名作，「一蓑煙雨任平生」的〈定風波（沙湖道中作）〉，「夜飲東坡醒復醉，歸來髣髴三更，家童鼻息已雷鳴，敲門都不應，倚杖聽江聲」的〈臨江仙〉，節奏輕快明朗，毫無苦澀沉滯的曲調，要皆表述發前人所未發，上達超越的境地，而「大江東去，浪淘盡千古風流人物」的〈念奴嬌（赤壁懷古）〉，是痛快叫絕的千古傑作。至於〈哨遍〉的序曰：「獨陽董毅夫過而悅之，有卜鄰之意，乃取歸去來辭，稍加概括，使就聲律，以遺毅夫」，應和陶淵明〈歸去來辭〉的節奏而作，猶如〈和陶詩〉的吟詠，內容豐富而大放異彩，以詩作的題材內容填詞，擴大詞作的世界。幽遠澄靜的婉約之作，如〈江城子〉，悼念亡妻的深切愛情，〈卜算子〉的缺月、疏桐、孤鴻，象徵孤獨，全篇凝結淒冷的空氣，表述深層的悲哀。深奧含蓄，澄靜幽美的意趣，適合「詞」獨特音調的作品，亦超越時空而涵詠傳誦。蘇東坡以前的詞作以婉約是尚，婉曲表述含蓄的感情，以悲哀為基調，傾訴難以明言的悲哀。蘇東坡的詞作以其天縱英才與自由豁達的精神，解脫詩詞集中凝縮的悲哀，無窮開展而賦予詞的多樣性。蘇東坡之後，宋詞具備婉約與豪放兩個面相。[8]

（二）詞作的文學性勝於音樂性

蘇東坡門人晁無咎曰：「居士詞，人謂多不諧音律者多，然居士詞橫放傑出，自是曲子中縛不住者」[9]，意謂蘇東坡的詞作出於宋詞的法度規範之外。陳師道《後山詩話》曰：「子瞻以詩為詞」，張耒亦曰蘇東

8　小川環樹：〈東坡の詞〉，《小川環樹著作集》第三卷，頁 117-121。
9　引吳曾：《能改齋漫錄》卷十六。

坡詞似詩。宋詞稱為「曲子詞」，詞語既要調和於音調，按曲填詞亦需
符應音調的節奏與韻律。因此，蘇東坡詞作之諧於音律與否，是值得探
究的重要問題。小川環樹以為：宋代樂譜於明代以後亡逸盡殆，宋代語
言的音調不可確知，蘇東坡詞作諧於音律與否的品騭既難決定，則推敲
宋人的評論，或為可循的取徑。陸游曰：「世言東坡不能歌，故所作樂
府多不協律」，即南宋之際，以蘇東坡不諳音樂而詞作的韻律大抵未必
協和。然引晁無咎之說：「紹聖初，與東坡別於汴上時，東坡酒酣，自
歌陽關曲」而謂：「公（東坡）非不能歌，但豪放而不喜翦裁以就聲律
耳。試取東坡諸詞歌之，曲終覺天風海雨逼人」。故蘇東坡非缺乏音樂
素養，但不羈規律以填詞，豪放逍遙含蘊新意。換而言之，蘇東坡詞作
的可讀性高於可唱性，猶如適合誦讀而不適合上演的戲曲，若難以上演
的戲曲亦有文學的價值，則東坡的詞作亦有極高的文學價值。演繹陸游
的品評，蘇東坡傳誦流芳的詞作極多，而有可歌唱者亦不少，今日詞作
樂譜既失傳，則鑑賞其文學的英華。詞作的文學性勝於音樂性，是蘇東
坡的創新。[10]

三、蘇東坡達觀的文學思想

小川環樹說：蘇東坡是庶民出身，幼學於道士張易簡，嗜好老莊，
或可謂之為「道教的哲學家」，「自由人」寬綽達觀的性格，神似於莊
子。[11]

---

10 小川環樹：〈東坡の詞〉，《小川環樹著作集》第三卷，頁 112-117。
11 小川環樹於《莊子》（東京：中央公論社，1968 年 7 月）的解說，稱莊子為自由
　　人，探究其於蘇東坡的論述，或有「自由人蘇東坡」之意。

（一）道用無窮的上善思惟

　　蘇東坡說：「道之大全也」[12]，道者究極根源的存在，自身完結的大全，亦是現象事物的根底，生成變化的原理。又說：「陰陽一交而生物，其始為水，水者有无之際也，始於離无而入於有。老子識之，故其言曰上善若水，又曰水幾於道。聖人之德雖可以名言而不囿於一物，若之无常形，此善之上者，幾於道矣」[13]，則是援老入儒。以水為萬物根源的象徵，見於《管子・水地篇》，然蘇東坡以老子「上善若水」界定儒家倫理學的「善」，是其獨特的思想。所謂「水無常形而有常理」[14]，說明水無常形是道用無窮的「上善」，「不囿於一物」則是無限定性的真理之道。「余曰妙一而已，容眾有耶。道士笑曰為一則已陋也，何妙之有，若審妙，雖眾可矣」[15]，「道」是真理，既為真理，則是道體唯一而無二，然道用無窮，「道」又以無限定性，才有其妙用。真理（＝道）的應用非絕對唯一，而是相對權變。哲宗元祐年間，初欲持續新法的「募役法」，司馬光強力主張廢止，恢復舊法的「差役法」，然有國民勞役，地方下役為惡的弊害，蘇東坡數人建言實施「募役」，卻遭受「無定見」的批判。探究蘇東坡持論的根底，乃其海納百川，道用應變的「上善」思惟，洞察現實，冷靜判斷政策的可行性與否，兼容不同立場的政治思想，水無常形的象徵是蘇東坡「寬容」精神的根柢所在。[16]

　　「上善若水」的體用思惟與「造物」的自然觀，於蘇東坡的文學藝術論具有特殊的意義。蘇東坡又以水比喻行文，曰：

12　蘇東坡：《蘇氏易傳・繫辭下》，毛晉：《津逮秘書》卷八，頁10。
13　蘇東坡：《蘇氏易傳・繫辭上》，毛晉：《津逮秘書》卷七，頁10。
14　蘇東坡：〈眾妙堂記〉，《經進東坡文集事略》卷五十二，《四部叢刊初編縮本》052，頁303。
15　蘇東坡：〈眾妙堂記〉，《經進東坡文集事略》卷五十二，《四部叢刊初編縮本》052，頁303。
16　小川環樹：〈東坡の散文〉，《小川環樹著作集》第三卷，頁124-133。

> 吾文如萬斛泉源，不擇地而出。在平地滔滔汩汩、雖一日千里
> 無難。及其與山石曲折，隨物賦形而不可知也。所可知者，常
> 行於所當行，常止於所當止，如是而已。其他，雖吾亦不能知
> 也。[17]

水不無所不在，是水之大德，普遍存在，是水的無限定性。既是水的詠歎，亦是文思泉湧而行文自在的自得。此與〈潮州韓文公廟碑〉的論述類似，〈潮州韓文公廟碑〉作於元祐七年（1092）三月，《蘇氏易傳》完成於流放惠州，海南島的晚年，自評的〈文說〉亦作於晚年。以水的象徵論述文學藝術是其晚年心證，水之無限定性，最適合形容蘇東坡的文學。[18]

（二）活水意象：水的詩語與情境

蘇東坡自謂：「吾文如行雲流水」，又謂：「吾文如萬斛泉源，不擇地而出……隨物賦形而不可知也，所可知者，常行於所當行，常止於所當止」，「無常形而有常理」的「活水」意象，或可用以說明其文學藝術論。稱唐末孫位繪畫氣流與巨浪，如「隨物賦形盡水變」（〈書蒲永昇畫後〉[19]），得孫位筆法的孫知微，及其後的蒲永昇的畫是「活水」，而不知筆法的董羽、戚文秀的畫則是「死水」。至於「水無常形而有常理」

---

17 蘇東坡：〈文說〉，《經進東坡文集事略》卷五十七，《四部叢刊初編縮本》052，頁335。
18 小川環樹說：蘇東坡詩文明朗闊達，毫無陰鬱之感，文體流暢柔軟與豪放強韌兼具。王安石散文明快，文體如百鍊鋼鐵，鍛鍊凝縮，詩歌未若散文之堅硬，然有陰鬱之感，其憂鬱煩悶之際，或寄情於詩。至於王安石與蘇東坡詩文風格的差異，蓋緣於二人的履歷境遇，思想的不同。北宋文學者甚多，比較王安石與蘇東坡，意義深遠。推敲其論述，或有以二人為「北宋文學的雙璧」之意。小川環樹：〈東坡の散文〉，《小川環樹著作集》第三卷，頁124-125。
19 蘇東坡：《經進東坡文集事略》卷六十，《四部叢刊初編縮本》052，頁351。

的論說，於繪畫論的〈淨因院畫記〉[20] 亦有展開：

> 余嘗論畫，以為人禽宮室器用皆有常形，至於山石竹木水波煙
> 雲，雖無常形而有常理。常形之失，人皆知之，常理之不當，
> 雖曉畫者有不知。……常形之失，止於所失，而不能並其全。
> 若常理之不當則舉廢之矣，以其形之無常，是以其理不可不謹
> 也。

水雖無常形，以地勢、天候而水流有別的法則性，是為「常理」，地勢
險峻則奔流激湍，廣闊平野則汪洋大河，疾風則成波濤，微風則潾洵，
亦是「常理」。至於所畫之物，有常形與無常形而有常理二類，人、禽
獸、建築、器物為前者，山石、竹木、水波、煙雲為後者，而水、雲是
無常形的代表。既無常形，則無習套，不可模倣，當熟知不顯現於表面
物形的自然法則，否則將影響繪畫全體之美。其〈篔簹谷偃竹記〉[21]：

> 竹之始生，一寸之萌耳，而節葉具焉。自蜩腹蛇蚹，以至於劍
> 拔十尋者，生而有之也。今畫者乃節節而為之，葉葉而累之，
> 豈復有竹乎。故畫竹必先得成竹於胸中，執筆熟視，乃見其所
> 欲畫者。急起從之，振筆直遂，以追其所見，如兔起鶻落，少
> 縱即逝矣。與可教予如此，予不能然也，而心識其所以然。夫
> 既心識其所以然，而不能然者，內外不一，心手不相應，不學
> 之過也。

畫竹而「胸中成竹」，畫家心中有理想的竹像，運筆捕捉心象，想像消
失之前，完成繪畫。「予不能然者，內外不一，手不相應」，繪畫之難，
在心雖知而手不能及之。其論吳道子的畫，「出新意於法度之中，寄妙
理於豪放之外」，繪畫合乎規則而有新意，豪放中含藏「妙理」。所謂

---

20 蘇東坡：《經進東坡文集事略》卷五十四，《四部叢刊初編縮本》052，頁 315。
21 蘇東坡：《經進東坡文集事略》卷四十九，《四部叢刊初編縮本》052，頁 290。

「妙理」，是水「無常形而有常理」之「常理」與天然之理，即具備於自然萬物的「常理」。以常理刻畫事物形象，則理顯現於外物，然物之常理不易體得，領會物理始能描繪上乘之作。此為蘇東坡繪畫論的精要所在。

四、虛實雙寫的小說筆法

陶淵明的〈五柳先生傳〉，或以之為「自敘」，或如蕭統、沈約，乃以之為陶淵明的「自況」、「時人謂之實錄」。小川環樹說：「況」者，比喻，則非「自傳」。「實錄」者，事實的記錄。然〈五柳先生傳〉似「自敘」而以他人的口吻行文，則未可謂之為「實錄」。漢代以來，頗多「自敘」，如司馬遷〈太史公自序〉，王充《論衡・自紀》，然〈五柳先生傳〉未嘗論及作者的履歷，所謂「先生不知何許人也，亦不詳其姓字」者，是故意無視自己於社會的經歷，以虛構的人物，敘述自己。陳受頤以為〈五柳先生傳〉是陶淵明以「某氏像」為題的「自畫像」。[22]

(一) 陶淵明〈五柳先生傳〉的敘述筆法

小川環樹說：東方朔〈非有先生傳〉是最早虛構或撰述理想人物的「傳記」，然未必是東方朔所作。阮籍〈大人先生傳〉的「夫大人者，乃與造物同體，與天地並生」，是超越常識的存在，體現作者理想的存在，而無特定的時間和空間。〈五柳先生傳〉是陶淵明所虛構的理想的形象，或為現實存在的人物，則異於阮籍的「大人先生」，類似於劉向《列仙傳》的仙人，嵇康或皇甫謐編《高士傳》的隱士。唯「不知何許人也」的記述，二書所無。《列仙傳》與《高士傳》所記載的人物，即

---

22 Ch'En Shou-Yi（陳受頤），*Chinese Literature: A Historical Introduction*, New York: The Ronald Press Company, 1961, p. 215.

使是現實存在，也被傳說化，雖非阮籍「大人先生」之超現實的存在，大抵與世間隔絕而「不知所終」。探究陶淵明的描摹，「五柳先生」近似《高士傳》的人物，是陶淵明架空（imaginary）虛構（fictitious）而寫實的自畫像。描寫自身現實生活場景（real）的部分，可謂之為「實錄」。

　　近人謂：「閑靜少言，不慕榮利」，「好讀書，不求甚解，每有會意，便欣然忘食」是性格寫照，「性嗜酒」以下文字，是日常生活的風貌，五柳先生的形象，是過去有進步理想的知識分子持續企慕的人物，文章簡潔、性格躍然紙上。[23] 小川環樹則強調：「五柳先生」是陶淵明自身企慕的理想形象，「五柳先生」的性格是陶淵明理想的所在。至於〈五柳先生傳〉的敘述筆法，是半虛半實，寫生畫而非「寫真」，呈現穿著想像虛構外衣的自身，如〈桃花源記〉，虛實參半，有幻想，亦有敘實，仙境與人境具存並在，是陶淵明滑稽（parody）之作。〈五柳先生傳〉雖模倣《高士傳》的敘述形式，而展現差異的意境。「好讀書，不求甚解」是諷諭的筆法，蓋六朝經學「義疏」的煩瑣，玄學反復論辨，豈能「不求甚解」，與其說陶淵明「自我解嘲」，不如理解其有「自誇自傲」之意。至於「贊曰：黔婁之妻有言，不戚戚於貧賤，不汲汲於富貴。其言茲若人之儔乎。衘觴賦詩，以樂其志，無懷氏之民歟，葛天之民歟」，是陶淵明「自畫自贊」的表述。〈五柳先生傳〉是陶淵明不苟合於世俗，隨波逐流之「孤高」心境的寫照，與〈歸去來辭〉皆為其獨特生存之道的宣言。

（二）蘇東坡〈方山子傳〉的敘述筆法

　　蘇東坡〈方山子傳〉的文筆，近似陶淵明〈五柳先生傳〉自敘式的

---

23 中國社會科學院文學研究所中國文學史編寫組編：《中國文學史》第一冊，北京：人民文學出版社，1962 年，頁 238。

書寫，然非「自畫像」而是某氏的「肖像畫」。其敘述友人陳慥季常的
性格，是「實錄」的「寫生畫」，然蘇東坡的敘述筆法是虛實雙寫，起
筆奇拔，開端不實寫記傳者姓氏，而虛構：

> 方山子，光黃間隱人也……棄車馬，毀冠服，徒步往來山中，
> 人莫識也……見其所著帽，方聳而高，曰此豈古方山冠之遺像
> 乎，因謂之方山子。

的描述，敷陳隱者的形象。然後實寫：

> 少時慕朱家，郭解為人，閭里之俠皆宗之。

少年遊俠氣質，而放蕩不羈。「稍壯折節讀書，欲以此馳騁當世」，折節
讀書，以期立身行世。「然終不遇，晚乃遁于光、黃間，曰岐亭，庵居
蔬食，不與世相聞」而隱逸。蘇東坡於元豐七年（1084）所作〈岐亭五
首・序〉曰：「明年（元豐四年）正月，復往見之。季常使人勞余於中
途。余久不殺，恐季常之為余殺也。則以前韻作詩為殺戒，以遺季常。
自爾不復殺」。[24] 陳季常「蔬食」，乃從蘇東坡的忠告。
　　第二段、展開小說式的敘述，類似唐代傳奇的情景。

> 余謫居于黃，過岐亭，適見焉，曰嗚呼，此吾故人陳慥季常
> 也，何為而在此。

初不知其誰，人莫識也，至此而文章急轉，點出記傳者姓名。〈岐亭五
首〉詩序，記曰：「山上有白馬青蓋來迎者，則余故人陳慥季常也」，文
則故意安排與故人偶然相逢的場景，引起意外驚歡的情境。蘇東坡流放
黃州，途中逢故知，心中無限感慨，想像可知，而蘇東坡輕描淡寫，澹

24　馮應榴輯訂：《蘇文忠公詩合註》卷二十三，京都：中文出版社，1979 年 5 月，頁
　　446。小川環樹採取詩文並參互見的論述形式，表述蘇東坡偶遇故舊的幽微心境，
　　朗現陳季常的人物形象，而二人相得的場景亦歷歷如繪，如作「紙上散步」。

然處之。

> 方山子亦矍然，問余所以至此者。余告之故，俯而不答，仰而
> 歎，呼余宿其家。

二人問答的文字簡潔，無委實記述，而陳季常俯仰無言長歎，蘇東坡內
心深層鬱結之同情共感的情景，見於言外。

> 環堵蕭然，而妻子奴婢皆有自得之意，余既聳然異之。

陳季常安貧，而妻子亦皆固窮，蘇東坡深感敬服。〈岐亭五首〉第一
首：「留五日，賦詩一篇而去」。蘇東坡初次留宿陳季常家，記述實景，
真情流露。「黃州豈云遠，但恐朋友缺，我當安所主，君亦無此客」，蘇
東坡表述內心的不安。

> 下有隱君子，嘯歌方自得。知我犯寒來，呼酒意頗急，撫掌動
> 隣里，遠村捉鵝鴨……

陳季常安其所在的「自得」，豪放的笑聲，開懷暢飲與款待友人的情景
躍然紙上。

第三段於人物躍動的描繪，生栩栩如生，

> 獨念方山子少時，使酒好劍……前十九年余在岐山，見方山子
> 從兩騎，挾二矢游西山。鵲起于前……方山子怒馬獨出，一發
> 得之……與余馬上論用兵及古今成敗，自謂一世豪士，今幾日
> 耳。精悍之色猶見于眉間，而豈山中之人哉。

陳季常昔時騎射精善，馬上論兵，縱橫古今成敗的面目躍然紙上。〈岐
亭〉第三首記述陳季常論用兵，縱談戰法。而今猶見「精悍之色」，何
以隱居山中，則有諷意。

第四段峰迴路轉而前後呼應，

> 方山子世有勳閥，當得官，使從事于其間，今已顯聞。而其家
> 在洛陽，園宅壯麗與公侯等。河北有田，歲得帛千匹，亦足以
> 富樂。皆棄不取，獨來窮山中，此豈無得而然哉。

陳季常以父祖的功勳，可世襲為官、且豪宅深院，承繼俸祿，家財萬貫然皆捨棄，呼應第一段「棄車馬，毀冠服」。陳季常隱逸的因由，蘇東坡當知之，而以「此豈無得而然哉」，故意隱晦不述。

　　末段以仙人故事作結，另起波瀾。曰：「余聞光、黃間多異人，往往陽狂垢汙，不可得而見，方山子儻見之歟」。具神祕能力的異人，如道教的仙人，衣衫襤褸佯裝癲狂，凡人不得見知其本然。「方山子儻見之歟」，陳季常之為異人與否，蘇東坡置之不論，如繪畫之「留白」。茅坤謂之「煙波生色」，是蘇東坡文章絕妙的所在。〈方山子傳〉以「故意不明瞭」的遮潑，寄真情實感於言外，蘇東坡甚少為人立傳，墓誌銘的撰述亦極少，以〈方山子傳〉描述陳季常的肖像，為其父陳希亮作傳，感懷知交於自身謫放之同情共感，或是蘇東坡為文立傳的動機。而虛實交錯，想像力的縱橫驅使而文章之妙淋盡致的發揮。

　　清水茂以為陳季常是蘇東坡的知交，〈方山子傳〉記述的陳季常是東坡自己的分身，或可存為一說。蓋「方山子」是蘇東坡創造的人物，而〈方山子傳〉的筆法近似「小說式的」敘述，以誇張的筆鋒，描述陳季常的個性，塑造出異常的人物形象。以實際存在的人物而突出其異常性「外被」，外在修飾的筆法，類似〈五柳先生傳〉，亦即以虛實雙寫的描述，創造出「方山子」的人物肖像，描繪「異人」的神祕色彩，是「方山子」的虛像，「精悍之色」即是現實風貌之陳季常的實像。至於〈方山子傳〉與〈五柳先生傳〉的異同，小川環樹說：就敘述筆法而言，二文皆以隱者來記述，人物的刻畫接近寫生而虛實雙寫。然二者的形象則有差異，「五柳先生」是陶淵明的自畫像，寄寓其超脫同時代風氣的心境，而呈現如魯迅所說「渾身靜穆」之六朝人物的風貌。「方山子」是陳季常的肖像，蘇東坡描繪的「方山子」，表述北宋士人俠義熱

情的形象，〈五柳先生傳〉與〈方山子傳〉的差異，如實刻畫六朝與北宋的「世風」，說明中世至近世時代精神的變遷。[25]

五、蘇東坡的東瀛神交

小川環樹譯注論述蘇東坡詩，出版《蘇軾》（上、下），《蘇東坡詩選》及《蘇東坡詩集》四冊[26]。綜輯其序跋著錄[27]，或敘說譯注《蘇東坡詩集》的經緯及其旨趣，或考究中日古今抄本刊刻的源流，標舉精善的文本，或參酌今昔注釋語譯，敘述以詳審譯注為尚的用心，進而說明蘇東坡詩作的內涵及詩風的變遷。

1950 年，小川環樹從東北大學轉任京都大學，吉川幸次郎告之曰：「吾譯注杜詩，汝譯注東坡詩」。小川環樹說：蘇東坡詩明朗闊達，平易流暢，是我最喜愛的詩人，然東坡詩語如行雲流水，自由無礙，不易翻譯。於 1961 年譯注《蘇軾》（上、下），1974 年，京都大學退休後，著手譯注，以八、九年的歲月，完成《蘇東坡詩集》第一冊，至1990 年，出版《蘇東坡詩集》第四冊。

《蘇軾》（上、下）譯注蘇東坡詩 115 首、詞 23 首，《蘇東坡詩選》增補《蘇軾》（上、下），與山本和義共同譯注蘇東坡詩 101 首及〈前後赤壁賦〉。小川環樹說：《蘇東坡詩選》參照日本室町時代（1336-1573）禪僧大岳周崇（1345-1423）、萬里集九（1428-?）、瑞溪周鳳（1391-1473）、一韓智翊四人注釋蘇東坡詩的《四河入海》（1534），說明日本禪

---

25 小川環樹：〈《五柳先生伝》と《方山子伝》〉，《小川環樹著作集》第三卷，頁 177-188。

26 小川環樹：《蘇軾》上、下，《中國詩人選集二集》第五、六卷。小川環樹、山本和義：《蘇東坡詩選》，東京：岩波書店，岩波文庫，1975 年 1 月。小川環樹、山本和義：《蘇東坡詩集》四冊，十六卷，東京：筑摩書房，1983 年 2 月至 1990 年 9月。

27 小川環樹：〈《蘇東坡詩選》あとがき〉、〈《蘇東坡詩集》著者のことば〉、〈《蘇東坡詩集》はしがき〉，《小川環樹著作集》第三卷，頁 198-226。

僧解釋蘇東坡詩的精要及其價值所在。小川環樹強調：中國詩注，以究明字句典故出處為極致。李善《文選》注，稱「釋事而忘意」，出典的窮究在解明文學者修辭學表現技巧（rhetorie）的所在，以究明典故出處為能事是文選學的極致。《四河入海》除一韓智翊《蕉雨余滴》參雜假名的口語注釋，其餘三人皆以漢文注解。四人皆以明晰典故的出處為主，又以正確解說詩語，暢通詩意情境為尚。一韓智翊《蕉雨余滴》的口述筆記，更易理解。室町時禪僧除涉獵佛典外，亦通曉中國經史詩文，其訓讀精確，解說詳密而可資傾聽。唯亦有不苟同於《四河入海》的詩解，而以所見解釋。至於大岳周崇《翰苑遺芳》的版本價值極高，此書以忠實抄寫南宋施元之《施注蘇詩》。《施注蘇詩》於詩題、人物、地名與字句出典的考證最力，室町時代流傳和刻本《王十朋集注》，《施注蘇詩》不易見得。大岳周崇訪查金澤文庫藏書，見宋版《施注蘇詩》而書寫之。明代尚未印刷《施注蘇詩》，至清康熙三十八年（1699）乃有刊行，然原本殘缺。近年影印翁萬戈所藏宋刊本，然亦缺數卷。大岳周崇《施注蘇詩》寫本得以補全殘卷。28

（一）《蘇東坡詩集》的校訂與譯注參採的版刻

《蘇東坡詩集》的校訂，參採舊刊：

1. 《東坡集》四十卷、《東坡後集》二十卷（光緒三十四年〔1908〕，涇陽端氏刊本《東坡七集》所收）

   明成化年間（1465-1487）刊行的復刻本，附錄清末繆荃孫的校訂。宋刊本藏於東京宮內廳書陵部，內閣文庫及北京圖書館。

2. 《施注蘇詩》四十二卷（康熙三十八年〔1699〕，刊本）

   原題《註東坡先生詩》，增加〈吳興施氏〉、〈吳郡顧氏〉，即南宋施元之、施宿父子及顧禧注釋。編年排列蘇東坡詩。南宋嘉定六

年（1213）刊行，景定三年（1262）補刊。

3.《王狀元集註分類東坡先生詩》二十五卷（影印宋刊本）

　　王十朋編，宋代注家的集釋，現存南宋數種版本，《四部叢刊》
　　收錄「建安虞平齋　務本書堂刊」的影本。明清亦有刊刻，而分
　　類有異。

4.《東坡續集》十二卷（《東坡七集》所收）

　　《東坡七集》中，明人補編的部分，有《東坡集》、《東坡後集》
　　未收的詩作及注釋。

5.《重編東坡先生外集》八十六卷（萬曆三十六年〔1608〕，序刊
　　本）

注釋則擷取清人注本：

1. 查慎行《補注東坡先生編年詩》五十卷（乾隆二十六年〔1761〕，
　 刊本）

　　考定蘇東坡全詩作創作年代而編年，補注《施注》、《王注》的精
　　審注本。

2. 馮應榴《蘇文忠詩合註》五十卷（乾隆五十八年〔1793〕，刊本）

　　以《補注東坡先生編年詩》為底本，注記詩作字句的異同，徵引
　　《施注》、《王注》的全文，而添加新注，足資採信的注本。

3. 王文誥《蘇文忠公詩編注集成》四十六卷（附《總案》四十五
　 卷，道光二年〔1822〕刊本，光緒十四年〔1888〕，浙江書局重
　 刊本）

　　詩注大抵襲用《蘇文忠詩合註》而稍有取捨，亦添加己說者。
　　詩作排列順序不同於《蘇文忠詩合註》，詩作考證與注釋載記於
　　《總案》。《總案》是蘇東坡傳記最精詳的研究。

4. 沈欽韓《蘇詩查註補註》四卷（光緒十四年〔1888〕，刊本）

　　補正《補注東坡先生編年詩》的誤漏。

語譯則斟酌日本前人譯注：

1. 僧笑雲清三編《四河入海》二十五卷（昭和四十六年〔1971〕，

大阪清文堂影印）解說中國注釋者所未留意的「詩意」，頗值得
參考。又《施注》宋刊本有殘缺，大岳周崇據全本以注解，皆值
得參考。

2. 岩垂憲德、譯清潭、久保天隨譯注《蘇東坡詩集》六冊，昭和三
至六年（1928-1931），《續國譯漢文大成》文學部，國民文庫刊
行會。

近人點校與研究而值得特書者有二，其一是清王文誥輯注、孔凡
禮點校《蘇軾詩集》八冊（1982 年，北京：中華書局），附錄以宋版以
下各種版本校訂本文的「校勘記」。小川環樹說：孔凡禮校本中，有宋
黃州刊《東坡後集》殘本（殘存詩三卷），1981 年上海圖書館訪書時，
曾見而未細察，其餘刊本，有未見者，能補正疏漏。而所作校訂，大抵
與孔凡禮「校勘記」一致。其二是倉田淳之助的研究，取得新發現的資
料。施宿《東坡先生年譜》是最確實記載東坡詩作的年代，以宋本《施
注》的附錄而刊行，中國早已亡佚，未聞傳存，然日本保存古寫本。倉
田淳之助得富岡鐵齋舊藏本而影印，與刊行所編《蘇詩佚注》而附載
富岡鐵齋舊藏施宿《東坡先生年譜》影本 [29]，或可謂之為「海內孤本」。
1985 年春，名古屋蓬左文庫所藏《東坡紀年錄》的古寫本，實則以古
寫本施宿《東坡先生年譜》為主，雜抄他書補記而成的。《蘇詩佚注》
影印本（姑稱為「富岡本」）缺三頁，得以蓬左文庫本補完。所缺的二
頁是熙寧六年癸丑的記事。倉田氏的論考詳審 [30]，以是，根據施宿《東坡

---

29 倉田淳之助：《蘇詩佚注》上、下，京都：倉田淳之助，1965 年 3 月。日本國立
國會圖書館藏書注記：上，注東坡詩（施元之、顧禧注）卷第 1、2、5-10、19、20
（輯佚本），東坡先生詩注 40 卷，補遺 1 卷（趙次公注中，王狀元集註分類東坡先
生詩未收入者）。下，東坡集 1-7（宮內省書陵部藏，南宋乾道九年刊本影印），東
坡先生年譜（施宿編，文化七年寫本影印）。

30 倉田淳之助：〈蘇詩佚注中の東坡先生年譜と蓬左文庫藏古鈔本について〉，《お茶
の水女子大学中国文学会報》第四卷，1985 年 4 月。小川環樹於倉田淳之助出版
富岡鐵齋所藏施宿《東坡先生年譜》影本，與所編《蘇詩佚注》的敘述，見〈《蘇
東坡詩集》はしがき〉，《小川環樹著作集》第三卷，頁 221。

先生年譜》，得以確定蘇東坡詩作的年代。

（二）《蘇東坡詩集》譯注蘇東坡詩作及其解題

《蘇東坡詩集》四冊，按馮應榴《蘇文忠詩合註》的編次，譯注蘇東坡八百六十六首詩作。

第一冊譯注嘉祐三年（1036）至治平二年（1065），二十四歲到三十歲，六年間的詩作。嘉祐四年，埋葬其母程氏後，十月父子三人離開眉州，從水路下長江，十二月到達荊州。父子三人於船中吟詠詩文百篇，編集為《南行前集》。卷一譯注蘇東坡詩四十二首，皆收入《南行前集》的作品。嘉祐五年正月五日，從荊州出發，經陸路，二月十五日，抵達都城開封。卷二收錄的三十九首，蓋為此時之作而編入《南行後集》的詩作。嘉祐六年八月，兄弟二人制科及第，蘇東坡受命任職鳳翔簽判。十一月十九日，赴任離京，蘇轍送別於都城門外，蘇東坡作詩〈辛丑十一月十九日，既別子由于鄭州西門外，馬上賦詩一篇寄之〉。蘇東坡收錄自作詩文，而編輯的《東坡集》四十卷，置此詩於卷首。赴任途中及到任的詩作五十二首，收入卷三。此一時期，兄弟和詩次韻的詩作頗多。卷四收錄〈和子由踏青〉以下三十八首詩作，為嘉祐八年任職鳳翔簽判一年的作品。此卷收錄的詩作多憂鬱煩悶而甚不平的情境，蓋新任知府陳希亮性格剛直，蘇東坡年少氣盛，意見不合，屢有衝突之所致。治平元年，鳳翔簽判任職期滿，十二月回京。二年二月，受命直史館。卷五所收四十五首，為此二年的詩作。

第二冊譯注熙寧二年（1069）至六年夏六月，約四年半，二百三十一首的詩作，《蘇文忠詩合註》收入卷六至卷九。熙寧元年，服父喪，未作詩。二年春二月，回京，任判官告院兼判尚書祠的閑職。秋派任國子監監督官，蘇東坡策問新法，觸怒王安石，改隸開封府判官。在職中，上〈諫買浙燈狀〉，批判新法，而免官。遭御史告發前年護棺返鄉途中，不當使役兵士，購買「私鹽」而囤積的嫌疑。雖無罪而任命杭州

通判。四年六月，離京赴任，途經陳州，訪蘇轍，遊觀陳州，留七十餘日。九月初離開陳州，蘇轍送至潁州，歐陽修致仕隱居於此，二人同往拜詣，而後相別。蘇東坡作〈潁州初別子由二首〉。蘇東坡與蘇轍詩作，表述真情實感的情境，感人肺腑。四年十一月冬，到達杭州。〈初到杭州寄子由二絕〉第二首的「聖明寬大許身全」一句，表述御史告發彈劾的記憶。蘇東坡與友人或長者的詩作，未嘗提及，僅向子由吐露苦衷。雖然，西湖的湖光山色，一掃蘇東坡憂鬱的陰霾。「湖上四時看不足」（〈和蔡準郎中遊邀西湖三首〉），詠讚西湖的風景。王文誥評「水光瀲灩晴方好」諸句的〈飲湖上初晴後雨二首〉詩作，曰：「此是名篇，可謂前無古人，後無來者。公凡西湖詩，皆加意出色，變盡方法，然皆在錢塘集。其後帥杭，勞心裁賑，已無復此種傑構」[31]。西湖敘景佳作大抵收入《錢塘集》三卷，《蘇文忠詩合註》卷七至卷九的百八十餘首詩，收錄於《錢塘集》者尤多。

　　杭州通判在職中，除吟詠西湖風景外，有〈烏種麥行〉、〈畫魚歌〉、〈吳中田婦嘆〉等，巡察管內地域，所見農民生活情景的詩作。亦有譏諷新法的詩作，如〈山村五絕〉，或批判新黨「鹽法」的刑罰過於嚴苛，非難「青苗法」徒增農民的辛苦。批判新法的詩作多為《烏臺詩案》用以審判其誹謗朝廷的證據。至於與禪僧交遊的詩作，詞作雜入詩集，則是杭州通判任內值得特書者。

　　第一冊譯注的詩作，即《蘇文忠詩合註》一至五卷，未見蘇東坡流連寺院，與僧侶交遊的詩作，然第二冊收錄譯注，《蘇文忠詩合註》卷七，吟詠寺院及禪僧的詩作劇增。如〈再和〉的「三百六十古精廬」，宋代杭州寺院遍在，蘇東坡閑暇之際，尋訪古剎，遊覽勝景。「臘日遊孤山……」，造訪惠勤，〈梵天寺〉探尋守詮，二人皆善於詩文的禪僧，以詩文酬唱而親交，偈頌幽微的探究，而詩作含蘊禪趣。

---

31 王文誥：《蘇文忠公詩編注集成》卷九，杭州：浙江書局，光緒 14 年（1888），頁 5。

　　蘇東坡詩集不收詞作，《東坡集》卷四的〈寒飲未明至湖上，太守未來，兩縣令先在〉是七言律詩，同文以〈瑞鷓鴣〉的調名收載於《東坡詞》（毛晉汲古閣本）。蓋先作七律詩歌，然後譜曲合調而加入歌詞。王文誥《總案》卷九斷言先有詞作，未必可從。雖然，詩、詞並存，則與蘇東坡於杭州在任時，亦銳意填詞，有極深的關連。

　　第三冊譯注熙寧六年（1073）秋至八年夏，約二年半，二百二十六首的詩作，《蘇文忠詩合註》收入卷十至卷十三。熙寧六年是蘇東坡在任杭州通判第三年，詩語隱含不安的情境。〈病中遊祖塔院〉的五、六句：

　　因病得閑殊不惡，安心是藥更無方。

題有「病中」二字，不明是何疾病，或公務煩瑣而憂悶。蓋此冊開端第一首，〈立秋禱雨，宿靈隱寺，同周徐二令〉，乞雨而祈求神佛，是地方官的職務，而不免煩惱。「因病得閑殊不惡」，詩語諧謔，「安心」語出佛典，靜心雖是良藥，「殊不惡」與「更無方」的語境含藏波瀾，內心豈是安和平靜。

　　熙寧六年冬十一月，受命兩浙轉運使，視察常州、潤州、蘇州、秀州各地饑饉的情況，放糧賑災，救急解難，翌年六月返回杭州。巡察遍歷八個月的詩作，紀昀評曰：「纔出杭州，詩便深警。豈非胸中清思半耗于簿書，半耗于游宴耶。信乎，詩非靜力不工，雖東坡天才，亦不能于膠膠擾擾之中，揮灑如意也」[32]，誠知人之言。而「多謝殘燈不嫌客，孤舟一夜許相依」（〈除夜野宿常州城外二首〉），紀昀「言人則見嫌矣」[33] 的詩評，尤可敬服。蓋二句是蘇東坡擬人法詩作的特色。「殘燈」好意，含寓凡人未必皆有民胞物與的疏離感。超過半年的勞苦的視察與煩瑣遍歷，即使蘇東坡有「靜力」以推敲詩作的餘裕，而心力交瘁而無

32　紀昀：《蘇文忠公詩集擇粹》卷五，大坂：河內屋喜兵衛，1863 年，頁 7。
33　紀昀：《蘇文忠公詩集擇粹》卷五，頁 3。

奈的孤獨情境，以擬人的反襯，見於詩語之外。

　　熙寧七年九月，受命移知密州，十月發杭州，經蘇州、京口，渡長江，從揚州北上。途中，於齊州，與蘇轍再相會。以清河凍結，船舶不通，改取陸路，經通州，十一月初，到達密州。密州所作〈雪後書北臺壁二首〉詩，以王安石次韻作詩，當時即有傳誦。〈讀眉山集愛其雪詩能用韻復次韻〉[34]，「能用韻」者，既稱譽蘇東坡〈雪後書北臺壁〉第二首末句「空吟冰柱憶劉叉」，「叉」用韻的巧妙，亦不甘示弱，六首次韻詩作，皆押「叉」韻。蘇東坡反對王安石的新法，而批判譏諷，王安石貶斥左遷，然贊賞蘇東坡的文才[35]，王安石非器量狹小之人。十年後的元豐七年（1084），蘇東坡從黃州轉任汝州，途經金陵，造訪致仕的王安石，「介甫論詩及此」[36]。王安石晚年依然不忘此詩。

　　〈超然臺記〉敘述到任密州之初的情況，凶年而「盜賊滿野」，翌年豐收而安和，於是修治庭宇園圃及園北城台。蘇轍聞之，寄贈〈超然臺賦〉，提案命名「超然臺」。登高望遠，遊於物外，「燕處超然」，超脫俗世的煩悶，「無往而不樂」。蘇東坡輒稱密州是偏處山間的「陋邦」，又無詠志知交，但假藉登台遠眺，以排遣煩悶憂鬱。「莫教名障日，喚作小峨眉」（〈障日峰〉）的詩作，表述偶見城外東南的廬山群峰，髣髴故鄉附近之峨眉名山的喜悅。〈和蔣夔寄茶〉的「我生百事常隨緣，四方水陸無不便」，則點潑其隨遇而安之獨特的樂觀哲學。

　　第四冊譯注熙寧九年（1076）春至元豐元年（1078）夏，約二年半，一百九十三首的詩作，《蘇文忠詩合註》收入卷十四至卷十六。密州窮鄉僻壤物產貧乏，詩文酬唱的文士亦少，唯一寬慰的是從兄且相親的文同寄贈「守居園池雜題」三十首五言絕句連作，蘇轍與鮮于侁皆以

34　王安石：《臨川文集》卷十八，《四部叢刊初編縮本》051，頁141。

35　施元之：《施注蘇詩》卷九注曰：「又傳王荊公嘗誦先生此詩，嘆云子乃能使此事至此」。台北：廣文書局，1980年，頁185。

36　笑雲清三：《四河入海》卷七之一。

五絕唱和，而蘇東坡以七言絕句和詩。與凝縮的五言絕句相比，七絕更
適合委婉曲盡詩語情境，蘇東坡的和詩諸篇比文同原作、蘇轍等人的和
韻，於輕妙的音律中，含蘊真情實感的深厚友愛，於密州詩作中，大放
異彩。長篇古詩固然是蘇東坡所精擅，而七言絕句亦有可堪吟詠玩味的
佳作。

　　熙寧九年九月，任命河中府知事，年末，離開密州。翌年二月，
到黃河北岸的澶州，蘇轍來迎，同行到開封。然到都城外陳橋驛，受命
不許入京，改隸徐州知事。王文誥《總案》卷十五，謂「今則不可得其
故」，林語堂稱之為「神祕事件」（mysterious incident）[37]。苦於蘇東坡言
動的官僚不期其謁見神宗之故也。夏四月，蘇轍相伴至徐州。八月十六
日兄弟相別，蘇轍往赴南京簽判。〈初別子由〉詩作：

> 不見六七年，微言誰與賡。
> ……
> 會合亦何事，無言對空枰。
> ……
> 秋眠我東閣，夜聽風雨聲。
> 懸知不久別，妙理重細評。

離別七年之後的半年相聚，終究離別而不勝欷歔，離合悲歡的情境，與
十七年前，赴任鳳翔簽判，蘇轍送別於都城門外，蘇東坡詩作原注：
「夜雨對床」的喜悅心境大異其趣。

　　徐州任內的詩作，古今詩體皆有，而長篇古詩的佳作甚多。五言古
詩的傑作，如〈司馬君實獨樂園〉：

> 青山在屋上，流水在屋下。

---

37 Lin Yutang, *The Gay Genius*, p. 179，合山究譯：《蘇東坡》，東京：明德出版社，
　1978 年 3 月，頁 213。

> 中有五畝園，花竹秀而野。
>
> ……
>
> 洛陽多名士，風俗猶爾雅。
>
> 先生臥不出，冠蓋傾洛杜。
>
> ……
>
> 先生獨何事，四海望陶冶。
>
> 兒童誦君實，走卒知司馬。

起筆警精，以庭園植物的自然優雅起興，贊嘆司馬光高潔的人格，表述其崇敬的心境。而直敘司馬光聲望的「兒童誦君實，走卒知司馬」二句，古今傳誦。

七言古詩的代表作是〈書韓幹牧馬圖〉的題畫詩。「南山之下，汧渭之間，想見開元天寶年。八坊分屯隘秦川，四十萬匹如雲煙。……龍顱鳳頸獰且妍，奇姿逸態隱駑頑」，想像唐朝盛時宮中蓄養無數的駿馬與畫工描繪的苦心。

> 金羈玉勒繡羅鞍，鞭箠刻烙傷天全，不如此圖近自然。
>
> 平沙細草荒芊綿，驚鴻脫兔爭後先。
>
> 王良挾策飛上天，何必俯首服短轅。

宮中駿馬的金玉裝飾與烙印鞭箠，皆「眾工舐筆和朱鉛」的人為造作，不如韓幹牧馬俯仰於「平沙細草荒芊綿」的自由自在。當任「王良挾策飛上天，何必俯首服短轅」而作結。據《烏臺詩案》的記述，蘇東坡自喻騏驥名馬，而譏諷執政者無如王良之才能。《烏臺詩案》雖是強行迫供，而詩語未嘗無含藏抑鬱委屈情境。

熙寧十年秋，黃河決堤，大水泛濫，是蘇東坡徐州任內最大的災害。詩作〈河復〉的序，記述：「彭門城下二丈八尺，七十餘日，吏民疲于守御。……既止，而河流一枝已復故道，聞之喜甚」。而詩作但曰「吾君盛德如唐堯，百神受職河神驕」，於督促吏民築堤，防堵河水潰城

的辛勞，則無隻字言及。雖然，其與友人的詩作，如〈答呂梁仲屯田〉
的詩語：

> 黃河西來初不覺，但訝清泗流奔渾。
> 夜聞沙岸鳴甕盎，曉看雪浪浮鵬鯤。
> ……
> 入城相對如夢寐，我亦僅免為魚黿。
> 旋呼歌舞雜談笑，不惜飲釂空瓶盆。

委婉述說災害的嚴重與紓解急難之慰藉的心境，或日後追憶的詩作，如
〈九日黃樓作〉開端六句：

> 去年重陽不可說，南城夜半千漚發。
> 水穿城下作雷鳴，泥滿城頭飛雨滑。
> 黃花白酒無人問，日暮歸來洗鞾韈。

巡察災區，滿身汙泥，洗濯靴襪，豈有酌酒賞花的閑情逸志，想見終日
監督防阻大水工事苦勞的情境。[38]

　　以上是《蘇東坡詩集》四冊，譯注嘉祐四年至元豐元年詩作的解
題。

（四）蘇東坡詩作分期

　　小川環樹又於〈蘇東坡の一生とその詩〉[39]，論述蘇東坡詩作的分
期。蘇東坡詩作總數二千四百首，以南宋以來注釋家的研究，詩歌的創
作年代可以察知，隨著閱歷境遇而詩作內容與風格有所變化，約可分為
三期。

---

38 小川環樹：〈《蘇東坡詩集》はしがき〉，《小川環樹著作集》第三卷，頁 203-225。
39 小川環樹：〈蘇東坡の一生とその詩〉，《小川環樹著作集》第三卷，頁 83-100。

　　第一期、嘉祐四年（1059）至熙寧四年（1071）。父子三人出蜀，下長江，由江陵轉陸路，至京城。於船中，父子三人唱和的詩作，即《南行集》，有東坡特色的詩作，然多未脫習作之界域。所作五律學杜詩，如〈荊州〉連作十首，紀昀謂之為學杜甫〈秦州雜詩〉。五古較多，陸游謂之為學梅堯臣。七古有佳作，〈辛丑十一月十九日……〉、〈澠池懷舊〉的韻律輕快，〈石鼓歌〉，有相競於韓愈吟詠〈石鼓〉詩之意，優於梅堯臣詠石鼓的七言古詩。

　　第二期、熙寧四年（1071）至元豐八年（1085），輾轉於杭州、密州、徐州、湖州與黃州之間，而詩作自由奔放。徐州到任後，詩作藝術成熟，黃庭堅、秦觀等詩人持詩作乞為門人。蘇東坡四十三歲確立其詩壇不墜的地位。黃州任內的五年間，靜思人生的真理，詩作風格改變，《赤壁賦》創作於黃州非偶然。思想接近佛教，而自號「東坡居士」，詩意發想於佛教經典與禪宗語錄者頗多，與僧侶的詩作，有濃厚的佛教色彩，如元豐七年訪廬山東林寺，贈常總詩，「溪聲便是廣長舌，山色豈非清淨身」，溪聲是佛說之音，山色即佛身的禪趣。

　　第三期、元祐元年（1086）至建中靖國元年（1101）。前八年或忙於政務，詩作雖不減而未見變化。其後，流放惠州，海南島的期間，堅苦尤甚於黃州，而創作意欲未減，詩境亦有精進。〈和陶詩〉諸作為代表作。〈和陶詩〉之作始於揚州在任中，而流放南方的創作近六十首，為〈和陶詩〉的半數，表述其對陶淵明文學的愛好與傾倒。與黃州的詩作相比，〈和陶詩〉之作更有澄明的心境，蘇東坡門人或南宋詩論家屢贊揚蘇東坡的「海外詩」，除共感於蘇東坡的境遇外，流放南方的詩作有含湛深厚的幽光。

（五）蘇東坡的東瀛神交

　　興膳宏說：「小川環樹譯注《蘇東坡詩集》，取法於其師鈴木虎雄譯注《杜少陵詩集》[40]去蕪存菁，平明洗練的筆致，忠實於詩人遣詞造句的用心，以『等量翻譯』是尚。日本近代以來，未有如小川環樹潛心鑽研而探究宋代詩文魅力者」。[41]

　　小川環樹說：「蘇東坡以流暢而不知所止的文體，傳達堅信人間自然美善的溫良衷心，故其作品不但在世時，有多數的愛好者，死後至今亦為不可數計的讀者所喜愛」。[42]山本和義說：「文者人也。小川環樹學殖豐富，文章平明流暢，九百年後與蘇東坡邂逅」。[43]由是，或可謂小川環樹是蘇東坡的東瀛神交。

40 鈴木虎雄：《杜少陵詩集》四卷，《續國譯漢文大成》文學部第四至七卷，東京：國民文庫刊行會，1928 年 6 月至 1931 年 6 月。
41 興膳宏：〈含羞の人：小川環樹先生〉，《異域の眼：中国文化散策》，頁 214。
42 小川環樹：〈蘇東坡の一生とその詩〉，《小川環樹著作集》第三卷，頁 98。
43 山本和義：〈解説〉，見於小川環樹，《小川環樹著作集》第三卷，頁 509-511。

第十二章
小川環樹論陸游的美感經驗：
追夢敘景的「新詩想」

一、譯注研究陸游及其詩文的經緯

　　小川環樹說：「昭和九年（1934）留學北京，讀俞平伯《燕知草》隨筆，其中引述陸游（1125-1209）『小樓一夜聽春雨，深巷明朝賣杏花』（〈臨安春雨初霽〉），感受陸游詩歌之美，乃購讀楊大鶴《劍南詩抄》。昭和二十二年（1947）於東北大學講授陸游詩二、三十首，頗參考鈴木虎雄（1878-1963）《陸放翁詩解》」。唯鈴木虎雄於陸游詩作的譯注，大抵按照詩作的年代順序而譯注，小川環樹的譯注研究則不根據陸游生涯與作品繫年，而論述〈詩の風景・ロバの背の詩人〉、〈陸游の詩学とその変化〉、〈旅行記と詩〉、〈陸游の夢〉、〈静寂・黙想・雨〉、〈書斎・菜園・薬草〉、〈四季の詩〉，以及陸游「騎驢敘景採藥蓑耕的詩人」畫像。〈四季の詩〉選錄陸游五十六至五十七歲的詩作而編年譯注，補河上肇《陸放翁鑑賞》上、下二卷的不足，蓋河上肇《陸放翁鑑賞》上卷收錄五十八至六十三歲、六十四至七十歲的詩作，下卷則是古希與八十四歲的詩作。

　　文學美感是墨客騷人創作詩文之際的美的意識，以遣詞造句的修辭之美，表述真情實感的心境。美感經驗則是以古今時空為場景，性向才情的縱橫揮灑，交織敘景抒情的文學世界。考察小川環樹於陸游的文學論述，蓋謂陸游文學美感是以唐詩記憶，追夢敘景以抒情。

　　茲以陸游的自覺、紀夢與夜雨的詩語情景、紀行敘景以抒情，探究小川環樹論述陸游詩作的美感經驗，描摹陸游騎驢行吟採藥蓑耕而敘景

抒情的詩人畫像。

二、陸游的自覺：幕僚到詩人的轉折與詩學的變化

　　小川環樹說：乾道八年（1172），陸游四十八歲，是其人生轉折關鍵的一年，既抱持「詩人的自覺」，又有「訣別江西詩派」之詩學變化的宣言。前者表述於〈劍門道中遇微雨〉，後者可由〈九月一日夜讀詩稿有感走筆作歌〉窺察而知。〈劍門道中遇微雨〉：

> 衣上征塵雜酒痕，遠遊無處不消魂。
> 此身合是詩人未，細雨騎驢入劍門。（《劍南詩稿》卷 3）

陸游任南鄭軍司令部幕僚，以司令官四川宣撫使王炎召喚回京，陸游亦改配成都安撫司參議，十二月由南鄭往赴成都。「詩人」與「驢馬」是唐代鄭綮的故事（《唐詩紀事》卷六十五）。李白、杜甫皆嘗騎驢旅遊而作詩，李賀有外出而於驢背思索詩句之癖。[1] 據《宋史・陸游傳》所載，陸游向王炎進言北伐，運帷籌幄攻略中原戰策，然以王炎回京，自身改配而中挫。一生最大冒險的機會喪失，不復以勇士樹立戰功的絕望，「遠遊無處不消魂」表述內心的苦痛。此後只能像唐代詩人於驢背行吟，「細雨騎驢入劍門」蓋描寫其於細雨中，遠去蜀道之寂寞身影的情景。

　　陸游一生存在著熱情理想而追夢與現實世俗起居的兩個世界。主戰與講和的論爭交替循環，得勢則建言揮師北定中原而戎馬奔騰；失意僅

1　鄭綮騎驢思索詩作，見《唐詩紀事》卷六十五，「或問相國近為新詩否。對曰詩思在橋風雪中驢子上」。（《四部叢刊初編縮本》109，台北：商務印書館，1965 年 8 月，頁 543-544）李白騎驢見載於《唐才子傳》，杜甫〈奉贈左丞丈二十二韻〉有「平明跨驢出，未知適誰門」。《新唐書・李賀傳》記載：「每旦日出，騎弱馬，從小奴，背古錦囊，遇所得，書投囊中」。（《新唐書》卷 203，台北：鼎文書局，1979 年 2 月，頁 5788）

能退居田園而悠然自適。理想與現實難兩全，請纓無路壯志難酬而但以行吟敘景為事。行走於劍門的山路，感嘆命運的乖離，不能成就政治軍事的抱負，只能致仕退隱而吟誦詩文，或是陸游「詩人的自覺」。[2] 至於〈九月一日夜讀詩稿有感走筆作歌〉：

> 我昔學詩未有得，殘餘未免從人乞。
> 力屏氣餒心自知，妄取虛名有慚色。
> 四十從戎駐南鄭，酣宴群中夜連日。
> 打球築場一千步，閱馬列廄三萬匹。
> 華燈縱博聲滿樓，寶釵豔舞光照席。
> 琵琶弦急冰雹亂，羯鼓手勻風雨疾。
> 詩家三昧忽見前，屈賈在眼元歷歷。
> 天機雲錦用在我，剪裁妙處非刀尺。
> 世間才傑固不乏，秋毫未合天地隔。
> 放翁老死何足論，廣陵散絕還堪惜。（《劍南詩稿》卷 25）

此詩或奪胎於杜甫〈觀公孫大娘弟子舞劍器行〉序：「昔者吳人張旭善草書書帖，數嘗於鄴縣，見公孫大娘舞西河劍器。自此草書長進，豪蕩感激，即公孫可知矣」。張旭「嘗言始吾見公主夫爭路，而得筆法之意，後見公孫氏舞劍器，而得其神」[3]。張旭見公孫大娘劍舞，「來如雷霆收震怒，罷如江海凝清光」的渾脫神妙而頓悟草書的筆法神髓。詩歌與草書的藝術領域雖不同，而創作極致的體得則無異。陸游四十八歲從軍駐紮南鄭，觀賞賽馬騎士敏捷矯健的身手，美女婀娜多姿的舞蹈，贊歎琵琶轉絃急促如冰雹直下，擊鼓流暢快速如風雨交加，而體悟「詩家

2　小川環樹：〈詩の風景・ロバの背の詩人〉，《陸游》，《小川環樹著作集》第三卷，東京：筑摩書房，1997 年 3 月，頁 235-239。

3　李肇：《國史補》，見引仇兆鰲《杜詩詳註》卷 20，台北：文史哲出版社，1973 年 4 月，頁 1045。

三昧」，創作當下，擊節矯捷急速而流暢的旋律，心中湧現「詩想」[4]（作詩當下之思索念想）的噴流，乃能創造究極的傑作。中年作詩如行雲流水而無窒礙的詩學，迥異於其少年受教於曾幾以鍛鍊「詩想」凝集詩句為宗尚的江西詩派詩風。《劍南詩稿》收錄的七言詩節奏輕快，毫無晦澀之感，則近似蘇東坡的詩風，與黃庭堅、陳師道的詩風大異其趣。陸游晚年嘗說：自幼即嗜好王維的詩歌，既愛王維五言詩靜寂的詩境，而七言古詩亦有輕快流暢之作。

　　入蜀之後，1173 年任嘉州通判，於室壁作岑參畫像，石刻其詩八十餘首，作〈夜讀岑嘉州詩集〉：

> 公詩信豪偉，筆力追李杜。
> 常想從軍時，氣無玉關路。
> 至今畫簡傳，多昔橫槊賦。
> 零落財百篇，崔嵬多傑句。
> 工夫刮造化，音節配韶濩。（《劍南詩稿》卷 4）

贊賞岑參的詩作「工夫刮造化」，岑參的七言古詩尤為其詩作取法的模範。蓋氣力充沛精神高揚的當下是詩作的時機，「詩想」如流湧現而詩作完成。七古的詩作尤需具備此一「詩心」。〈九月一日夜讀詩稿有感走筆作歌〉是陸游訣別江西詩派的宣言，表述其在南鄭體悟詩法的詩作。乾道八年是陸游「詩人的自覺」與「詩學變化」形成，其詩人生涯重要關鍵的一年。[5]

　　小川環樹以為陸游劍門騎驢而敍景吟詠的情境與杜甫秦州苦寒，詠歎「吾道長悠悠」（〈發秦州〉）的心境相同。陸游復國壯志未酬而鄉居

4　小川環樹：〈陸游の詩学とその変化〉，《陸游》，《小川環樹著作集》第三卷，頁256。

5　小川環樹：〈陸游の詩学とその変化〉，《陸游》，《小川環樹著作集》第三卷，頁252-257。

採藥體物，歌詠民間安居樂俗的風土，優遊四時佳興。杜甫壯年欲立身行事，「致君堯舜上，再使風俗淳」（〈奉贈韋左丞丈二十二韻〉）的弘毅信念頓挫，而流離秦蜀，漂泊兩湖。一生接續「詩是吾家事」（〈宗武生日〉）的傳承，抒發「文章千古事，得失寸心知」（〈偶題〉）的抑鬱。晚年「名豈文章著，官應老病休」（〈旅夜書懷〉）的感歎，是杜甫辭官而文事之自覺的寫照。中國傳統文人之「詩人」自覺的徑路分殊，經世濟民的士道中輟的命運乖舛，無可奈何而以詩文為事的詩人自覺，唯杜甫與陸游而已。[6] 二人「文章驚海內」，不但輝映唐宋文苑，更超越時空而千古傳誦。

三、陸游的詩語情境：紀夢與夜雨

　　小川環樹論述陸游擇取「夢」與「雨」的詩語而展開「紀夢詩」的世界，蓋有寄寓收復失土與仙道企求的願望。探究陸游「紀夢詩」的詩境，既有傾聽雨聲的敘景，又有靜寂幽遠的恬淡，強調陸游紀夢與夜雨的詩作動靜兼具，而抒發愛國真摯的熱情與幽靜清遠的神韻，則是繼承父祖經世濟民與因任自然學而優遊自在的澄明結晶。

（一）「紀夢詩」的世界

　　陸游「夢中作」、「紀夢」的詩作甚多，趙翼核計全集，紀夢詩有九十九首（《甌北詩話》[7]），錢鍾書說：「愛國情緒充滿陸游全生命，洋溢全作品，熱血沸騰，進入夢境」。[8] 小川環樹則說：「陸游詩作有『賦

6　小川環樹：〈吾道長悠悠─杜甫の自覺〉，《小川環樹著作集》第二卷，東京：筑摩書房，1997 年 2 月，頁 362-370。

7　趙翼：《甌北詩話》卷六，郭紹虞，《清詩話續編》，上海：上海古籍出版社，1983年 12 月，頁 1222。

8　錢鍾書：《宋詩選注》，北京：人民文學出版社，1958 年 9 月，頁 172-173。

得』與敘『詩想』,前者得題或見景體物而作,後者如紀夢。現實的
『境』與『詩思』法則⁹的結合,而別開生面,架構『紀夢詩』的世界,
用以寄寓收復失土與仙道企求的願望。」

　　陸游吟詠愛國情緒的紀夢詩,如〈五月十一日夜且半、夢從大駕
親征、盡復漢唐故地、見城邑人物繁麗、云西涼府也、喜甚。馬上作
長句、未終篇而覺、乃足成之〉,此類詩作極多,晚年亦有創作。至於
憧憬神仙境界,雖愛國情緒共通而主題則異的紀夢詩,如〈癸丑七月
二十七夜夢遊華嶽廟〉二首:

> 驛樹秋風急,關城暮角悲。
> 平生忠憤意,來拜華山祠。(其一)
> 牲碑偽正朔,祠祝虜衣冠。
> 神亦豈堪此,出門山雨寒。(其二)(《劍南詩稿》卷 27)

陸游紀夢詩而詠歎華山或華嶽者,有十數首,固有特殊的理由。李淡虹
以為陸游諸詩具體如實的描寫風物,絕非記述夢中的世界,必遊歷其
地,且肩負秘密的任務。¹⁰乾道八年,陸游任四川宣撫使王炎幕僚,王
炎準備北征而移師南鄭。南鄭近宋金邊境,北進翻越大散關,即接近敵
地。陸游察訪大散關前線一帶,見於詩作。越前線,過杜陵,泊驪山溫
泉,經華州,既從朝邑縣的饒益寺眺望華山全景,又過華州,拜謁華
陰縣城內的華嶽廟。故李淡虹主張詩題雖「夢遊華嶽廟」,卻是實地調
查。其後,過潼關,渡黃河,「疋馬秋風入條華」(〈醉題〉,八十一歲
作),入山西省南部的中條山。再至山西省中部的太行山,然後歸返南
鄭。李淡虹以「憶昔西遊變姓名」(〈憶昔〉),稱穿越潼關隘路以後的行
徑是秘密行動。

9　現實的「境」與「詩思」的「法」是錢鍾書之說。見《宋詩選注》,頁 172-173。
10　李淡虹:〈陸游夢游黃河、潼關、太華詩初探〉,《文史》第二輯,北京:中華書
　　局,1963 年,頁 193-207。

> 憶昔西遊變姓名，獵圍屠肆押豪英。
>
> 淋漓縱酒滄溟窄，慷慨狂歌華嶽傾。
>
> 壯士有心悲老大，窮人無路共功名。
>
> 生涯自笑惟詩在，旋種芭蕉聽雨聲。（《劍南詩稿》卷 11）

此詩不題「夢遊」而題為「憶昔」，可解為追憶往昔的事實，而華山的情境亦歷歷浮現。「慷慨狂歌華嶽傾」或是李淡虹論說的有力證據。然小川環樹強調：作為陸游秘密之旅的實事而能考究的，唯有此詩而已。華山之名見於陸游的詩作者，皆為夢境中的山嶽。南宋時，「華山」的確在淪陷的敵區，然陸游的意象則有濃厚的仙山情境。如〈記夢三首〉：

> 黃河裒裒抱潼關，蒼翠中條接華山。
>
> 城郭丘墟人盡老，藥爐依舊白雲間。（其一）
>
> 西巖老宿雪垂肩，白石為糧四百年。
>
> 喜我未忘山下路，慇勤握手一欣然。（其二）（《劍南詩稿》卷 28）

「藥爐」、「西巖老宿」或為老道士，「白石為糧」是仙人的修練。「依舊白雲間」、「未忘山下路」，意謂昔時即在華山的夢境，依然不變。詩作情境是陸游前世的記憶，隨仙人修道，「藥爐依舊」與「西巖老宿」仙師的詩語設定華山仙境的情境。

　　陸游於道教夙有關心，晚年更加潛修。其以經世濟民為職志，愛國情懷至死不渝，然天下無道，壯志不酬，乃傾注精力於詩文的創作，以為精神的慰藉。雖有詩名，心有不安，蘇東坡嘗以道教的修行作為「精神的健康法」（〈答秦太虛書〉），陸游亦然。且陸游豐富的藥物學知識，助長其尋求仙藥的憧憬，「記夢」詩作交織仙境靈藥的憧憬情感。有生之年未必能登覽華山的失落寂寞，唯有於夢中悠遊靈山聖境。換而言之，陸游夢中的「華山」是神仙世界的究極所在。其於「華山」抱持著特殊的情念，心中始終根植的寄寓收復失土與仙道企求的兩個願望，於

詩作鮮明表述。其於〈書感〉詩作：

> 丈夫本願脫世韀，丹成晝日凌空飛。
>
> 纓冠佩玉朝紫微，白銀宮闕瞻巍巍。
>
> 不然萬里將天威，提兵直解邊城圍。
>
> 首𩮰滿川胡馬肥，掩取不遣一騎歸。（《劍南詩稿》卷 19）

前四句敘述成仙的念想，「不然」以下表述收復國土的夙願。仙人的希企在先，愛國的熱情居其次，蓋時年六十二，或體衰氣弱而消沉落寞。耳順之際，高呼光復失地的詩作依然不少，然

> 苦心文章亦未非，與此二事同一機。
>
> 寥寥千載見亦稀，莊屈已死吾疇依。
>
> 哀哉窮子百家衣，豈識萬斛傾珠璣。
>
> 欲洗薄蝕還光輝，熟睨無力空歔欷。（〈書感〉，《劍南詩稿》卷 19）

文章的苦心創作與收復失地、成仙逍遙的兩個願望，皆需要機智的洞察力。千載以來，唯莊周與屈原二人而已，莊周是仙人的連想，屈原是愛國詩人，陸游以二人為文學的最高峰，莊屈二人已死，則有知己不在，吾誰與歸的寂寥。末二句論述文章的根源而感慨作結，呼應「不然」以下四句愛國希求不酬的慨嘆。

　　陸游的紀夢詩作，或發自愛國熱情，或寄寓神仙的憧憬，亦有於夢境與死者再會，如〈十二月二日夜夢遊沈氏園亭〉，夢見死亡前妻，表述哀切悲痛的情感。至於陸游紀夢詩作形成經緯的說明，則是〈夜夢遊驪山〉：

> 秦楚相望萬里天，豈知今夕宿溫泉。
>
> 穿雲漱月無窮恨，依舊潺湲古縣前。（《劍南詩稿》卷 23）

紹熙二年（1191）作於浙江所在的鄉里，詩作原注：「溫飛卿詩云：至今湯殿水，嗚咽縣前流」，是溫庭筠〈過華清池二十二韻〉五言排律的

結尾二句。溫庭筠「香魂一哭休」，表述唐玄宗與楊貴妃的故事，遙想古代都城的長安，引發作詩的心象「詩想」，再以唐詩「風景」的記憶為媒介，而起興作詩。「豈知今夕宿溫泉」，夢境留宿貴妃入浴的溫泉，是白居易「春寒賜華清池，溫泉水滑洗凝脂」（〈長恨歌〉）的記憶。「依舊潺湲古縣前」，詩作原注：「溫飛卿詩云：至今湯殿水，嗚咽縣前流」的接續。「無窮恨，依舊潺湲」，是陸游詩作的主眼，夢裏聽聞溫泉不絕如縷的細微水聲，似乎跨越時空，娓娓傾訴白居易「天長地久有時盡，此恨綿綿無絕期」的感傷，溫庭筠以貴妃死而「香魂一哭休」的淒切，寄寓無窮遺恨的共感而黯然神傷。

此紀夢詩的創作，不是觸景生情而作詩，是先有思念的「詩想」，思念結晶成詩作之際，溫庭筠二句詩語的記憶而完成詩作。趙翼謂：「此必有詩無題，遂託之於夢耳」（《甌北詩話》卷六，頁 1222），詩是心象「詩想」，題是唐詩「風景」的記憶，「託之夢」是紀夢虛構的世界。驪山是敵地異域，不能身歷其境，只有託夢表述無窮的遺憾。[11]

（二）「夜雨」的幽靜情境

小川環樹說：陸游詩作動靜雙寫。悲壯豪宕以抒發愛國摯情，雄偉俊爽的作品是奔騰的躍動；閑淡細膩，神韻清遠而風格優美的詩作則是幽靜的描寫[12]。揮師北征以收復失地的詩作表述積極冒險的精神；靜寂幽微的情境，則於寄寓「靜坐」與「雨景」的詩作。如乾道九年（1173）秋，作於嘉州的〈曉坐〉：

低枕孤衾夜氣存，披衣起坐默忘言。
缾花力盡無風墮，爐火灰深到曉溫。

---

11 小川環樹：〈陸游の夢〉，《陸游》，《小川環樹著作集》第三卷，頁 285-312。
12 小川環樹：〈詩風と家学―陸游の《静》〉，《陸游》，《小川環樹著作集》第三卷，頁 425。

空橐時時聞鼠齧，小窗一一送鴉翻。

悠然忽記幽居日，下榻先開水際門。(《劍南詩稿》卷4)

晨起靜坐，冥想「忘言」而心境澄明，「缾花力盡無風墮」以下四句，
極寫靜謐的情境，回想昔日遠離世俗，發憤勤學的生活。

陸游嘗言「吾詩滿篋笥，最多夜雨篇」(〈夜雨〉)，描寫雨景的詩
作甚多，用以表述兀坐冥想而到達靜寂的境地。如〈夜聽竹間雨聲〉：

解酲不用酒，聽雨神自清。

治疾不用藥，聽雨體自輕。

我居萬竹間，蕭瑟送此聲。

焚香倚蒲團，袖手坐三更。(《劍南詩稿》卷17)

聽雨聲而神清氣爽，既可解酒，又能治病。蓋陸游以雨聲能解消心中的
煩憂。「寒雨似從心上滴，孤燈偏向枕邊明」(〈不寐〉，《劍南詩稿》卷
48)「寒雨似從心上滴」一句是〈夜聽竹間雨聲〉詩作情境的凝聚。陸
游乃以雨聲聽心聲，「幽人聽盡芭蕉雨，獨與青燈話此心」(〈雨夜〉，
《劍南詩稿》卷12)傾聲芭蕉夜雨，獨與青燈談心，物我冥合，情景交
融，自然的雨聲即陸游的心聲。詠雨的詩作而膾炙人口的是七律名作
中，生前即受讚賞的〈臨安春雨初霽〉：

世味年來薄似紗，誰令騎馬客京華。

小樓一夜聽春雨，深巷明朝賣杏花。

矮紙斜行閑作草，晴窗細乳戲分茶。

素衣莫起風塵歎，猶及清明可到家。(《劍南詩稿》卷17)

淳熙十三年(1186)，陸游受命權知嚴州，拜謁孝宗皇帝，停留杭州之
作。聽夜雨的詩作甚多，大抵詠嘆於故里鄉村或旅行途中；而創作於都
會的極少。陸游一生數次在都城，居住期間不長，歌詠杭州的詩作固
然不多，實則不喜都城。同為淳熙十三年之作的〈夜泛西湖示桑甥世

昌〉：

> 西湖商賈區，山僧多市人。
>
> ……
>
> 黃冠更可憎，狀與屠沽鄰。（《劍南詩稿》卷 17）

西湖世俗化，商家雲集，寺院的僧侶與商人無異，道士形同屠夫肉販，所謂「觀光寺院」，俗臭不可耐。蘇東坡歌詠西湖的詩作極多，陸游則不然，既嫌惡僧侶道士的庸俗，都城的「空氣」也未必適性，杭州停留期間之深刻的孤獨感亦於〈臨安春雨初霽〉表述。「素衣莫起風塵歎，猶及清明可到家」，「素衣」、「風塵」援引陸機「京洛多風塵，素衣化為緇」（〈為顧彥先贈婦〉），而感歎都城不能安居，政界的風土亦難順應，欲早日歸返故里。[13]

　　小川環樹強調陸游動靜詩風的兩面性與其父祖的家學淵源攸關。陸游詩作有為奪回國土而戰與田園安居以描寫自然風景的二個主題。一生兩次欲實現收復失土的願望，一為乾道八年（1172），任四川宣撫使王炎幕僚，在南鄭，準備進擊北方，以政治改變方針而受挫。二為開禧二年（1206），韓侂胄開戰進軍中原，以戰敗而終。此外，或在西北前線追憶敘述，或託夢想像收復失土的歡喜，終老持續歌詠「戰士冒險家」的心境。至於田園自然的悠遊，以律詩巧緻的點描物我皆素樸的生活場景，被稱為繼承陶淵明的田園詩人。然陸游於田園風景的描述了無常套的組合，具體列舉蔬菜植物之名，聽聞田間桔橰之聲，豐富而新鮮，或可謂之為「農民哲學家」。其戰鬥思想直接繼承其父陸宰的政治主張，自然描寫與祖父陸佃觀察動植物的自然哲學有深遠的關係。父親的政治理念與祖父的自然哲學，成就陸游詩作澄明的結晶。[14]

---

13 小川環樹：〈靜寂・默想・雨〉，《陸游》，《小川環樹著作集》第三卷，頁 312-324。
14 小川環樹：《陸游》，《小川環樹著作集》第三卷，頁 417-418。陸游詩作的家學淵源之論述，又見於〈詩風と家學—陸游の《靜》〉，頁 425-428。

四、陸游的「新詩想」

　　周必大讀《劍南詩稿》，謂：「其高處不減曹思王、李太白，其下猶伯仲岑參、劉禹錫」（〈與陸務觀書〉），毛晉稱陸游為「小太白」（《劍南詩稿》跋）。小川環樹說：陸游青年時的詩作，率直吟詠而缺少鍛鍊，故其師曾幾戒之，責其務學杜甫與黃山谷；然陸游性格異乎杜甫與黃山谷，其詩終無苦澀之味，雖師承江西詩派，未必歸屬於江西詩派之詩人。陸游作詩頗多脫胎於唐詩記憶，如〈繫舟下牢溪，遊三游洞二十八韻〉：

　　角勝多列嶂，擅美有孤撐。（《劍南詩稿》卷2）

「孤撐」二字，見於韓愈〈南山〉的「孤撐有巉絕」。

　　或如釜上甑，或如坐後屏。
　　或如倨而立，或如喜而迎。
　　或深如螺房，或疎如窗櫺。
　　　　　……
　　怪怪與奇奇，萬狀不可名。（〈繫舟下牢溪，遊三游洞二十八韻〉，
　《劍南詩稿》卷2）

白居易於元和十四年（819）遊三游洞，有〈三游洞序〉之作，描寫月光下，山間溪谷的風景，「不能名狀」；陸游則詠嘆白天所見山谷怪奇的景象。白居易謂「初見石，如疊如削，其怪者，如引臂，如垂幢」，用四個「如」字；陸游則以「或如」六句，形容山石的怪異珍奇。韓愈〈南山〉用「或如」、「或若」四十句以上，極力描寫終南山的奇拔險峻，皆為陸游模倣的所在。杜甫詩語亦多為陸游所援用。唐詩記憶的脫胎，蓋多為陸游入蜀與在蜀期間的詩作，此明示陸游作詩的態度及前半生作詩的宗尚。至於陸游的「新詩想」亦於入蜀期間萌芽，如〈公安〉：

地曠江天接，沙隤市井移。

避風留半日，買米待多時。

蝶冷停菰葉，鷗馴傍艣枝。

昔人勳業地，搔首歎吾衰。（原注：縣有呂子明舊城）（《劍南詩稿》
卷2）

乾道五年（1169）受命夔州通判，翌年夏天，自鄉里出發，上溯長江。
《入蜀記》敘述：

九月十四日，次公安，古所謂油口也，漢昭烈駐軍，始更今
名。……知縣右儒林郎周謙孫來，湖州人。遊二聖報恩光孝
禪寺。……寺後有廢城，髣髴尚存，圖經謂之呂蒙城，然老
杜乃曰：「地曠呂蒙營，江深劉備城。蓋玄德、子明皆屯於
此。……泊弭節亭，馴鷗低飛行往來，竟不去。」

十五日，周令說：縣本在近，北枕漢水，沙虛岸催，漸徙而
南，今江流乃昔市邑也。又云：縣有五鄉，然共不及二千戶，
地曠民寡如此，民耕尤苦。隄防數壞，歲歲增築不止。

〈公安〉詩或作於乾道六年九月十五日。蓋詩作第一句至第六句大抵與
十四、十五日的記述一致。日記雖無「避風留半日」的記載與「蝶冷停
菰葉」的描寫，而「鷗馴傍艣枝」，即日記「馴鷗低飛行往來，竟不去」
的敘景。聽聞縣令「民耕尤苦」的敘述，乃有「買米待多時」的詩句，
又有對句的「詩想」，則以「避風留半日」相對，既有「鷗馴傍艣枝」
的詩句，而對之以「蝶冷停菰葉」。第七句「昔人勳業地」與「縣有呂
子明舊城」，是十四日記事的吟詠與注記。[15]

15「詩文互補」是小川環樹論述陸游文學的觀點之一。小川環樹說：「陸游詩與散文互
補」，小川環樹：〈旅行記と詩 その一〉，《陸游》，《小川環樹著作集》第三卷，頁
261。

　　陸游流連舊城遺跡而想起杜甫的〈公安縣懷古〉，於日記載錄杜詩「地曠呂蒙營，江深劉備城」二句，詩作則以「地曠」二字開端。杜詩五、六兩句「灑落君臣契，飛騰戰伐名」，既歌頌劉備與關羽兄弟結義的情誼，又有雖讚譽呂蒙的善戰，而語境則有感歎呂蒙與劉備為敵對關係的寓意。陸游日記或以呂蒙陣營與劉備守城同一所在，而詩作但以呂蒙樹立功勳所在的贊歎作結。推敲陸游作詩的心境，或有「新詩想」[16]的構思。既有與杜甫同一構想則不能創造新的詩篇，更有同為吳地出身，先祖與吳名將陸遜同族的親近感，以「勛業」歌頌呂蒙的戰功，則無如後世《三國演義》愛好者嫌惡呂蒙敗蜀軍，獻關羽首級於魏的絕對善惡論的成心。換而言之，陸游的詩作頗受杜甫的影響，同為五言律詩，然除最初的「地曠」二字之外，以「新詩想」謀篇，詩語情境皆不重蹈杜甫的路轍，而別出新裁。[17]

　　陸游與杜甫同為業餘醫生，以賣藥為副業。[18]如：

托命須長鑱，浮家只小舟。（〈秋晚〉，《劍南詩稿》卷41）
餘年有幾何，長鑱真托汝。（〈藥圃〉，《劍南詩稿》卷25）

「長鑱」用以掘取藥草，杜甫有「長鑱長鑱白木柄，我生託子以為命」（〈乾元中寓居同谷縣作歌七首〉）的詩句，採賣黃獨等藥草以維持生計。陸游想起杜甫的詩句，表述窘困境遇的共感。至於〈逆旅書壁〉：

驢鞍懸酒榼，僮背負衣囊。

16　小川環樹以為陸游脫胎於唐詩記憶而有「新詩想」。構思「新詩想」而創作詩歌，或可謂之為陸游作詩的美感經驗。

17　小川環樹：〈旅行記と詩　その二〉，《陸游》，《小川環樹著作集》第三卷，頁270-275。

18　陸游為業餘醫生，見歐小牧：《愛國詩人陸游》，上海：古典文學出版社，1957年。杜甫以賣藥為副業，見馮至：〈杜甫在長安〉，《文學雜誌》第二卷第一期，1947年6月；馮至：《杜甫傳》，北京：人民出版社，1954年。

但說市朝變，不知岐路長。

下程先施藥，拂榻靜焚香。

明旦又西去，河橋秋葉黃。（《劍南詩稿》卷 40）

慶元五年（1199），七十五歲之作。陸游辭官致仕，受「祠祿」（年金）維持生計，收入微薄，「施藥」是陸游以醫生為副業的證據。唯陸游記述掘採藥草與施藥的詩作，則有別出於杜詩的「新詩想」。杜甫的〈秦州雜詩〉有〈促織〉、〈螢火〉、〈蒹葭〉、〈苦竹〉的詩作，蓋以「微物」自況，感歎自身微小而困窮的悲涼心境。秦州苦寒，採賣黃藥草維生，其觀察自然生物的視遇，固有搜索藥材植物的凝視，而悲觀思惟（pessimism）內向自省的時期，詠物詩作則含藏自傷的情境。陸游亦凝視自然生物而作詩，然抱持宇宙自然於人間世界有善意的信念，雖吟詠微細生物，而表述泰然自若明朗適志的情境。陸游描寫「微物」詩作的「新詩想」蓋形成於其家學淵源與北宋的人生觀。

祖父陸佃著述《爾雅新義》二十卷，《埤雅》二十卷，既說解生物固有的「物性」，又祖述王安石《字說》，以文字構造本於物性物理的學說，演繹「物理」而說明萬物根源存在的自然哲學。陸游亦精讀《爾雅》而運用於醫術與藥學。撫州在任中出版《陸氏續集驗方》三卷，著書雖亡佚，而記錄其行醫經驗與服用處方，由書名可以推知。至於藥草博物學的沉潛，見於詩作，如〈山村經行因施藥〉連作的第五首：

村翁不解讀本草，爭就先生辨藥苗。（《劍南詩稿》卷 65）

村莊耆老讀《本草》而不明究竟者，乃求教於陸游。〈戲詠閑適〉亦有「時聞叩戶請藥人」的詩句。陸游嘗潛研《本草》，〈初夏幽居雜賦〉有「藥名尋本草，蘭族驗離騷」的記述。又〈藥圃〉的最初四句：

少年讀爾雅，亦喜騷人語。

幸茲身少閑，治地開藥圃。（《劍南詩稿》卷 25）

《爾雅》解釋草木蟲鳥畜獸之名,《楚辭》多香草的記述。陸游於動植物有深厚的造詣,開拓藥圃而栽培藥草。至於藥草的栽培與煉製,「未辨藥苗逢客問」(〈冬晚山房書事〉),向友人請教藥草品種的識別。「山僧與野老,言議各有取」(〈藥圃〉),與僧侶耆老商議斟酌藥草的栽培與煉製方法。

　　陸游潛研藥材博物,微觀動植物的生態,或可謂之為「冷靜觀察動植物生態的博物學家」,自然生物的凝視亦形成其詩作的特色。既祖述杜甫的詩風,於律詩的創作,精巧鍛鍊典故,苦心組構對句。於敘景詠物「景聯」的詩語,或取義於前人的詩句,大抵為其凝視自然景物,精細描摹寫生的結晶。[19] 如〈小園〉:

> 晨露每看花藟坼,夕陽頻見樹陰移。
> 自註:此二事非閑寂不知也。(《劍南詩稿》卷 25)

「閑寂」是自然觀察的凝視,涵養風景描寫的敏銳感性。此以博物學「新詩想」創作詩歌的文學活動,既與現代歐州博物學發達助長自然詩創作的現象相似,也反映宋代自然觀的旨趣。[20] 蓋其表述「物理」的「新詩想」,則是蘇東坡主張自然於人間世界有善意之樂觀思惟的繼承。〈新涼書事〉:

> 臥看鳥篆印蒼苔,窗戶涼生亦樂哉。
> 鳴樹亂蟬催日落,拂堦飛葉報秋來。
> 病餘已覺身如寄,醉裏卻憐心尚孩。
> 排日從今占幽事,折殘籬菊探溪梅。(《劍南詩稿》卷 13)

「身如寄」的詩語,六朝以迄唐代,大抵表述人生短暫,猶如朝露的無

19　小川環樹:〈書斎・菜園・藥草〉,《陸游》,《小川環樹著作集》第三卷,頁 325-339。
20　小川環樹:〈陸游の詩学〉,《小川環樹著作集》第三卷,頁 423-424。

常。如人生雖短促，亦宜追求幸福，了無厭世思惟的是蘇東坡。「人生如寄何不樂」（〈答呂梁仲屯田〉，《蘇詩合註》卷十五）敘述樂天思惟的人生觀。陸游「病餘已覺身如寄」，身體雖不舒暢，然「醉裏卻憐心尚孩」，酒醉逍遙而童心復歸，則心境有所轉折，採菊探梅，尋幽訪勝，以自得適志。蓋陸游讀蘇東坡詩集而敬仰其為人行止，詩作亦有樂天情境的表述。既是儒者又習得道教的涵養，亦與蘇東坡相似。「道教樂觀主義是中國人的體質，宋代儒學深受佛教的影響，而其本質則有道教純化的面相」。[21] 北宋的思想動向與蘇東坡的紹述，孕育陸游的「新詩想」，其觀物敘景的詩作所表述的人生觀與杜甫的取向有所不同。

　　陸游又有以農民生活感覺作詩的「新詩想」，如〈鳥啼〉（七十歲作）：

> 野人無曆日，鳥啼知四時。
> 二月聞子規，春耕不可遲。
> 三月聞黃鸝，幼婦閔蠶飢。
> 四月鳴布穀，家家蠶上簇。
> 五月鳴鴉舅，苗稚憂草茂。
> 人言農家苦，望晴復望雨。
> 樂處誰得知，生不識官府。
> 葛衫麥飯有即休，湖橋小市酒如油。
> 夜夜扶歸常爛醉，不怕行逢灞陵尉。（《劍南詩稿》卷 29）

記述時令，二月子規聲而開始耕作，三月黃鸝啼而採桑養蠶。吟詠四季景物而饒富詩趣，雖是身邊的雜記，乃於平穩的生活中，凝視自然景物，思索人生人間世界的生生哲學。既有辭官鄉居，隨時令起居行事，體得農民的感受，安居田園而悠閑自在的表述；亦有於感情起伏中，反

21　小川環樹：〈四季の詩　その二〉，《陸游》，《小川環樹著作集》第三卷，頁 369-370。

映詩人內心深層的感慨。[22] 換而言之，陸游的「詩想」世界有超越目見耳聞的景物而無限開展的情境。如〈聞蟬思南鄭〉：

昔在南鄭時，送客褒谷口。
金羈叱撥駒，玉盌蒲萄酒。
醉歸涉漾水，鳴蟬在高柳。
回鞭指秦中，所懼壯心負。
人生豈易料，蹭蹬十年後。
蟬聲怳如昔，而我已白首。
逆胡亡形具，輿地淪陷久。
豈無好少年，共取印如斗。（《劍南詩稿》卷 13）

追憶十年前的往事而感歎「人生豈易料」。而人生難料的感歎，在〈十月二十六日夜夢行南鄭道中既覺怳然攬筆作此詩〉，則有打虎的自豪。蓋於靜寂安和的農村情境的敘景幽微中，不忘北伐遠征之戰士的夙志亦見於字裏行間。若比喻陸游為畫家，則其最擅長的是風景畫，也是靈現雪中打虎之英豪神韻的人物畫家。[23]

五、紀行敘景以抒情

　　小川環樹概述紀行文學的源流，謂中國的紀行文學起源於漢代，六朝頗多，唯《文選》、《水經注》僅記存片段。唐代諸家文集收載短篇，然未有成卷成冊者。宋代盛行，文集收載遊記的散文，大抵有寓意，且諷諫的色彩濃厚。至於紀行文，則純粹紀實而無寓意和警示的色彩。日記而作為史料者，有司馬光《日錄》三卷與王安石《舒王日錄》，然亡逸不傳。至於紀行，周必大《親征錄》、《思陵錄》等八種既是史料，

---

22 小川環樹：〈四季の詩　その二〉，《陸游》，《小川環樹著作集》第三卷，頁 359。
23 小川環樹：〈四季の詩　その二〉，《陸游》，《小川環樹著作集》第三卷，頁 388。

也是紀行；范成大《石湖三錄》即吳船錄、攬轡錄、驂鸞錄），則是紀行。陸游《入蜀記》六卷，乃陸游於乾道五年（1169），四十五歲，受命夔州通判。翌年夏天，由鄉里出發，上溯長江，冬十月到達，以日記的形式，紀行敘景以抒情。

（一）紀行散文與敘景詩作互補

小川環樹說：「陸游詩與散文互補」[24]，以「詩文互補」是小川環樹論述陸游文學的觀點之一。如：

六月十月過盤門……為之慨然……宿楓橋寺前，唐人所謂半夜鐘聲到客船者。（《入蜀記》）

以唐詩記憶起興，作詩：

七年不到楓橋寺，客枕依然半夜鐘。
風月未須輕感慨，巴山此去尚千里。（〈宿楓橋〉，《劍南詩稿》卷 2）

日記但言「感慨」，詩歌則不言感慨與思鄉之情，心遠遊前程的巴山。既有險處難行的覺悟，亦有目睹勝景的欣悅。表述其憂喜參半的心境。又如：

六月二十八日……舟中望金山，樓觀重複，尤為鉅麗……（《入蜀記》）

同時的詩作：

遙波瀁紅鱗，翠靄開金盤。
　　……

---

24 小川環樹：〈旅行記と詩　その一〉，《陸游》，《小川環樹著作集》第三卷，頁 261。

> 詩人窘筆力，但詠秋月寒。（〈金山觀日出〉，《劍南詩稿》卷2）

歌詠朝曦與朝陽的二句平凡，而感歎描寫壯觀情境的筆力困乏。

> 七月二十七日……遂經皖口，至趙屯……皖口即王師破江南大將朱令贇水軍處。趙屯有戌兵，亦小市聚也……登岸行，至夾口，觀江中驚濤駭浪，雖錢塘八月之潮不過也。……北望正見皖山。太白〈江上望皖公山〉詩云：絕巘稱人意。絕巘二字，不刊之妙也……夜雨。（《入蜀記》）

同時的詩作：

> 歸燕羈鴻共斷魂，荻花楓葉泊孤村。
> 風吹暗浪重添纜，雨送新寒半掩門。
> 魚市人煙橫慘淡，龍祠簫鼓鬧黃昏。
> 此身且健無餘恨，行路雖難莫更論。（〈雨中泊趙屯有感〉，《劍南詩稿》卷2）

日記載記「趙屯、皖口」的史實，敘江口濤浪與皖山「絕巘」之景。與日記同日的詩作，既描寫趙屯寒村的民生風土，也敘述自身遠遊行路的情境。推敲陸游的詩文，則日記書寫與作詩心境有別，詩作大抵為寫生，然非為寫生而寫生，乃結合凝視景物與敘景情境，蘊含深厚的情感。25

---

25 日本近代的中國學者於中國紀行的著作而詩文並記的是竹添光鴻（1842-1917）《棧雲峽雨日記並詩草》。乃明治9年（1876）5月2日，北京出發，8月21日抵上海的紀行。與竹添光鴻同一徑路的紀行，則有內藤湖南（1866-1934）《燕山楚水》，明治32年（1899），前後三個月的旅行。

（二）敘景以抒情：「寫生的」律詩與吟詠四季的詩作

陸游生於風雨飄搖的時代。宣和七年（1125），其父陸宰往都城開封的途中，陸游生於淮河的舟中。翌年，金軍攻占開封。建炎元年（1127），陸宰舉家避難南方，歸返故里越州山陰（今浙江省紹興市）。陸游三歲隨父歸鄉，除約二十年的仕宦以外，至嘉定二年（1209）死去，大抵生活於故里。詩作亦以江南水鄉的敘景居多，「寫生的」律詩是其詩歌的特色之一。如〈西村〉：

　　亂山深處小桃源，往歲求漿憶叩門。
　　高柳簇橋初轉馬，數家臨水自成村。
　　茂林風送幽禽語，壞壁苔侵醉墨痕。
　　一首清詩記今夕，細雲新月耿黃昏。（《劍南詩稿》卷46）

嘉泰元年（1201），77歲之作。描寫優遊於遠離塵俗而靜謐的村里，以陶淵明〈桃花源記〉的記憶而起興，回想往昔徘徊山林幽谷清風鳥語的情境，昔時壁上的提詩半隱於青苔，今日賦詩敘景，以記誦黃昏微雲新月皎皎的清安情境。又如〈遊山西村〉：

　　莫笑農家臘酒渾，豐年留客足雞豚。
　　山重水複疑無路，柳暗花明又一村。
　　簫鼓追隨春社近，衣冠簡樸古風存。
　　從今若許閒乘月，拄杖無時夜叩門。（《劍南詩稿》卷1）

乾道三年（1167），四十三歲之作。〈西村〉詩作「往歲求漿憶叩門」，或指此詩。陸游以唐宋詩歌[26]的記憶起興，而「山重水複疑無路，柳暗花明又一村」，詩語對句工整，把中國文人心靈歸鄉之「小桃源」的情

26　王維「柳暗百花明」（〈早朝〉），李商隱「花明柳暗繞天愁」（〈夕陽樓〉），王安石「青山繚繞疑無路」（〈江上〉）。

境，不但「題無剩義」的表述，且發前人所未發而「名傳千古」。[27] 換而言之，風景的描寫既淋漓盡致，且寄寓人生行路的譬喻，山窮水盡而柳暗，看似前途無路，然「花明」而然開朗，且村人「衣冠簡樸古風存」，祭祀奉酒而行樂，安其居而樂其俗，則是安和平靜的情境。鄉里居處，四十三歲的壯年與七十七歲的晚年皆是明朗闊達之樂天知命的表述。[28]

陸游敘景而詩趣盎然，尤其是撫州在任的第二年（淳熙七年，1180），詠嘆四季景物的詩作，既表述內心起伏的情境，又細緻勾勒日常生活的感覺，躍然紙上。如：

> 漸老惜時節，思遊那可忘。
> 雪晴天淺碧，春動柳輕黃。
> 笑語寬衰疾，登臨到夕陽。
> 未須催野渡，聊欲據胡牀。（〈正月十五日出郊至金石臺〉，《劍南詩稿》卷 12）
> 江月微雲外，街泥小雨餘。
> 人如虛市散，燈似曉星疎。
> 羈雁同身世，新霜上鬢鬚。
> 明年更清絕，漁火對茅廬。（〈撫州上元〉，《劍南詩稿》卷 12）

二詩同日之作，前者快活朗暢，後者沉鬱寡歡，雖有晝夜陰晴之別，實則心境起伏的表述。陸游並非悲觀主義者，然未能勝任地方官吏的消極心情於暗夜油然而生。至於日間瑣事的記述，如〈三月二十一日作〉：

> 蹢躅牆東一市譁，鞦韆樓外兩旗斜。

---

27 「題無剩義」的評價，見錢鍾書：《宋詩選注》，頁 176-177，「名傳千古」的品評，見鈴木虎雄：《陸放翁詩解》上冊，東京：弘文堂，1950 年 11 月，頁 98-99。
28 小川環樹：〈詩の風景・ロバの背の詩人〉，《陸游》，《小川環樹著作集》第三卷，頁 231-234。

> 及時小雨放桐葉，無賴餘寒開楝花。
> 明月吹笙思蜀苑，軟塵騎馬夢京華。
> 懽情減盡朱顏改，節物催人只自嗟。（《劍南詩稿》卷 12）

描寫撫州小城富裕冶遊的景象，季節風物，歲時祭祀的喧嘩，無異於繁華都市的生活面貌，與農村閑散靜謐的環境形成對比。然而〈送客城西〉：

> 倦客憑鞍半醉醒，秋光滿眼歎頹齡。
> 日斜野渡放船小，風急漁村攤網腥。
> 客思不堪聞斷雁，詩情強半在郵亭。
> 歸來更恨城笳咽，煙火昏昏獨掩屏。（《劍南詩稿》卷 12）

漁村網繩的魚腥味是都市甚少撲鼻的臭味，則描寫漁村與都會不同的風景。陸游成長於紹興郊外的魚米之鄉，於魚的味道當習以為常，或以撫州魚腥風味強烈而入詩，表述其異常的感受。食物品味好惡相反的詩作，則有〈宿城頭舖小飲而睡〉：

> 亭傳臨江滸，牀敷息我勞。
> 屋茅殘月冷，庭樹北風鏖。
> 墟市饒新兔，村場有濁醪。
> 氣衰仍病著，小飲不能豪。（《劍南詩稿》卷 12）

「新兔」鮮美與魚腥臭味的風物殊異，抑或陸游品味嗜好的表述。撫州生活素材諸相的點描，要皆陸游詩作魅力的所在。[29]

---

29 小川環樹：〈四季の詩　その一〉，《陸游》，《小川環樹著作集》第三卷，頁 339-357。

（三）草木吟詠的情境

　　陸游以草木的盛衰詩作，表述「花信」的「遠景」情景，既表述四季推移的感受，又有記述草木，尤詳於花名具象的記述。如「無賴餘寒開楝花」（〈三月二十一作〉），紫色楝花盛開於暮春，起興季節風物的記述與京都繁華的記憶。「百葉盆榴照眼明，桐陰初密暑猶清」（〈初夏〉），描寫初夏石榴鮮豔，桐葉清香，起興「浣花光景應如昨，回首西州一愴情」的記憶。草木的描寫，尤其是花名具象的記述，是陸游吟詠草木詩作的特色，而殊異於唐代以前詩作。Burton Watson 分析《唐詩三百首》的植物意象（natural imagery），而指出：與英詩相比，唐詩所見的花名較少，而且多為抽象意義，缺乏具體的記述。[30] 雖然，若綜輯宋代詩作，則動植物之名的記述當不少。蓋概觀中國文學描寫自然景物的變遷，《詩經》特定動植物的品名，鳥蟲是季節的指標，顯示農作起止的時期，鳥獸草木之名的知識與農民生活密接結合。六朝以迄唐代，自然物是抽象性的存在，為都市居民行動與態度的象徵，如松是超越世俗而高潔的象徵，詩中的山、石、花、鳥皆暗示人生存在的指向。宋代詩人觀察自然生態，記述動植物之名，以「擬人法」表述的自然對人的善意，人感受自然善意的自然觀。陸游詩作不但繼承祖父的學問，記載種類繁多的草木花名，且詩語含蘊自然人有善意的自然觀，表述農民生活感受的「新詩想」，詩作兼具「緣情綺靡」與「體物瀏亮」的詩賦特色，應為宋朝代表的詩人之一。[31]

30　唐詩記述樹木，單言「木」者，五十一例，而詠「柳」者二十九，松二十四，竹十二，桃十，桑七，柏六，楓六，桂五，梨五，李四。至於花有八十七例，大抵為桃、梨、梅，而詠「芙蓉」者九，蘭三，菊三。（Burton Watson, "Nature Imagery in Tang Poetry," *Chinese Lyricism: Shih Poetry from the Second to the Twelfth Century,* New York & London: Columbia University Press, 1971, p. 127.）

31　小川環樹：〈四季の詩　その一〉，《陸游》，《小川環樹著作集》第三卷，頁 357-359。

六、陸游畫像：
騎驢行吟、採藥蓑耕而敘景抒情的詩人

　　南宋政府以與金維持和平為根本政策，而陸游則是進言北伐策略，收復失土的主戰論者。乾道八年（1172），陸游任南鄭軍司令部幕僚，以司令官四川宣撫使王炎召喚回京，亦改配成都安撫司參議，十二月由南鄭往赴成都。「細雨騎驢入劍門」（〈劍門道中遇微雨〉），是陸游騎驢行吟，失意落寞的寫照。淳熙三年（1176），任蜀地官吏之際，遭受「頹退」之譏，被免除官職，而自號「放翁」以表述不平之情。淳熙十三年（1186），受命嚴州知事，謁見孝宗皇帝。孝宗謂之曰：嚴陵山水勝處，職事之暇，可以賦詠自適。孝宗僅認可其詩才，其心中的抑鬱可以想見。陸游一生不忘救國，然時不我予，以「祠祿」（「年金」）居處於鄉里的田園，採藥蓑耕而敘景抒情，或可謂之為「農民哲學家」。詩作有表述愛國熱情與點描田園風景的兩個主題，為奪回失土而戰，或一生歌詠戰鬥的光榮，抱持戰士冒險家的心境，或追憶前線，託夢想像收復舊都的歡喜。愛國熱情是其父陸宰政治理念的繼承。至於採藥蓑耕的記述，描繪居處所在的田園，聽聞流水桔槔聲音的地籟，含蓄自然與人間共生的天籟。自然凝視的視線是祖父陸佃的紹述。父祖的政治理念與自然哲學成就陸游詩作澄明的結晶。[32]

---

32 小川環樹：《陸游》，《小川環樹著作集》第三卷，頁 417-418。